Werner Wiater und Regina Pötke

unter Mitarbeit von
Boris Hackl
Katrin Reinartz

Gymnasien auf dem Weg zur Exzellenz

Wie lässt sich Qualität am Gymnasium entwickeln?

Bildnachweis
Umschlag: Avenue Images GmbH RF, Hamburg Stock 4B
Inmagine Corporation LL, Houston TX, Brand X Pictures

S. 177.2 CJT-Gymnasium, Lauf; S. 195.1 und 2 Hartmut Keller, Bad Hersfeld; S. 196.3 Bild-Archiv Okapia, Frankfurt, Lange; S. 196.4 Tierbildarchiv Margot Angermayer, Holzkirchen, Hans Pfetschinger; S. 208.1 Julius-Echter-Gymnasium, Elsenfeld; S. 225.1 Wilhelm Mierendorf, Stuttgart; S. 245.1 Katharinen-Gymnasium, Ingolstadt.

1. Auflage 1 5 4 3 2 1 | 12 11 10 09 08

Internetadresse: www.klett.de

Herausgeber: Werner Wiater, Augsburg, Regina Pötke, München
Autoren: Prof. Dr. Herbert Altrichter; Dr. Ansgar Batzner; Günter Boos; Matthew Davidson; Prof. Dr. Hartmut Ditton; Dr. Wolfgang Ellegast; Dieter Götzl; Walter Gremm; Boris Hackl; Prof. Dr. Andreas Helmke; Daniel Henri; Nora Heyne; Annette Hosenfeld; Vlad Khmelkov; Dr. Heinz Klippert; Dr. Stefan Krimm; Dr. Rolf Kussl; Prof. Dr. Thomas Lickona; Prof. Dr. Hildegard Macha; Dr. Josef Maisch; Thomas Mayer; Regina Pötke; Adolf Präbst; Prof. Dr. phil. Sibylle Rahm; Katrin Reinartz; Dr. Ottmar Schießl; Dr. Günter Schmid; Prof. Dr. Horst Siebert; Prof. Dr. Katharina Soukup-Altrichter; Aruna Ummat; Michael Weidenhiller; Prof. Dr. Dr. Werner Wiater.

Mediengestaltung: Marlene Klenk-Boock
Umschlaggestaltung: Marlene Klenk-Boock
Reproduktion: Meyle + Müller Medien-Management, Pforzheim
Druck: Medienhaus Plump, Rheinbreitbach

Printed in Germany
ISBN 978-3-12-114875-2

9 783121 148752

Das Gymnasium als Institution der globalisierten Wissensgesellschaft

Evaluation am Gymnasium

II. TEIL: Praxis

Zentren für Schulqualität – Centers of Excellence. Exzellente Konzepte an bayerischen Gymnasien

Fachbereichsprogramme und Module der Centers of Excellence

Mathematischer und naturwissenschaftlicher Fachbereich: die Sicht des Fachreferats

Mathematischer und naturwissenschaftlicher Fachbereich: die Sicht der Center-Schulen

Sprachlicher Fachbereich: die Sicht des Fachreferats

Sprachlicher Fachbereich: die Sicht der Center-Schulen

Künstlerischer Fachbereich: die Sicht des Fachreferats

Künstlerischer Fachbereich: die Sicht der Center-Schulen

Gesellschafts- und wirtschaftswissenschaftlicher Fachbereich: die Sicht des Fachreferats

Gesellschafts- und wirtschaftswissenschaftlicher Fachbereich: die Sicht der Center-Schulen

Nationale und internationale Beispiele für Gymnasialkonzeptionen auf dem Weg zur Exzellenz

Qualitätsentwicklung am bayerischen Gymnasium

Schulische Qualität und Innovation kommen nicht von ungefähr – maßgeblicher „Motor“ dafür sind Kompetenz und Kreativität von Lehrerinnen und Lehrern in ihrem Fachbereich sowie in der pädagogisch reflektierten, fächerübergreifenden Zusammenarbeit. Das Projekt *Zentrum für Schulqualität – Center of Excellence* der Stiftung Bildungspakt Bayern und des Bayerischen Staatsministeriums für Unterricht und Kultus fördert ausgezeichnete methodisch-didaktische Konzepte am Gymnasium.

In den vergangenen drei Jahren haben acht bayerische Gymnasien in je einem ausgewählten Fachbereich

- bewährte Lernverfahren erfolgreich optimiert,
- neue Wege des Lernens und Lehrens entwickelt und
- dabei systematisch und kontinuierlich mit externen Partnern – Unternehmen, Hochschulen, Forschungseinrichtungen – zusammengearbeitet.

Zusammengefasst bilden ihre Ergebnisse und Erfahrungen den vorliegenden Leitfaden, in dem methodisch und didaktisch überzeugende, praxiserprobte Module der Schulen vorgestellt werden.

Jede Projektschule hat dazu das Programm für den jeweiligen Fachbereich und ein ausgewähltes Modul dokumentiert.

Einen Beitrag von vergleichbarem Gewicht stellen die Vorträge dar, die im Rahmen des Projekts *Zentrum für Schulqualität – Center of Excellence* gehalten wurden. Sie bilden weite Teile der gymnasialen Qualitätsentwicklung ab und geben wertvolle, wissenschaftlich fundierte Impulse – auch für die schulinterne Lehrerfortbildung oder die Lehrerausbildung.

Qualitätsarbeit setzt innerhalb wie außerhalb der Schule eine zielorientierte Optimierung des Bewährten voraus, Selbstzufriedenheit bedeutet Rückschritt. Gymnasien sind somit als lernende Organisationen darauf angewiesen immer wieder Impulse von außen aufzunehmen, um sich kontinuierlich weiterentwickeln zu können. Die Module der *Zentren für Schulqualität – Centers of Excellence* stellen in diesem Sinne vorzügliche Anregungen dar, die ich ausdrücklich zur Nachahmung empfehle. Den acht beteiligten Projektschulen danke ich daher an dieser Stelle für ihre engagierte Arbeit.

Natürlich können die einzelnen Module nicht an jeder Schule eins zu eins umgesetzt werden, sicher lassen sie sich aber mit geringfügigen Modifizierungen in fast jedes Schulprofil integrieren und als Bereicherung des schulischen Angebots nutzen. Entscheidend ist dabei nicht die schiere Anzahl der Angebote. Vielmehr kommt es darauf an, dass alle unterrichtlichen und außerunterrichtlichen Maßnahmen systematisch aufeinander abgestimmt sind und im Ganzen ein sinnvoll verzahntes Programm ergeben.

Bei der Qualitätsentwicklung orientiert sich jedes Gymnasium nicht zuletzt an dem Selbstverständnis der Schulart insgesamt. Gymnasiale Bildung heißt für mich,

- sich an den Grundsätzen wissenschaftlichen Arbeitens zu orientieren, denn das Gymnasium bereitet insbesondere auf das Studium vor und spiegelt deshalb auch zu einem gewissen Grad die wissenschaftliche Fächersystematik wider;
- die Inhalte der einzelnen Fächer zukunftsorientiert zu vernetzen;
- auf hohem kognitivem Niveau exemplarisch zu lernen und Probleme zu reflektieren;
- durch die stetige Wiederholung und Vertiefung des Grundwissens eine hohe Allgemeinbildung zu sichern;
- die Kompetenz- und Methodenorientierung als durchgängiges Leitprinzip in den Mittelpunkt des Unterrichts zu stellen;
- Lehrer, Schüler und auch Eltern als ergebnisorientierte, zukunftsbezogene Leistungsgemeinschaft aufzufassen;
- als Schule im gesellschaftlichen Umfeld kulturell präsent zu sein;
- und nicht zuletzt die Persönlichkeitsentwicklung aller Schülerinnen und Schüler als ganz wesentliches Ziel der gemeinsamen Arbeit zu begreifen.

Dieses übergeordnete Verständnis von gymnasialer Bildung bildet die Leitlinie für den achtjährigen Bildungsweg der Gymnasiasten. Die übergeordneten Ziele können vor Ort gemeinsam mit Eltern und Schülern innerhalb des weitgefassten Rahmens der neuen gymnasialen Schulordnung und der noch stärker als früher auf das Wesentliche konzentrierten Lehrpläne umgesetzt werden. Dabei hat die Schule ein hohes Maß an Freiheit, aber auch an Eigenverantwortung. Impulse und Anregungen zu ihrer Ausgestaltung finden sich in diesem Leitfaden. Die acht *Zentren für Schulqualität – Centers of Excellence* stehen interessierten Schulen und Fachschaften zu ihren Modulen gerne mit Rat und Tat zur Seite. Ich wünsche allen Leserinnen und Lesern bei der Arbeit mit diesem Leitfaden viel Erfolg.

Siegfried Schneider
Staatsminister für Unterricht und Kultus
Ehrenvorsitzender der Stiftung Bildungspakt Bayern

Auf dem Weg zur Exzellenz

Für die bayerische Wirtschaft ist das Streben nach ständiger Verbesserung die wichtigste Voraussetzung, um im internationalen Wettbewerb langfristig bestehen zu können. Die Innovationsfähigkeit ist somit längst zu einem der entscheidenden Kriterien für den Erfolg geworden. Um nichts anderes geht es bei dem Begriff Exzellenz. Denn Exzellenz ist mehr als nur ein Ausdruck von besonderer Qualität. Exzellenz ist das ständige Bemühen um Verbesserung. Deshalb ist es gut, dass wir die Exzellenzinitiative im Hochschulbereich haben, weil wir Universitäten brauchen, die zur Weltspitze gehören. Und es ist gut, dass wir in den bayerischen Gymnasien die „Centers of Excellence" haben, weil es auch hier darum geht, etwas Gutes noch besser zu machen. Gerade weil die bayerischen Gymnasien im bundesweiten Vergleich ganz weit vorn sind, geben sie sich nicht mit dem Erreichten zufrieden, sondern suchen nach neuen Wegen, um weiter Spitzenleistungen zu zeigen. Mit dem Modellprojekt „Center of Excellence" zielt die Stiftung Bildungspakt Bayern auf die Auszeichnung von bayerischen Gymnasien, die auf dem Weg der Qualitätsentwicklung weit fortgeschritten sind. Ziel ist, dass andere Gymnasien von den dort entwickelten Konzepten profitieren. In dem nun vorliegenden Band werden die Konzepte der „Center of Excellence"-Schulen vorgestellt. Die Fragestellungen, denen sich die „Center of Excellence" widmen, lauten:

- Wie lassen sich bewährte Formen des Lernens weiter verbessern?
- Welche Kooperationen mit externen Partnern bereichern den Schulalltag?
- Wie kann die Vernetzung mit anderen Schulen gelingen?

Die acht Schulen, die von der Stiftung Bildungspakt als *„Center of Excellence"* ausgewählt wurden, haben durchaus unterschiedliche Antworten auf diese Fragen entwickelt. Über diesen Praxisteil hinaus enthält der Band aber auch Informationen zur Qualitätsentwicklung an Schulen insgesamt, zur Lern- und Lehrforschung und zu den Gymnasien als Institutionen der globalisierten Wissensgesellschaft. Beispiele von Exzellenz-Konzepten aus anderen Ländern runden den Band ab.

Ich wünsche mir, dass die Ideen und Konzepte zur weiteren Verbesserung viele Nachahmer finden und so in der Fläche ihre Wirkung entfalten können.

Randolf Rodenstock
Präsident der vbw – Vereinigung der Bayerischen Wirtschaft e. V.
Ratsvorsitzender der Stiftung Bildungspakt Bayern

Stifter unterstützt Schulentwicklung

Als Mitglied der Stiftung Bildungspakt Bayern unterstützt der Ernst Klett Verlag seit langem deren Arbeit. Als führender Bildungsanbieter sehen wir es als unsere maßgebliche Aufgabe an, für Lehrerinnen und Lehrer, für Eltern und ihre Kinder das Material zur Verfügung zu stellen, mit dem sie die schulischen Herausforderungen und Ziele am besten erreichen können.

Es ist uns eine große Freude, das Projekt *Zentrum für Schulqualität – Center of Excellence* unterstützen zu können, indem wir dessen interessante Ergebnisse mit diesem vorliegenden Abschlussband einer breiten Öffentlichkeit zugänglich machen.

Das Projekt, das im Herbst 2004, also kurz nach Implementierung des neuen achtjährigen Gymnasiums in Bayern startete, hatte als Ziel, neue Wege des Lernens und Lehrens einzuschlagen, die kognitiven Fähigkeiten der Schülerinnen und Schüler zu erweitern, Kreativität und problemlösendes Denken zu fördern und Schülerinnen und Schüler zu Eigenverantwortung und Kooperation zu befähigen.

Die resümierenden Urteile aller Projektbetreuer aus den verschiedenen Fachbereichen im Praxisteil des Buchs zeigen, dass durch das große Engagement der beteiligten Fachleute und durch die gewinnbringende Zusammenarbeit mit anderen Institutionen und Unternehmen aus der Wirtschaft diese Ziele nicht nur erreicht, sondern weit übertroffen wurden.

Aber dieser Abschlussband beinhaltet noch mehr: Neben einem ausführlichen theoretischen Teil zum Lernen am Gymnasium ermöglicht er im Anschluss an die Vorstellung der Projektmodule einen exemplarischen Vergleich mit anderen Modellen für national wie international „exzellente“ gymnasiale Lernkonzepte.

Wir wünschen allen Leserinnen und Lesern viel Vergnügen bei der Lektüre und danken den beteiligten Projektschulen für ihr Engagement.

Ulrich Pokern
Geschäftsführer des Ernst Klett Verlages

Zur Einführung

Schulen verändern sich, werden reformiert, machen Entwicklungen durch. Das geschieht meist auf Veranlassung der Bildungspolitik und auf Grund von Wandlungen, die im gesellschaftlichen Umfeld der Schule eingetreten sind. Die Schulentwicklung der letzten eineinhalb Jahrzehnte hat demgegenüber andere Ziele und Optionen. Sie erhält „top down" die nötigen Freiräume, um sich „bottom up" zu innovieren. Alle an der Schule Beteiligten und von ihr Betroffenen sind herausgefordert und eingeladen, an ihrer Schule die je spezifischen Fehlentwicklungen zu erkennen, Probleme zu lösen und Markierungen für die Zukunft zu setzen. Dazu bedarf es der Rechenschaftslegung, der Bereitschaft zur Optimierung und der ideenreichen Impulssetzung für die Weiterentwicklung der einzelnen Schule. Schulentwicklung ist eine Aufgabe jeder Schule und des gesamten Systems. Die Schule soll und wird so ihre Qualität verbessern. Das Projekt, das im hier vorgelegten Buch dargestellt wird, geht darüber noch hinaus. Es fragt nicht nur nach der Qualität, deren Steigerung von jeder Schule erwartet wird; es fragt nach Exzellenz, nach einer Qualität also, die über den erwartbaren Rahmen hinausgeht und Vortrefflichkeit, eine hervorstechende Beschaffenheit meint. Die Stiftung Bildungspakt Bayern, eine Innovationsinitiative der Vereinigung der bayerischen Wirtschaft e.V. und des Bayerischen Staatsministeriums für Unterricht und Kultus, hat sich 2004 Gedanken darüber gemacht, wie Schulen nicht nur besser, sondern – zumindest einzelne von ihnen – sogar exzellent werden können. Die gemeinsamen Überlegungen führten dazu, ein Projekt für Gymnasien auszuschreiben, die, auf der Basis bereits nachgewiesener Qualität und unter Beachtung neuerer didaktischer Grundsätze (z.B. Selbsttätigkeit, Differenzierung usw.), dabei waren, sich in spezifischen Lern- und Arbeitsfeldern zur Exzellenz weiterzuentwickeln. Acht bayerische Gymnasien wurden ausgewählt und für ihre Bemühungen mit finanziellen Mitteln des „Bildungspakts Bayern" unterstützt. Das Projekt erhielt den Namen „Centers of Excellence – Zentren für Schulqualität" und war auf drei Jahre angelegt.

Die Projektdauer geht zu Ende, und das, was die acht bayerischen Gymnasien an Exzellenz entwickelt haben, ist bemerkenswert und vorzeigbar. Sie haben sich in der Tat zu „Leuchtturmschulen" entwickelt, die sich in spezifischen Bereichen profiliert und durch Abfassung von Modulen ihre Arbeit anderen Schulen auch zur Nachahmung präsentiert haben. Davon soll in der vorliegenden Publikation die Rede sein. Aber nicht nur davon. Vielmehr wird das vorliegende Buch die Arbeit der Center-Schulen in den größeren Zusammenhang einer Gymnasialpädagogik stellen, die das Gymnasium als die anspruchsvollste Schulform im gegliederten Schulsystem der Bundesrepublik Deutschland auf dem Weg zur Exzellenz sieht. So kann das Buch mit seinen z.T. auch kontroversen Beiträgen zu einer Diskussion anregen, die zentrale Fragen des Gymnasiums als Schulform stellt und zu beantworten versucht: die Standards des Gymnasiums, die Evaluation am Gymnasium, die Weiterentwicklung des Gymnasiums. Dass solche Überlegungen noch mit ausländischen Beispielen ergänzt werden, unterstreicht die Absicht des Buches, eine vertiefte Auseinandersetzung um das Gymnasium anzuregen.

Werner Wiater

Werner Wiater

Standards für exzellente Gymnasien

Seit Ende des 20. Jahrhunderts ist es üblich geworden, zwecks interner und externer Qualitätssicherung von Institutionen, Produkten und Prozessen Standards zu definieren. Standards werden durch die Angabe von Kompetenzen, die für eine Qualitätsevaluation relevant sind, konkretisiert. Sie sind ein Instrument der Outcome-Steuerung, fordern zur Rechenschaftslegung heraus und ermöglichen dadurch Vergleichbarkeit. Sind Standards auf Schulen bezogen, müssen sie sich an den obersten Bildungs- und Erziehungszielen eines Landes, an den dort geltenden Schulgesetzen und Schulordnungen ausrichten und den besonderen Zielsetzungen einer bestimmten Schulart bzw. Schulform entsprechen.

In der wissenschaftlichen Diskussion werden Standards nach drei Anspruchsniveaus unterschieden: Mindeststandards (= Basisstandards, die von (möglichst) allen Schülerinnen/Schülern zwecks Bewältigung heutiger Anforderungen in Beruf und Alltag erreicht werden sollen), Regelstandards (= Vorgaben für die mittlere Leistungserwartung in einer bestimmten Schulform) und Maximalstandards (= über das übliche Maß hinausgehende Leistungsergebnisse); manchmal wird auf diese Differenzierung auch zugunsten von Regelstandards, die für eine bestimmte Schulform gelten sollen, verzichtet. Standards sind notwendigerweise an den Inhalten und Methoden der Schulfächer bzw. Lernbereiche in der jeweiligen Schulform orientiert, sie erschöpfen sich darin aber nicht. Fächerübergreifende Erziehungs- und Bildungsziele, Aspekte der Entwicklung des Schülers zu einer selbstbestimmten und selbstverantwortlichen Persönlichkeit gehören ebenso dazu wie die üblich gewordenen Schlüsselqualifikationen Lernen lernen, Kommunikations- und Kooperationsfähigkeit, soziales Verhalten usw.

Seit der Diskussion um die Schulentwicklung gegen Ende der 1980er/Anfang der 1990er Jahre bewegt Schulen die Frage, wie sie im Bereich der Organisation, des Personals und des Unterrichts zu besseren Ergebnissen kommen können. Was dabei besser ist, entscheidet sich zunächst am bisherigen Ist-Zustand der jeweiligen Schule hinsichtlich erkannter Defizite oder Unzulänglichkeiten bei Problemlösungen; als mittel- oder langfristiger Soll-Zustand und damit als systematischere Zielperspektive können überregionale und ggf. auch transnationale Standards fungieren. Formuliert man außer Regelstandards auch Maximalstandards, dann lässt sich mit ihnen angeben, was exzellente Zielperspektiven sein könnten. Dazu soll im Folgenden ein Diskurs-Versuch gemacht werden. In einem ersten Argumentationsstrang erscheint es nötig, die besonderen Merkmale der Schulform Gymnasium darzustellen; dann sollen – in einem zweiten Argumentationsstrang – die Anforderungen an ein zukunftsfähiges Gymnasium benannt werden; schließlich wird dann – in einem dritten Argumentationsstrang – nach dem qualitativen „Mehrwert" zu fragen sein, der exzellente Gymnasien ausmacht.

1. Spezifika des Gymnasiums im deutschen Bildungssystem

Im gegliederten Bildungssystem Deutschlands ist das Gymnasium die Schulform mit der längsten Tradition. Sie ist erwachsen aus den Dom-, Stifts- und Klosterschulen des Frühmittelalters, hat sich als Institution des höheren Schulwesens in den Lateinschulen bis zur Humboldt-Süvernschen Reform erhalten und bekam dann ihren Namen und ihre Funktion als studienvorbereitende Bildungsstätte. Nach wichtigen Reformen um die Wende vom 19. auf das 20. Jahrhundert (Humanistisches Gymnasium, Oberrealschule, Realgymnasium), nach einer kurzen Zwischenepoche zwischen 1933 und 1945 (Deutsche Oberschule) und nach grundlegenden Umgestaltungen Anfang der 1970er Jahre (vgl. Kollegstufe) folgten um den Jahrhundertwechsel Korrekturen, die die Struktur des heutigen Gymnasiums bestimmen. Das Gymnasium ist heute eine acht Jahre dauernde Schule des höheren Schulwesens (von Jahrgangsstufe 5 bis Jahrgangsstufe 12) mit Profilierungen/Ausbildungsrichtungen (z. B. Sprachliches Gymnasium – einschließlich Humanistisches Gymnasium, Naturwissenschaftlich-technologisches Gymnasium, Wirtschafts- und sozialwissenschaftliches Gymnasium, Musisches Gymnasium), mit Abgangsmöglichkeit beim Mittleren Bildungsabschluss, mit Abiturberechtigung, mit zentral verbindlichen Abschlussprüfungen und mit begrenzt wählbaren Fächeranteilen.

Das Gymnasium vermittelt eine vertiefte Allgemeinbildung als Voraussetzung für ein Universitäts- oder Hochschulstudium sowie als Grundlage für anspruchsvolle Berufsausbildungen. Es fordert und fördert in besonderer Weise die Fähigkeit der Schülerinnen und Schüler zu abstrakter, theoretischer, vernetzter und selbstständiger geistiger Durchdringung komplexer und komplizierter Lerninhalte, wobei deren Einbettung in Geschichte, Gesellschaft und Kultur stets mitbedacht werden soll. Die Schülerinnen und Schüler werden zu vernunftgemäßem, verantwortungsbewusstem und wertorientiertem Handeln angehalten; bei der über die Schule angebahnten Persönlichkeitsentwicklung spielt Ganzheitlichkeit und vor allem auch die ästhetische Bildung eine große Rolle.

Auf Grund seines Abschlusses, der alle Optionen im Studium und im Beruf offen hält und dessen Zertifikat gesellschaftlich hoch geschätzt ist, wurde das Gymnasium in den letzten vier Jahrzehnten zur gefragtesten Schulform in Deutschland. Zur Zeit macht bundesweit (bei starken regionalen Unterschieden) mehr als ein Drittel eines jeden Geburtsjahrgangs das Abitur (meistenteils am Gymnasium), wobei die Zahl der Mädchen die der Jungen übersteigt, Mittel- und Oberschichtkinder am stärksten, Kinder aus der sozialen Unterschicht und solche mit Migrationshintergrund am geringsten vertreten sind. Die Zahl der Gymnasialabsolventen, die ein Studium aufnehmen oder in einen Ausbildungsberuf überwechseln, variiert nach der Situation des deutschen Wirtschafts- und Beschäftigungssystems; in der Regel immatrikulieren sich etwa drei Viertel von ihnen für ein Studium.

Als zentrale Schulform des Höheren Schulwesens hat das Gymnasium im Laufe seiner fast eineinhalb Jahrtausende währenden Geschichte eine Reihe von spezifischen Merkmalen herausgebildet:

1. Das Gymnasium weist einen gestuften, kontinuierlichen Bildungsgang mit einer relativ langen Dauer auf. Als Schulform begleitet es Kinder über ihr Jugendalter bis zur Erwachsenenreife. Das stellt besondere Anforderungen an die Gestaltung des Gymnasiums sowohl als Lernort als auch als Lebensraum für Heranwachsende.
2. Der Bildungsgang des Gymnasiums ist für eine Schülerklientel geplant, die hohen kognitiven Anforderungen genügen kann, flexibel, vernetzt und theoretisch denken und behalten kann, die gerne kreativ und eigenständig vorgeht und die ihr Leistungsvermögen mit Leistungsbereitschaft und Ausdauer verbindet. Die Schwerpunktsetzung auf die kognitive Leistungsfähigkeit bringt es mit sich, dass berufliche und praktische Tätigkeitsfelder aus dem Gymnasium weitgehend ausgespart sind. Das hat Gründe in der Geschichte dieser Schulform (vgl. W. v. Humboldts Trennung von Allgemeinbildung und Berufsbildung, das Bildungsbürgertum des ausgehenden 19. Jahrhunderts, die gesellschaftspolitische Abstinenz der Gebildeten in der ersten Hälfte des 20. Jahrhunderts); das intellektuell vertiefte Eindringen in Kulturinhalte, der freie geistige Selbstvollzug, die Reflexions- und Kritikbefähigung und die mehr theoretische als praktische Form der Weltgestaltung wurden deshalb immer wieder als handlungsfern moniert.
3. Der Sachanspruch des Lehrinhalts kennzeichnet von jeher die gymnasiale Bildung. Die Sachen – die Inhalte der Fachwissenschaften und wichtiger Lebensbereiche – sind im Bildungsprozess des Gymnasiums vorrangig. An ihnen hat sich der lernende Mensch abzuarbeiten, aus der Konfrontation

mit ihnen gewinnt er seine Kompetenz. Die Sachen verlangen Sachlichkeit, Sachgerechtigkeit und Sachverstand. Sie wirken aus sich heraus und als solche erzieherisch, insofern sie den jungen Menschen veranlassen, zeitweilig seine anderen Interessen und Bedürfnisse zurückzustellen, um sich mit ihnen auseinanderzusetzen und zwar solange, bis er das durch die Sache gestellte Problem einer Lösung zugeführt hat. Angesichts mancher Elternhäuser, die den Gymnasiumsbesuch ihrer Kinder nicht bildungsthematisch unterstützen wollen oder können, und angesichts der veränderten Lern- und Verhaltensweisen vieler Gymnasiasten heute, die Lebensprobleme haben und Lernprobleme machen, ist auch hieran Kritik geübt und eine schüleradaptive Lernstoffvermittlung angemahnt worden.

4. Das Fächerangebot des Gymnasiums ist an dem Verständnis von Allgemeinbildung orientiert, das zur jeweiligen Zeit gilt, unterliegt aber auch bestimmten Traditionsbindungen. Die Besonderheit, dass diese Schulform Idealien und Realien zusammenführt, dass sie den Schülerinnen und Schülern Geistes-, Natur- und Gesellschaftswissenschaften nahebringt, ermöglicht die beabsichtigte ganzheitliche Sicht von Mensch und Welt und damit ein allgemeinbildendes Abitur. Bei Fortschritten, Wandlungen und Transformationen in Wissenschaft und Gesellschaft erwächst dem Gymnasium hier eine besonders verantwortungsvolle Aufgabe, die allerdings Dynamik und Flexibilität nötig macht.
5. Traditionell hat die gymnasiale Bildung eine besondere Beziehung und Nähe zur Wissenschaft und zur Hochschule/Universität. Wissenschaftlichkeit der Unterrichtsinhalte und Wissenschaftspropädeutik prägen das gymnasiale Lernen. Das besondere Verhältnis des Gymnasiums zur Wissenschaft findet seinen ureigensten Ausdruck in der Studierfähigkeit, die Ziel dieser Schulform ist.
6. Gymnasiale Bildung hat die Tendenz zum Elitären, wenngleich es in ihrer Geschichte immer wieder Phasen gegeben hat, in denen diese Schulform auch in den Dienst einer anspruchsvollen Volksbildung genommen wurde. Die Diskussion um „das Gymnasiale“ des Gymnasiums ist bildungspolitisch in Deutschland bis heute nicht verstummt.

2. Anforderungen an ein zukunftsfähiges Gymnasium

Angesichts der gravierenden Veränderungen in der Gegenwartsgesellschaft auf dem Feld der privaten Lebensführung und im gesamtgesellschaftlichen Bereich, die sich mit Termini wie „Pluralisierung der Lebensformen“ und „globale Wissensgesellschaft“ nur summarisch charakterisieren lassen, muss die Schule (und damit jede Schulform) ihre Zukunftsfähigkeit unter Beweis stellen. Zwar passt zu einer differenzierten Gesellschaft wie der der Bundesrepublik Deutschland ein differenziertes Bildungssystem, dennoch stehen der Zeitpunkt, die Aufteilungskriterien und der Ausprägungsgrad dieser Differenzierung heute unter einem starken Legitimationsdruck. Davon ist das Gymnasium nicht ausgenommen. In der Diskussion sind beispielsweise der Beginn der Schulform Gymnasium (nach der 4., 5. oder 6. Grundschulklasse), die curriculare Abgrenzung des Gymnasiums von anderen Sekundar-I-Schulformen (weitgehende Ähnlichkeit der schulformbezogenen Sekundar-I-Curricula zwecks flexiblerer Wechselmöglichkeiten des Schülers zwischen den Schulformen versus typische Unterschiede, weitestgehende Übereinstimmung der Curricula in den Jahrgangsstufen 5 und 6 versus Unabhängigkeit), die organisatorische Trennung zwischen den Sekundarschulen (Kooperative oder Integrierte Gesamtschulen oder Zwei- bzw. Dreigliedrigkeit), die Gleichstellung zwischen der am Gymnasium erworbenen Studienzugangsberechtigung mit einer solchen aus dem Berufsbildenden Schulwesen (z.B. bei Vorliegen des Meisterbriefs). Strittig sind ferner die Übertrittsbedingungen zum Gymnasium, die nicht nur von Bundesland zu Bundesland unterschiedlich sind, sondern auch von verschiedenen Kriterien abhängen (Notenwerte in den Hauptfächern, Einbezug des Fächerspektrums, Mitentscheidung der Eltern). Über all dem steht der bildungspolitisch erklärte Wille, in Deutschland die Zahl der Abiturienten deutlich anzuheben und sich so anderen europäischen Ländern anzunähern, die teilweise mehr als die doppelte Prozentzahl an Hochschulzugangsberechtigten pro Schülerjahrgang aufweisen. Hier begegnen sich im Übrigen mittelfristige bildungspolitische Zielsetzungen mit unmittelbaren Wünschen vieler Eltern, die ihre Kinder nach der Grundschule unbedingt auf das Gymnasium schicken möchten.

Die kurz skizzierte Diskussion berührt nicht nur die Zukünftigkeit des Gymnasiums, sondern rührt an das Verständnis von höherer Bildung insgesamt, wofür das Gymnasium bisher repräsentativ ist. Es ist nicht die Frage, ob sich das Gymnasium neuen Anforderungen veränderter gesellschaftlicher Lagen stellt, ob es zu Reform und Innovation in der Lage ist; dass dem so ist, beweist dessen jahrhundertelange Entwicklungsgeschichte und besonders augenfällig deren Teil nach 1945. Vielmehr geht es bei der aktuellen Diskussion um den Kern des Selbstverständnisses dieser Schulform, wovon im ersten Abschnitt die Rede war. Es geht um das Gymnasiale des Gymnasiums, das Höhere der Höheren Bildung.

Dieses Höhere muss als andersartiger Zugriff zu den Wissens-, Wert- und Lebensbereichen der Gesellschaft definiert werden, als höheres Anspruchsniveau und höherer Bildungsstandard. Das Verstehen von Welt und der

Zugang zu allen Feldern des Wissens und Könnens, wie am Gymnasium praktiziert, fokussiert auf eine Auseinandersetzung mit diesen, die ohne Rücksicht auf den direkten Lernnutzen und die unmittelbare Verwertbarkeit in der Gesellschaft erfolgt. Das Höhere der gymnasialen Bildung machen nicht Schlüsselqualifikationen, die an beliebigen Lerninhalten eingeübt werden können, aus, sondern Lernherausforderungen mit einem hohen Anforderungsgehalt, die sich zu einem kulturell definierten Kanon von Lernbereichen und Lerninhalten zusammenfügen lassen. Ein solcher Kanon von Unterrichtsfächern und -themen darf nicht nur der Tradition verpflichtet sein und besteht auch nicht aus weiterzugebenden Wissensbeständen; er muss vielmehr entwicklungsoffen und dynamisch aus den Anforderungen der Gegenwart die Grundlage für die Bewältigung zukünftiger Aufgabenstellungen entnehmen. Das hat Konsequenzen für das Pflichtfächer- und Wahlfächerangebot des Gymnasiums, für die Zahl der Jahre, in denen bestimmte Fächer unterrichtet werden sollen, und für die Wissenschaftsorientierung, der sich das Gymnasium verpflichtet weiß. Da keine Zukunft vorweggenommen werden kann, da sie ungewiss ist und auf sie nicht wirklich vorbereitet werden kann, müssen Schülerinnen und Schüler des Gymnasiums einen spezifischen Habitus, einen besonderen Stil, an die Analyse und Bearbeitung von Aufgabenstellungen heranzugehen, erlangen (vgl. Oelkers 1998, S. 156 ff.). Dieser Habitus und Stil zeigt sich im Bemühen des Schülers um ein durchdrungenes und vernetztes Wissen, um ein vertieftes Verstehen und eine anstrengende Auseinandersetzung mit dem Stoff, um die Suche nach neuen Einsichten und kreativen Problemlösungen, um ein Generieren von weiterführenden Fragen, um ein Widerstehen gegen den schnellen nutzenorientierten Blick auf die Sachen und die oberflächliche Einstimmung auf sie. Gymnasial ist diese mentale Ordnung, die den Kindern und Jugendlichen nahezubringen ist und die sie von den Zugängen und Zugriffen anderer Schulformen unterscheidet.

Auf der Grundlage solcher Positionierungen stellen sich dem Gymnasium für die Zukunft vier zentrale Aufgaben:

- Das Gymnasium muss die zum Verstehen der eigenen Traditionskultur und zu deren Weiterentwicklung erforderlichen Wissensbestände sichern.
- Das Gymnasium muss bei den Schülerinnen und Schülern einen Habitus entstehen lassen, der durch eine ernsthafte und persönliche Auseinandersetzung mit den Fragen und Problemen heutiger und – soweit erkennbar – zukünftiger Wissenschaft und Gesellschaft gekennzeichnet ist.
- Das Gymnasium muss die Schülerinnen und Schüler dazu anhalten, Mensch und Welt als „frag"-„würdig" anzusehen, forschend zu lernen und

aus eigenem Antrieb selbstgestellten Fragen an die Wissenschaft und die Lebenswirklichkeit nachzugehen, wobei sie sich bei ihren Antworten den Werten des abendländisch-christlichen/humanistisch geprägten Menschenbilds und des demokratischen Ethos verpflichten.
- Das Gymnasium muss für die Schülerinnen und Schüler Wahlangebote, Freiräume und Vernetzungen mit außerschulischen Institutionen vorsehen, in denen diese musisch, künstlerisch, darstellerisch, bewegungsmäßig, manuell, motorisch, kreativ und gestalterisch, erfinderisch und experimentell, gemeinschaftlich und allein, anwendungsbezogen und ohne Verwendungszweck sich in ihrer Persönlichkeit kennenlernen und entfalten können; das soll ihnen eine konstruktive Selbsterschließung und eine Kultivierung der Humanität ermöglichen.

Lernen am Gymnasium, wenn es zukunftsfähig sein soll, muss bildendes Lernen sein: (1) ein freiheitliches und befreiendes Lernen, womit spontanes, selbsttätiges, selbstbestimmtes, selbstverantwortliches, selbstständiges und autodidaktisches Lernen gemeint ist; es muss (2) ein kognitives und reflexives Lernen, bewusstes, strukturiertes, argumentatives, problemlösendes und nachdenkendes Lernen sein; (3) es muss ein wert- und sinnorientiertes Lernen sein, das Identität stiftet, ein positives Selbstbild und ein Selbstwertgefühl entstehen lässt; und (4) muss das Lernen am Gymnasium ein ganzheitlich-vernetztes, alle Kräfte, Fähigkeiten und Talente der Schülerin/des Schülers einbeziehendes Lernen sein, das nicht nur traditionsorientiert ist, sondern dazu anleitet, sich auf Neues, Ungewohntes, Ungeklärtes einzulassen und damit fertig zu werden.

3. Exzellente Gymnasien – Gymnasien mit Maximalstandards

An jedes Gymnasium richtet sich die Erwartung, ein gutes Gymnasium zu sein, und das heißt, den schulformspezifischen Anforderungen zu genügen, wie sie in den vorangehenden Abschnitten ausgeführt wurden. Von Gymnasien, die Exzellenz (lat.: excellentia: Erhabenheit, Vorzüglichkeit, Vortrefflichkeit, Ausgezeichnetheit) beanspruchen, muss darüber Hinausgehendes erwartet werden. Exzellente Gymnasien erheben Qualitätsansprüche und lösen Qualitätsansprüche ein, denen nicht jedes, auch noch so gute Gymnasium genügen muss. Sie brauchen allerdings nicht in allen pädagogisch-didaktischen Bereichen gleiche Besonderheit aufzuweisen, um so bezeichnet zu werden; Exzellenz ist nämlich in der Regel eine domänenspezifische Präferenz, die auf Verknüpfung angelegt ist. Man spricht hier auch von „Leuchtturm-Schulen".

Von Exzellenz ist immer dann die Rede, wenn einer Sache, einer Institution oder einer Person eine außergewöhnliche Qualität zugesprochen wird, eine Beschaffenheit, die sie im Vergleich mit anderen über vorhandene Maßstäbe und über ein legitimerweise erwartbares Maß hinaushebt. Im Feld der Exzellenzforschung haben Wissenschaftler (vgl. bes. Ferrari, Gardener, Renzulli, Anderson, Horn/Hofer, Carroll) herausgefunden, dass zur Erbringung und Erlangung von Exzellenz Spezialistentum und Detailkenntnis mit allgemeiner Denk- und Problemlösefähigkeit, mit Transferdenken und mit kontextuell-kulturell-sozialer Interaktionsfähigkeit verbunden sein muss. Nötig sind ferner die kontinuierliche Reflexion über gesteckte Ziele und eingesetzte Methoden, das Herausfinden besonderer Stärken und Ressourcen sowie schließlich eine Fehlerkultur, die Fehler nicht als Irrtümer verteufelt, sondern als auszuschließende Lösungen, die neuen Ideen und Verbesserungen den Weg weisen. Menschen, die in ihrem Tun Exzellenz erreichen wollen, brauchen folgende Dispositionen: hohe Intelligenz, Kreativität und Metakognition, verbunden mit Persönlichkeitsfaktoren wie Neugier, Energie, Durchhaltevermögen und hohe Selbstansprüche (vgl. McLeod 1989). Diese Dispositionen müssen nicht alle von Anfang an vorhanden sein, sie können sich auch bei der Arbeit einstellen und entwickeln. Die Flow-Theorie (vgl. Csikszentmihalyi 1997) belegt eindrucksvoll, dass Exzellenz nicht nur durch hohe Anstrengungen, Mühen und Arbeit erlangt werden kann, sondern auch durch Spiel, Spaß, Genuss und Befriedigung beim Ausführen von anregenden Aufgaben, durch Selbstwirksamkeitserfahrungen und Inspiration. Aus der Experten-Novizen-Forschung weiß man, wie bedeutsam gut strukturiertes Wissen (intelligentes Wissen), routinierte Transferkompetenz (Vernetzung, Anwendung), strategisches Können, Metakognition, Motivation und Selbstregulation für die Entstehung von Expertise und Exzellenz sind.

Vortrefflich kann ein Gymnasium auf verschiedenen Ebenen (Schulorganisation, Einzelschule, Lehrer-Schüler-Interaktion) und im Bezug auf unterschiedliche didaktisch-pädagogische Bereiche (Lehr- und Lerninhalte, Methoden, Metakognitionen, Schülerverhalten, Lehrerverhalten) sein. Maximalstandards, also Leistungsergebnisse (i. w. S. d. W.), die über das übliche Maß hinausgehen und Leuchtturmqualität haben, könnten erreicht werden, wenn Gymnasien sich konzeptionell in bestimmten Aspekten profilieren, mit dieser Profilierung experimentieren und die dabei erzielten Ergebnisse zur Weiterbildung an andere Gymnasien geben. Beispiele für eine solche Orientierung an Maximalstandards könnten sein:

- Das Gymnasium befasst sich speziell mit der gezielten Diagnose und Förderung von Hochbegabung und domänenspezifischer Leistungsexzellenz bei Schülern/Schülerinnen und entwickelt dafür eigene organisatorische, didaktische und pädagogische Konzepte.

- Das Gymnasium setzt einen Akzent auf die modelltheoretische Reflexion gesellschaftlicher Probleme und bezieht die Kooperation mit außerschulischen Lernorten (Wirtschaft, Handwerk, Industrie, Verwaltung, Kultur- und Sozialinstitutionen usw.) in den Pflichtbereich des Unterrichts ein.
- Das Gymnasium sichert die Wissenschaftsorientierung durch Kooperationsverträge mit regionalen Hochschulen und Universitäten, bei denen die Zusammenarbeit von der ersten Gymnasialklasse an bis zum Frühstudium für besonders qualifizierte Schüler/Schülerinnen reicht.
- Das Gymnasium setzt einen besonderen Schwerpunkt in einem neuartigen Zuschnitt der Einzelfächer, indem es einen vernetzten Wissenschaftsbegriff zugrunde legt (z.B. im Bereich Sprachen: Mehrsprachigkeitsdidaktik mit Integration aller unterrichteten Sprachen, mit berufsbezogenen Fachsprachenkursen, mit schülerorientiertem Fremdsprachen-/Sprachenangebot usw.).
- Das Gymnasium nimmt sich vor, die personalen Kompetenzen, die in der künftigen Berufswelt besonders wichtig sind, in allen Unterrichtsfächern besonders zu beachten und dafür spezielle Schülertrainings zu organisieren (vgl. Teamfähigkeit, Eigenverantwortlichkeit, Methodenkompetenz, Wissensmanagement, Selbstvermarktung usw.) und die von den Schülern dort erzielten Fortschritte in die Leistungsbewertung einzubringen.
- Das Gymnasium beachtet speziell die neuen Formen der geistigen Arbeit und deren Konsequenzen für das Berufs- und Alltagsleben der zukünftigen Akademiker und Beschäftigten; dazu organisiert es die Unterrichtsfächer entsprechend um und thematisiert die Probleme von Arbeit als subjektivierendem Handeln, entsinnlicht, zeit- und ortsungebunden, die Life-Balance betreffend usw. im Sinne einer Vorbereitung auf die Berufstätigkeit der Gymnasialabsolventen.
- Das Gymnasium setzt verstärkt auf seine Rolle als geistig-kulturelles Zentrum der Kommune und bringt sich mit Theater, Musical, Konzerten, Sportevents usw. in das Veranstaltungsprogramm ein.
- Das Gymnasium entwickelt sich zu einem Medienkompetenzzentrum und stellt die Medienpraxis, die Mediennutzung, die Medienpädagogik und die Mediendidaktik in den Mittelpunkt des Lehr-Lern-Geschehens in allen Unterrichtsfächern.
- Das Gymnasium entwickelt ein Verständnis von Gymnasium als Schulgemeinde, in der Lehrer, Schüler, Eltern und außerschulische Experten sich insbesondere um eine gelingende Persönlichkeitsentwicklung der anvertrauten Kinder und Jugendlichen bemühen, in der Lehrer sich als Tutoren

oder Mentoren ihrer Schüler sehen, deren Aufgabe es ist, im Miteinander mit anderen Bezugspersonen und im Sinne einer solidarischen Leistungsgemeinschaft jedem Schüler zur bestmöglichen Entfaltung seiner Talente zu verhelfen.

Diese Liste ist eine offene Liste; sie will nur Beispiele ansprechen. Den Beispielen gemeinsam ist die Fokussierung eines Gymnasiums auf eine spezifische Programmatik, die Leitbild für das Agieren und Reagieren aller in der Schule Tätigen ist, die regelmäßig evaluiert und permanent optimiert wird und die das Maß für die Institutionalisierung abgibt. Das bedeutet: Die Exzellenz-Projekte überschreiten intraschulisch die Fächergrenzen (Interdisziplinarität) und sind interschulisch auf Vernetzung mit anderen Gymnasien angelegt. Exzellente Gymnasien dieser Art sind nicht nur Leuchttürme, sie sind auch „Labors", von deren Ergebnissen andere Schulen profitieren können und sollen. Die Center of Excellence-Schulen, die in Bayern arbeiten und im folgenden Text auch zu Wort kommen, verstehen sich so und haben sich auch so verpflichtet.

Literatur

Csikszentmihalyi, M. (1997): Kreativität. Stuttgart (3. Aufl.)
Liebau, E./Mack, W./Scheilke, C. T. (Hrsg.) (1997): Das Gymnasium. Alltag, Reform, Geschichte, Theorie. Weinheim
Liedtke, M. (Hrsg.) (1998): Gymnasium. Neue Formen des Unterrichts und der Erziehung. Bad Heilbrunn
McLeod, J./Cropley, A. (1989): Fostering Academic Excellence. Oxford
Oelkers, J. (1998): Gymnasiale Bildung als Herausforderung der Wissensgesellschaft. In: *Freisel, L./Kretzer, H./Schmidt, A.* (Hrsg.): Das Gymnasium zwischen Tradition und Wissenschaftskultur. Oldenburg S. 59–84
Wiater, W. (2001): Überlegungen zu einer Theorie des Gymnasiums. In: *Melzer, W./Sandfuchs*, U. (Hrsg.): Was Schule leistet. Weinheim, S. 149–173

Katrin Reinartz

Exzellenz von Schulen. Terminologische und geschichtliche Verortung

Das Thema Qualität in Schule, Unterricht, Erziehung und Bildung ist seit einigen Jahren im deutschen Bildungswesen zum zentralen Diskussionsgegenstand geworden. Exzellenzinitiativen reihen sich in diese Veränderungen von Schule ein. Im Folgenden soll der Gegenstandsbereich von Qualität und Exzellenz terminologisch geklärt werden; dabei wird auf die Entwicklung der Exzellenzdebatte eingegangen.

1. Begriffliche Klärungen

Exzellenz ist auf das lateinische Substantiv *excellentia* zurückzuführen und bedeutet *Erhabenheit, Vortrefflichkeit, Vorzüglichkeit*; es wurde in Deutschland im 16. Jahrhundert aus dem Französischen *excellence* entlehnt. Das im amerikanischen Sprachgebrauch geläufige Substantiv *excellence* ist im Deutschen bisher wenig mit der oben genannten Bedeutung verbunden; die direkte und scheinbar gleichbedeutende Übersetzung von englisch *excellence* findet sich im deutschen Sprachgebrauch als Anrede an hochgestellte Persönlichkeiten im diplomatischen Verkehr und wird mit hohen Würdenträgern in Verbindung gebracht. Daher hat sich im Deutschen das Englische *excellence* behauptet. Als Adjektiv allerdings untersteht *excellent/exzellent* im Deutschen wie im Englischen der gleichen Verwendung. In beiden Fällen bezeichnet es eine ausgezeichnete, hervorragende, vortreffliche, prachtvolle Eigenschaft, die auf eine außergewöhnlich hohe Qualität hindeutet. Im Anschluss an diese adjektivische Verwendung (sowie an die terminologischen Ursprünge) wird im Folgenden von *Exzellenz* als *etwas, das außergewöhnlich hohe Qualität aufweist und mit außergewöhnlichen Eigenschaften versehen ist*, gesprochen. *Exzellenz* ist nicht im genetischen Code verankert, sondern wird erworben bzw. erlernt, wobei die Autoren hinsichtlich der Art und Weise des Erwerbs unterschiedlicher Auffassung sind (Ferrari 2002). Biologische und physiologische Dispositionen sind zwar mitentscheidend beim Kompetenz- bzw. Exzellenzerwerb, aber die generelle Fähigkeit zu Exzellenz hängt nicht primär von genetischen Besonderheiten ab.

Die aktuellen Exzellenztheorien betonen, dass Wiederholungen, Transfer und Vernetzung mit anderen Wissensfeldern zur Festigung der in Synapsennetzen angelegten Wissenspfade führen und dass harte Arbeit, Training und

Wiederholungen zu Exzellenz führen können (Ericsson 1996, Ericsson/Charness 1994, Ericsson/Smith 1991, Zimmerman 2002). Ericsson (Ericsson/Charness 1994) unterscheidet allerdings beim Erwerb von Exzellenz den Bereich der Arbeit und des Spiels/Sports. Er betont, dass allein durch Anstrengung, Mühe und Arbeit höchste Exzellenz nicht erworben werden kann. Das Spiel bietet neben der Belohnung für den Sieger auch die intrinsische Motivation, die Csikszentmihalyi (1997) als *the flow* bezeichnet. In der Verbindung von Anstrengung, Training und Spiel ist ein weitaus schnellerer und umfassenderer Erwerb von Exzellenz zu erwarten. Die aktuellen Theorien betonen auch für den Bereich der Schule verstärkt die Entwicklungsfähigkeit von Expertise bzw. Exzellenz (vgl. Mascolo et al. 2002).

Exzellenz umfasst zunächst Spezial- und Faktenwissen, vor allem allgemeine Denkfähigkeiten, Analyse- und Kritikfähigkeit, Flexibilität, Kreativität als De-, Re- und Neukonstruktion von Wissen, Handlungsstrategien bezüglich bekannter und neuartiger Situationen sowie Transferdenken und praktischen Bezug des Wissens (Ferrari 2002). Exzellenz bezieht sich aber auf eine soziale Dimension, denn strategisches Wissen wird besonders in der Interaktion zwischen Individuum und sozialem Kontext (kulturelle Institutionen, Erwartungen und Normen) eingesetzt. Exzellenz ist weder eine isolierte, statische Fähigkeit, noch eine Eigenschaft, sondern eine Kunstfertigkeit, die sich erst in ihrer Ausübung erweist. Gardener beschreibt drei Schlüsselcharakteristika exzellenter Personen (Ferrari 2002; Gardener 1997): *reflecting* als der Prozess der Selbstreflexion und Abwägung der eigenen Ziele und Mittel in Relation zum gegebenen Kontext, *leveraging* als die Fähigkeit, eigene Stärken und Schwächen zu identifizieren und in beidem den Vorteil zu suchen, und *framing* als die Fähigkeit, eigene Niederlagen anzuerkennen und aus ihnen zu lernen.

Exzellenz meint außergewöhnliche, ausgezeichnete Fähigkeiten, die sich in verschiedenen Lebensbereichen zeigen können. Der Begriff deutet dabei auf eine Spezialisierung hin. Exzellente Personen sind nicht auf allen Gebieten perfekt, sondern in einem bestimmten Bereich Spezialisten, die auf ihre Stärken vertrauen können. Vorhandene Schwächen und Fehler werden als Teil des Selbst und als Möglichkeiten der Selbstverbesserung wahrgenommen. „Mistakes that are acknowledged and serve for self-improvement or that advance domain-specific knowledge are a very different thing than are the mistakes of those who fail to meet the necessary standards of excellence in a domain" (Ferrari 2002 S. 225). McLeod (1989) weist Exzellenz folgende psychologischen Komponenten zu: *High IQ; Creativity* and *noncognitive factors* as energy, enthusiasm, vigor, vitality, willpower, perseverance, persistence, striving, sacrificing for goals, ambition, competitiveness, high aspirations, curiosity, exploration and risk taking (vgl. McLeod 1989, S. 24 ff.). Mit der Darstellung eines *three ring-Modells* von Exzellenz zeigt der Autor das Zusammenwirken der psychologischen Komponenten und bezieht sich dabei auf die Ausführungen von Renzulli (1977) und Hallahan/Kauffman (1978). Die drei Hauptkomponenten *Hoher IQ, Kreativität* und *nicht-kognitive Faktoren* müssen sowohl unter dem Gesichtspunkt der individuell-dispositionellen Eignung zu Exzellenz gesehen, als auch mit der Möglichkeit und Motivation, Exzellenz zu erwerben, korreliert werden (McLeod 1989). Zahlreiche Autoren verwenden Exzellenz in Zusammenhang mit dem Qualitätsbegriff sowie innerhalb des Wortfeldes *Qualität, Effizienz, Effektivität. Qualität* bedeutet soviel wie *Beschaffenheit, Güte, Wert einer Sache*. Etymologisch ist der Begriff auf das lateinische Substantiv *qualitas* (= Beschaffenheit, Verhältnis, Eigenschaft) bzw. auf das Adjektiv *qualis,-e* (= (irgend-) wie beschaffen) zurückzuführen. Der Gebrauch des im 16. Jahrhundert entlehnten Fremdwortes ist zum Teil von französisch *qualité* beeinflusst worden und bezeichnet seither in unserem Sprachgebrauch etwas Positives, etwas von Güte, etwas mit einer positiven Beschaffenheit. Die in die Qualitätsdebatte häufig eingebrachten Begriffe Erfolg, Effektivität, Effizienz, Wirksamkeit stehen in unmittelbarem Zusammenhang. Effizienz – als das Fremdwort zu Wirksamkeit – und Effektivität wurzeln im lateinischen Verb *efficere* (= herausbringen, hervorbringen, bewirken, zu Ende bringen, zuwege bringen). Das abgeleitete Substantiv *effectus* meint Wirksamkeit, *Vollendung, Wirkung, Erfolg*. Nach den etymologischen Wurzeln kann Effizienz als ein Prozess verstanden werden, der etwas zu Ende bringt und damit eine Wirkung erzielt. Diese Wirkung hängt von den gesetzten Zielen ab, weniger von einem prinzipiellen Gütemaßstab. Häufig wird von Effizienz bei Kosten-Nutzen-Rechnungen gesprochen, weshalb dem Begriff eher wirtschafts- und technikbezogene Assoziationen anhaften. Qualität kann effizient sein, muss es aber nicht zwingend. Effiziente Prozesse bringen im ursprünglichen Sinn etwas hervor, dessen Qualität in Relation zu dem angelegten Maßstab steht. Effizienz als das Verhältnis von Aufwand und Nutzen beschäftigt sich mit Mitteln, Zielen, Wegen und Nebenwirkungen. Ob ein Verhältnis zwischen dieser relationalen Sichtweise und dem Bereich der Erziehung, speziell dem Bereich der Schule, besteht, wird in der deutschen Literatur kontrovers diskutiert. Wenn in der internationalen Diskussion dennoch Begriffe wie Effektivität und Qualität gleichgesetzt werden, muss immer der Kontext beachtet werden. Der Begriff *school effectiveness* zielt nicht allein auf die Effekte, die nachweisbaren Wirkungen und Outcomes schulischer Erziehung und Bildungsbemühungen ab, sondern impliziert die Schulqualität mit ihren Spezifika ebenso wie prozedurale Gesichtspunkte. Der Qualitätsbegriff lässt sich weiter differenzieren, indem man unterschiedliche Begriffsverständnisse anlegt. Danach ist Qualität ein Begriff mit relativer Natur, der keiner allgemein anerkannten Definition zuzuordnen ist (Harvey/Green 2000, Heid 2000). Erstens verstehen verschiedene Personen und Interessensgruppen Unterschiedliches unter Qualität, zweitens kann sich Qualität auf Ergebnisse und Prozesse beziehen und drittens entscheidet der Kontext wesentlich über das angelegte Qualitätsverständnis (Reynolds et al. 2002). Es handelt sich dabei aber nicht um verschiedene Perspektiven auf ein und dieselbe Sache, sondern um verschiedene Perspektiven auf unterschiedliche Dinge, die allerdings mit dem gleichen Begriff belegt werden (Harvey/Green 2000). Diese Relationalität macht die Eigenart von Qualität aus. Doch vollkommen variabel interpretierbar ist der Qualitätsbegriff trotz der unterschiedlichen Sichtweisen nicht. Der Qualitätsbegriff ist zwar schwer zu fassen, er ist unscharf aufgrund unterschiedlicher Wertimplikationen und unterliegt der Kontextbezogenheit, doch er ist nicht beliebig. Qualität wird nicht irgendwelchen, sondern nur solchen Gegenständen zugeschrieben, die bestimmte Eigenschaften oder Merkmale besitzen oder sich durch bestimmte Beschaffenheit „auszeichnen" (Heid 2000). Setzt man Qualität und Exzellenz in Beziehung, ist festzustellen, dass Exzellenz eine Leistungsspitze innerhalb hoher Qualität darstellt.

Für den schulischen Kontext ist neben der Exzellenz von Personen auch die Exzellenz von Institutionen und Organisationen relevant. Die Schule als Institution und Organisation gilt als Regelsystem, das einen bestimmten Ordnungszustand bewirkt; sie zielt auf die Erfüllung von individuellen und gesellschaftlichen Grundbedürfnissen, ist dabei auf Anerkennung durch die Gesellschaft angewiesen und von relativer Dauer. Als relativ großes soziales Gebilde mit einem klar definierten Mitgliederkreis, interner Rollendifferenzierung und Hierarchie, Autoritäts- und Kommunikationsstruktur sowie Zielorientierung und Rationalität zeichnet sich die Schule als Organisation aus. Aufgrund der Ziele, Funktionen, Mitglieder und der internen Struktur wird die Schule als soziale Organisation verstanden. „Im Unterschied zu anderen Institutionen (...) ist die Schule eine organisierte Institution, insofern sie ein soziales Gebilde ist, das zweckrational geplant, strukturiert, koordiniert und kontrolliert, mit kollektiver Identität versehen bestimmte Ziele verwirklicht" (Wiater 2006, S. 57).

Die Schule gilt als eine Organisation mit spezifischem Organisationsprofil. In Schulen können Zielstrukturen aufgrund des breiten Interpretationsspielraums nicht ohne weiteres auf einen Nenner gebracht werden. Die Einzelschule ist durch eine „flache Hierarchie" gekennzeichnet, der Unterricht ist nur begrenzt technologisierbar, wobei ein dichter Kontakt zwischen Lehrern und Schülern besteht. Schule ist insofern eine besondere Organisation, als für sie die klassische Bürokratiedefinition unzureichend scheint. Mintzberg (1983) hat die Besonderheit der Organisation Schule mit deren Bezeichnung *professional bureaucracy* herausgestellt. Die Besonderheit der Organisation zeigt sich auch in ihrer Bezeichnung als *lernende Organisation*. Wichtige Bausteine einer lernenden Organisation sind nach Senge (2006) – fünf so genannte Kerndisziplinen – die Bereitschaft, Lernen und Wachstum zu fördern, das Sichtbarmachen tiefverwurzelter mentaler Modelle, das Freilegen und die Bündelung gemeinsamer Zukunftsbilder, die Teambildung sowie das Systemdenken als die Verbindung der vier Disziplinen zu einer ganzheitlichen Theorie und Praxis. Die lernende Organisation Schule setzt auf kleine Einheiten und Teamarbeit; sie stellt damit eine flexible Ganzheit dar. Daraus folgend ist Schule eine Integration unterrichts- und verwaltungsmäßiger Strategien auf dem Niveau der relativ autonomen, kleinen Einheiten, der konsequenten Rückkoppelung, Dynamik, Innovation und Schülerorientierung.

Die Schule kann mit Rückgriff auf Vertreter der so genannten „naturalistischen Soziologie" und auf die amerikanische Sozial- und Kulturanthropologie als soziale Organisation bezeichnet werden. Die soziale Organisation Schule wird als Gesamtheit einer sozialen Lebensordnung, als „soziale Totalität" (Peter 1973), charakterisiert. Um einen institutionellen Zweck ins Werk zu setzen, bedarf es eines organisatorischen Rahmens und eines administrativen Apparates, weil Institutionen ihre Aufgaben gleichmäßig, allgemein und öffentlich erfüllen sollen (Holstein 1972). Die Besonderheit der Institution und Organisation Schule ist der offene Systemcharakter. Die systemische Organisationstheorie betrachtet die Schule als *open-system-model* und geht damit über Talcott Parsons struktur-funktionalistischen Ansatz hinaus. Die systemische Organisationstheorie lenkt den Blick auf die in Organisationen handelnden Individuen (vgl. Wiater 2006, S. 53 ff.), deren Selbstverwirklichungsbestrebungen sowie die Beziehungen zwischen den Mitgliedern der Organisation und der Organisation als soziale Einheit. Simon (2007) bezeichnet Organisationen als keine dinglichen Entitäten, sondern als Prozesse, die immer aufs Neue realisiert werden müssen. Die Veränderung oder Nicht-Veränderung von Organisationen hängt von den Handlungs- und Kommunikationsprozessen der Mitglieder ab (vgl. Simon 2007, S. 16 ff.).

Betrachtet man die Exzellenz der Organisation Schule, rücken Qualitätsmodelle, die eine offene Grundstruktur haben und mehrere Vorgehensweisen ermöglichen, in den Fokus. Unabhängig von der Art des Qualitätsmodells müssen auf dem Weg zu Exzellenz verschiedene Bereiche einer organisierten Institution (sie werden auch als neun Kernelemente bezeichnet) berücksichtigt werden: Führung, Mitarbeiter, Politik und Strategie, Partnerschaften und Ressourcen, Prozess, mitarbeiterbezogene Ergebnisse, kundenbezogene Ergebnisse, gesellschaftsbezogene Ergebnisse, Schlüsselergebnisse der Organisation. Innerhalb dieser Kernelemente gilt es, Verbesserungen systematisch, strukturiert und nachhaltig anzustreben (vgl. http://www.deutsche-efqm.de/inhseiten/247.htm). Die innere Struktur der Organisation Schule ist für Qualität im Allgemeinen und Exzellenz im Besonderen mitentscheidend. In diesem Zusammenhang hat sich in der Praxis der Schulentwicklung die Einrichtung von Steuergruppen bewährt. Dieses Strukturierungselement kann den Bereichen Führung und Mitarbeiter zugeordnet werden und vermittelt *top down*- und *bottom up*-Prozesse.

Die Kernelemente des Qualitätsmanagements zu kennen und möglichst gut zu gestalten, führt noch nicht zu Exzellenz. Haas/Haan/Schnurr (2006) benennen die wichtigsten Erfolgsfaktoren für exzellente Unternehmen. Auf die Frage „Was machen exzellente Unternehmen anders?" antworten sie mit 7 Leitsätzen:

- Exzellente Unternehmen sind gekennzeichnet durch ein ständiges Streben nach Perfektion und Spitzenleistung nach dem Motto „Heute ist unser schlechtester Zustand".
- Sie sind geprägt durch persönliches Vorleben und Engagement der Führung.
- Tägliche, dynamische Verbesserung ist Kernkompetenz.
- Sie nutzen internationale Standorte und globale Netzwerke für die Stärkung ihrer Position – auch der heimischen Standorte.
- Sie beziehen ihre Lieferanten, die gesamte Supply-Chain, in alle Überlegungen mit ein.
- Sie beherrschen und managen Komplexität getreu der Erkenntnis: „Die Steigerung von intelligent ist … einfach!"
- Sie treiben BestPractice über ein handlungsorientiertes Wertschöpfungssystem aktiv und kontinuierlich voran (Haas/Haan/Schnurr 2006, S. 21).

Betont wird, dass Wertschöpfungssysteme den Handlungsrahmen für Exzellenz bilden. Damit sind folgende Faktoren angesprochen: Zielorientierte Führung und Zusammenarbeit, Ordnung und Sauberkeit, Prozessqualität und Leistung, Flexibilitätsmanagement und systematische Verbesserung. Der Aufbau von Wertschöpfungssystemen erfolgt durch die Erarbeitung von Best Practices, die Implementierung von Standards und die Multiplikation von Wissen. Das von Haas/Haan/Schnurr beschriebene Vorgehen hin zu exzellenten Unternehmen kann nicht ohne Reibungsverluste auf die soziale Organisation Schule übertragen werden, denn Bildungsabnehmer sind Kunden besonderer Art. Damit relativiert sich technologisches Wirkungsdenken. Bildung ist nicht freien Marktkräften unterworfen und unterliegt einer eingeschränkten Marktlichkeit. Schulen unterliegen der öffentlichen Verantwortung. Bei der Übertragung von Managementkonzepten muss die Besonderheit pädagogischer Qualität berücksichtigt werden. Pädagogische Qualität ist nicht die Beschaffenheit des Produktes „Bildung", sondern bleibt immer eine subjektive Leistung, die nicht gänzlich technologisierbar ist. Dennoch sind die aus Wirtschaft und Unternehmensführung kommenden Leitsätze innerhalb schulischer Qualitätsmanagementsysteme (beispielsweise EFQM vgl. S. 116) adaptierbar.

2. Geschichtliche Aspekte

Die explizite Forderung nach Exzellenz im Bildungs- und Erziehungssystem entwickelte sich zunächst im angloamerikanischen Raum. Mit dem Aufstieg des politischen Konservatismus wurde deutlich, dass das Streben nach Gleichberechtigung im Erziehungs- und Bildungssystem zu kostspielig und der selektiven Funktion der Schule abträglich war (Zajda et al. 1995). Öffentliche und politische Debatten über eine Reform des Schulsystems wurden geführt. Gleichzeitig wurde der Begriff der Exzellenz in die Diskussion eingebracht. Hierbei wurde argumentiert, dass qualifiziertere Absolventen eine Stärkung der amerikanischen Wirtschaft und Technik zur Folge hätten. Um diesen Forderungen im Ganzen gerecht zu werden, wurden die staatlichen Finanzen im Bereich der höheren Bildung konzentriert. Exzellenz wurde als das Ziel gesehen, das den Horizont der Erziehungsbemühungen absteckt. Unterstützt wurde diese Bewegung 1983 durch den Report "A nation at risk: The imperative of Education Reform", der die Gefahr heraufbeschwor, dass Amerika im wissenschaftlichen und technologischen Bereich hinter andere Nationen falle. Um seine Vormachtstellung wieder zu erlangen, solle Amerika seine Schulen dahingehend verbessern, dass diese den neuen Herausforderungen der Leistungsgesellschaft gerecht werden. Hier zeigte sich eine funktionalistische Sichtweise, die auch als *new social functionalism* bezeichnet wurde. In öffentlichen Diskussionen der 1980er Jahre war Exzellenz der meist gehörte Begriff (vgl. Zajda et al. 1995). Unterstützt wurde dies durch nationale Politiker, Nicht-Regierungs-Organisationen wie das Committee on Efficiancy and Effectiveness in Higher Education sowie durch internationale Bestrebungen der OECD und IEA. Diese entwickelten mit Hilfe von Statistiken und Leistungsergebnissen Leistungsindikatoren mit dem Ziel einer Effizienzsteigerung im Bildungsbereich. Das 1989 von der OECD veröffentlichte Buch "Schools and quality, an international Report." zeigte bereits Charakteristika guter Schulen auf wie zum Beispiel Attraktivität, Dienst für die Allgemeinheit, Kongruenz, Berücksichtigung der Besonderheit der Schüler, Effektivität, Funktionalität und Wachstumsorientierung. Damit stützte sich die OECD-Studie auf die von Berquist und Armstrong (1986) dargelegte Einteilung. Mit diesen internationalen Berichten wurde implizit Druck auf die US-Regierung ausgeübt. Weiterhin wurde damit das funktionalistisch-instrumentalistische und neo-konservative Qualitätskonzept forciert.

Das bedeutete für die Erziehungs- und Bildungssysteme in den USA eine weit strengere Prüfungspraxis und ein konzentrierteres Kerncurriculum, was zu einem verlässlicheren Fortschreiten der Schüler und damit zu einem Qualitätsfortschritt der Schulen insgesamt führen sollte. Die 1990er Jahre wurden schließlich im US-amerikanischen Raum zu dem Jahrzehnt für Qualität im Erziehungs- und Bildungssystem vor allem im Bereich der höheren Bildung. Ende der 1990er Jahre spiegelte sich in den Debatten über Bildungsqualität und Exzellenz insgesamt eine technisch-rationale Sichtweise wider, in der die Frage des „Wie" mehr in den Vordergrund rückte als die Frage des „Warum". Dieser technisch-rational konzipierten und damit statischen Sichtweise von Qualität in Erziehungs- und Bildungssystemen steht das dynamische „negotiated order model" diametral entgegen. Hierbei werden menschliche Interaktionen, die Interpretation von Situationen und „negotiation of meanings" in den Fokus gerückt. Lehrer und Verwaltung partizipieren an dem Qualitätsprozess. Im „negotiated order model" wird Qualität in dynamischen und interdependenten *patterns of quality* dargestellt, wobei die Möglichkeit und Notwendigkeit einer Qualität für alle betont wird. Das Konzept der *quality for* all geht auf den amerikanischen Soziologen George Counts (1889 – 1974) zurück. In seinem 1932 erschienen Werk "Dare the School Build a New Social Order?" geht Counts auf die soziologische Dimension der Bildungsforschung und -praxis ein und betont, dass das System Schule mit anderen Systemen der Gesamtgesellschaft interdependent zusammenhängt. Nach Counts soll die Schule der sozialen Entwicklung nicht lediglich folgen, sondern sie auch zu beeinflussen versuchen (Counts 1932).

Das Konzept *quality for all* möchte Schulen in diesem Sinne verbessern. Nicht nur elitäre Randgruppen sondern alle Gruppen sollen an der Qualitätsverbesserung teilhaben. *Quality for all* tritt damit für soziale Gerechtigkeit im Bildungswesen ein, wobei hierbei weniger Gleichmacherei jedweder Qualitätsunterschiede gemeint ist, als vielmehr die Startchancengerechtigkeit zum Ausdruck kommen soll. In der aktuellen Diskussion über Qualität und Exzellenz an Schulen betonen US-Autoren wieder verstärkt die Gleichberechtigung. "The promotion of excellence and equity at the same time in schools is possible but difficult. (...) The two are not at odds; rather, they are dependent on each other" (Zajda et al. 1995, S. 32).

Neben den US-amerikanischen Entwicklungen hat die englische Schulreform weitere Impulse für die deutschen Diskussionen um Schulqualität gegeben. Im Zuge öffentlicher Kritik, knapper Ressourcen und der zunehmenden Forderung nach der Effizienz staatlicher Maßnahmen im Bildungswesen wurde Mitte der 1970er Jahre eine radikale Wende in der englischen Schulpolitik eingeleitet. Ausgangspunkt für die sog. „Great Debate" war die Rede des damaligen Außenministers James Callaghan 1976. Callaghan wies auf die gestiegenen und veränderten Anforderungen in der Arbeitswelt hin und betonte in diesem Zusammenhang den Wert der Bildung und Erziehung durch die Schule. Aufgrund knapper Ressourcen müsse die Schule, so Callaghan, größtmögliche Effizienz im Blick haben. Beides sei durch nationale Standards und eine kontrollierende Schulaufsicht zu erreichen: [...] „next, what is the proper way of monitoring the use of resources in order to maintain a proper national standard of performance; then there is the role of inspectorate in relation to national standards; and there is the need to improve relations between industry and education"(Guardian 2001). Die „Great Debate" führte zu curricularen Veränderungen, zu einer Bestärkung der Verantwortlichkeit des Staates in Bildungsfragen sowie zu einem veränderten Qualitätsverständnis. Die Einführung eines verbindlichen Curriculums (Reformgesetz von 1988), nationale Standards und Tests, die öffentliche Bekanntmachung der Ergebnisse in nationalen Rankings sowie neue Inhalte der Forschung dienen seit den achtziger Jahren der Ermittlung guten und erfolgreichen Unterrichts. Management in Education, leistungsbezogene Zuweisung von Mitteln, nationale Schulevaluationen und öffentliche Rankings markieren derzeit den marktorientierten Charakter der britischen Bildungspolitik.

Eine weitere Akzentsetzung erhält die nationale und internationale Exzellenzdebatte aktuell dadurch, dass besonders hervorragende Schulen als Leuchttürme bezeichnet werden. Die Gruppe der Leuchtturmschulen (*lighthousegroup*) wurde in England/Bradford 1987 als kleine Gruppe gegründet und ist zu einem großen *Alternative Learning Centre* herangewachsen mit *UK Centres* in Bradford/Leeds, Bimingham und London. Ziel der Leuchtturmschulen ist seit ihrer Gründung die Unterstützung der Lernfähigkeiten und Qualifikationen von Kindern und Jugendlichen mit Lernschwierigkeiten. Die Organisation – mit dem Status eines christlichen Wohlfahrtsverbandes und dem Grundgedanken *Quality for All* – will Kindern, die individuelle Krisen zu bewältigen haben, eine zweite Chance für Bildung geben. Bei dem Gedanken der Leuchtturmschulen wird auf die Symbolhaftigkeit des Leuchtturms zurückgegriffen. Als Schifffahrtszeichen, navigatorischer Orientierungspunkt und infrastrukturell gefestigte Einrichtung stellt der Leuchtturm ein Symbol für Sicherheit, Hilfe und sichere Heimkehr dar. Leuchtfeuer gehören zu den ältesten Kommunikationshilfen der Menschheit. Im Zusammenhang mit Exzellenzinitiativen werden Leuchttürme ebenfalls als Wegweiser und Hilfe verstanden. Exzellente Schulen geben anderen Schulen Orientierung und Halt in Fragen spezifischer Schul- und Unterrichtsqualität, so auch im Projekt „Zentren für Schulqualität – Centers of Excellence". Die Kritik, der Leuchtturmbegriff impliziere den Gedanken der Elitenbildung, ist hier nicht angebracht; für das Projekt wurde die Förderung aller Begabungsstufen in allen Jahrgangsstufen explizit genannt und kriterial verankert.

3. Fazit

Das Projekt „Centers of Excellence – Zentren für Schulqualität" ist Teil der Initiativen um qualitätsvolles Unterrichten und Lernen anhand von Qualitätsstandards. Dabei liegt ein Begriffsverständnis zugrunde, das Mehrdimensionalität von Exzellenz und Interdisziplinarität bei gleichzeitiger Schwerpunktsetzung inkludiert. Die Schule kann den Prozess der Entwicklung von Exzellenz unterstützen, indem sie systematisch, für alle Schülerinnen und Schüler Enrichment- und Akzelerationsangebote bereitstellt. Sie baut dabei auf die Anregung von zahlreichen Kompetenzen in einer motivierenden Lernumwelt, einer neuen Lehr-Lernkultur sowie einem veränderten Fehlerverständnis, das Fehler als Möglichkeit der Selbstverbesserung begreift. Schule unterstützt die Exzellenz von Schülerinnen und Schülern, indem sie dazu anregt, selbsttätig, selbstverantwortlich und intrinsisch motiviert zu lernen. Der Exzellenzbegriff bezieht sich dabei auch auf die besondere Qualität und Spezialisierung der Institution Schule. Die im sozialen System Schule Handelnden bringen in ihren Interaktionsstrukturen Exzellenzcharakteristika zum Ausdruck. Die Schule ist insofern in mehrfacher Hinsicht exzellent organisiert und strukturiert, als sie die Prinzipien des Qualitätsmanagements berücksichtigt, eine Spezialisierung systematisch, strukturiert und nachhaltig aufbaut und weiterhin das Ziel *Förderung von Begabungs- und Leistungsexzellenzen der Schülerinnen und Schüler* anstrebt.

Literatur

Berquist, W. H./Armstrong, J. C. (1986): Planning effectively for Educational Quality. San Francisco
Counts, G. S. (1932): Dare the School Build a New Social Order? New York
Csikszentmihalyi, M. (1997): Finding flow: The psychology of engagement with every day life. New York
Ditton, H. (2000): Qualitätskontrolle und Qualitätssicherung in Schule und Unterricht, ein Überblick über den Stand der empirischen Forschung. In: *Helmke, A.; Hornstein, W.; Terhart, E.* (Hrsg.): Qualität und Qualitätssicherung im Bildungsbereich: Schule, Sozialpädagogik, Hochschule. In: Zeitschrift für Pädagogik, 41. Beiheft. Beltz Verlag, Weinheim und Basel, S. 73–92
Ericsson, K.A. (Hrsg.) (1996): The road to excellence. Mahwah
Ericsson, K.A./Charness, N. (1994): Expert performance: its structure and acquisition. New York
Ericsson, K. A. / Smith, J. (1991): Toward a general theory of expertise: Prospects and limits. Cambridge
Ferrari, M. (Hrsg.) (2002): The Pursuit of Excellence Through Education. London
Gardener, H. (1997): Extraordinary minds: Portraits of four exceptional individuals and an examination of four own extraordinariness. New York
Guardian (2001): Towards a national debate. In: http://education.guardian.co.uk/thegreatdebate/story.html)
Haas, M./Hahn, M./Schnurr, M. (2006): Mit Konsequenz zur Exzellenz. Stuttgart
Hallahan, D. P./Kauffman, J. M. (1978): Exceptional Children. Englewood Cliffs
Harvey, L./Green, D. (2000): Qualität definieren. Fünf unterschiedliche Ansätze. In Helmke, A.; *Hornstein, W.; Terhart, E.* (Hrsg.): Qualität und Qualitätssicherung im Bildungsbereich: Schule, Sozialpädagogik, Hochschule. In: Zeitschrift für Pädagogik, 41. Beiheft. Weinheim und Basel, S. 17–39
Heid, H. (2000): Qualität, Überlegungen zur Begründung einer pädagogischen Beurteilungskategorie. In: *Helmke, A.; Hornstein, W.; Terhart, E.* (Hrsg.): Qualität und Qualitätssicherung im Bildungsbereich: Schule, Sozialpädagogik, Hochschule. In: Zeitschrift für Pädagogik 2000, 41. Beiheft. Beltz Verlag, Weinheim und Basel, S. 40–56 Heilbrunn
Holstein, H. (1972): Die Schule als Institution. Zur Bedeutung von Schulorganisation und Schulverwaltung. Ratingen
Mascolo, M. F. et al. (2002): Pathways to Excellence. In: *Ferrari, M.* (Hrsg.) (2002): The Pursuit of Excellence Through Education. London, S. 113–146
McLeod, J./Cropley, A. (1989): Fostering Academic Excellence. Pergamon Press, Oxford
Mintzberg, H. (1983): Structure in fives. Designing effective organizations. N.J.
Peter, H.-U. (1973): Die Schule als soziale Organisation. Weinheim
Redeker, G. (Hrsg.) (2001): Qualitätsmanagement für die Zukunft – Business Excellence als Ziel. Shaker Verlag, Aachen
Renzulli, J. S. (1977): The enrichment triad modes: A guide for developing defensible programs for the gifted and talented. Wethersfield
Reynolds, D. et al. (2002): World class schools, International perspectives on school effectiveness. New York
Sattelberger, T. (Hrsg.) (1996):Die lernende Organisation: Konzepte für eine neue Qualität der Unternehmensentwicklung. 3. Auflage. Wiesbaden
Senge, P. M. (2006): Die fünfte Disziplin. Kunst und Praxis der lernenden Organisation. Stuttgart
Simon, F. B. (2007): Einführung in die systemische Organisationstheorie. Heidelberg
Wiater, W. (2006): Theorie der Schule. 2. Auflage. Donauwörth
Zajda, J./Bacchus, K./Kach, N. (Hrsg.) (1995): Excellence and Quality in Education. Albert Park
Zimmerman, B. J. (2002): Excellence from a self-regulatory perspective. In: *Ferrari, M.* (Hrsg.): The Pursuit of Excellence Through Education. London

I. TEIL: Theorie

Lernen und Lehren am Gymnasium

Horst Siebert

Lernen als Konstruktion von Bedeutungen

1. Das Anregungspotenzial der Gehirnforschung

Die Gehirnforschung und die Erkenntnistheorie des Konstruktivismus haben in den vergangenen Jahren die pädagogische Diskussion belebt. Die Frage, was die Pädagogik von der neurowissenschaftlichen Forschung lernen kann, wird durchaus kontrovers diskutiert. Der Begriff *„Neurodidaktik"* (Herrmann 2006) suggeriert, dass pädagogisches Handeln aus Erkenntnissen über die Struktur und Funktionsweise des Gehirns abgeleitet werden kann. Doch das ist m.E. ein Irrtum. Der Aufbau neuronaler Netzwerke, die Funktionen der Synapsen und die Ausschüttung von Neurotransmittern sagen wenig darüber aus, welche Inhalte aus welchen Motiven und zu welchem Zweck gelernt werden. Die Gehirnforschung gibt Aufschluss darüber, wie gelernt wird, nicht aber, was und warum wir lernen. Allerdings ist jeder Lernvorgang neurophysiologisch verankert. Es gibt keine Wahrnehmung, keine Gedanken, kein Gefühl, keine Tätigkeit, die nicht mit biochemischen Substanzen und elektrophysiologischen Erregungen verknüpft wären. Um Lernprozesse zu optimieren, ist es deshalb hilfreich, die Funktionsweise des Gehirns zu kennen (vgl. Spitzer 2003, Roth 2003).

Bildungspraktisch bestätigt die Gehirnforschung vieles, was PädagogInnen immer schon gewusst oder zumindest geahnt haben, z. B. dass nachhaltiges Lernen aktiv, intrinsisch motiviert, sozial situiert ist. Die wichtigste These lautet: Das menschliche Gehirn ist ein operational geschlossenes System, das zwar mit der Umwelt gekoppelt ist, aber doch selbstorganisiert und auf der Grundlage neuronaler Strukturen agiert. Das Gehirn ist zwar aufgeschlossen für Neues, verknüpft das Neue aber mit Bekanntem. Wissen wird also nicht rezeptiv angeeignet, sondern es wird so rekonstruiert, dass es in vorhandene Muster und Wissensnetze „passt". Der Erwerb von Wissen ist also ein höchst eigenwilliger und eigensinniger, ein individuell unverwechselbarer Prozess.

Bedeutungsvolles Wissen wird nicht nach dem Sender-Empfänger-Modell von A nach B transportiert, Wissen entsteht in den Köpfen der Lernenden. Auch bei einem Vortrag kommunizieren die „Zuhörer" vor allem mit sich selber: sie erinnern sich an Bekanntes, suchen Beispiele, formulieren Einwände, oft schweifen die Gedanken ab, gehen ihre eigenen Wege. 20 verschiedene Personen hören 20 unterschiedliche Botschaften.

Das Gehirn verfügt über „Detektoren", nämlich einen *Relevanz*- und einen *Neuigkeitsdetektor* (Spitzer 2003, S. 34). Eine neuronale „Prüfstelle" entscheidet, ob ein Wissensangebot interessant und relevant genug ist, um weiter bearbeitet zu werden. Fällt der Test negativ aus, bleibt ein Wissensinput „kognitives Rauschen". Der Relevanzdetektor verweist darauf, dass das Gehirn aus einer Information dann Wissen konstruiert, wenn ihr eine Bedeutung zugewiesen werden kann, wenn sie also sinnvoll erscheint. Gehirnforscher behaupten sogar, die Suche nach Sinn und Deutungen sei genetisch bedingt: „Die Suche nach Sinn ist angeboren. Das Bedürfnis, Dinge zu verstehen und erklären zu können, ist jedem Menschen zeitlebens eigen" (Arnold 2006, S. 153). Diese These lässt sich evolutionstheoretisch erklären: Wissen ist lebensnotwendig. Bedeutungsvolles Wissen ermöglicht es, Wichtiges von Unwichtigem zu unterscheiden, um lebensdienliche Entscheidungen treffen zu können, auch Zusammenhänge zu erkennen. Subjektiver Sinn ist so ein Auswahlkriterium, um aus der Fülle des möglichen Wissens das Bedeutungsvolle selektieren zu können.
Vereinfacht gesagt: das Gehirn ist ein Organ, das selbsttätig bedeutungsvolles Wissen erzeugt.

2. Die Erkenntnistheorie des Konstruktivismus

Diese Sichtweise des Gehirns ist anschlussfähig an die konstruktivistische Erkenntnistheorie, die behauptet, dass wir die Welt nicht so erkennen, wie sie wirklich ist, sondern dass wir ständig Wirklichkeiten erzeugen, die uns lebbar, viabel erscheinen. Erkennen ist also keine Abbildung der Welt – wie mit einer Photokamera –, sondern eine Konstruktion, die so lange behalten wird, wie sie sich bewährt. Die außersubjektive Realität wird keineswegs geleugnet, aber es wird infrage gestellt, ob wir objektive Wahrheiten erkennen können. Wahrheit – so die Konstruktivisten – ist stets relativ und plural. Fast immer gibt es auch gegenteilige Sichtweisen, die ebenfalls berechtigt sind.

Von den chilenischen Biologen H. Maturana und F. Varela stammt der vielzitierte Satz: „Alles Gesagte ist von jemandem gesagt" (Maturana/Varela 1987, S. 32). Das heißt, alles Wissen ist menschlich und vorläufig; niemand ist im Besitz absoluter Wahrheit. Wirklichkeit ist beobachtungsabhängig. Diese Wirklichkeit ist nicht vorhanden, sondern das Ergebnis von Beobachtungen. Beobachten heißt unterscheiden: wir machen einen Unterschied zwischen „schön und hässlich", „gut und böse", „bedeutsam und bedeutungslos". Die Maßstäbe für diese Bedeutungszuschreibung sind biografisch gewachsen und kulturell gerahmt. Bedeutungen beruhen auf Erfahrungen und Wertorientierungen. Da sich die Lebensverhältnisse und Lebensläufe im Wandel befinden, müssen auch die Deutungsmuster ständig auf ihre Viabilität hin befragt werden.

Nicht selten erweist sich ein Reframing, eine „Umdeutung" und „Neurahmung", als erforderlich. Ein solches Reframing basiert auf Lernprozessen. Lernen fördert also die Konstruktion, Rekonstruktion und Dekonstruktion von Bedeutungen (vgl. Reich 2002, S. 241 ff.).

Diese Erkenntnistheorie ist nicht neu. Sie erinnert an den Skeptizismus der Antike, aber auch an die Erkenntniskritik I. Kants, an den psychologischen Kognitivismus J. Piagets, auch an den Symbolischen Interaktionismus und an die Wissenssoziologie von P. Berger und T. Luckmann.

Neu sind die neurowissenschaftliche Begründung und ihre radikale Zuspitzung. Inzwischen haben sich „moderate" Varianten des Konstruktivismus durchgesetzt, die die soziale und kulturelle Einbettung des Erkennens betonen und einen bereichsspezifischen Wahrheitsbegriff wieder rehabilitieren (vgl. Siebert 2008, S. 39 ff.).

Doch trotz solcher Relativierungen wird an der Kernthese festgehalten: Wahrnehmen, Denken, Erkennen sind autopoietisch (d.h. auf die eigene Biografie bezogen) und strukturdeterminiert (d.h. durch gewachsene sensorische, kognitive, emotionale Strukturen und Muster geprägt). Erkennen ist ein rekursiver Vorgang: wir sehen nicht, was wir nicht sehen; wir hören nur das, was wir hören und was wir verarbeiten können. Die zahlreichen Beispiele für optische und akustische „Täuschungen" und Illusionen bestätigen diese Subjektivität der Wahrnehmung.

Denken und Erkennen sind emergente Prozesse, die sich weitgehend der Kontrolle durch unser Bewusstsein entziehen: wir können weder unsere Gedanken „abstellen", noch unsere Gefühle außer Kraft setzen.

Das Kriterium unserer Wahrnehmung und unserer Kognition ist – so E. v. Glasersfeld (1997, S. 43) – *Viabilität*. Wir verarbeiten und erzeugen Wissen so, dass es viabel ist, d. h. dass es passend, brauchbar, nützlich ist. Viabel ist das, was uns sinnvoll und bedeutsam erscheint. Die Viabilität kann sich auf alltägliches Handeln beziehen, aber auch auf ethische und religiöse Orientierungen, auf den Umgang mit unseren Mitmenschen, aber auch auf unser eigenes Selbstbild. Wir konstruieren unsere Identität, unser Selbst (meist) so, dass wir damit leben können. Unsere Identität ist solange eine viable Konstruktion, bis sie – z. B. durch ein kritisches Lebensereignis – perturbiert, d. h. gestört wird.

Abb. Konstruktivismus

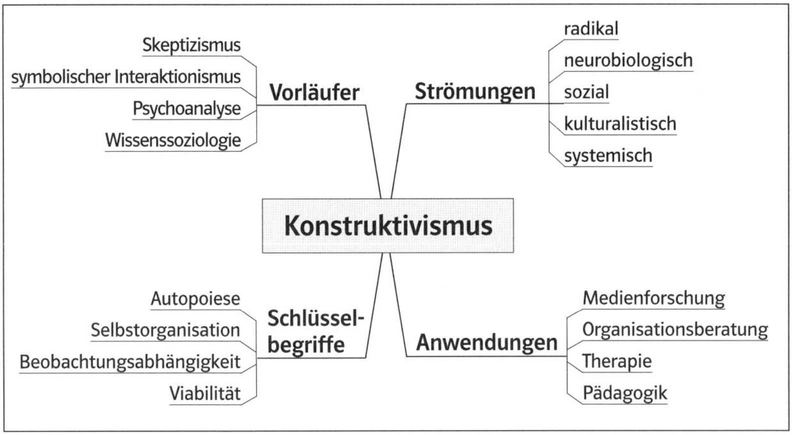

Jedes Individuum konstruiert sich seine Welt. Unsere Erlebnis-, Erfahrungs- und Wissenswelt ist die einzige uns verfügbare Welt. Selbstverständlich leben wir nicht auf einer Insel, sondern wir erzeugen unsere Wirklichkeit gemeinsam mit unseren Bezugspersonen und in politischen, ökonomischen und kulturellen Kontexten. Dennoch: unsere Welt ist unsere Welt. Wir sind nicht nur verantwortlich für das, was wir tun und unterlassen, sondern auch für das, was wir wahrnehmen und denken.

Verantwortung für das eigene Beobachten schließt die Toleranz gegenüber den Beobachtungen anderer ein. Über Bedeutungen können wir uns verständigen, aber wir können sie nicht „verordnen". Unserer Konstruktion der Welt liegt ein – teils bewusstes, teils unbewusstes – Bedürfnis nach Sinn zugrunde. Niemand kann auf Dauer glücklich in einer Welt leben, die ihm sinnlos erscheint. Siegfried Schmidt, der den Konstruktivismus in Deutschland bekannt gemacht hat, schreibt: „Sucht man nach einer Kategorie, die als Einheit der Differenz von Kognition und Kommunikation fungieren kann, so stößt man wieder auf den Kandidaten *Sinn* … Im kognitiven Bereich kann Sinn bestimmt werden als Selbstorientierungskompetenz kognitiver Systeme, die nach Kohärenz streben … Im kommunikativen Bereich kann Sinn bestimmt werden als basaler Modus der *Akzeptanz* bzw. *Anschließbarkeit* von Kommunikationsangeboten" (Schmidt 2003, S. 79 f.). Im pädagogischen Bereich, so lässt sich ergänzen, erfordert Sinn die Konstruktion bedeutungsvollen, vernetzten Wissens (vgl. Siebert 2006).

3. Lernen als Konstruktion von Wirklichkeit

Auch Lernen ist ein konstruktiver selbstgesteuerter Prozess. Gelernt wird nicht das, was gelehrt wird. Neurophysiologisch betrachtet werden beim Lernen neuronale Netze geknüpft und mit vorhandenen Assoziationsarealen verbunden. Nachhaltig gelernt wird Wissen, das bedeutungsvoll erscheint. „Die Suche nach Bedeutung ist angeboren, d. h. das Gehirn versucht, Neues mit bereits Bekanntem zu verbinden. Die Suche nach Bedeutung geschieht durch Vergleichen von Eigenschaften des Wahrgenommenen, Identifizierung und Extrahierung von Ähnlichkeiten und Unterschieden, Kategorisierung der Prozesse, die schließlich in mentale Modelle münden. Diese Vorgehensweise entspricht der netzwerkbasierten Arbeitsweise des Gehirns" (Braun/Meier 2006, S. 107).

Lernen ist vor allem Anschlusslernen. Und Lernen ist Konstruktion von Bedeutungen. Diese Suche nach Sinn kann zwar von Lehrern angeregt werden; prinzipiell erfolgt diese Suche aber autopoietisch und selbstreferenziell. Bedeutungen können nicht direkt vermittelt werden. Jedes Individuum verfügt über ein eigenes Referenzsystem. Aber Bedeutungen können „sozial ausgehandelt" werden. Bedeutungen erweisen sich als viabel, wenn sie konsensfähig sind.

Theoretisch empfiehlt es sich, das „Lehrsystem" und die „Lernsysteme" zu entkoppeln. Das, was der Lehrer lehrt, folgt anderen Logiken und Kriterien als das, was Schüler lernen. Die Vermittlung von Lehrbuchwissen verläuft nicht linear, oft sogar contraintentional (d. h. entgegen den Absichten des Lehrers). Jedenfalls lässt sich der Lernprozess nur bedingt regulieren. Ein englisches Sprichwort lautet: „Man kann ein Pferd zur Tränke führen, aber nicht zum Trinken zwingen." Rolf Arnold spricht davon, dass Lehre „wirkungsunsicher" ist (Arnold 2007, S. 13).
Er empfiehlt deshalb einen Wechsel von einer Belehrungs- zu einer „Ermöglichungsdidaktik" (vgl. Arnold/Gomez-Tutor 2007). Lehrer sind nicht in erster Linie Wissensvermittler, sondern „Facilitator", Lernbegleiter, Lernberater, Moderator.

Diese Akzentverlagerung beinhaltet keinen Funktionsverlust der Pädagogen. Lehrer motivieren durch ihre Glaubwürdigkeit, durch ihre eigene Motivation. Schüler lernen oft einen Lerninhalt nicht *von* ihrem Lehrer, sondern sie lernen den Lehrer *mit* den Inhalten, die er repräsentiert. So entsteht eine Resonanz zwischen Lehrenden und Lernenden. Auch die Bedeutung, die ein Lehrer einem Thema beimisst, beeinflusst das Denken des Schülers, vorausgesetzt, dass die „Bedeutungskontexte" kompatibel sind.

Der Gehirnforscher Gerhard Roth schreibt: „Nur in dem Maße, in dem ... derselbe Bedeutungskontext in den Gehirnen des Sprechers und des Zuhörers, des Lehrenden und des Lernenden herrscht, entstehen auch ungefähr dieselben Bedeutungen. Da diese Bedeutungskonstruktionen meist völlig unbewusst vonstatten gehen ..., haben wir die Illusion, die dann bewusst wahrgenommenen Sprachbedeutungen kämen direkt vom Sprecher" (Roth 2006, S. 51). Gerhard Roth macht auch auf die Bedeutung der Emotionen beim Lehren und Lernen aufmerksam. Unser limbisches System, in dem vor allem die Emotionen lokalisiert sind, ist gattungsgeschichtlich wesentlich älter als der für rationales Denken zuständige Neokortex.

Darauf ist es vermutlich zurückzuführen, dass die meisten alltäglichen Handlungsentscheidungen emotional und unbewusst getroffen und von unserem rationalen Denken lediglich „abgesegnet" werden. Kognitionen und Emotionen vermischen sich ständig und auch in pädagogischen Situationen gibt es keine rein kognitiven Entscheidungen. Unsere subjektive Wirklichkeit besteht mindestens ebenso aus „Emotionsmustern" wie aus kognitiven Deutungsmustern. In der Bildungsarbeit sind nicht nur Sozialkontakte und Gruppendynamiken emotional getönt, sondern auch die Lerninhalte sind eingebettet in „Affektlogiken", auch Lerninhalte lösen Vermeidungsreaktionen und Annäherungstendenzen aus.

Bedeutungen sind also komplexe *„Fühl-Denk-Verhaltensprogramme"* (Ciompi 2003, S. 62), d.h. Programme, in denen Emotionen, Kognitionen und Aktionen einen untrennbaren Zusammenhang bilden. Nachhaltiges Lernen erfordert deshalb nicht nur *Metakognition* (d.h. eine Reflexion der Denkmuster und Problemlösungstechniken), sondern auch *Metaemotionen* (d.h. eine Reflexion gefühlsmäßiger Zu- und Abneigungen). Unsere Wirklichkeit ist dann viabel, wenn wir uns in ihr „wohl fühlen", wenn wir befriedigende, sinnvolle Aufgaben und „generative Themen" (P. Freire) gefunden haben. Erneut erweist sich „Sinn" als grundlegendes Prinzip. Da Sinn nicht ohne weiteres vorhanden ist, sondern erzeugt werden muss, ist die Suche nach Sinn eine wesentliche Triebfeder unserer Wirklichkeitskonstruktion. Wir „legen uns die Welt so zurecht", dass sie uns sinnvoll erscheint. Doch Sinn ist – wie Habermas es formuliert hat – eine „knappe Ressource". Gelingt es uns nicht, unser Leben und unsere Lebenswelt als sinnvoll wahrzunehmen, drohen psychosomatische Krankheiten, bis hin zur Suizid-Gefahr. „Wir interpretieren etwas, indem wir es in einem bestimmten Kontext von Begriffen, Werten, Anschauungen oder Umständen stellen. Um den Sinn von etwas zu verstehen, müssen wir es in Beziehung zu anderen Dingen in seiner Umwelt, in seiner Vergangenheit oder in seiner Zukunft setzen. Nichts ist an sich sinnvoll. Sinn leitet sich aus einem allgemeineren Zusammenhang ab" (Copra 2002, S. 117). Schule und Erwachsenenbildung können keinen Sinn „vermitteln", wie sich Vokabeln einer Fremdsprache vermitteln lassen. Aber Pädagogik kann Suchbewegungen unterstützen, das Spektrum sinnvoller Deutungen und Handlungen erweitern. „Sinn" basiert auf bedeutungsvollem Wissen und ethischen Werten. Bedeutungen und Werte verdichten sich zu *Mustern*. „Unser Gehirn verarbeitet nicht alle Sinnesreize zu Mustern. Es gewichtet sie und wählt diejenigen aus, die sich z. B. als neu und bedeutsam, wichtig und sinnvoll identifizieren lassen; es sorgt so für den Aufbau ‚sinnvoller', viabler – d. h. gangbarer und tragfähiger – Wahrnehmungs- und Erinnerungsstrukturen, die zur Bewältigung von Lebenssituationen notwendig sind" (Schirp 2006, S. 202).

Heinz Schirp schlägt drei Konzepte zur Unterstützung wertorientierten Lernens vor (ebd. S. 208 f.)

Vor-Leben: Jugendliche orientieren sich an vertrauensvollen Bezugspersonen und Vorbildern.
Nach-Denken: In Lerngemeinschaften werden Werte und Bedeutungen reflektiert.
Mit-Machen: Sinn und Bedeutungen werden in Handlungssituationen erfahren.

Bedeutungsloses Wissen ist „träges Wissen". Als träge bezeichnen Lernpsychologen ein Wissen, das nicht an Erfahrungen anknüpft, das nicht in Zusammenhänge eingebettet werden kann, das funktionslos bleibt, das nicht libidinös besetzt werden kann, das nicht psychodynamisch besetzbar ist, das nicht zur Horizonterweiterung und Selbstaufwertung beiträgt. „Ob Inhalte Bildungsprozesse initiieren, ob sie von Subjekten produktiv nutzbar gemacht werden können, kann nicht zureichend aus der Logik dieser Inhalte geschlossen werden, sondern ist im entscheidenden Maße abhängig vom Kontext – vom allgemein-kulturellen, natürlich aber auch vom biographischen und situativen" (Ziehe/Stubenrauch 1982, S. 152). Bedeutungsvolle Lerninhalte sind Bestandteil unserer Lebenswelt und unserer Identität. „Inhalte können, ganz entgegen einem Mythos der Didaktik, recht unterschiedliche und gewissermaßen ‚private' Bedeutungen bekommen." (ebd. S. 169). Lerninhalte werden „biographisch synthetisiert" und ergeben so einen Sinn.

Literatur

Arnold, M. (2006): Brain-Based Learning and Teaching. In: *Herrmann* a. a. O., S. 145 ff.
Arnold, R. (2007): Ich lerne, also bin ich. Heidelberg
Arnold, R./Gomez-Tutor, C. (2007): Grundlinien einer Ermöglichungsdidaktik. Augsburg
Braun, A./Meier, M. (2006). Wie Gehirne laufen lernen. In: Herrmann a.a.O., S. 97 ff.
Ciompi, L. (2003): Affektlogik, affektive Kommunikation und Pädagogik. In: REPORT 3/2003, S. 62 ff.
Copra, F. (2002): Verborgene Zusammenhänge. Bern
Glasersfeld, E. von (1997): Radikaler Konstruktivismus. Frankfurt
Herrmann, U. (2006): Neurodidaktik. Weinheim
Maturana, H./Varela, F. (1987): Der Baum der Erkenntnis. München
Reich, K. (2002): Konstruktivistische Didaktik. Neuwied
Roth, G. (2006): Warum sind Lehren und Lernen so schwierig? In: *Herrmann* a. a. O., S. 49
Roth, G. (2003): Aus Sicht des Gehirns. Frankfurt
Schirp, H. (2006): Wie „lernt" unser Gehirn Werte und Orientierungen? In: *Herrmann* a. a. O., S. 200 ff.
Schmidt, S. (2003): Geschichten und Diskurse. Reinbek
Siebert, H. (2008): Konstruktivistisch lehren und lernen. Augsburg
Siebert, H. (2006): Vernetztes Lernen. Augsburg
Spitzer, M. (2003): Lernen. Heidelberg
Ziehe, T./ Stubenrauch, H. (1982): Plädoyer für ungewöhnliches Lernen. Reinbek

Heinz Klippert

Lernen fördern – Mit neuen Methoden zu mehr Lern- und Prüfungserfolg

Das Gros der Schüler/innen kann erheblich mehr, als das, was sie uns im alltäglichen Schulbetrieb zeigen – vorausgesetzt, die vorhandenen Begabungen und Motivationsreserven werden verstärkt gefördert und gefordert. Wie das gehen kann, zeigt der nachfolgende Beitrag. Anhand praktischer Anregungen und Beispiele wird verdeutlicht, wie sich Lernkompetenz, Lernerfolg und Lehrerentlastung zeitgleich fördern lassen. Das zentrale Instrument dabei: die sogenannten *Lern- und Trainingsspiralen*. Sie ermöglichen vielseitige Kompetenzförderung, breite Schüleraktivierung, mehr Lerndisziplin und wirksame Helfer- und Kontrollsysteme im Klassenverband. Das bestätigen langjährige Versuche des Verfassers in Hunderten von Schulen in verschiedenen Bundesländern.

1. Kompetenzerweiterung tut Not!

Bildung ist mehr als die Vermittlung von Fachwissen. Darin sind sich die Bildungsverantwortlichen hierzulande einig. Die Begabungspalette der Schüler/innen ist viel zu groß, als dass es mit dem herkömmlichen Primat der Wissensrezeption und -reproduktion getan wäre. Kommunikative, kooperative, kreative, intrapersonale, emotionale und praktisch-handwerkliche Begabungen müssen ebenso zu ihrem Recht kommen (vgl. Goleman 1996). Je breiter die Schule die unterschiedlichen Intelligenzen der Kinder anspricht und mobilisiert, desto besser. Wird dadurch doch vermieden, dass Schüler/innen vorschnell abgeschrieben werden, denen bestimmte Lernverfahren nicht liegen. Das gilt insbesondere für das lehrerzentrierte, verbal-abstrakte Lernen. Werden die betreffenden Schüler/innen anders gefordert und gefördert, so entwickeln sie nicht selten beträchtliche Fähigkeiten und Fertigkeiten, die ihnen langfristige Erfolge in Schule, Studium und/oder Beruf sehr wohl gewährleisten.

Von daher ist der mit den Bildungsstandards verbundene Paradigmenwechsel absolut richtig und wichtig. Unter dem Motto „Vom Input zum Output" wird die Blickrichtung gewechselt – weg vom durchgenommenen Lernstoff hin zum konsolidierten Können der Schüler/innen am Ende bestimmter Bildungsabschnitte. Mit anderen Worten: Die Qualität des Unterrichts wird nicht länger am inhaltlichen *Input* der Lehrkräfte festgemacht, sondern ganz vorrangig an dem, was die Schüler/innen am Ende bestimmter Jahrgangsstufen an faktischer Kompetenzbeherrschung nachweisen. Rückmeldungen der Arbeitsmarkt- und Berufsforscher sprechen seit langem für einen derartigen Paradigmenwechsel. Neuere Präsentations- und Projektprüfungen, wie sie in verschiedenen Bundesländern eingeführt wurden, unterstreichen diese Neuorientierung des Lern- und Prüfungsverständnisses. Die Kultusministerkonferenz (KMK) hat diesen erweiterten Kompetenzanspruch in ihren neueren Veröffentlichungen zu den Bildungsstandards sehr deutlich aufgegriffen und legitimiert. Danach verlangt zeitgemäße Kompetenzförderung, dass die Schüler/innen zu den je anstehenden inhaltlichen Kernthemen bzw. Kernideen nicht nur fachspezifisches Wissen und Verständnis aufbauen, sondern auch und zugleich daran arbeiten, fachübergreifende Basiskompetenzen zu erlernen. Im Klartext: Sie sollen möglichst kompetent recherchieren, konstruieren, strukturieren, kooperieren, kommunizieren, visualisieren, präsentieren, reflektieren, experimentieren, organisieren und Probleme lösen können. Solches muss im Unterricht verstärkt gelehrt und gelernt werden. Das schließt das Erlernen und Beherrschen der in Abbildung 1 skizzierten Lern-, Arbeits-, Kommunikations-, Kooperations- und Präsentationsmethoden mit ein.

Abb.1

Methodenlernen tut not!

• Markieren	• Freies Reden	• GA steuern
• Strukturieren	• Argumentieren	• Kooperieren
• Visualisieren	• Vortrag halten	• Brainstorming
• Memorieren	• Präsentieren	• Diskutieren
• Nachschlagen	• Rhetorik	• Moderieren
• KA vorbereiten	• Interview	• Feedback-Methoden
• Lernkarteiarbeit	• Kreisgespräch	• Konflikt-Management
• Referatgestaltung	• Aktiv zuhören	• Gespräch leiten etc.

Seinen Niederschlag findet dieser Paradigmenwechsel in kompetenzorientierten Bildungsstandards, Bildungsplänen, Testverfahren, Prüfungsszenarien sowie in entsprechend akzentuierten Schulinspektionen bzw. -evaluationen. Dementsprechend heißt es z. B. in der Präambel zu den Bildungsstandards in Mathematik: Die Standards verlangten nach „... einem Unterricht, der selbstständiges Lernen, die Entwicklung von kommunikativen Fähigkeiten und Kooperationsbereitschaft sowie eine zeitgemäße Informationsbeschaffung, Dokumentation und Präsentation von Lernergebnissen zum Ziel hat" (Kultusministerkonferenz 2004, S. 6). Dieser erweiterte Lernanspruch zeigt die neue Zielrichtung der Bildungsarbeit, der sich Lehrkräfte aller Schularten zu stellen haben. Von daher sind korrespondierende Lehr- und Lernverfahren zu entwickeln, die zur verstärkten Kompetenzförderung im Schulalltag beitragen. Die nächsten Abschnitte geben Anregungen dazu.

2. Tätiges Lernen als Grundmaxime

Das A und O guten Unterrichts ist der Aufbau „intelligenten Wissens". Das schließt Methoden- und Verfahrenswissen mit ein. Diese Erkenntnis Franz E. Weinerts, ehemals führender Lernforscher am Max-Planck-Institut in München, ist das Credo moderner Pädagogik. *Intelligentes Wissen* zeichnet sich Weinert zufolge dadurch aus, dass es vernetzt, wohlorganisiert, interdisziplinär ausgerichtet und lebenspraktisch verortet ist und sowohl lernrelevante Kenntnisse, Fähigkeiten und Fertigkeiten als auch metakognitive Kompetenzen im methodischen und sozialen Bereich umfasst (vgl. Weinert 2000, S. 5). Der Aufbau derartigen Wissens verlangt eine möglichst breit gefächerte Lernarbeit der Schülerinnen und Schüler – angefangen beim Lesen, Schreiben, Nachschlagen und Markieren von Textinformationen über das Zeichnen, Modellieren und Gestalten von Lernprodukten bis hin zum Vortragen, Diskutieren und Präsentieren von Sachverhalten und/oder Lernergebnissen. Diese Lernarbeit ist gleichermaßen Voraussetzung wie Gewähr dafür, dass die Schüler/innen nachhaltig begreifen und vernetzen, verstehen und behalten.

Abb.2

Anforderung der Bildungsstandards

Laut KMK sollen die Schüler/innen zu den fachspezifischen Kernthemen/ Leitideen möglichst oft . . .

- **Recherchieren** (lesen, nachschlagen, exzerpieren ...)
- **Konstruieren** (schreiben, strukturieren, modellieren ...)
- **Kommunizieren** (sprechen, zuhören, fragen, diskutieren ...)
- **Präsentieren** (visualisieren, vortragen, inszenieren ...)
- **Kooperieren** (unterstützen, regeln, mitarbeiten ...)
- **Problemlösen** (brainstormen, planen, entscheiden ...)
- **Reflektieren** (bilanzieren, beurteilen, kritisieren ...) etc.

Die neuen Bildungsstandards unterstreichen diesen Anspruch. Wie sich aus Abbildung 2 ersehen lässt, zielen die Bildungsstandards auf vielseitiges Arbeiten und Lernen der Schüler/innen an und mit dem jeweiligen Lernstoff. Die Palette der angesprochenen Lerntätigkeiten reicht vom eigenständigen Schreiben und Strukturieren bis hin zum Anwenden moderner Brainstorming- und Entscheidungsmethoden. Die Botschaft der Bildungsplaner ist eindeutig: Die Schüler/innen sollen zu den je anstehenden Kernthemen bzw. Leitideen der unterschiedlichen Schulfächer möglichst konstruktiv, produktiv und planvoll tätig werden. Konsequente Lernförderung in Schule und Unterricht muss diesem Grundgedanken Rechnung tragen – nicht zuletzt deshalb, weil die etablierte Lernforschung seit Jahr und Tag nachweist, wie wichtig das aktive, selbstständige Lernen der Schülerinnen und Schüler ist (vgl. Helmke 2006, S. 44 f.).

3. Mit Lernspiralen zu mehr Effizienz

Ein geeignetes und bewährtes Instrument zur Vermittlung der skizzierten Kompetenzen bilden die sogenannten Lernspiralen (vgl. Abb. 3, S. 48). Sie zeichnen sich dadurch aus, dass sich die Schüler/innen in das jeweilige fachspezifische Thema/Material/Problem in vielschichtiger Weise *hineinbohren* und dabei ganz unterschiedliche Arbeits-, Kommunikations- und Kooperationsmethoden anwenden. Sie müssen lesen, schreiben, zeichnen, ordnen, gliedern, recherchieren, markieren, exzerpieren, kommentieren, strukturieren, visualisieren, präsentieren, interviewen, diskutieren, kooperieren, experimentieren, Probleme lösen und andere Formen des eigenverantwortlichen Arbeitens und Lernens praktizieren. Das alles tun sie mit unterschiedlicher *Produktorientierung*. Sie erstellen Texte, Schaubilder, Plakate, Gedichte, Spickzettel, Tabellen, Diagramme, Karteikarten, Arbeitsblätter, Briefe, Werkstücke, Protokolle, Referate, Vorträge, Hörspiele, Rollenspiele, Reportagen und manches andere mehr (vgl. Klippert 2001, 2005 und 2008 sowie Klippert/Müller 2003).

Aus den beiden abgebildeten Lernspiralen lässt sich die immanente Systematik des vorgeschlagenen Unterrichtsskripts ersehen. Dazu gehört zum einen der konsequente Wechsel der Sozialformen (Einzelarbeit, Partnerarbeit, Gruppenarbeit, Plenararbeit) und der Lerntätigkeiten der Schüler/innen, zum anderen die differenzierte Pflege unterschiedlicher fachübergreifender Kompetenzen, wie sie in den fett gedruckten Passagen zum Ausdruck kommen. Da die Lernspiralen den Schüler/innen zu Stundenbeginn üblicherweise vorgestellt werden, ist unschwer zu erahnen, wie disziplinierend das eingebaute Wechselspiel von Fördern und Fordern wirkt. Strengt sich

Abb.3

Lernspirale rund um ein Märchen

- Märchenerzählung **anhören** und dazu **malen**
- Vertiefende **Gespräche** in **Zufallsgruppen**
- Persönliche „**Spickzettel**" zum Inhalt erstellen
- **Nacherzählen** des Märchens im Doppelkreis
- Ausgeloste Schüler **präsentieren im Plenum**
- **Quizkärtchen** zur Lehrerdarbietung erstellen
- **Frage-Antwort-Spiel** im Plenum durchführen
- **Methodenreflexion** und inhaltliche Sicherung
- Vertiefende Tipps und Hinweise des Lehrers

Lernspirale zur Flächenberechnung

- Informationsblatt zur Flächenberechnung **lesen**
- **Klärung offener Fragen** in Zufallsgruppen
- **Beispielrechnung** im Doppelkreis erläutern
- **Berechnung unterschiedlicher Flächen (EA)**
- Vergleich und **Beratung in Zufallstandems**
- Gleiche Tandems: **3 Aufgaben konstruieren**
- Aufgaben austauschen + **Flächen berechnen**
- **Kritikgespräche** der Korrespondenz-Tandems
- **Methodenreflexion** und Methodenbeurteilung
- Vertiefende Hinweise und Tipps des Lehrers

nämlich ein Schüler nicht konsequent genug an, so muss er im Zuge der unterschiedlichen Anwendungs- bzw. Kontrollphasen immer wieder damit rechnen, dass irgendwelche zugelosten Mitschüler/innen enttäuscht werden und/oder Kritik zu üben beginnen. Dieser potentielle Imageschaden schreckt die meisten Schüler/innen recht wirksam ab und trägt maßgeblich dazu bei, dass sie sich in den betreffenden Vorbereitungs- und Besprechungsphasen vergleichsweise ernsthaft anstrengen und um Klärung bemühen.

Die abgebildete Lernspirale zum Thema „Märchen" macht dieses programmierte Fördern und Fordern deutlich. Bekommt z. B. ein Schüler während der anfänglichen Lehrererzählung das eine oder andere nicht ganz mit, so kann er im zweiten Arbeitsschritt bei den per Los zugeordneten Lernpartnern nachfragen. Das ist nicht nur zulässig, sondern sogar erwünscht. Da diese Lernpartner durch Zufallsverfahren bestimmt werden, ist sichergestellt, dass auch ein gewisses Helferpotenzial vorhanden ist. Nachhilfe ist auch im dritten Arbeitsschritt noch möglich. Zwar muss in diesem Schritt jeder Schüler für sich einen zusammenfassenden „Spickzettel" zum gehörten Märchen erstellen, die einzelnen Gruppenmitglieder sitzen jedoch nach wie vor beisammen und können sich bei Bedarf abermals fragen bzw. beraten.

Tun sie dies nicht, wird es erstmals im vierten Arbeitsschritt so richtig ernst, denn jetzt muss jeder Schüler im Doppelkreis gegenüber einem neuen Zufallspartner Farbe bekennen und das rekonstruierte Märchen nacherzählen können. Hat er sich in den vorangehenden Förderphasen keine hinreichende Klarheit verschafft, wird er spätestens jetzt ernsthafte Probleme bekommen. Warum? Weil Schüler/innen, die ihre „Spickzettel" gewissenhaft entwickelt haben, in der Regel kein Verständnis dafür haben, wenn ihr Gegenüber unvorbereitet erscheint. Von daher wird aus dem Fördern nun unverkennbar ein Fordern – zuerst durch wechselnde Zufallspartner im Doppelkreis und dann durch die gesamte Klasse.

Dieses Fordern und Fördern wird in den weiteren Arbeitsschritten fortgesetzt. Und zwar zunächst in der Weise, dass die Schüler/innen in Partnerarbeit einschlägige Frage-Antwort-Kärtchen zum gehörten Märchen erarbeiten müssen. Dann folgt ein korrespondierendes Quiz, bei dem erneut Zufallspartnern gegenüber Rede und Antwort zu stehen ist. Und schließlich gilt es eine übergreifende Methodenreflexion und eine lehrerzentrierte Abschlussphase zu bestehen, in die nochmals Kontrollfragen und kleinere Rechenschaftsberichte einzelner Schüler/innen eingebaut sein können. So gesehen sind Fordern und Fördern hochgradig integriert – allerdings stets so, dass die Schüler/innen im Plenum erst dann Rechenschaft ablegen müssen, wenn sie sich zuvor in mehreren dezentralen Arbeits- und Kooperations-schritten haben vorbereiten können. Diese Grundüberlegungen gelten in gleicher Weise für die zweite Lernspirale zum Thema Flächenberechnung.Diese Beispiele zeigen, dass Lernspiralen alles andere als Freiarbeit sind. Sie verbinden *Lehrerlenkung* und defensive Lehrerhilfe mit der behutsamen Ausweitung des eigenverantwortlichen Arbeitens und Lernens der Schüler/innen. Die Lehrerlenkung beginnt bei der zeitlichen und inhaltlichen Taktung des vorgesehenen Arbeitsprozesses und reicht über die gezielte Bereitstellung von Materialien, Medien und sonstigen Arbeitshilfen bis hin zu unterschiedlichen Instruktions- und Kontrollaktivitäten der Lehrperson während des Lernprozesses. So gesehen ist die Lernspirale ein wohl durchdachter *Lernkorridor*, der den Schüler/innen zum einen Halt und Orientierung gibt, zum zweiten Unterstützung und Kontrolle durch die Mitschüler/innen sichert und zum dritten vielseitige Lernaktivitäten im Unterrichtsverlauf ermöglicht und abverlangt. Dabei gilt der Grundsatz: Je versierter und methodenbewusster die Schülerinnen und Schüler zu arbeiten verstehen, desto anspruchsvoller und komplexer werden die jeweiligen Lernaufgaben und Verantwortungsbereiche abgesteckt. Dieser Progressionsgedanke ist konstitutiv für das hier vertretene Lernkonzept.

4. Methodentraining als Basisstrategie

Die mit den *Lernspiralen* verbundene Methodenanwendung setzt entsprechende methodische Basiskompetenzen der Schüler/innen voraus. Daran aber hapert es immer wieder. Die Schüler/innen sollen im Fachunterricht z.B. einen Text markieren, eine Mindmap erstellen, eine Folie gestalten, eine Gruppenarbeit steuern, ein Plakat erstellen oder einen Vortrag vor der Klasse halten und wissen einfach nicht, wie sie vorgehen sollen. Es fehlt am nötigen methodischen Durchblick. Die Folge ist, dass viele Lehrkräfte immer wieder Zeit dadurch verlieren, dass sie ihren Schüler/innen zum x-ten Mal erklären müssen, wie bestimmte Aufgaben methodisch anzugehen sind. Was tun? Zur Eindämmung dieser Zeit- und Leistungsverluste empfiehlt es sich, richtiggehende Sockeltrainings anzusetzen, die der intensiven Methodenschulung und -klärung dienen (vgl. Abb. 4). Diese fachübergreifenden Trainingstage kommen letztlich allen Fachlehrer/innen zugute und stellen daher eine höchst sinnvolle Investition dar.

Abb.4

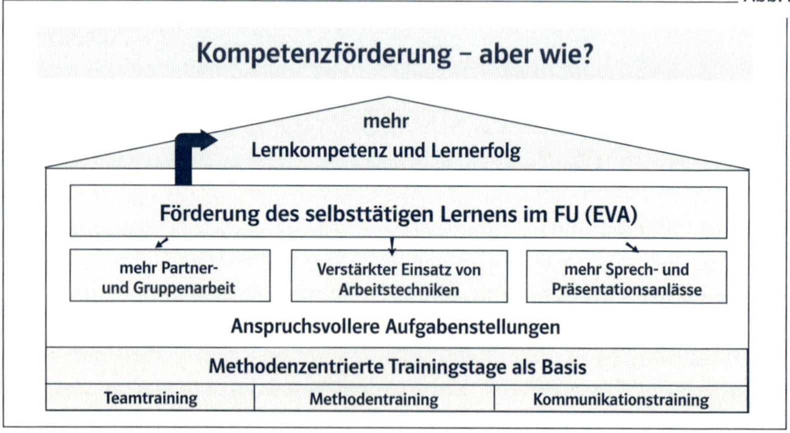

Methodentraining in diesem Sinne meint, dass grundlegende Lern-, Arbeits-, Kommunikations-, Präsentations- und/oder Kooperationstechniken gesondert thematisiert und möglichst intensiv geklärt werden (vgl. Klippert 1994, 1995, 1998). Dazu gibt es Trainingstage und Trainingsspiralen. Während die Trainingsspiralen darauf zielen, bestimmte Methoden mehrstufig abzuklären, dienen die im letzten Abschnitt vorgestellten Lernspiralen dem mehrstufigen Erschließen bestimmter Fachinhalte. Während beim Training also die Inhalte „floaten" und die je anstehende Methode (z. B. Markieren) fix ist, „floaten" bei den Lernspiralen die methodischen Verfahrensweisen, während der betreffende Lerninhalt fix gehalten und möglichst nachhaltig bearbeitet wird. Lernspiralen wie Trainingsspiralen zeichnen sich durch ein mehrstufiges Lern- und Arbeitsverfahren aus. Nur bohren sich die Schüler/innen beim Training nicht in einen bestimmten Inhalt, sondern in eine bestimmte Methode hinein. Sie klären z. B. wie das gehirngerechte Markieren geht, wie Klassenarbeiten geschickt vorzubereiten sind, wie man Spickzettel oder Mindmaps aufbaut, was beim Gestalten von Heftseiten oder Plakaten zu beachten ist, wie man mit einer Lernkartei effektiv arbeitet, worauf es bei einem guten Vortrag vor der Klasse ankommt, wie man mit Overhead oder PowerPoint im Fachunterricht präsentiert, wie eine erfolgreiche Gruppenarbeit zu regeln und zu steuern ist und vieles andere mehr.

Der Ablauf der betreffenden Trainingsspiralen sieht grundsätzlich so aus, dass die Schüler/innen zum jeweiligen Methodenthema (z. B. Markieren) einen mehrstufigen „Trial-and-error-Prozess" durchlaufen. Idealtypisch betrachtet heißt dieses: Im ersten Schritt tauschen sie sich hinsichtlich ihrer methodenspezifischen Vorerfahrungen und Voreinstellungen aus. Das ist die sogenannte *Sensibilisierungsphase*. Im zweiten Schritt folgt eine erste *Übungsphase*, bei der sie ihre Methodenanwendung mit allen Unzulänglichkeiten zeigen dürfen. Im dritten Schritt folgt die *Regelerarbeitung* mittels Vergleich und Reflexion der vorliegenden Übungsergebnisse. Im vierten Schritt schließt sich eine weitere Übung an, die der gezielter *Regelanwendung* dient und durch eine abermalige Reflexionsphase abgerundet wird. Und im fünften Schritt schließlich folgen weitere vertiefende Zusatzübungen, die der *Regelfestigung* dienen.

Derartige Trainingsspiralen werden in der Regel aus dem Fachunterricht herausgelöst und in fachübergreifende Trainingstage eingebettet. Diese Separierung des Methodentrainings hat sich in praxi insofern als notwendig erwiesen, als es die verantwortlichen Fachlehrer/innen im Rahmen der gängigen 45-Minuten-Einheiten in aller Regel nicht geschafft haben, den Spagat zwischen Methoden- und Sachklärung hinreichend hinzubekommen. Kein

Wunder auch, denn die obligatorischen Unterrichtsinhalte im 45-Minuten-Takt bis hin zum Tafelbild und Hefteintrag absichern und gleichzeitig die zur Anwendung gelangenden Lern- und Arbeitsmethoden eingehend klären zu lassen, ist nahezu ein Ding der Unmöglichkeit.
Aus diesem Grund werden hin und wieder separate Trainingstage mit dezidierter Methodenzentrierung angesetzt (vgl. Klippert 1994, 1995 und 1998 sowie Klippert/Müller 2003). Solche „Crashkurse“ machen pro Jahr allerdings längstens 1–2 Wochen aus. In den übrigen 38 Schulwochen steht die inhaltliche Klärungsarbeit im Rahmen von Lernspiralen im Vordergrund – wenngleich verbunden mit relativ ausgeprägter Methodenanwendung bzw. -pflege (vgl. die beiden Lernspiralen in Abb. 3). Methodenpflege und Methodentraining sind somit komplementäre Stützen des vorgestellten Programms. Sie tragen sowohl zur systematischen Kompetenzvermittlung nach Maßgabe der neuen Bildungsstandards bei als auch dazu, dass inhaltliches und methodisches Lernen wirksam ineinander greifen.

5. Zum Nutzen der Trainingsarbeit

Nutznießer der skizzierten Lern- und Trainingsarbeit sind sowohl die Lehrkräfte als auch und besonders die Schüler/innen. Wie einschlägige Evaluationsstudien in Nordrhein-Westfalen, Hessen und Rheinland-Pfalz gezeigt haben, gewinnen die Schüler/innen in Sachen Methodenbeherrschung und eigenverantwortliches Lernen ganz beträchtlich an Kompetenz. Wie Holtappels und Leffelsend in ihrer NRW-Studie feststellen, beherrschen die trainierten Schüler/innen „... in hohem Maße Gruppen- und Partnerarbeit, kennen die meisten grundlegenden Lernstrategien ... und wenden sie intensiv an, berichten über hohe Selbstständigkeit in schulalltäglichen Lernabläufen und äußern relativ hohe Selbstreflexivität in Bezug auf das eigene Lernverhalten.“ (Holtappels/Leffelsend 2003, S. 61). Lernmotivation, Lernkompetenz, Lerndisziplin und Lernerfolg der allermeisten Schüler/innen entwickeln sich unter dem Einfluss der eingesetzten Lern- und Trainingsspiralen positiv. Das bestätigen die Rückmeldungen von Tausenden von Befragten in Nordrhein-Westfalen und Hessen (vgl. Abb. 5 sowie Klippert 2008, S. 207 ff.).
Das Gros der Schüler/innen schafft es offenbar, methodisch versierter, planvoller, aktiver, kooperativer und nachhaltiger zu lernen. Die Folge: Die Chancen auf bessere Noten steigen, Selbstständigkeit und Selbstvertrauen werden gefördert, die Aussichten auf erfolgreiches Abschneiden in Studium und Beruf wachsen, die Mobilisierung der vorhandenen Begabungsreserven wird vorangetrieben etc. So gesehen steht der Benefit für die betreffenden Schüler/innen außer Frage.

Abb.5

Ermutigende Evaluationsbefunde

- Die Schüler sind in den trainierten Feldern besser
- Sie werden selbstständiger und leistungsbereiter
- Sie wenden die trainierten Methoden reflektiert an
- Sie zeigen ein relativ hohes Maß an Lerndisziplin
- Sie beherrschen wichtige Kommunikationsregeln
- Sie können ihre Arbeitsergebnisse gut präsentieren
- Sie verstehen es, effektiv in Gruppen zu arbeiten
- Sie verknüpfen den Lernstoff relativ nachhaltig
- Die zuständigen Lehrkräfte fühlen sich entlastet

Aber auch die Lehrkräfte profitieren von den skizzierten Lern- und Trainingsmaßnahmen. Das Gros der befragten Lehrerinnen und Lehrer berichtet über stressfreieres Arbeiten und spürbare Entlastung im Unterricht. Konstatiert werden größere Selbstständigkeit der Schüler/innen, mehr Zielstrebigkeit, mehr Sozialkompetenz, wechselseitige Hilfen und Kontrollen und breitere Mitmachbereitschaft im Unterricht (vgl. Klippert 2008, S. 207 ff.). Wenn das keine Perspektive ist?!

Literatur

Goleman, D. (1996): Emotionale Intelligenz. Aus dem Amerikanischen von Friedrich Griese. München und Wien

Helmke, A. (2006): Was wissen wir über guten Unterricht? Serie Bildungsforschung und Schule. In: PÄDAGOGIK, S. 42 ff.

Klippert, H. (2007): Methodentraining. Übungsbausteine für den Unterricht. Weinheim und Basel (17. Auflage).

Klippert, H. (2006): Kommunikationstraining. Übungsbausteine für den Unterricht. Weinheim und Basel (11. Auflage)

Klippert, H. (2005): Teamentwicklung im Klassenraum. Übungsbausteine für den Unterricht. Weinheim und Basel (7. Auflage)

Klippert, H. (2007): Eigenverantwortliches Arbeiten und Lernen. Bausteine für den Fachunterricht. Weinheim und Basel (5. Auflage)

Klippert, H/Müller, F. (2007): Methodenlernen in der Grundschule. Bausteine für den Unterricht. Weinheim und Basel (3. Auflage)

Klippert, H. (2008): Lehrerentlastung. Strategien zur wirksamen Arbeitserleichterung in Schule und Unterricht. Weinheim und Basel (3. Aufl.).

Klippert, H. (2008): Besser lernen. Kompetenzvermittlung und Schüleraktivierung im Schulalltag. Stuttgart u. a.

Holtappels, H. G./Leffelsend, S. (2003): Entwicklung überfachlicher Kompetenzen durch Schülertrainings und Unterrichtsentwicklung. Ergebnisse einer Schülerbefragung. Gütersloh

Weinert, F. E. (2000): Lehren und Lernen für die Zukunft. Vortragsdokumentation. Hrsg. vom Pädagogischen Zentrum. Bad Kreuznach

Hartmut Ditton

Qualitätsvolles Lehren und Lernen

1. Thema und Begriffe

Die Frage nach der Qualität von Unterricht kann in zumindest zweifacher Hinsicht beantwortet werden. Zum einen kann eine Bewertung anhand *normativer Vorstellungen* und damit sozusagen „an und für sich" vorgenommen werden. Kriterien können dabei ein humaner Umgang zwischen Schülern und Lehrern sein, die Entscheidungs- und Beteiligungsmöglichkeit der Schüler und nicht zuletzt auch eine in sich stimmige, fachlich adäquate Darbietung der Lehrinhalte. Zum andern kann die Qualität an den erzielten *Wirkungen oder Effekten* gemessen werden, wobei als Kriterien nicht ausschließlich fachliche Leistungen gelten müssen, sondern auch die erworbenen Einstellungen, Haltungen und Werte. So gesehen zeichnet sich guter Unterricht dadurch aus, dass er den Kompetenzerwerb der Lernenden bestmöglich unterstützt (Ditton 2002, 2006).

Für Lehrende stellt sich die Herausforderung, dass im Unterricht mehrere Ziele zugleich erreicht werden sollen. Zudem ist nicht nur ein hohes Niveau der erworbenen Kompetenzen wünschenswert, sondern zugleich auch eine möglichst geringe Streuung, d.h.: Guter Unterricht sollte so gestaltet sein, dass nicht nur *einzelne*, sondern *alle* Lernenden ihr Potential bestmöglich entfalten können. Die Frage, ob diese Anforderungen ohne weiteres gemeinsam erfüllt werden können, kann nicht abschließend beantwortet werden. Besonders kontrovers wird diskutiert, ob Leistungssteigerung und Leistungsausgleich nicht unvereinbare Zielsetzungen sind und ob bei einem Unterricht, der auf den Erwerb fachlichen Wissens hin optimiert ist, nicht andere (erzieherische) Ziele auf der Strecke bleiben. Studien zur Vereinbarkeit unterschiedlicher Zielsetzungen des Unterrichts deuten darauf hin, dass zumindest keine prinzipiellen Unvereinbarkeiten unterstellt werden müssen (Gruehn 1995). Ebenso wenig sind bezüglich der beiden genannten Zugänge zur Qualität des Lehrens und Lernens grundsätzliche Widersprüche zu erwarten. So wird ein positives Interaktionsklima die Schüler eher motivieren und zum Lernen anspornen und nur ein bezüglich der fachlichen Qualität guter Unterricht wird auch lerneffektiv sein können.

Kennzeichen von Unterricht ist die wechselseitige Beziehung von Lehren und Lernen bzw. von *Instruktion* und *Konstruktion*. Hinsichtlich der Unterrichtsqualität greifen also das, was im Unterricht angeboten, dargestellt und behandelt wird und das, was von den Lernenden wahrgenommen, aufgenommen, verarbeitet und behalten wird, ineinander. Zum Ausdruck kommt dies bereits in einem bekannten Unterrichtsmodell von John Carroll (1963; 1989). Seine Ausgangsthese ist, dass Lernen immer dann erfolgreich sein wird, wenn ein Lernender soviel Zeit für das Lernen aufwendet, wie er für das Lernen benötigt. Die besondere Herausforderung des Unterrichts mit einer Gruppe von Lernenden besteht darin, dass die benötigte Zeit und der Lernaufwand variieren und es daher unwahrscheinlich ist, dass im kollektiven Gleichschritt ein für alle optimales Ergebnis erreicht werden kann. Überdies findet Unterricht nicht in einem gegen die Außenwelt abgeschotteten Schonraum statt, sondern im Kontext einer Institution (Schule) und Gesellschaft, so dass außerhalb des Unterrichts liegende Faktoren Einfluss auf diesen nehmen. Der Erfolg des Lehrens und Lernens hat somit viele Väter bzw. Mütter (Helmke 2003): die Lehrperson (ihre fachliche und pädagogisch-didaktische Expertise), die Lernenden (ihre Eingangsvoraussetzungen, das Interesse, die verfügbaren Lernstrategien), die Unterrichtsinhalte (Lehrpläne, Curricula), die Unterrichtsgestaltung, die für den Unterricht verfügbare Zeit und nicht zuletzt die Rahmenbedingungen (der schulische und außerschulische Kontext).

Weil Unterricht ein komplexes Unterfangen ist, besteht nach dem Stand der Forschung Einigkeit, dass Empfehlungen hinsichtlich erfolgreicher „Rezepte" oder eine Verabsolutierung einzelner Unterrichtsmethoden nicht Ziel führend sein können. Die Suche nach den unerschütterlichen Grundpfeilern guten Unterrichts hat bislang ebenso wenig zum Erfolg geführt wie die frühere Suche nach unabdingbaren Persönlichkeitsmerkmalen guter Lehrkräfte (Einsiedler 1997a; Einsiedler/Treinies 1997). Stattdessen zeichnet sich ab, dass es eine Vielzahl an Kombinations- und Variationsmöglichkeiten von Praktiken und Methoden für guten und schlechten Unterricht gibt.

Da Unterricht mehreren Zwecken dient und Lernen mit unterschiedlichen Lernvoraussetzungen erreichen soll, ist jedoch einleuchtend, dass eine Monokultur des Unterrichts nicht wirklich für Qualität stehen kann. Wenig erfreulich ist daher das gut gesicherte Ergebnis der Forschung, dass der Unterricht an deutschen Schulen oft eine erstaunliche *Variationsarmut* aufweist, und dies weitgehend über die Schulformen, Jahrgangsstufen, Fächer und über die Zeit hinweg (Baumert/Köller 2000). Die häufig ermittelte Routine von Lehrervortrag, Anschreiben an die Tafel und fragend-entwickelndem Gespräch mit der Klasse, bei dem sich die Aktivität der Schüler auf das Zuhören, kurze Antworten sowie das Ab- und Mitschreiben konzentriert, scheint für den Erwerb von Routinewissen zwar ihren Stellenwert zu haben, sie führt jedoch kaum zu einem tieferen Verständnis. Ebenso wird die Fähigkeit zur Anwendung und zum Transfer über unterschiedliche Situationen oder über den Unterricht hinaus so kaum entwickelt.

2. Modelle und Forschung zu Lehren und Lernen

Dass gehaltvolles Lehren und Lernen eine Reflexion über die zu Grunde liegenden *Bildungsziele* voraussetzt, stellt die *bildungstheoretische Didaktik* in den Mittelpunkt. Erst im Hinblick auf definierte Ziele lassen sich die zu vermittelnden Inhalte bestimmen. Bezogen auf die Ziele und Inhalte hat dann die Aufbereitung im Unterricht zu erfolgen. Die Inhalte sind hinsichtlich der übergeordneten Bildungsziele (Befähigung zu Selbstbestimmung, Mitbestimmung und Solidarität) und im Hinblick auf ihre exemplarische sowie die Gegenwarts- und Zukunftsbedeutung zu bestimmen. Die Unterrichtsqualität steht und fällt in dieser Betrachtung also mit den Zielen sowie Ziel führenden Inhalten und kann nicht in erster Linie an der unterrichtsmethodischen Gestaltung oder medialen Präsentation festgemacht werden. Dennoch ist auch die an den fachlichen Erfordernissen und an den Schülervoraussetzungen orientierte Strukturierung und Art der Erarbeitung der Inhalte bedeutsam. Besonders relevant ist jedoch die Handhabung der Stofffülle durch die Konzentration auf das Wesentliche. Von der Unterrichtsaufbereitung her besteht die Herausforderung darin, neutrale Bildungs*inhalte* in für die Lernenden relevante Bildungs*gehalte* zu transformieren. Nicht zuletzt verweist die bildungstheoretische Reflexion auch darauf, dass bezüglich der Qualität des Unterrichts die Gesamtsequenz eines Bildungs- oder Ausbildungsgangs mit zu reflektieren ist. Es ist zu prüfen, ob es sich um einen sinnvollen Aufbau der Inhalte im Gesamtzusammenhang handelt, durch den ein kumulativ aufbauender Erwerb von Wissen ermöglicht wird.

Das *Strukturgefüge* des Unterrichts, das in der bildungstheoretischen Didaktik eher implizit mitgedacht ist, bildet die Grundlage der *lerntheoretischen Didaktik*. Konstitutiv ist die Sicht von Unterricht als Entscheidungsprozess im Strukturzusammenhang von Intention, Inhalt, Methode und Medium. Das Entscheidungsfeld des Unterrichts wird als eingebettet in die Struktur von anthropologisch-psychologischen sowie sozio-kulturellen Voraussetzungen und Folgen gesehen. Besonders stark betont wird damit, dass Unterricht unter Reflexion der personalen und situativen Besonderheiten gestaltet werden muss. Auch von daher können vorgefertigte Unterrichtskonzepte nur sehr bedingt erfolgversprechend sein.

Auf die *Interaktions- und Kommunikationsprozesse* im Unterricht bezieht sich vor allem die *kommunikative* Didaktik. Hier erscheint die *Beziehungsdimension* des Unterrichts zumindest als gleichberechtigt neben der Ziel- und Inhaltsdimension. Die Bedeutsamkeit der Beziehungsebene ergibt sich aus der emanzipatorischen Zielsetzung des Unterrichts, die eine Beteiligung und ein Mitspracherecht der Lernenden als Vorbereitung auf die Teilhabe an einer sich demokratisch verstehenden Gesellschaft einzufordern berechtigt.

Auf empirischer Basis beschäftigt sich zum einen die *Schul- bzw. Unterrichtsklimaforschung* (Eder 1996) mit der Qualität des Unterrichts. Als Schul- oder Unterrichtsklima wird die gemeinsam geteilte Wahrnehmung oder Übereinstimmung in der Wahrnehmung der Schule bzw. des Unterrichts verstanden. Besonders berücksichtigt wird hierbei die Qualität der Beziehungen zwischen Lehrern und Schülern sowie der Schüler untereinander. Merkmale des Unterrichts sowie Lernhaltungen der Schüler werden in dieser Forschungsrichtung allerdings ebenfalls einbezogen. Untersuchungsgegenstand sind zum einen Einflussfaktoren auf die Klimadimensionen, die als Kriteriumsvariablen und eigenständig bedeutsame Merkmale der Unterrichtsqualität angesehen werden können. Das Schul- oder Klassenklima wird außerdem als unabhängige Variable untersucht. Insbesondere werden Beziehungen zum Leistungsstand bzw. zur Leistungsentwicklung überprüft. Hierzu liegen widersprüchliche Befunde vor. Im Gesamtüberblick scheint die Bedeutung der Klimavariablen für die Leistungsentwicklung jedoch nicht sehr hoch zu sein. Dies bedeutet dennoch nicht, dass das Lernklima zu vernachlässigen ist. Zumindest ist eine positive, wertschätzende und vertrauensvolle Beziehung zwischen Lehrenden und Lernenden ein wichtiges Merkmal guten Unterrichts aus Sicht der Beteiligten (Prange 1997; Terhart 1997).

Untersuchungen im Rahmen der *Lehr-Lernforschung* beziehen sich zwar teils auch auf Unterrichtswahrnehmungen der Lehrenden und Lernenden, primär allerdings auf Beobachtungen des Unterrichts durch externe Dritte. Im Vordergrund stehen Merkmale der Quantität (Zeit) und Qualität des Unterrichts sowie das Handeln der Lehrenden. Vorherrschend, wenn auch zunehmend stärkerer Kritik ausgesetzt, ist hierbei das sog. *Prozess-Produkt Paradigma*, d. h. die Suche nach Beziehungen zwischen Merkmalen des Unterrichtsprozesses und Effektvariablen (Helmke 2003). Als Zielkriterium werden wiederum insbesondere fachliche Leistungen untersucht. Kritik wird im Zuge der kognitiven Wende vor allem am *black-box* Charakter dieses Modells geübt, also daran, dass Prozesse, die zwischen die Instruktionsvariablen (Prozess) und den Lernerfolg (Produkt) geschaltet sind, ausblendet werden. Die Kritik bezieht sich außerdem auf das überwiegend induktive, theorielose und addi-

tive Vorgehen bei der Suche nach Effekten. In der Regel werden Einzelmerkmale des Unterrichts isoliert für sich betrachtet, Faktorenkombinationen oder Unterrichtsmuster werden nur selten näher untersucht. Trotz aller Kritik liegt aus dieser Forschungsrichtung eine breite Fülle an Untersuchungen mit stabilen Ergebnissen vor, die für die Bedeutsamkeit einiger zentraler Faktoren des Unterrichts sprechen. Dazu gehören die Klarheit und Verständlichkeit, die Sequenzierung und Strukturiertheit, die Art der Verstärkung, das Zeit- bzw. Klassenmanagement sowie die Motivierungsqualität und Adaptivität. Die relevanten Einzelfaktoren wurden bereits mehrfach in Übersichten zusammengestellt (Einsiedler 1997b).
Diese Übersichten zu Qualitätsmerkmalen des Unterrichts zeigen eine hohe Übereinstimmung mit dem sog. *QAIT*-Modell von Slavin (1996, S. 4 ff.), in dem nach den folgenden vier übergeordneten Faktoren unterschieden wird:

(1) *Quality of Instruction*: Der Grad, zu dem Lehrinhalte und Informationen so präsentiert werden, dass Schüler sie leicht lernen können (Qualität des Curriculums und der Präsentation bzw. Darstellung im Unterricht).
(2) *Appropriateness*: Der Grad, zu dem Lehrende sicherstellen, dass die Lernenden bereit sind, neuen Stoff zu lernen (notwendig vorauszusetzende Fähigkeiten und Wissen sind vorhanden; der Unterricht ist in Schwierigkeit und Tempo angemessen).
(3) *Incentive(s)*: Der Grad, zu dem Lehrende sicherstellen, dass die Lernenden motiviert sind dem Unterricht zu folgen, sich zu beteiligen und sich die Inhalte anzueignen.
(4) *Time*: Der Grad, zu dem die Lernenden ausreichend Zeit auf die Aneignung des Stoffes verwenden, wobei nach zugestandener Zeit (*allocated*) und effektiv genutzter Lernzeit (*engaged time; time on task*) zu unterscheiden ist.

Insgesamt sprechen die Ergebnisse der Unterrichtsforschung mit klarer Tendenz für die hohe Wirksamkeit eines lehrerkontrollierten bzw. -geleiteten Unterrichts. Dieser sollte allerdings nicht mit einem monotonen Frontalunterricht verwechselt werden. So finden Baumert und Köller (2000) auf der Basis von Schülerbefragungen in der TIMSS Oberstufenuntersuchung positive Beziehungen zwischen dem *Leistungsstand* und Unterrichtsmerkmalen, die auf einen *verständnisorientierten Unterricht* schließen lassen. Für ein induktiv-entdeckenlassendes Vorgehen finden sich dagegen negative Effekte. Problematisch scheinen Unterrichtssituationen, die auf eigenständiges oder *selbstorganisiertes Lernen* der Schüler abzielen, jeweils dann zu sein, wenn die Befähigung der Lernenden zu selbstständigem Arbeiten fraglos unterstellt und der Prozess der Wissensaneignung nicht ausreichend vorstrukturiert und vorbereitet ist (Weinert 1996). Auch das Ergebnis der TIMSS-Videostudie für den Mathematikunterricht in der Mittelstufe, das auf die Überlegenheit eines *problemorientierten* Unterrichts hinweist, in dem von den Schülern selbsttätig Problemlösungen in gemeinsamer Arbeit entwickelt, diese anschließend miteinander verglichen und hinsichtlich ihrer Vorteile und Nachteile diskutiert werden, sollte nicht fehlinterpretiert werden. Die Voraussetzung eines solchen Unterrichts ist neben der ausreichenden Hinführung und Anleitung der Schüler auch ein disziplinierter und störungsfrei realisierter Unterrichtsablauf. Damit wird nochmals deutlich, welch wichtige Funktion der Lehrkraft zukommt als (1) Organisator und Moderator des Lernens, (2) als Erzieher, der im Unterricht die Leitungsrolle wahrnimmt, und (3) als Vertreter eines Faches und Instrukteur. Die relevanten Merkmale erfolgreichen Lehrens und Lernen lassen sich insofern auch zu den folgenden drei Gruppen zusammenfassen (Klieme/Schümer/Knoll 2001): 1. Unterrichts- und Klassenführung (klare, strukturierte und gut organisierte Instruktion). 2. Schülerorientierung (auf individuelle Lernpotentiale und Bedürfnisse der einzelnen Schüler eingehen). 3. Kognitive Aktivierung (Komplexität der Aufgabenstellungen und Argumentationen auf der einen und hohe Intensität des fachlichen Lernens auf der anderen Seite). Seitens der Lehrenden sind damit Einstellungen und Überzeugungen bedeutsam, besonders aber auch das verfügbare Wissen in inhaltlich-fachlicher, pädagogisch-inhaltlicher (Fähigkeiten der Lernenden, Repräsentation und Erklärung von Inhalten) und pädagogischer Hinsicht (Klassenmanagement, Wissen über Lernen) (Krauss u.a. 2004).

Auch wenn der Forschungsstand auf den ersten Blick nicht sehr übersichtlich erscheinen mag, gibt es also dennoch eine ganze Reihe stabiler Befunde zur Qualität des Unterrichts. Als bedeutsam erweisen sich eine optimale (nicht unbedingt maximale) Nutzung der Instruktionszeit, eine hohe Explizitheit der Aufgabenstruktur sowie eine störungspräventive und unterbrechungsarme Klassenführung. Es handelt sich somit um einen kontrollintensiven Unterricht mit hoher Lehrstoffrelevanz und Verständlichkeit bei insgesamt reduzierten, aber durchaus vorhandenen Freiheitsgraden für Eigenaktivitäten der Schüler. Dabei schließt eine eher starke Leit- und Lenkfunktion der Lehrkraft eine schülerorientierte und unterstützende Haltung keineswegs aus. Innerhalb der dadurch reduzierten Bandbreiten für guten Unterricht dürfte es erheblichen Spielraum für Variationen und Kombinationen von Methoden und Konzepten geben, etwa Mischformen aus individuellem und kollektivem Lernen, Phasen der Instruktion und Freiarbeit bzw. Exploration. Wichtig dürfte außerdem sein, das Lehren und Lernen selbst zum Gegenstand der Reflexion im Unterricht zu machen (Weinert 1998).

3. Perspektiven

Eine besondere Herausforderung für die Unterrichtsforschung dürfte darin bestehen, nicht nur die Forschung weiter voranzutreiben, sondern auch die Ergebnisse in die Praxis zu transportieren und dort nutzbar zu machen. Nötig erscheint dazu letztlich eine integrierende Gesamtsicht von Unterricht als Zusammenspiel von Bedingungen und Prozessen auf der Mikroebene des Lernens, der Mesoebene des Unterrichts und der Makroebene von Schule als Teilsystem der Gesellschaft (Doll/Prenzel 2004). Zudem darf die Frage nach den zu Grunde liegenden Bildungszielen nicht aus dem Blick geraten.

Unterricht aus einer Mikroperspektive zu betrachten beinhaltet vor allem auch, die Entwicklung von Theorien zum Erwerb und zum Aufbau von (Fach-)Verständnis und (Fach-)Wissen voranzutreiben. An der Schnittstelle von Lern- und Unterrichtstheorien kommt dem fachlichen Wissen und Metawissen sowie subjektiven Theorien von Lehrkräften auf der einen und mentalen Modellen, Lernstrategien der Schüler auf der anderen Seite eine erhebliche Bedeutung zu. Untersuchenswerte Aspekte sind hierbei: Von welchen Konzepten zu Inhalten und Methoden gehen Lehrer und Schüler aus? Wie werden Konzeptwechsel bei Lehrern und Schülern angeregt? Wie können lernhemmende Vorstellungen von Inhalten und Arten des Lehrens und Lernens verändert werden? Die damit eng verbundenen Fragen nach der Repräsentation von Wissen bzw. Lehrstoffen und Inhalten sind vor allem auch in Zusammenhang mit der Unterstützung des Lernens durch (neue) Medien zu sehen.

Noch nicht wirklich überzeugend gelungen ist die Gruppierung der recht zahlreichen bis heute untersuchten Unterrichtsmerkmale zu Unterrichtsskripts, -mustern oder -konzepten. Dabei ergibt sich bei der Bestimmung von Unterrichtskonzepten die Frage nach deren Konsistenz und Stabilität. Wieweit entwickeln Lehrkräfte in ihrer Praxis eindeutig identifizierbare Muster über Unterrichtssituationen hinweg? Gehen sie dabei „theoriekonform" vor oder eher pragmatisch bzw. eklektisch? Behalten Lehrkräfte diese Muster über die Zeit, über Fächer, Jahrgangsstufen und Klassen hinweg bei? Unter welchen Bedingungen werden Konzepte modifiziert oder verworfen?

Ebenfalls noch wenig untersucht sind Unterrichtswirkungen bezüglich der Entwicklung fachübergreifender Kompetenzen (z. B. Problemlösefähigkeit, soziale und kommunikative Kompetenzen) und Werthaltungen. Infolge von TIMSS und PISA zeigte sich in den letzten Jahren eine starke Konzentration der Unterrichtsforschung auf den mathematisch-naturwissenschaftlichen Bereich in der Sekundarstufe. Problematisch ist dies nicht zuletzt deshalb, weil keineswegs Klarheit besteht, wieweit Merkmale guten Unterrichts über Schulformen, Fachgrenzen und Altersstufen hinweg verallgemeinerbar sind. Zusätzlich mit zu überlegen ist, wieweit bisherige Modelle des Unterrichts noch tragen, wenn neuerdings immer stärker Projektformen und fächerübergreifender Unterricht gefordert und zunehmend mehr an den Schulen praktiziert werden. Zumindest für einzelne Phasen des Unterrichts geht damit auch die Auflösung der traditionellen Form des Lernens im Klassenverband einher.

Ein umfassendes und zutreffendes Bild von Unterricht ist aus einer Mikro- und Mesoperspektive allein nicht wirklich zu gewinnen. Unterricht muss vielmehr auch in Abhängigkeit von schulischen und gesellschaftlichen Kontextfaktoren betrachtet werden. Handeln im Unterricht ist auch mit Blick auf kontextuelle Faktoren zu sehen (z. B. Lehrstoff, Stofffülle, Zeitknappheit, Notengebung, schwierige Schüler), die von der einzelnen Lehrkraft allenfalls bedingt beeinflussbar sind. Durch die Berücksichtigung von Kontextfaktoren ließen sich möglicherweise Erklärungen für Abweichungen zwischen epistemologischen Überzeugungen, eigentlichen Absichten und dem tatsächlichen Handeln im Unterricht finden. Schulische und gesellschaftliche Kontextfaktoren (z. B. Kooperation im Kollegium und Koordination der Aufgaben; schwieriges soziales Umfeld einer Schule) wären vor allem darauf hin zu prüfen, wieweit sie im Sinne unterstützender oder hemmender Bedingungen für guten Unterricht wirksam werden.

Schließlich sind auch gezielte Ansätze zur Evaluation und Weiterentwicklung der Unterrichtsqualität in der schulischen Praxis noch keineswegs die Regel. Dazu, wie im Alltag anwendbare Verfahren zur Unterrichtsverbesserung gewonnen werden können und wie diese in Systeme der schulischen Evaluation integrierbar sind, ist wenig bekannt. Wieweit Rückmeldeverfahren ein erfolgreicher Weg zur Unterrichtsentwicklung sein können, bleibt noch differenziert zu prüfen (Ditton 2001; Helmke 2004). Es zeichnet sich allerdings ab, dass Feedbacks zum Unterricht allein – sei es aus Unterrichtsbefragungen, Gesprächen oder Hospitationen – sicherlich nicht ausreichend sind, um Unterricht tatsächlich zu verändern. Lehrende erwarten darüber hinaus gezielte Hinweise, Hilfen und Materialien, die für ihre Arbeit möglichst unmittelbar verwendbar sind. Von daher könnte eine intensivierte unterrichtsbezogene Kooperation in den Kollegien ein erhebliches Potential bieten, um das vor Ort verfügbare Wissen gezielter zu teilen und gemeinsam zu nutzen. Ein verstetigtes Weiterlernen im Berufsalltag könnte Erfolg versprechender sein als zyklische Wechsel in den favorisierten Konzepten für die Lehrerbildung oder Weiterbildungsangebote, die nicht immer dem Bedarf vor Ort entsprechen. Wieweit sich eine intensivierte Kooperation allerdings mit einer zunehmend um sich greifenden „Ranking-Mentalität" verträgt, wäre erst einmal zu überprüfen.

Literatur

Baumert, J./Köller, O. (2000): Unterrichtsgestaltung, verständnisvolles Lernen und multiple Zielerreichung im Mathematik- und Physikunterricht der gymnasialen Oberstufe. In: *Baumert, J./Bos, W./Lehmann, R.* (Hrsg.), Timss/III, Band 2, Mathematische und physikalische Kompetenz am Ende der gymnasialen Oberstufe. Opladen: Leske+Budrich, S. 271–315.
Carroll, J. B. (1963): A Model of School Learning. In: Teachers College Record, 64, S. 723–733
Carroll, J. B. (1989): The Carroll Model. A 25-year Retrospective and Prospective View. In: Educational Researcher, 18, S. 26–31.
Ditton, H. (2001): Der Beitrag der empirischen Schulforschung zur Qualitätssicherung an Schulen - Forschungslogische Aspekte und Anwendungsbezüge. In: *Hansel, T.* (Hrsg.), Schulprofil und Schulqualität. Perspektiven der aktuellen Schulreformdebatte. Herbolzheim: Centaurus Verlag, S. 70–98.
Ditton, H. (2002): Unterrichtsqualität - Konzeptionen, methodische Überlegungen und Perspektiven. In: Unterrichtswissenschaft, 3, S. 197–212.
Ditton, H. (2006): Unterrichtsqualiät. In: *Arnold, K.H./Sandfuchs, U./Wiechmann, J.* (Hrsg.): Handbuch Unterricht. Bad Heilbrunn: Klinkhardt, S. 235–243
Doll, J./Prenzel, M. (Hrsg.). (2004). Bildungsqualität von Schule: Lehrerprofessionalisierung, Unterrichtsentwicklung und Schülerförderung als Strategien der Qualitätsverbesserung. Münster: Waxmann Verlag.
Eder, F. (1996): Schul- und Klassenklima. Innsbruck: Studien Verlag.
Einsiedler, W. (1997a): Research on Instructional Methods: A European Perspective. In: *Tennyson, R. D./Schott, F./Seel, N./Dijkstra, S.* (Hrsg.), Instructional design: International perspectives,Vol. 1: Theory, research and models. London: Lawrence Erlbaum, S. 269–291.
Einsiedler, W. (1997b): Unterrichtsqualität und Leistungsentwicklung: Literaturüberblick. In: *Weinert, F. E./Helmke, A.* (Hrsg.): Entwicklung im Grundschulalter. Weinheim: Psychologie Verlags Union, S.225–240.
Einsiedler, W./Treinies, G. (1997): Effects of Teaching Methods, Class Effects, and Patterns of Cognitive Teacher-Pupil Interactions in an Experimental Study in Primary School Classes. In: School Effectiveness and School Improvement, 8, S. 327–353.
Gruehn, S. (1995): Vereinbarkeit kognitiver und nichtkognitiver Ziele im Unterricht. In: Zeitschrift für Pädagogik, 41, S. 531–553.
Helmke, A. (2003): Unterrichtsqualität – Erfassen, Bewerten, Verbessern. Seelze: Kallmeyersche Verlagsbuchhandlung.
Helmke, A. (2004): Von der Evaluation zur Innovation: Pädagogische Nutzbarmachung von Vergleichsarbeiten in der Grundschule. In: Seminar, 2, S. 90–112.
Kliemke, E./Schümer, G./Knoll, S. (2001): Mathematikunterricht in der Sekundarstufe I: Aufgabenkultur und Unterrichtsgestaltung. In: *Bmbf - Bundesministerium für Bildung und Forschung* (Hrsg.): TIMSS Impulse für Schule und Unterricht. München: Biering, S. 43–57.
Krauss, S./Kunter, M./Brunner, M./Baumert, J./Blum, W./Neubrand, M./Jordan, A./Löwen, K. (2004): Coactiv: Professionswissen von Lehrkräften, kognitiv aktivierender Mathematikunterricht und die Entwicklung von mathematischer Kompetenz. In: *Doll, J./Prenzel, M.* (Hrsg.): Bildungsqualität von Schule: Lehrerprofessionalisierung, Unterrichtsentwicklung und Schülerförderung als Strategien der Qualitätsverbesserung. Münster: Verlag Waxmann, S. 31–54.
Prange, K. (1997): Was ist schlecht am „schlechten Lehrer"? In: *Schwarz, B./Prange, K.* (Hrsg.): Schlechte Lehrer/innen. Weinheim: Beltz, S. 14–31.
Slavin, R. E. (1996): Education for All. Lisse: Swets & Zeitlinger.
Terhart, E. (1997): Gute Lehrer – schlechte Lehrer. In: *Schwarz, B./Prange, K.* (Hrsg.): Schlechte Lehrer/innen. Weinheim: Beltz, S. 34–85.
Weinert, F. E. (1996): Für und Wider die „neuen Lerntheorien" als Grundlagen pädagogisch-psychologischer Forschung. In: Zeitschrift für Pädagogische Psychologie, 10, S. 1–12.
Weinert, F. E. (1998): Neue Unterrichtskonzepte zwischen gesellschaftlichen Notwendigkeiten, pädagogischen Visionen und psychologischen Möglichkeiten. In: *Bayerisches Staatsministerium für Unterricht, Kultus, Wissenschaft und Kunst* (Hrsg.), Wissen und Werte für die Welt von morgen. München/Donauwörth: Auer, S. 101–125.

Werner Wiater

Individualisierung und Lernförderung

Zu den hoch bedeutsamen Merkmalen von Bildungserfolg zählen in den aktuellen Merkmalskatalogen die Individualisierung des Lehrens und die Förderung des Lernens. Darunter versteht man die didaktische und pädagogische Berücksichtigung der Heterogenität der Schülerinnen und Schüler im Unterricht. Insbesondere zu beachten ist, dass Jungen und Mädchen unterschiedlich lernen, dass Migrantenkinder einer sprachlich-kulturellen Unterstützung bedürfen, dass Kinder/Jugendliche aus bildungsfernen und belasteten Herkunftsmilieus eine auf ihre speziellen Lernvoraussetzungen und Belange eingehende Unterstützung brauchen und dass der Unterricht sowohl den Schülern mit Lern- und Leistungsproblemen wie auch denen mit Leistungsexzellenzen gerecht werden muss. Individualisierendes und förderliches Lehren und Lernen ist deshalb die heute meist genannte Anforderung an die Schule in Deutschland, das gilt unterschiedslos für alle Schularten. In keiner Schulform und in keiner Schulklasse herrscht Homogenität vor; Heterogenität ist der Normalfall.

Die Heterogenität bezieht sich auf die Leistungsfähigkeit der Jungen und Mädchen ebenso wie auf ihre Leistungsbereitschaft, auf ihr kalendarisches Alter ebenso wie auf ihr Entwicklungsalter, auf ihre Vorkenntnisse genauso wie auf ihre Interessen, Neigungen und Vorlieben, auf die Art ihrer persönlichen oder häuslichen Lebensbedingungen gleichermaßen wie auf ihre Emotionalität und Sozialität im Umgang mit anderen Menschen. Ohne dass dem in Schule und Unterricht Beachtung entgegengebracht wird, so die Meinung nahezu aller, die mit Bildungspolitik zu tun haben, könnten die Kinder und Jugendlichen nicht zu der für diese selbst und für die Gesellschaft wichtigen Entfaltung ihrer Fähigkeiten und Fertigkeiten gebracht werden. Auch könnte anders die nur mittelmäßige Qualität der Lernergebnisse deutscher Schülerinnen und Schüler nicht verbessert und die Bildungsbenachteiligung bestimmter Gruppen von ihnen nicht behoben werden.

Seit mehr als drei Jahrzehnten wird in der schulpädagogischen Fachliteratur zwar Differenzierung beim Lehren und Individualisierung als dessen Hochform gefordert, die Unterrichtsforschung hat diese Forderung aber bislang nicht genug durch praxistaugliche Modellkonzepte unterstützt. Erst in den letzten Jahren, bedingt durch die stark gestiegene Zahl an „Problemschülern" und verstärkt durch die Tendenz, Kinder/Jugendliche mit Lern- und Verhaltensauffälligkeiten in die Regelschule aufzunehmen und nicht einer Sonderbeschulung zuzuführen, ist Bewegung in die Diskussion gekommen. Auch hier nimmt das Gymnasium keine Sonderstellung ein (vgl. Schüler mit Legasthenie, autistische Schüler, Schüler mit ADHS und andere). Im Folgenden soll auf die Begriffe „Individualisierung“ und „Förderung“ eingegangen und die Bedeutung dargestellt werden, die sie für den Gymnasialunterricht haben.

1. Individualisierung

So generell die Forderung nach Individualisierung des Lehrens und Lernens in der Schule erhoben wird, so unklar ist sie in ihrer Bedeutung, so ungewiss sind die daraus zu ziehenden Konsequenzen für den Unterricht oder für die Leistungsbeurteilung der Schülerinnen/Schüler und so unreflektiert wird sie als Generallösung schulischer Probleme vertreten. Hier ist „die Anstrengung des Begriffs“ (Hegel) geboten. Forscht man der Thematik „Individuum" nach, so sieht man sich auf Aristoteles verwiesen, der formuliert: „individuum est ineffabile“ und damit zum Ausdruck bringt, dass das Individuelle nicht in allgemeinen Begriffen aussagbar und auch nicht vollständig erfassbar ist. Nach Aristoteles ist es eines, was das Individuelle ausmacht (die sogenannte „prima materia“), und ein anderes, was Mehreren zukommt und als deren Besonderheit angesehen werden kann (die sogenannte „secunda materia“). Nur an die Letztere lässt sich pädagogisch oder didaktisch anknüpfen. Das Individuelle ist eben so individuell, dass ein Außenstehender darüber nichts sagen kann und dieses auch nicht durch außensteuernde Maßnahmen beeinflussen kann. Der heutige Konstruktivismus schlägt hier eine Brücke zur alten Erkenntnistheorie, wenn er feststellt, dass jedes Individuum auf seine Weise auf der Grundlage seiner höchst subjektiven Strukturen des Denkens, Fühlens, Könnens und Wollens Bedeutungen von dem und über das aufbaut (konstruiert), was ihm von seiner Außenwelt mit didaktischen oder pädagogischen Absichten an Impulsen und Aufgaben präsentiert und aufgegeben wird. Erst wenn ein Schüler/eine Schülerin Handlungs- und Verhaltensdimensionen erkennen lässt, die in eine gewisse Ähnlichkeit zu denen treten, die bestimmte andere Schüler auch zeigen, dann kann darauf gezielt eingegangen werden. Als Lehrer/Lehrerin kann man – weder theoretisch noch praktisch – die Individualität von 25 Schülerinnen/Schülern berücksichtigen, wohl aber Gruppenmerkmale oder Dimensionen an ihnen wahrnehmen (diagnostizieren), denen zwecks Erreichung von Bildungs- oder Erziehungszielen mit spezifischen didaktischen und pädagogischen Maßnahmen besser entsprochen werden könnte. Doch auch hier bleibt der Erfolg beim einzelnen Schüler (auf Grund seiner Individualität) offen.

Sucht man in der Fachliteratur nach Konzepten, wie die Forderung nach Individualisierung des Lehr-Lern-Prozesses praktisch umgesetzt werden könnte, sieht man sich entweder den Vorschlägen gegenüber, die auch für den differenzierenden Unterricht gemacht werden (Berücksichtigung von Unterschieden bei den Lernern hinsichtlich Lerntempo, Aufgabenschwierigkeit, Aufgabenmenge, Veranschaulichungsgrad, Praxisnähe, Enrichment-Programme, Lerntagebuch und Portfolio als Formen der Leistungsbewertung, selbstständige Inhaltsauswahl und individuelle Bezugsnorm bei der Leistungsmessung) oder grundsätzlichen Erwägungen zum Herausstellen der Stärken der einzelnen Schülerinnen und Schüler, statt ihre erkennbaren Defizite zu thematisieren und zu bearbeiten. Neben solchen Erwägungen finden sich zwei ausgearbeitete Konzeptionen zur Individualisierung, auf die kurz eingegangen werden soll.

(1) Individualisierung des Lehr-Lern-Prozesses durch detaillierte Strukturierung der vorgegebenen Lehrinhalte

Dieses Grundmodell des individualisierenden Lehrens und Lernens hat drei Säulen: erstens eine genaue Analyse der Sachstruktur des Lerninhalts, zweitens eine genaue Analyse der Lernstruktur des Schülers angesichts dieses Lerninhalts und drittens eine lernbegleitende prozessorientierte Förderdiagnostik. Es rezipiert die Theorie der Strukturgenese im Sinne Piagets (u. a.), die der förderlichen Lernentwicklung nach Wygotski („Zone der aktuellen Leistung“ – „Zone der nächsten Entwicklung“) und die der reflexiven, d. h. hypothesenbasierten und zugleich hypothesengenerierenden Lernbegleitung (vgl. Mutzek u. a.). Dieses Modell ist stark an der aus den USA und England in die deutsche Schulpädagogik übernommenen Vorstellung von Bildungsstandards und Kompetenzniveaus orientiert. Aufgabe des Lehrers/der Lehrerin ist es bei diesem Grundmodell, zunächst den zu unterrichtenden Unterrichtsinhalt in seine zentralen Bestandteile aufzugliedern, ihn zu elementarisieren und die sachstrukturell bedingte Reihenfolge dieser Bestandteile möglichst engmaschig und kleinschrittig aufzuzeichnen. Ähnlich müsste der Lehrer dann mit den vom einzelnen Schüler bisher im jeweiligen Fach bei ähnlichen Unterrichtsinhalten gezeigten Lernverhalten verfahren; der Lehrer müsste sich klarmachen, von welchem Kompetenzniveau der Schüler an diese Aufgabenstellung herangeht, welche Besonderheiten er in seinem Lernverhalten aufweist und wie er strategisch bei Aufgaben dieser Art vorgeht. Der Lehrer müsste dann einen Abgleich herstellen zwischen den Lernvorgaben des Schülers und dem Bestandteil des zu lernenden Inhalts, an dem der Schüler mit Aussicht auf Lernerfolg anknüpfen kann.

Ferner bleibt ihm zu tun, davon ausgehend die weiteren Lernschritte für den einzelnen Schüler zu überlegen und ihm zu bahnen. Gleichzeitig muss der Lehrer den so beginnenden Lernprozess des Schülers diagnostisch begleiten und bei Bedarf seine didaktischen Maßnahmen neu justieren, damit der Lernweg des Schülers gelingt.

(2) Individualisierung des Lehr-Lern-Prozesses durch Freiräume selbstinitiierten und eigenverantwortlichen Lernens der Schüler

Ein anderes Modell, ebenfalls aus den USA kommend, dort aber als Alternative zum erstgenannten Modell konzipiert, setzt statt auf Standards, detailliert geplante Lernschritte und ein „training to the test" darauf, das Kind und den Jugendlichen aus selbst gewählten Lernaufgaben nicht nur Freude am Lernen, sondern auch inhaltliche und methodische Kompetenzen erwerben zu lassen, die ihrerseits auch das erfolgreiche Bewältigen von fremd gestellten Aufgaben zur positiven Folge hat. R. Caine (Kalifornien) nimmt für dieses Modell Bezug auf die Arbeitsweise des menschlichen Gehirns („brain based learning" – „brain based teaching"). Dafür muss der Unterricht konsequent auf „Könnenserfahrungen", „Selbstvertrauen" und „Interesse/intrinsische Motivation/Neugier/Frageverhalten" der Schüler setzen und in einem lernförderlichen, d.h. experimentierfreudigen, Fragen provozierenden, Fehler zulassenden, angst- und repressionsfreien Klima ablaufen. Das kann man sich so vorstellen, dass sich die Schülerinnen und Schüler für eine bestimmte Zeit des Schulmorgens mit einer selbst gewählten Problematik, die einem Schulfach oder auch nicht entspricht, beschäftigen. Aus innerem Antrieb und mit Hilfestellung anderer Schüler und der Lehrer gehen sie einer Frage nach, für die sie eine Lösung suchen. Es wird hier also durch Projekte, Experimente, Problemlösungsversuche und situative Anstöße, Ereignisse, Gelegenheiten gelernt und dann das Gelernte durch Übung und Anwendung konsolidiert. Daran schließen sich dann fachbezogene Lerneinheiten an, in die auch Trainingseinheiten eingebaut sind. Die Erfahrungen, die die Pädagogengruppe um R. Caine in der Praxis damit gemacht hat, sind ermutigend, gelang ihren Schülern doch ein besseres Lernergebnis in den Tests als Schülern, die nach der training-to-the-test-Methode gelernt hatten.

2. Förderung

Jahrhunderte lang ging die Pädagogik davon aus, dass der Mensch die für seine Persönlichkeitsentwicklung erforderlichen Kräfte aus sich heraus entwickeln kann, wenn er durch äußere Umstände nicht daran gehindert wird. Bei dieser Auffassung finden sich J. J. Rousseau, W. v. Humboldt, M. Montessori und die modernen Konstruktivisten in ungewohnter Gemeinsamkeit. Dass Kinder und Jugendliche auf ihrem Weg zu Individuation und Mündigkeit durch elterliche und schulische Maßnahmen zu unterstützen seien, war stets unbestritten. Das auszudrücken, war die Rede von Erziehung und Bildung. Förderung im eigentlichen Sinne war das nicht; denn als terminus technicus der Pädagogik bedeutet „fördern" ursprünglich eine zusätzliche, zeitlich begrenzte und personbezogene Sondermaßnahme, die dann und dort erforderlich wird, wo die eigenen Bemühungen des Kindes oder Jugendlichen nicht ausreichen. Demzufolge ist Förderung nötig, wenn ein Junge oder ein Mädchen zeitweilig in seinen Fähigkeiten, Fertigkeiten oder Verhaltensweisen von dem abweicht, was man von ihm „legitimerweise" und aus seinen bisher gezeigten Aktionen und Reaktionen hätte erwarten können. Die dann einsetzende Förderung bezeichnet man als „remedial" (d.h. als abhelfend), als „kompensatorisch" (d.h. als ausgleichend) oder als „präferenziell" (d.h. als bevorzugt behandelnd). Diese Sicht von Förderung hat zu Zeiten der großen Bildungsreform zwischen 1965 und 1975 eine Bedeutungsveränderung erfahren. Fördern wurde zum Gegenbegriff von Auslesen, „Fördern statt Auslesen" zur bildungspolitischen Programmatik. Mit dem Ziel, Chancengleichheit herzustellen und Bildungsbenachteiligung auszugleichen, wurde Förderung als grundsätzliches, jederzeit nötiges und unbefristet einzusetzendes pädagogisch-didaktisches Mittel propagiert. Dies war umso leichter möglich, als Intelligenz und Begabung als lernbar angesehen wurden. Das hatte Folgen für die Begriffsverwendung bis heute. Man kann sich des Eindrucks nicht erwehren, dass Förderung heute ein Oberbegriff für alle Funktionen und Aufgaben der Schule geworden ist und vorrangig von ihr erwartet wird. Die Schule soll feststellbare Unterschiede im Lernen und Verhalten der Kinder und Jugendlichen durch besondere, unterstützende und abhelfende Maßnahmen auffangen und so das Erreichen von Schulzielen und Schulabschlüssen gewährleisten. Mit dieser Denkweise ist die Vorstellung verbunden, durch zusätzliche Hilfestellung und durch eine verbesserte, individualisierte Didaktik lasse sich das mit Sicherheit erreichen. Vorbehalte gegenüber solchen Machbarkeitserwartungen werden nicht angenommen; Hinweise auf die das Lernen von Kindern und Jugendlichen determinierende, individuelle Kombination der Persönlichkeitsfaktoren Erbe, Umwelt, Selbststeuerungskräfte verhallen meist ungehört. Stattdessen wird offenbar davon ausgegangen, dass jeder und alles immerzu gefördert werden müsste und dass sich Unterschiede zwischen den Menschen wegfördern ließen.

3. Individualisierung und Förderung – Begriffe mit hoher Suggestivkraft

Die Leitbegriffe des Themenbeitrags sind wissenschaftlich, bildungspolitisch und gesellschaftlich hoch akzeptierte Begriffe; alle Schulen sollten sie zu ihrem Programm erheben. Allerdings nur in einer reflektierten und sachlich (nicht ideologisch) definierten Konnotation! Individualisierung und Förderung von Schülerinnen und Schülern sind berechtigte Forderungen an die Regelschule, solange damit gemeint ist, dass jedes Kind und jeder Jugendliche mit seinen Lernmöglichkeiten bei der Erreichung der Bildungs- und Erziehungsziele *der* Schule (Schulform) bestmöglichst unterstützt wird, deren Lernangebot ihm, seinen Potenzialen und seinem Wollen entspricht. Die äußeren Rahmenbedingungen für das Lehren und Lernen und die Qualität der inneren Interaktionsweisen sollen in Zusammenarbeit mit den Elternhäusern so gestaltet sein bzw. werden, dass sie für jeden Schüler und jede Schülerin optimale Entfaltungsbedingungen darstellen. Hier ist (neben den anderen Kompetenzen) eine hohe diagnostische Kompetenz bei den Lehrkräften einzufordern. Auch müsste das System, d. h. die Schulstruktur, eine größere Flexibilität aufweisen, so dass ein Wechsel, auch ein zeitweiliger und vorübergehender Wechsel in eine andere Schulform bei Veränderungen in der Lernentwicklung des Schülers möglich ist. Aber – sich entfalten und lernen müssen die Jungen und Mädchen immer noch selbst! Deren Entwicklung hat eben die Form einer Ko-Konstruktion. Das „Ko-“, die Schule, muss ohne Frage mehr als bisher auf die veränderten Lebensbedingungen der Kinder und Jugendlichen eingehen, ihre Individualität stärker beachten und ihnen gezielte Förderung bei ihrer Persönlichkeitsbildung anbieten, die „-Konstruktion“ müssen sie aber selber leisten und für deren Gelingen tragen sie letztlich selbst die Verantwortung! Bei aller Fokussierung auf das einzelne Kind und den einzelnen Jugendlichen, das einzelne Mädchen und den einzelnen Jungen, muss außerdem darauf hingewiesen werden, dass Individualisierung für die Schule kein Wert an sich ist. „Die Forderung nach Berücksichtigung der Individualität ist relativ und hat ihre Grenzen. So ist im Unterricht nicht deshalb schon alles gut, weil es individuellen Besonderheiten des Schülers entspricht. Das Individuelle darf nicht glorifiziert werden. Soziales Lernen, praktizierte Mitmenschlichkeit und Rücksichtnahme auf andere dürfen nicht zugunsten der individuellen Entfaltung einzelner geopfert werden“ (Schröder 1999, S. 90). So sehen es nicht nur die obersten Erziehungs- und Bildungsziele der Bayerischen Verfassung, sondern auch die neuere Lerntheorie, die den Erfolg von Lernen und Bildung gerade in der sozialen Dimension des Austauschs für notwendig erachtet, und so erfordert es auch die gesamtgesellschaftliche Entwicklung in Deutschland, die ansonsten auf Multiindividualität hinsteuert. Erwähnt sei noch, dass die Regelschule bei der Forderung nach Individualisierung in mehrfacher Hinsicht an ihre Grenzen stößt: an diagnostische Grenzen, an lernorganisatorische Grenzen, an fachinhaltliche Grenzen und an schulorganisatorische Grenzen.

4. Individualisierende Lernförderung am Gymnasium

Die gesellschaftlich und bildungspolitisch geforderte individualisierende Förderung der Schülerinnen und Schüler soll deren Lernerfolg ermöglichen helfen. Sie nimmt, von Schulform zu Schulform verschieden, spezifische Formen an. Im kritisch verstandenen Sinne der obigen Ausführungen sollte eine solche Lernförderung am Gymnasium wie folgt aussehen:

1. **Lernförderung am Gymnasium heißt: einen guten Unterricht halten!**

   Wer darum weiß, dass bei jedem Schüler/jeder Schülerin das Denken, Fühlen, Können und Wollen individuell strukturiert vorliegt, diese individuelle Strukturierung aber für das Erlernen neuer Inhalte entscheidend ist, wird nicht einfach Wissen weitergeben und belehren. Er wird die Schüler/Schülerinnen vielmehr didaktisch in die Planung und Gestaltung des Unterrichts einbeziehen, wird Formen des selbsttätigen Lernens vorsehen, in Gruppen und selbstentdeckend arbeiten lassen, sie an der Leistungsfeststellung mitbeteiligen usw. – kurz das ganze Spektrum des Schüler aktivierenden, eigenverantwortlich lernenden und eigene Lernwege suchenden Lehrens praktizieren. Die Fachliteratur ist voll von Praxisbeispielen dafür. Eigens eingerichtete Intensivierungsstunden könnten hier hilfreich sein.

2. **Lernförderung am Gymnasium heißt: Schülerinnen und Schüler herausfordern!**

   Anstrengung und Selbstwerterleben hängen mit dem Lernen eng zusammen und haben nachgewiesenermaßen positive Effekte auf die Persönlichkeitsentwicklung von Kindern und Jugendlichen. Es kann gerade am Gymnasium nicht darum gehen, ihnen das Lernen leicht zu machen. Ganz im Gegenteil! Die Gymnasiasten müssen mit ihr Denken herausfordernden Unterrichtsinhalten konfrontiert werden, deren Lösung sie wissen wollen, weil die Problemstellungen ihnen alters- und lerngemäß sind, sie ansprechen und für sie persönlich wichtig sind. Sie treten damit auch in den Wettbewerb mit anderen um die bessere oder richtige Lösung des gestellten Problems und erleben sich in dem, was sie speziell können. An solchen Aufgaben zu arbeiten und sich abzuarbeiten, stärkt die Selbstkompetenz, führt zu einem guten Gefühl, lässt Motivation und Interesse entstehen. Allerdings – nur dann, wenn bei diesen Lernprozessen auch Fehler gemacht und Irrwege beschritten werden dürfen, wenn sie also nicht zugleich Prozesse der Leistungsüberprüfung sind.

3. **Lernförderung am Gymnasium heißt: Schülerinnen/Schüler Kompetenzen zum geistigen Arbeiten erlangen zu lassen!**

   Durch den hohen Bedarf der heutigen Wissensgesellschaft an „geistiger Arbeit" veranlasst, muss das Gymnasium als die Schulform, die für den Einstieg in solche Berufsfelder die Grundlagen schafft, stärker als bisher hier Akzente setzen. Gymnasiasten müssen lernen, nicht geforderte Anweisungen auszuführen, sondern eigenverantwortlich und mit eigenem Engagement ihre Vorstellungen zu artikulieren und ihre Vorschläge zu demonstrieren. Arbeit wird für sie subjektiv und persönlich, sie müssen sich selbst mit ihren Stärken und Kompetenzen „vermarkten". Des Weiteren reicht für die Wissensgesellschaft abstraktes und analytisches Denken nicht mehr aus; das kann dem Menschen durch den Computer in vielen Bereichen abgenommen werden. Gymnasiasten müssen deshalb lernen, entdeckend-explorativ, kreativ-ganzheitlich, mit Erfahrungswissen, Talent oder Intuition, kognitiv-rational und gefühlsmäßig an Sachverhalte und Problemlösungen heranzugehen. Schließlich bedarf der Schüler des Gymnasiums auch der Strategien, wie er mit der „Stillstellung des Körpers", der Entkörperlichung und Entsinnlichung von geistiger Arbeit am Computer und im Internet zurechtkommt. Er benötigt eine hohe Sensibilität für die körperlichen Auswirkungen von geistiger Arbeit heute, die Belastungen und gesundheitlichen Gefährdungen, die auf ihn zukommen. Die muss er lernen und auch Kompetenzen erwerben, wie er persönlich diese Belastungen (z.B. durch Sport, Kunst, Musik, Literatur usw.) bewältigen kann (Böhle 2003).

4. **Lernförderung am Gymnasium heißt: Schülerinnen und Schüler mit überdurchschnittlichen Fähigkeiten besonders unterstützen!**

   Gymnasialschülerinnen und Gymnasialschüler, die Leistungsexzellenzen aufweisen (ohne „Genies" sein zu müssen!), die sich durch deutlich erkennbare überdurchschnittliche Fähigkeiten in durchaus ganz verschiedenen Fähigkeitsbereichen auszeichnen, sollen an ihrer Schule gezielt gefördert werden. Dafür stehen vielfältige Formen der klassen- und schulinternen Förderung zur Verfügung (z. B. Individualisierung mit einem speziellen Curriculum, besondere Förderstunden/Arbeitsgemeinschaften, Unterrichtsteilnahme in höheren Jahrgängen, Plus-Kurse, Kleinklassen/D-Zug-Klassen, Frühstudium an der Universität usw.). Diese sollten durch außerschulische und überregionale Fördermaßnahmen ergänzt werden (z. B. Projektgruppen mit Experten, Forschungswettbewerbe, Sommercamps, „transatlantische Klassenzimmer" über Internet, Privatlehrerunterricht, Auslandsaufenthalte usw.).

Außer diesen Beispielen für eine gymnasialtypische Lernförderung sollte es auch an den Gymnasien nachmittägliche Zusatzangebote in versetzungsrelevanten Fächern geben, bei denen Fachlehrer klassenübergreifend Nachhilfe für die Schülerinnen und Schüler anbieten, die vorübergehend (aber nicht dauerhaft!) zusätzliche Lernunterstützung benötigen. Intensivierungsstunden sind auch hier eine denkbare Lösung.

Literatur

Böhle, F. (2003): Die Subjektivierung der Arbeit. Augsburg (Manuskript)
Caine, R. u.a. (2005): Brain/Mind Learning Principles in Action. Thousand Oaks, California
Heller, K. A. (Hrsg.) (1992): Hochbegabung im Kindes- und Jugendalter. Göttingen
Mutzek, W. (Hrsg.) (1998): Förderdiagnostik bei Lern- und Verhaltensstörungen. Weinheim
Nauck, J. (1983): Fördern statt Auslesen? Bad Heilbrunn
Schröder, H. (1999): Theorie und Praxis der Erziehung. München (2. Auf.)
Weber, E. (1999): Pädagogik. Eine Einführung. Bd. 1. T. 3. Donauwörth
Wiater, W. (2006): Theorie der Schule. Donauwörth (2. Aufl.)
Wiater, W. (2007): Schulpädagogische Begründungsansätze für die Individualisierung des Unterrichts. In: Die Schulleitung, S. 4–15
Wygotsky, L. (1987): Ausgewählte Schriften. Arbeiten zur psychischen Entwicklung der Persönlichkeit. Berlin

Josef Maisch

Leistung wahrnehmen, fördern und bewerten – ein Schlüssel zum Lehren

1. Einleitung

Leistungsbewertung ist am Gymnasium im Wesentlichen durch das System der Notengebung verwirklicht und wird zumindest von den Schülern, Eltern und gesellschaftlichen „Abnehmern" der Absolventen (Arbeitgeber und Universitäten) als zentral und bestimmend für die Schule wahrgenommen. Die Verfahren der Notengebung unterliegen der verwaltungsjuristischen Überprüfbarkeit und gehorchen somit strengen Verfahrensregeln. Es gibt also ein etabliertes, aus mancher Sicht wohl auch bewährtes System der Leistungsbewertung am Gymnasium. Ich möchte im Folgenden darstellen, warum es notwendig ist, das bestehende System zu erweitern und zu ergänzen und wie dies realisiert werden kann. Leistungen wahrnehmen, fördern und bewerten steht nicht neben schulischem Lernen und Lehren. „Leistungsermittlung und Leistungsbeurteilung erweisen sich als Kernbestandteil professioneller pädagogischer Arbeit an den Schulen. Neben ihrer gesellschaftlichen Funktion sind sie vor allem ein Schlüssel zur Organisation und Kultivierung schulischen Lernens" (Quis 1999, S. 1). Notwendige Veränderungen im schulischen Lehren und Lernen können nur Erfolg haben, wenn sie auch den Kernbereich der schulischen Leistungsbewertungen mit einbeziehen. Veränderungen der gesellschaftlichen Anforderungen im Rahmen der Entwicklung zur Wissensgesellschaft an die Absolventen des Gymnasiums (siehe Wiater) müssen auch in die Leistungsbewertung einfließen und damit selektionsrelevant werden. Denn die Schüler dekodieren sehr genau, welche Leistungen in die Noten einfließen und damit für ihr jeweiliges Bestehen im Selektionsmechanismus von Belang sind. Für den zunehmenden Anteil an offenen Unterrichtsformen zeigt sich diese Problematik deutlich. „Leistungsbewertung wird aus Phasen offenen Lernens herausgenommen und verbleibt weitgehend in traditionellen Unterrichtsformen. Dies hat problematische Folgen für die Akzeptanz und Verbreitung offenen Unterrichts und für einen breiten Kompetenzerwerb von Schülerinnen und Schülern" (Bohl 2005, S. 2).
Will man also die positiv verstandene Selektion durch Vergabe von Zertifikaten an die Heranwachsenden durch die Schule beibehalten, so müssen eben auch andere Leistungsbewertungen einfließen und die Zertifikate differenzierter werden.

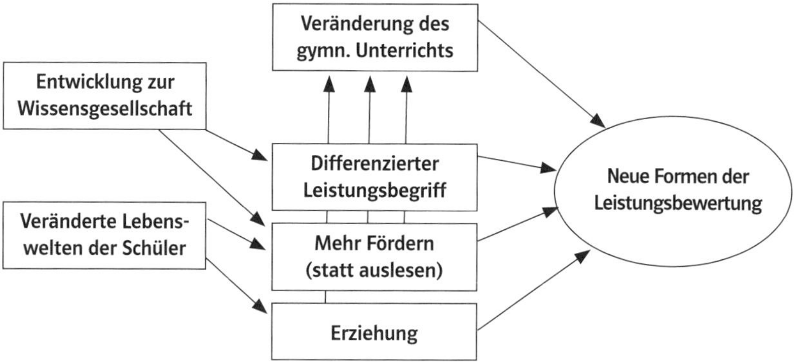

Zwei wesentliche Entwicklungen lassen sich identifizieren, die zu einer Veränderung der gesellschaftlichen Ansprüche an das Gymnasium führen (vgl. Wiater): Die Entwicklung zur Wissensgesellschaft und veränderte Lebenswelten (vgl. Maisch 2006).

Auf diese gesellschaftlichen Entwicklungen muss das Gymnasium auf vielen Ebenen reagieren. Dies geschieht in den Bemühungen um eine Veränderung des gymnasialen Unterrichts und in vielen Schulentwicklungsprojekten. Es muss sich aber auch im schulischen Umgang mit den Leistungen der Schüler niederschlagen.

Es ist Konsens aller Definitionen von Leistung, dass zur Leistung Anstrengung, ein Ziel und ein Gütemaßstab gehören. In der Physik ist der Gütemaßstab der Leistung immer die benötigte Zeit. Humane Leistung kann und muss auch auf andere Gütemaßstäbe bezogen werden und dies ist für die Wahrnehmung von Leistungen in der Schule elementar. So können Leistungen auf den Grad der Übereinstimmung mit einem Ideal- oder Vorbild, auf Exaktheit und Präzision, auf Kreativität usw. bezogen werden. Bei der Definition von Leistung ist wesentlich, dass Leistung sowohl ein Produkt, also z.B. ein Aufsatz, ein Bild, ein Referat, als auch ein Prozess, wie z.B. Hilfe leisten, Lernen, Kooperation sein kann. Leistungen beruhen mit unterschiedlichen Schwerpunkten auf der Sachkompetenz, der Methodenkompetenz und der sozialen Kompetenz von Schülern.

Bei der Wahrnehmung und Beurteilung von Leistungen der Schüler ist zudem die Perspektive ausschlaggebend:

- Aus der Sicht der Lehrkraft ist die Leistung des Schülers in erster Linie eine (schul-)fachliche Leistung und eine neutrale Momentaufnahme.

- Aus der Sicht der Eltern ist die Leistung des Kindes facettenreich durch die Kenntnis der Stärken und Schwächen des Kindes, eingebunden in die individuelle und gemeinsame Entwicklungsgeschichte und teilweise durch die schulische Leistung bestimmt.
- Aus der Sicht des Schülers ist seine Leistung ganzheitlich und subjektiv, oft von Fremdbeurteilungen abhängig, oft unklar und vor allem durch das Urteil der Mitschüler und Freunde bestimmt.

Um bei der Wahrnehmung von Leistung verschiedenen Definitionen, Aspekten und Perspektiven gerecht zu werden, benötigt man unterschiedliche Instrumente der Leistungswahrnehmung:

- Beobachtungen: Insbesondere zur Wahrnehmung des Prozesscharakters einer Leistung und zur Berücksichtigung individueller Gütemaßstäbe können Beobachtungen eingesetzt werden. Unterrichtsphasen mit selbstständiger Arbeit der Schüler kann die Lehrkraft nutzen, um Beobachtungen vorzunehmen. Um eine daraus resultierende Leistungsbewertung transparent und nachvollziehbar zu gestalten, sollen diese Beobachtungen verschriftlicht werden.
- Schriftliche und mündliche Prüfungen, die wie derzeit üblich aus dem Unterrichtsgeschehen erwachsen.
- Tests, wie z. B. Schulleistungstests oder Orientierungsarbeiten, die nicht unmittelbar aus dem Unterricht entstehen, sondern der übergeordneten Überprüfung von bestimmten Qualitätsstandards dienen. Aber auch Intelligenztests und andere psychologisch orientierte Testverfahren können helfen, eine andere Perspektive der Leistungsfähigkeit von Schülern wahrzunehmen.
- Handlungsprodukte der Schüler, wie z. B. Ergebnisse aus Projekten, Portfolios, Präsentationen, Aufführungen oder Gewerke
- Wettbewerbsteilnahmen und deren Erfolge
- Selbstbewertungen der Schüler ermöglichen die Wahrnehmung dieser Perspektive und fördern die Selbsteinschätzung und Sensibilisierung für eigene Stärken und Schwächen beim Schüler. Selbstbewertungen können in ein Portfolio mit einfließen.
- Fremdbewertungen der Schülerleistung durch die Eltern, andere Lehrkräfte oder externe Bezugspersonen vermitteln neue Blickwinkel auf die Leistungen der Schüler. Diese können in Gesprächen erhoben werden oder auch in ein Portfolio Eingang finden.

2. Leistung fördern

Die verschiedenen Aspekte der Leistung erfordern verschiedene Formen der Förderung und des schrittweisen Aufbaus der notwendigen Kompetenzen. Dies kann durch die *zielgerichtete Variation der Unterrrichtsmethoden* erreicht werden.

Leistungsförderung geschieht im rückgekoppelten Prozess zwischen Selbst- und Fremdbewertung und der diesbezüglichen Kommunikation. Für das Gymnasium ist Leistungsförderung als *individuelle Förderung* sehr wirksam. Eine weiterführende Beratung zwischen Lehrer/in und Schüler/in, die zwischen den Ergebnissen der Bewertung und dem weiterführenden Unterricht vermittelt, hat einen hohen Einfluss auf den Lernerfolg, insbesondere wenn konkrete Strukturierungshilfen und weiterführende methodisch-didaktische Arrangements entwickelt werden können (vgl. Weinert/Helmke 1987, S. 27). Dazu muss allerdings die Leistungsbewertung differenzierter werden und über die bloße Mitteilung einer Note hinausgehen. Schlussbemerkungen zu schriftlichen Arbeiten könnten dies leisten. Möglichkeiten zu beratenden Gesprächen bieten inzwischen z. B. die Intensivierungsstunden am achtjährigen Gymnasium.

„Wer Vertrauen in seine Fähigkeiten hat, ist offensichtlich in Lern- und Leistungssituationen schwungvoller, anstrengungsbereiter, zielgerichteter und lässt sich durch sorgenvolle Gedanken weniger stören als jemand, der sich nichts zutraut" (Weinert 1992). Eine *Stärkung* des *Selbstvertrauens* erhöht die Anstrengung des Schülers, falls er sich nicht zu unter- bzw. überfordert fühlt. Die Anstrengung übt einen positiven Einfluss auf seine Leistung aus und verringert die Leistungsangst, welche leistungsbeschränkend wirkt (Helmke 1992). Der Einfluss des Vorwissens auf die Schülerleistung ist von großer Bedeutung. Daraus folgt die Notwendigkeit, den *Erwerb des Vorwissens* sicherzustellen und regelmäßig zu überprüfen. Regelmäßige Wiederholungen, vor allem in größeren zeitlichen Abständen und die Diagnose von Lücken und Maßnahmen zu deren Behebung sind wichtige Komponenten der Leistungsförderung. In einer durch vertrauensvolle Beziehungen geprägten *Klassengemeinschaft* können Schüler, die hohe Anforderungen bedrohlich empfinden, aufgefangen werden. Damit werden hohe Leistungsanforderungen eher als Herausforderung angenommen und dadurch Leistung gefördert.

Unterricht benötigt *Offenheit* in der Einstellung der Lehrkraft zur Unterrichtsgestaltung. Der Unterrichtsgang muss sich durch die Schülerbeteiligung beeinflussen lassen. Die Schüler können so Selbstwirksamkeit erleben. So wird Erfolg auch zu „echtem" Erfolg, denn er ist durch eigene Entscheidungen errungen worden. Das Erleben von Selbstwirksamkeit und die Übernahme von Verantwortung für eigene Entscheidungen fördert die intrinsische Motivation und ist dabei eine notwendige Voraussetzung für den autoteletischen „Flow"-Zustand (Csikszentmihalyi 1985). Nur eine Person, die sich selbst handelnd erlebt, die die direkte Rückmeldung der Umgebung auf ihre Entscheidungen erfährt, nimmt ihre Fähigkeiten zum Handeln wahr und kann diese dann im Gleichgewicht zu ihren Anforderungen empfinden.

Doch dieser leistungsfördernde Zustand kann nicht allein mit Offenheit erreicht werden; für das beschriebene Gleichgewicht der Fähigkeiten und Anforderungen ist auch noch das *passende Anforderungsniveau* ausschlaggebend. Es ist notwendig zwei verschiedene Lernsituationen zu unterscheiden:

Bei der erstmaligen Enkodierung und Speicherung von neuen Lerninhalten sollen die Lernbedingungen möglichst leicht gestaltet werden. Es empfiehlt sich daher, instruktiv und kleinschrittig vorzugehen und durch eine straffe Klassenführung für eine hohe Aufmerksamkeit zu sorgen. Die Leistungsanforderungen sollen in dieser Phase möglichst gering sein. Davon unterscheidet sich die Phase des Behaltens erheblich. Hier wird ein passendes Anforderungsniveau der Aufgaben gefordert. Für jeden Schüler sollten die Anforderungen genau mit seinen Fähigkeiten mit Anstrengung zu bewältigen sein, um eine optimale Leistungssteigerung zu ermöglichen. Hier wirken höhere Anforderungen und offenere Frage- und Problemstellungen leistungsfördernd.

Leistungsförderung bedingt *gegenseitiges Vertrauen* und dies entsteht, wenn Lehrkräfte als authentische Personen auftreten. Die Lehrkraft wird als Person für die Schüler erfahrbar, ihre Reaktionen und Handlungen sind „echt". Hieraus kann und sollte (bei gutem Willen von beiden Seiten) gegenseitiges Vertrauen entstehen, welches es auch dem Schüler ermöglicht, seinerseits sich nicht zu verstecken, sondern sich als Person einzubringen. In einem Klima des Vertrauens kann die Lehrkraft hohe Anforderungen stellen, ohne die schwächeren Schülern damit zu verängstigen. Erst jetzt werden die schwächeren Schüler Hilfen annehmen, ohne im eigenen Selbstvertrauen zu leiden. (Eine ausführliche Darstellung dieses Abschnittes findet man in Maisch, 2001a und b).

3. Leistung bewerten

Bewerten kann man etwas nur in Bezug auf eine Norm. Grundsätzlich unterscheidet man drei Bezugsnormen für die Bewertung von Schülerleistungen:

- Soziale Norm: Die Leistungen des Einzelnen werden nach ihrem Verhältnis zur Leistung einer Gruppe beurteilt.
- Kriteriale Norm: Der Beurteilung liegen fachlich-sachliche Anforderungen zugrunde, die unabhängig von der Gruppenleistung formuliert werden.
- Individuelle Norm: Der Lernfortschritt des einzelnen Schülers ist ausschlaggebend.

Grundsätzlich stehen zwei Intentionen der Leistungsbewertung an der Schule einander gegenüber. Leistungsbewertung zur Selektion durch die Zertifizierung erbrachter Leistungen und die Leistungsbewertung als Diagnose und Rückmeldung an den Schüler zur Verbesserung seines Lernprozesses. In diesem Spannungsfeld werden die Lehrkräfte jeweils versuchen müssen, beiden berechtigten Ansprüchen an die Leistungsbewertung gerecht zu werden.

Leistungsbewertung zur Vergabe von Zertifikaten im Sinne der Selektion	Leistungsbewertung als Diagnose zur Verbesserung des Lernprozesses
Soziale und kriteriale Bezugsnorm	Individuelle und kriteriale Bezugsnorm
Fair und genau	Implizit und schnell
Produktorientiert	Prozess- und entwicklungsorientiert
Zentrale und neutrale Durchführung ist hilfreich	Persönliche Beziehung zur Lehrperson ist hilfreich
Ziffernnoten etabliert	Darstellung in Ziffernnoten nicht notwendig

Als Richtlinie für Lehrkräfte dient die folgende Konsequenz aus den Forschungen Weinerts (2001): Leistung sollte vom Lehrer mit einem pädagogischen Blick bewertet werden statt mit neutraler Objektivität, um den besten Kompromiss aus den widersprechenden Anforderungen zu erzielen. Die Vielfalt der Leistungsaspekte und die Ganzheitlichkeit der Schüler führen zunehmend zu einer notwendigen zielgerichteten Vielfalt der Unterrichtsformen im Unterricht. Damit entsteht die Notwendigkeit eine adäquate Vielfalt in den Beurteilungsverfahren zu schaffen. „Zahlreiche Schulen haben ein beachtliches Inventar an mündlichen, schriftlichen und kombinierten Formen der Leistungsfeststellung als Alternative und Ergänzung zu traditionellen Leistungskontrollen entwickelt, die den traditionellen kognitiven schulischen

Leistungsbegriff nicht preisgeben, sondern erweitern" (Quis 1999, S. 1). GSO-Änderungen erlauben nun bereits eine Vielzahl verschiedener Prüfungsformen, wenn sich Lehrerkollegien oder Fachschaften diesbezüglich einigen können. Dies ist im Sinn der Qualitätssicherung auch geboten. Leistungsbewertung erfolgt aber auch ohne Noten. Die folgende Tabelle listet verschiedene Möglichkeiten auf, Leistungen von Schülern zu bewerten.

Mit Zensuren	**Ohne Zensuren**		
		Wertschätzung durch die Öffentlichkeit	Vergleich
Prüfungen	Bemerkungen	Einladungen	Projekte mit Partnerschulen, Wettbewerbe
Unterrichtsbeiträge	Lehrer-Schüler-Gespräch	Wettbewerbe, Stipendien, Förderprogramme	Im Internet nach vergleichbaren Leistungen suchen
Schulleistungstests	Selbstbewertungen (Lerntagebuch)	Homepage, Durchsagen, Schulzeitung	Kooperationen mit Partnern (Universität, Wirtschaft, Behörden)
Handlungsprodukte (Portfolio)	Fremdbewertungen	Presse	Im Austausch mit anderen Ländern
Präsentationen	Neue Medien: Weblog, Forum	Zertifikate	

„Leistungsbegriff und Leistungsbewertung haben für Schülerinnen und Schüler eine zukunftsweisende Bedeutung. Divergierende und nicht abgesprochene Handlungen, z. B. durch unterschiedliche Bewertungsverfahren, führen zu Unsicherheiten. Wenn Verfahren der Bewertung jedoch in einem für Lernende spürbaren Zusammenhang stehen, wird systematisches Lernen erleichtert. Ein verändertes Leistungsverständnis gilt dann als Teil des Schulethos und nicht als additive, im Grunde jedoch schulethosferne Beigabe einiger besonders engagierter Lehrkräfte. Die einheitliche Handlungsweise im Kollegium ist daher ein Qualitätskriterium einer veränderten Leistungsbewertung" (Bohl 2005, S. 11). Die Sicherung der Qualität der Leistungsbewertung an einem Gymnasium erfordert die Einigung und Verpflichtung von Fachschaften und Lehrerkollegien auf einheitliche Standards (vgl. Quis 1999, S. 6):

- Transparenz der Beurteilungskriterien sowohl für Lernende als auch für Lehrende
- Sachliche Normorientierung und individuelle Personenorientierung in einer Balance
- Berücksichtigung der Heterogenität der Schülerschaft (z. B. Modus21-Maßnahmen)

Die Sicherung einer vereinbarten Qualität erfordert Monitoring. Dieses besteht aus der Erhebung statistischer Daten und gegenseitiger Hospitation und gegebenenfalls Supervision der Lehrkräfte. Am Gymnasium kommt hierbei den Fachschaften und ihren Fachbetreuern eine Schlüsselrolle in der Umsetzung zu.

Nicht zuletzt beruht die Qualität der Leistungsbewertung ganz wesentlich auf den ethischen Verpflichtungen der Lehrerschaft. Diese gilt es bewusst zu stärken und zu fördern.

Literatur

Bohl, T. (2001a): Prüfen und Bewerten im offenen Unterricht; Neuwied
Bohl, T. (2005): Neuer Unterricht – neue Leistungsbewertung. In: http://methodenpool.uni-koeln.de/benotung/3976-4000-1-bohl_leistungsbewertung_2te_version020505zo.pdf
Helmke, A. /Weinert F. E. (1992). Selbstvertrauen und schulische Leistung. Göttingen.
Maisch, J. (2001a): Fordern wir zu wenig? In: Lernchancen (Bd. 19, S. 46–53). Velber
Maisch, J. (2001b): Leistung fordern. In: Lernchancen (Bd. 19, S. 54–57). Velber
Maisch, J. (2006): Wissensmanagement am Gymnasium – Anforderungen der Wissensgesellschaft; Wiesbaden
Quis (1999): Neue Formen der Leistungsfeststellung und Leistungsbeurteilung. In: http://www.qis.at/
Sacher, W. (1996): Prüfen – beurteilen – benoten: Grundlagen, Hilfen und Denkanstösse für alle Schularten. Bad Heilbrunn.
Weinert, F. E./Helmke, A. (1987): Schulleistungen – Leistungen der Schule oder des Kindes? In:
Steffens, U./Bargel, T. (1987) (Hrsg.): Untersuchungen zur Qualität des Unterrichts. Beiträge aus dem Arbeitskreis „Qualität von Schule" Heft 3. Wiesbaden und Konstanz: Hessisches Institut für Bildungsplanung und Schulentwicklung, S. 17–31
Weinert, F. E. (2001): Schulleistungen – Leistungen der Schule oder der Schüler? In: *Weinert*, F. E. (Hrsg.): Leistungsmessung in Schulen. Weinheim
Winter, F. (2004): Leistungsbewertung; Baltmannsweiler

Das Gymnasium als Institution der globalisierten Wissensgesellschaft

Werner Wiater

Trends und Tendenzen der Gegenwartsgesellschaft und ihre Auswirkungen auf das Gymnasium

Das Gymnasium – wie jede andere Schulart auch – hat von der Gesellschaft einen Bildungs- und Erziehungsauftrag bekommen (vgl. den Gymnasiallehrplan), den es durch den Unterricht und das Schulleben realisiert. Lehrplanrevisionen, die in etwa 8- bis 10-Jahresabständen erfolgen, dokumentieren, dass dieser Bildungs- und Erziehungsauftrag nicht nur dem Fortschritt der Wissenschaften verpflichtet ist, sondern sich auch historisch-gesellschaftlich verändert. Verändert sich die Gesellschaft, dann muss sich auch die Schule verändern, damit sie ihren gesellschaftlichen Auftrag weiterhin erfüllen kann. Denn die Schule ist ein Subsystem des sozialen Supersystems Gesellschaft.

Aussagen über die zukünftige Entwicklung einer Gesellschaft zu machen, ist nicht nur sehr schwierig, sondern auch sehr fehleranfällig. Deshalb soll an dieser Stelle nur von Trends und Tendenzen, allenfalls von „Zeitsignaturen", die sich abzeichnen, die Rede sein. Schulrelevant sind dabei vor allem gesellschaftliche Transformationen, die – erstens – die private Lebensführung der Gesellschaftsmitglieder sowie das Aufwachsen von Kindern und Jugendlichen betreffen und damit Erziehungsleistungen und Bildungsunterstützungen und – zweitens – die Rahmenbedingungen des Berufs- und Alltagslebens modifizieren, auf das die Kinder und Jugendlichen von heute vorbereitet werden sollen. In der Fachliteratur werden die erstgenannten Veränderungen mit Schlagworten wie Einkind-Kindheit, Medien-Kindheit, Konsum-Kindheit, verinselte Kindheit, Armuts-Kindheit, bedrohte/belastete Kindheit, verlorene Kindheit usw. umschrieben. Für die zweitgenannten Veränderungen haben sich Begriffe eingebürgert, die der postmodernen Gesellschaftstheorie zuzuweisen sind wie beispielsweise Multioptionsgesellschaft, pluralistische Gesellschaft, multiindividuelle Gesellschaft, Erlebnisgesellschaft, Risikogesellschaft, oder die gesellschaftliche Fokussierungen allgemeinerer Art ausdrücken wie beispielsweise Freizeitgesellschaft, Mediengesellschaft, globalisierte Gesellschaft, Wissensgesellschaft. Von diesen und ihren Auswirkungen auf das Gymnasium soll im Folgenden die Rede sein.

1. Der Wandel der Lebensverhältnisse

Seit einem guten Jahrzehnt ist es üblich geworden, von der veränderten Kindheit und dem veränderten Jugendalter zu sprechen (vgl. D. Baake, M. Fölling-Albers, K. Hurrelmann und andere). Damit ist gemeint, dass sich die Aufwuchsbedingungen der jungen Gesellschaftsmitglieder seit etwa 20 Jahren in einer Weise wandeln, die in der Schule pädagogisch und didaktisch Beachtung und Berücksichtigung finden muss. Die Schülerinnen und Schüler von heute sind in vielerlei Hinsicht anders als die Schülergeneration bis in die 1970er Jahre. Von Lehrerinnen und Lehrern werden sie häufig als unkonzentrierter, unwilliger, uninteressierter, unsteter, unsozialer, unerzogener und undisziplinierter bezeichnet, aber auch als selbstständiger, selbstbewusster, offener, kommunikativer, spontaner, neugierig-kritischer und sozial-engagierter. Sie geben ein disparates Bild ab! Der Grund dafür liegt in den Bedingungskonstellationen ihrer Erziehung und Sozialisation. Diese haben sich dadurch verkompliziert, dass Kinder und Jugendliche heute gewissermaßen in „fünf verschiedenen Welten" heranwachsen, die meist nach unterschiedlichen „Spielregeln" und Verhaltenskonzepten organisiert sind, nämlich in der Familie, in der Schule, in der Gleichaltrigengruppe, in den Medienwelten und in der erfahrbaren gesellschaftlichen Realität. Hinzu kommt, dass die soziale Schichtung der Gesellschaft an ihr Ende gekommen ist, von Kindern/Jugendlichen vergleichbarer Sozialschichtfamilien keine einheitlichen Lern- und Verhaltenserfahrungen mehr erwartet werden können.

Die *Familie* ist auch heute noch für den größten Teil der Schülerinnen und Schüler ein bewährtes stabiles soziales Netz mit Lebensorientierungen und individual-sozialen Handlungsmaximen. Es stimmt aber auch, dass viele Elternhäuser heute Baupläne haben, die die psychosoziale Entwicklung von Kindern und Jugendlichen nicht nur unzureichend fördern, sondern direkt belasten und schädigen. Auch herrscht in vielen Familien Unsicherheit über die richtige Erziehung ihrer Kinder, die bisweilen die Form eines Verzichts auf Erziehung überhaupt hat. In vielen Fällen ist die Trennung von Eltern, der gehäufte Wechsel in den Partnerbeziehungen von Alleinerziehenden, die hohe berufliche Beanspruchung der Bezugspersonen, Armut, beengte Wohnverhältnisse, Alkohol- und Drogenprobleme in den Familien Ursache dafür; neben der Vernachlässigung bedroht aber auch die Überbehütung und die Inanspruchnahme exklusiver Förderung durch begüterte und bildungsnahe Elternhäuser die gesunde Entwicklung der betroffenen Kinder und Jugendlichen. Die Zahlen von Schülerinnen/Schülern, die Probleme haben und Probleme machen, sind erschreckend: ca. 15% (mit Dunkelziffer 30%) Schüler mit Verhaltensauffälligkeiten und Lernschwierigkeiten, etwa 4% suchtabhängige Jugendliche, gestiegene Aggressionsbereitschaft, Gewalttätigkeiten gegen Mitschüler, Lehrer und Schulausstattungsgegenstände, Mobbing unter Schülern, Formen der Autoaggression (Magersucht, Bulimie, Selbstverletzungen), rücksichtsloser Egozentrismus, Unterrichtsstörungen als Normalfall von Unterricht, Leistungsverweigerung, Schulabsentismus usw. Diesen problematischen, lebensbedingten Verhaltensweisen heutiger Kinder und Jugendlichen tritt die *Schule* mit einem Bildungs- und Erziehungsanspruch entgegen, der sich an den Anforderungen der heutigen Arbeits- und Kulturwelt einerseits und an Werten (wie die Menschenwürde und die freien, gleichen Menschenrechte) und am demokratischen Ethos andererseits ausrichtet. Sie ist ein Ort des bildenden Lernens und der individual-sozialen Persönlichkeitsentwicklung. Als solcher konfrontiert sie Kinder und Jugendliche mit Pflichten, Anstrengungen und Leistungsforderungen, deren Erfüllung nicht allein in der Gegenwart liegt und die auch nicht mit ihren Eigeninteressen übereinstimmen müssen. Damit tritt die Schule heute nicht selten in Kollision mit den Erwartungen und Zielsetzungen vieler Heranwachsender, deren Schulfreude sich von Schuljahr zu Schuljahr merklich verschlechtert und die ihrer Unzufriedenheit mit Störungen und Ablehnungen Ausdruck verleihen. Ganz anders die Rolle der Gleichaltrigen. Parallel zur Reduzierung des Einflusses formeller Erziehungsinstitutionen auf die Verhaltensentwicklung von Kindern und Jugendlichen ist der Einfluss von *peergroups* darauf gestiegen; dies gilt insbesondere für die Pubertätsjahre. Die Gleichaltrigen werden in dieser Zeit zur dominanten, teilweise sogar exklusiven Sozialisationsagentur für sie. Jugendliche suchen Rat und Orientierung bei Jugendlichen, sie geraten auf Grund der reduzierten Bedeutung von Eltern und anderen Erwachsenen für ihre Meinungen, Überzeugungen und Verhaltensangebote in das Problem, sich als Gleichaltrigengruppe selbst zu sozialisieren und sich kulturell und gesellschaftlich aus der Gesamtentwicklung zu separieren. Die *Medien*, insbesondere Fernsehen, Videos, MP3-Player, Internet und Handy, als Teil der kindlichen/jugendlichen Lebenswelt tun ein Weiteres. Sie gehören für eine Großzahl zum alltäglichen Erfahrungsfeld, das an manchen Tagen der Woche quantitativ dem schulischen gleichzieht und es sogar überholt. Dabei macht der Konsum bei etwa 20% der jungen Menschen nicht vor indizierten Videos und Spielen mit Gewalt, Horror, Sex, Krieg, Missbrauch und Rassismus Halt. Abgesehen von den Auswirkungen auf das Sprach-/Sprech-Verhalten, den Mediennutzungsstil und den Aufbau von nicht realitätsbezogenen Vorstellungen bei jungen Menschen ist hier vor allem der Erwerb von körperbetonten, gewaltverherrlichenden, genusszentrierten, hemmungslosen, menschenverachtenden Einstellungen, Überzeugungen und Gewissenshaltungen das große Problem. Die Schule sieht sich heute nicht selten Verhaltenspraktiken und Meinungen von Schülerinnen und Schülern gegenüber, die mit dem abendländischen Bild von Mensch und Welt nichts mehr zu tun haben. Die von den jungen Menschen *erfahrene gesellschaftliche Realität* erscheint vielen von ihnen diesbezüglich verstärkend. Die Erwachsenengesellschaft mit den Regeln, nach denen sie tatsächlich in der Alltagspraxis funktioniert, ist für sie ein vorgelebtes Realitätsmodell, das sehr viel nachhaltiger beeinflusst als alle Ermahnungen und Ratschläge. Sie machen die Erfahrung, was wirklich zählt, wann und wie man sich durchsetzt, wofür jemand von anderen respektiert wird. Oft genug sind es Geld, Genuss und Gewalt, die das praktizierte Lebensideal ausmachen und die nachhaltig Kinder und Jugendliche beeindrucken.

Sich tagtäglich in fünf verschiedenen Lebenswelten mit ganz unterschiedlichen Normkonzepten und Verhaltenserwartungen zu befinden, macht das Aufwachsen der Kinder und Jugendlichen heute besonders schwierig. Viele von ihnen zeigen in ihrem Verhalten, dass sie in ihrer Lebenssituation psychosozial belastet und mit ihrer Selbstverwirklichung und mit ihren Selbstentscheidungen in der pluralen und normativ-disparaten Gesellschaft überfordert sind. So ist es nicht verwunderlich, dass – wie H. v. Hentig es einmal formulierte – sich die Lebensprobleme vieler Kinder und Jungendlicher heute so dominant vor ihre Lernprobleme „schieben", dass die Lehrerinnen und Lehrer zuerst sich mit diesen befassen müssen, bevor es zum Bewältigen von Lehr-Lern-Prozessen kommen kann.

2. Der Wandel der Gesellschaft

Die Welt und Gesellschaft, auf die Kinder und Jugendliche heute durch die Schule vorbereitet werden sollen, ist in vielerlei Hinsicht anders geworden. Die gravierendsten Entwicklungen lassen sich wie folgt markieren:

Die modernen westlichen Gesellschaften befinden sich seit einigen Jahren auf dem Weg zu *Wissensgesellschaften*. In den nachindustriellen Gesellschaften wird Wissen zur alles entscheidenden Ressource, vor allem Problemlösungswissen. Daten und Informationen zu Wissen verarbeiten zu können, Wissen zu generieren, zu kommunizieren, zu repräsentieren und erfolgreich zu nutzen, ist die Herausforderung der Zeit. Die Suche nach neuem Wissen und die ständige Verbesserung des Wissens ihrer Mitglieder und ihrer Organisationen ist das oberste Prinzip der Wissensgesellschaft. Die Menschen in der Wissensgesellschaft müssen bereit und fähig sein, ständig weiterzulernen, Gelerntes zu ändern oder als irrelevant abzulegen und die Wissensbasierung aller Prozesse, Produkte, Organisationen und Institutionen im Blick zu behalten. Denn auf allen Gebieten veraltet das Wissen schnell. Wissen und Know-how sind aber die wichtigsten Konkurrenzfaktoren unter den Staaten und Gesellschaften; zugleich sind sie der Garant für wirtschaftliche Entwicklung und Wohlstand. Die Wissensgesellschaft bringt es mit sich, dass der Einzelne immer mehr zum „Unternehmer seiner selbst“ wird, sich selbstständig, eigenverantwortlich, kreativ und entscheidungskompetent den Herausforderungen stellt, sich selbst managet und positioniert, um seinen Unterhalt zu verdienen und seine Fähigkeiten oder Fertigkeiten erfolgreich „zu vermarkten“. Denn in der „Internet-Welt der Sofortinformationen rund um die Uhr und um den Globus“ ist von einem Rückgang der nationalstaatlichen Regelungen und Absicherungen auszugehen.

Die *Globalisierung*, ein weiteres Kennzeichen der Gegenwartsgesellschaft, bringt ebenso einschneidende Veränderungen mit sich. Im Unterschied zum 20. Jh., in dem noch der ziemlich autonome Nationalstaat den Bezugsrahmen abgab, ist die heutige Gesellschaft durch eine übernationale, global wirkende Wirtschaft, Kultur und Politik bestimmt. Die global gewordene Wirtschaft hat multinational operierende Konzerne hervorgebracht, die weltweit interagieren und rund um die Uhr zum Wirtschaftswachstum auf der ganzen Welt beitragen. Dieses freie Handelssystem führt konsequenterweise zu einem offenen Markt mit freier Bewegung des Kapitals, freiem Austausch von Waren und Dienstleistungen, freier Wahl des Wohnsitzes für alle und freier Wahl des multinational vernetzten Arbeitsplatzes. Die globalisierte Gesellschaft ist eine dynamische Gesellschaft, zugleich eine offene Gesellschaft und zwangsläufig eine plurale Gesellschaft. Die Bereitschaft des Menschen zu Veränderungen muss dabei korrelieren mit seiner Fähigkeit, Stabilität in seiner Wertorientierung zu finden, die Möglichkeit zu vielfältigen Optionen mit seiner Entscheidungskompetenz und das Kennenlernen ethnisch und kulturell fremder Lebensentwürfe mit seiner Bereitschaft, Pluralität (im Rahmen gesetzlicher Bestimmungen) nicht nur zu tolerieren sondern zu akzeptieren. Diese Anforderungen an den Einzelnen werden in den westlichen Gesellschaften noch durch immer intensiver werdende *Migrationsbewegungen* aus der dritten und vierten Welt potenziert. Mehrsprachigkeit und Multikulturalität, Minderheitenschutz und Mehrheitsrechte sind gravierende Problemstellungen, die zukünftig bewältigt werden müssen.

Die Gesellschaft der Gegenwart ist schließlich noch entscheidend durch die *ökologische Frage* geprägt. Das Anwachsen der Weltbevölkerung und die weltweite Ausdehnung der ressourcenintensiven westlichen Produktions- und Lebensweise haben unübersehbare Probleme für das Leben und Zusammenleben mit sich gebracht und bringen sie heute und morgen noch stärker mit sich: Luftverschmutzung, Erosion, Grundwasserverunreinigung, Artenvernichtung, Klimaveränderung, Energiebedarf, Ressourcenverknappung usw. Eine Kurskorrektur erweist sich als äußerst schwierig, betrifft sie doch nicht nur den einzelnen Verbraucher und sein ökologisches Gewissen, sondern zentral die großen Produktionsstätten und die Schwellenländer, die ihren Lebensstandard anheben müssen. Es reicht daher nicht aus, dass jeder Einzelne z.B. Wege zu einem geringeren Energieverbrauch sucht, es braucht darüber hinaus nachhaltige und mittelfristige Strategien, die zur Abwendung der ökologischen Katastrophe erarbeitet, politisch durchgesetzt und praktisch realisiert werden müssen.

3. Die Auswirkungen der gesellschaftlichen Veränderungen auf das Gymnasium

Das Gymnasium als Schulform des Allgemeinbildenden Schulwesens soll der nachwachsenden Generation dazu verhelfen, (1) komplexe und komplizierte Sachverhalte und Wissensgehalte zu strukturieren, zu analysieren und zu verstehen, (2) diese in ihre historisch-gesellschaftlich-kulturellen Kontexte einzuordnen und daraus zu erklären sowie (3) Reflexionen, Gestaltungen und Versuche durchzuführen, um Problemstellungen (i.w.S.d.W.) sachgemäßen, humanen und innovativ-kreativen Lösungen zuzuführen.
Bei der Ausführung dieser Aufgabe ist das Gymnasium allerdings auf die Realitäten seiner Schülerschaft zurückverwiesen, es muss diesen Realitäten der Lebensverhältnisse von heute und der Gesellschaftsentwicklungen von heute und morgen Rechnung tragen. Das hat erhebliche Konsequenzen für die Einstellung dem Schüler und der Schülerin gegenüber. Konkret heißt das: Ist bei einem Kind oder Jugendlichen zu einem bestimmten Zeitpunkt hinsichtlich seiner bisher gezeigten und erwartbaren Leistungsfähigkeit und Leistungsbereitschaft durch eine legitimierte Instanz seine Eignung für die Anforderungen des Gymnasialunterrichts festgestellt oder ermittelt worden, wird es zur Aufgabe der Lehrerinnen und Lehrer am Gymnasium und zur Verantwortung des Gymnasiums als pädagogische Institution, dem Jungen oder Mädchen soweit wie möglich dabei behilflich zu sein, die oben genannten drei allgemeinen gymnasialen Zielperspektiven auch zu erreichen. Das Augenmerk des Gymnasiums wäre demnach auf die Bildungsbiografie und die Heterogenität des Kindes/Jugendlichen zu richten und ihm einen – soweit die Schule dabei förderlich und fördernd wirken kann – erfolgreichen Bildungsweg zu ermöglichen. Das Gymnasium von heute und morgen muss sich deshalb durch Diagnostik, durch Beratung und durch Förderung auszeichnen. Die Lehrerinnen und Lehrer müssen mehr Erziehungsarbeit als bis-

her leisten, im Team über die einzelnen Schülerinnen und Schüler konferieren und sich auch mit außerschulischen sozialpädagogischen und therapeutischen Experten schülerbezogen in Verbindung setzen.

Die Persönlichkeitsbildung über das Erlernen gymnasialer Kompetenzen zur Bewältigung der Lebens- und Berufsanforderungen muss in den Fokus der Aufmerksamkeit kommen. Denn die Fähigkeit, in der globalisierten, offenen, dynamischen, ökologisch gefährdeten und pluralen Wissensgesellschaft beruflich und privat zurechtzukommen, muss durch die gymnasiale Bildungsarbeit, in der Wissen managen, Urteilen können, Orientierung wissen, Verantwortungsbewusstsein haben und humane Haltungen praktizieren besondere Bedeutung haben, angebahnt und vermittelt werden. Das geht nicht durch Belehrung, Vorsagen und Erklären. Dazu braucht es die Konfrontation mit situierten, arbeits- und lebensbezogenen Aufgabenstellungen. Unverzichtbar ist dabei allerdings eine solide Wissensbasis, die grundsätzlich auf Verstehen, Systematisieren, Verknüpfen, Anwenden und Bewerten angelegt ist und bei der die neuen Technologien fester Bestandteil beim Lehren und Lernen sind. Hier ist vor allem am Gymnasium auf die Veränderung bei der geistigen Arbeit heute hinzuweisen. Geistige Arbeit ist heute subjektiviert und individualisiert, ist weitgehend durch die neuen Kommunikations- und Informationsmedien virtualisiert und ist zeit-, raum- und körperlos geworden. Das bringt hohe Belastungen persönlicher Art mit sich, die mehr und mehr die Life-Balance der jungen Menschen durcheinanderbringen werden. Solche Entwicklungen müssen am Gymnasium bedacht, thematisiert und in Lernprozesse umgesetzt werden.

Von hoher Bedeutsamkeit ist auch systemisch vernetztes Denken, das im Schüler- oder Lehrer-Schüler-Team ebenso wichtig ist wie auf der abstrakten Wissensebene. Neugier, Kreativität, Lust am Experimentieren und an Innovationen sollten am Gymnasium zu Grundverhaltensweisen werden und lernorganisatorisch durch entsprechende Lernsituationen und Lernarrangements unterstützt werden.

Den Blick der Schülerinnen und Schüler für Probleme der Wissenschaften, der internationalen Gesellschaft und des privaten Umfelds zu schärfen, erweist sich als eine weitere Konsequenz aus den Veränderungen heute. Gedanklich durchspielen, wie Lösungen für die wahrgenommenen Probleme aussehen und welche Folgen diese haben könnten, ist der offenen, dynamischen und globalen Gesellschaft geschuldet.

Eng damit verbunden ist die Notwendigkeit, dass die Schülerinnen und Schüler lernen, Kulturalität zu verstehen und Verantwortung für ihre Meinungen und Handlungen zu übernehmen. Dazu ist eine entsprechende Lehr-Lern-Kultur herzustellen, die eng mit der Werteerziehung zu verknüpfen wäre. Denn die Selbstständigkeit, das Wissen um die eigenen Stärken und Schwächen, das Durchschauen der eigenen Lern- und Arbeitsweise sowie die Eigenverantwortlichkeit jedes Einzelnen wird zukünftig entscheidend sein für dessen beruflichen Erfolg; Selbstmanagement und Selbstpräsentation müssen aber eingeübt werden, wenn die Absolventen des Gymnasiums beim Eintritt in die Universität oder die Berufswelt darüber verfügen sollen. Denn auch hier deuten sich große Risiken an. Die Vorstellung einer bleibenden Festanstellung lässt sich angesichts dieser Entwicklungen ebenso wenig beibehalten wie die von einer geradlinigen Karriereentwicklung.

Anstellungsverhältnisse, Selbstständigkeit, Phasen der Arbeitslosigkeit, Notwendigkeit der Neujustierung der eigenen Kompetenzen, permanente Leistungsorientierung und Fragen nach dem Sinn – all dies sind Aspekte der zukünftigen Arbeit, auch der geistigen, auf die das Gymnasium die nachwachsenden Mitglieder der Gesellschaft vorbereiten muss.

Die Auswirkungen der Trends und Tendenzen der Gegenwartsgesellschaft sind gravierender Art. Sie sollten schnellstmöglich einen Diskurs darüber in Gang setzen, wie das Gymnasium die ihm gesellschaftlich und bildungspolitisch zugedachten Aufgaben in Gegenwart und Zukunft bestmöglich erfüllen kann.

Literatur

Baacke, D. (1992): Die 13-18jährigen. Weinheim
Baacke, D. (1993): Die 6-12jährigen. Weinheim
Bildungskommission NRW (Hrsg.) (1995): Zukunft der Bildung – Schule der Zukunft. Neuwied
Böhle, F. u.a. (2002): Umbrüche im gesellschaftlichen Umgang mit Erfahrungswissen. München
Fölling-Albers, M. (Hrsg.) (1997): Veränderte Kindheit – veränderte Grundschule. Frankfurt/M. (2. Aufl.)
Hurrelmann, K. (1994): Lebensphase Jugend. Eine Einführung in die sozialwissenschaftliche Jugendforschung Weinheim
Lemnitzer, K./Wiater, W. (Hrsg.) (2000): Lernen in einer sich wandelnden Gesellschaft. Seelze
Wiater, W. (1999): Vom Schüler her unterrichten. Donauwörth
Wiater, W. (2007): Wissensmanagement. Eine Einführung für Pädagogen. Wiesbaden

Sibylle Rahm

Von Verwaltung zu Gestaltung. Das Gymnasium als lernende Bildungsinstitution

1. Veränderte Ansprüche an gymnasiale Bildung

Das Gymnasium gilt traditionell als Eliteeinrichtung für Kinder und Jugendliche, die eine höhere Schullaufbahn mit anschließendem Studium anstreben. Die gymnasiale Bildung, untermauert durch schultheoretische Argumentationen Wilhelm von Humboldts zu Beginn des 19. Jahrhunderts, bietet den höchsten Bildungsabschluss im dreigliedrigen deutschen Schulsystem (Diederich/Tenorth 1997). Die vertikale Gliederung des Bildungswesens wurde bis in die Mitte des 20. Jahrhunderts mit nativistischen Begabungstypologien und daran anschließenden Klassifikationssystemen gerechtfertigt (Baumert 2001, S. 1252). Untersuchungen historischer gymnasialer Bildungsinhalte belegen, dass Gymnasien über die Vermittlung von Themen und Fragestellungen kulturelle Welten eröffneten, die tief verwurzelt waren in humanistischen Denktraditionen (Fend 2006, S. 62). In den gymnasialen Bildungsinhalten standen Wertetraditionen und Kerninhalte der gesellschaftlichen Leitkultur im Vordergrund. Mit einer (höheren) Schulbildung verbanden sich damit nicht nur individuelle Handlungsoptionen, wie etwa die der kulturellen Teilhabe oder der Berechtigung zum Studium, sondern auch gesellschaftliche Funktionen, die auf eine Reproduktion (Qualifikation, Allokation, Integration) der Gesellschaft ausgerichtet waren (Fend 1974). Bereits in den 60er Jahren des 20. Jahrhunderts wurden curriculare Modernisierungen und Ansätze zur Durchlässigkeit und Angleichung der Bildungsgänge unter der Zielvorgabe einer Chancengleichheit diskutiert. Seit den 90er Jahren des 20. Jahrhunderts hat sich der schul- und bildungstheoretische Blick auf Bildungssysteme und ihre Leistungsfähigkeit zudem unter mikropolitischer Perspektive grundlegend verändert. Globalisierungstendenzen und eine Internationalisierung der Bildungsdebatte haben zu einer Akzentuierung der Leistungsfähigkeit von Bildungssystemen geführt. Angesichts weltweiten gesellschaftlichen Wandels und der sich daraus ergebenden Herausforderungen geraten einzelne Bildungsinstitutionen zu Orten der strategischen Innovation von Gesellschaften. Vor dem Hintergrund internationaler Leistungsvergleichsstudien (PISA) erhalten Schulen den Auftrag, optimale Lernumgebungen zu entwickeln und bestmögliche Lernergebnisse vorzulegen. Dabei wird ihnen eine weitgehende Gestaltungsfreiheit in der Schulentwicklung zugestanden (Rahm 2005).

Hohe Erwartungen richten sich vor allem an das Gymnasium, das sich der Vermittlung einer vertieften Allgemeinbildung verschrieben hat (Bayerisches Staatsministerium für Unterricht und Kultus 2008). Das Gymnasium soll sein Angebot im dezentralisierten Bildungssystem weitgehend selbst gestalten, und es soll die Aufgabe übernehmen, einen Beitrag zur Weiterentwicklung der Gesellschaft zu liefern. Gleichzeitig wird es verpflichtet auf Rechenschaftslegung. Erwartungen an Gymnasien haben sich gerade vor dem Hintergrund von empirischen Ergebnissen zur nach wie vor virulenten Vererbung von Bildungsabschlüssen gesteigert (PISA 2000; Shell Jugendstudie 2006). Erwartungen richten sich an das Gymnasium als lernende Bildungseinrichtung, die sich einem breiten Spektrum von leistungsfähigen Kindern und Jugendlichen auch aus bildungsfernen Milieus mit einem differenzierten Bildungsangebot öffnet.

2. Orientierungen der Schulentwicklung

Schulentwicklung ist aus schulpädagogischer Perspektive ein notwendiger und begründeter Ansatz der Weiterentwicklung aller allgemeinbildenden Schulen. Schulentwicklung ist nicht nur Antwort auf gesellschaftliche Problemlagen und Entwicklungen, sondern sie ist auch ein proaktives Unternehmen, mit dem Schulen sich konturieren innerhalb der Bildungslandschaft.
Dabei steht die Entwicklung von Schule in historischem Begründungszusammenhang, denn die Reform der Schule war bereits Anliegen der reformpädagogischen Bewegung, die nach Wegen aus der Schulbürokratie suchte.
Der seit Beginn der 90er Jahre entfaltete Schulentwicklungsansatz ist im weitesten Sinne als strukturierter Lernprozess im Systemzusammenhang zu verstehen (Kempfert/Rolff 1999, S. 22). Während Schulen bislang als unterste Instanz der Verwaltungsbürokratie diskutiert wurden, wird heute auf die Gestaltungskraft der Einzelschule gesetzt. Schulentwicklung bezeichnet den selbstorganisierten Prozess einer Einzelschule hin zur qualitätsorientierten Profilbildung innerhalb staatlicher Vorgaben (Rahm/Schröck 2005, S. 149).
Unterschieden wird dabei zwischen der Subjektebene der an Schulentwicklung beteiligten Personen (Mikroebene), der Organisationsebene der Einzelschule als Handlungseinheit (Mesoebene) und der Bildungssystemebene mit Akzentuierung der Einzelschulen als Verbund (Makroebene).
Der Blick auf Schulen als lernende Organisationen beleuchtet die drei Felder der Schulentwicklung – die Personal-, die Unterrichts- und die Organisationsentwicklung – im Systemzusammenhang. Die Personalentwicklung betrifft die Bereiche Fort- und Weiterbildung, Schulungsangebote für Führungskräfte, Teamentwicklung, Supervision, Kommunikationstraining und anderes

mehr. In der Unterrichtsentwicklung geht es um Qualitätsverbesserung im Sektor Unterrichtsklima, Fehlerkultur, Unterrichtsmethoden, individualisiertes Lernen, und die Organisationsentwicklung zielt ab auf die Erstellung eines Schulprogramms, auf Teamarbeit, die Einrichtung einer Steuergruppe oder die Evaluation gemeinsamer Vorhaben. Mit der Betrachtung von Schule im Systemzusammenhang ist die Erwartung verbunden, dass Bildungsorganisationen eine Eigendynamik entfalten können, die lediglich externer Unterstützung bedarf, nicht jedoch einer Anweisungspolitik. Neben den Bürokratieansatz, der in der Geschichte der Schule eine wesentliche Rolle gespielt hat, tritt der Systemansatz, der Optionen für eine Beschreibung lernender Organisationen entfaltet.

3. Bürokratie- und Systemansatz – widersprüchliche Perspektiven

Unter traditioneller organisationstheoretischer Perspektive ist das Gymnasium eine Organisation, die in einem hierarchischen Bildungssystem funktioniert. Als staatliche Einrichtung übernimmt es Funktionen eines geschlossenen Bildungsganges, der durch staatliche Verfügungen geregelt wird. Die Schule wird zentral gelenkt, die vorgesetzten Behörden nehmen Einfluss auf die Organisation des Schulalltags, es gibt Spezialisierung und Abschlüsse, die zum Studium berechtigen, und es gibt Zielorientierungen, die beim Gymnasium in der Vorbereitung auf Studium und Beruf liegen. Die Einführung des neuen achtjährigen Gymnasiums in Bayern ist in diesem Sinne der Ausdruck einer bildungspolitischen Zielentscheidung, die im Kontext internationaler Entwicklungen steht und innerhalb eines hierarchischen Schulaufbaus durchgesetzt wurde (Bayerisches Staatsministerium für Unterricht und Kultus 2004). Der Bürokratieansatz, der auf Hierarchie, Spezialisierung, Reglement, unpersönliche Verhältnisse, Aufstiegsmöglichkeiten und Zielorientierung setzt (Dalin 1986), ist in der gegenwärtigen Bildungslandschaft deutlich sichtbar. Die Anordnung von Reform mit Hilfe von zentralen Verordnungen und Übereinkünften (KMK) steht im Kontext einer Internationalisierung der Bildungsdebatte und ist derzeit gängige Praxis. Es geht dabei unter anderem um die Anschlussfähigkeit des deutschen Bildungssystems und die Erreichung guter Bildungsoutputs im internationalen Vergleich. Kontroverse Debatten um die Einführung des G8 und die daraus resultierenden Belastungen für die beteiligten Statusgruppen sind die Folge. Die zentrale Steuerung von Bildungsreformen und die öffentliche Kritik an der Bildungsverwaltung sind in der Geschichte der Schule deutlich dokumentiert (Recht der Jugend und des Bildungswesens 1993).

Eine neuere organisationstheoretische Sicht verbindet sich mit dem Ansatz der Schulentwicklung, der systemisches Denken im Bildungsbereich anbahnt. Der Systemansatz betont die Komplexität und die Dynamik von Organisationen. Organisationen erfinden sich nach dieser Perspektive permanent neu. Dabei ist Wandel eine zentrale Regel von Organisationen. Ungewissheit, Unbestimmtheit und Ambiguität müssen bewältigt werden (Weick 1995). Bewusste Kenntnis des evolutionären Charakters von Organisationen ist die Voraussetzung für die Entwicklung komplexen Denkens, das die Einsicht in die ständige Neuerschaffung von Welt ermöglicht (Senge 1999). Nur über das Systemdenken als Voraussetzung für die Umsetzung einer gemeinsamen Vision kann Neues entstehen. Die Anordnung von Wandel und der Glaube an linear-kausale Zusammenhänge gehören aus systemischer Sicht zu einem älteren Organisationsverständnis, mit dem nur unzureichend auf die Herausforderungen der Moderne geantwortet werden kann.

Das Dilemma besteht in der gleichzeitigen Gültigkeit beider Perspektiven. Zweifelsohne haben bürokratietheoretische Aussagen heute nach wie vor Erklärungskraft für Vorgänge im Bildungssektor. Andererseits haben Schulen durchaus einen dynamischen Charakter, sie geben Antworten auf gesellschaftliche Herausforderungen und sie entwickeln sich beständig weiter. Beim Neudenken von Gymnasien muss also eine Entwicklung in Widerspruchsfeldern unterlegt werden. Das Gymnasium als lernende Organisation beschäftigt Unterrichtsbeamte, es gibt eine Vielzahl von Verordnungen und Vorschriften; unterlegt werden Rechtssicherheit und ein legitimierter Rahmen für die Verteilung von Abschlüssen. Gleichzeitig ist das Gymnasium Ort der Reform, ein historisch entwickeltes Bildungsangebot, das sich auf Grundwissen und Basiskompetenzen spezialisiert und nach Antworten auf gesellschaftlichen Wandel sucht. Dabei findet es exzellente Lösungen für komplexe Herausforderungen.

Gerade weil Schulreform eine Daueraufgabe in spannungsreichen Verhältnissen ist (Holtappels 2003, S. 14), muss sie intelligent gesteuert werden. Dies betrifft die Übernahme von Verantwortung, wie sie nicht nur von der Schulleitung, sondern auch von anderen Verantwortlichen der Schulreform gefordert wird. Im Ausbalancieren von Eigeninitiative und struktureller Reform auf der Makroebene liegt eine Chance, die genutzt werden kann. Für das Gymnasium liegt diese Chance im Bewusstsein der Herausforderungen historischer Ansprüchlichkeiten und aktueller Herausforderungen, die gerade diese Ansprüchlichkeiten häufig in Frage stellen. In der Sicherung von zeitgemäßer Qualität muss deshalb ein Akzent gesetzt werden.

4. Qualitätsentwicklung an Gymnasien

Deregulierung im Sinne eigenverantwortlicher Qualitätsentwicklung und interne und externe Rechenschaftslegung sind in der Schulentwicklung miteinander verbunden. Es müssen normative Übereinkünfte darüber erzielt werden, in welche Richtung eine Schule sich entwickeln will. Solche Übereinkünfte stehen jedoch nicht vollständig in der Eigenverantwortung von Schulen, sondern sie sind orientiert durch Ergebnisse der internationalen empirischen Bildungsforschung sowie durch nationale Bildungsstandards, die anzustrebende Dispositionen der Schüler/innen benennen. Qualitätsstandards im Bildungssektor stellen Verabredungen zur Bewertung eines Gegenstandes oder eines Prozesses dar (Heid 2000).

Wenn das Gymnasium als höchster Bildungsgang des dreigliedrigen Schulsystems verstanden wird, muss es entsprechend hohen Anforderungen an Schülerleistungen gerecht werden. Autonomie eröffnet dabei vor Ort einerseits Gestaltungsperspektiven zur Qualitätsentwicklung für das schulische Führungspersonal und die professionelle Gemeinschaft. Orientierende Forschungsbefunde zur Wirksamkeit von Bildungsinstitutionen und die Notwendigkeit einer Rechenschaftslegung geben jedoch andererseits die Richtung für Gestaltungsaktivitäten vor. Deregulierung und Regelung angesichts des Erreichbaren hängen demnach miteinander zusammen. Laut Vereinbarungen der KMK soll Qualitätssicherung durch internationale Schulleistungsuntersuchungen, durch Überprüfung des Erreichens von Bildungsstandards im Ländervergleich, durch Vergleichsarbeiten zur landesweiten Überprüfung der Leistungsfähigkeit einzelner Schulen sowie durch gemeinsame Bildungsberichterstattung von Bund und Ländern gewährleistet werden (Bayerisches Kultusministerium o. J.).

Aus der Schul- und Unterrichtsforschung liegen orientierende empirische Befunde zur Qualität von Bildungseinrichtungen vor. Gute Schule entwickelt Qualität in den Bereichen

- Lehr- und Lernkultur in Unterricht und Schulleben (curriculare und didaktisch-methodische Ansätze, Diagnostik, Leistungsbewertung, Differenzierung und Förderung)
- Lebens- und Erziehungsraum Schule (entwicklungsförderliche Umgebungen, Schulleben, Werterziehung, Kreativität)
- Organisationskultur und Schulmanagement (Organisation des Schulalltags, Arbeitsorganisation, Entscheidungsstrukturen, Leadership)
- Partizipation und Außenbeziehungen (Wirkung der Schule nach außen, Vernetzung mit außerschulischen Einrichtungen, Kooperation mit Eltern)

- Schülerleistungen und Kompetenzen (Motivation, selbstorganisiertes Lernen)
- psycho-soziale Wirkungen (Werteaufbau, Commitment, Persönlichkeitsentwicklung)
- fortlaufende Innovation und Evaluation (Qualitätsentwicklung und -kontrolle, Schulprogramm, Konzeptentwicklung) (vgl. Holtappels 2003; Rahm 2005)

Empirisch untersucht ist mittlerweile der Zusammenhang zwischen der verantwortlich gestalteten und geleiteten Lernumwelt in der Schule und den Schülerdispositionen sowie dem Verhalten von Schüler/innen. Eine gut entwickelte Lernkultur bietet gute Voraussetzungen für die Entwicklung von Schülerleistungen. Merkmale guten Unterrichts, die die klare Strukturierung, den hohen Anteil echter Lernzeit, das lernförderliche Klima, inhaltliche Klarheit, sinnstiftendes Kommunizieren, Methodenvielfalt, individuelles Fördern, intelligentes Üben, transparente Leistungserwartungen und eine vorbereitete Umgebung umfassen, sind mittlerweile empirisch belegt und gehören zum Standardrepertoire der Schulpädagogik (Meyer 2004). Die Pflege zwischenmenschlicher Beziehungen und die Empathie der Lehrkräfte wirken sich aus auf Schulfreude und Interaktionsbereitschaft der Schüler/innen. Demgegenüber führt autoritäres Leitungsverhalten zu emotionaler Distanz und Schulangst. Hohe Leistungserwartungen, kombiniert mit Unterstützung seitens der Lernbegleiter/innen, führen zu einer Verstärkung der Lernanstrengungen (Fend 2006, S. 111). Aus der pädagogischen Psychologie wissen wir um die Relevanz der didaktischen Expertise, der Motivierungsqualität, der Klassenführung, der diagnostischen Kompetenz sowie der optimalen Nutzung der Lehr- und Lernzeit (Helmke 2003).

Pädagogische Wirkungsforschung muss schulische Kontexte in ihren Zusammenhängen über die Erfassung von Fachleistungen hinausgehend rekonstruieren. Ein ganzheitlicher Qualitätsbegriff impliziert damit überfachliche Schlüsselqualifikationen und metakognitive Fähigkeiten sowie die psychosoziale Entwicklung von Schüler/innen. Dies tangiert den umfassenden Bildungsauftrag von Schule (Holtappels 2003, S. 37). Schulische Qualität entsteht nicht nur in der Auseinandersetzung mit inhaltlichen Erfahrungsfeldern, sondern auch in der Interaktion, in der über Beziehungskulturen Zugehörigkeit zu einer Gemeinschaft und die Entwicklung von Selbstkompetenz erreicht werden (Fend 2006). Fragen der Persönlichkeitsentwicklung, der Beziehung zwischen Lehrenden und Lernenden sind hier ebenso von Bedeutung wie die von Austauschkulturen in Schülerschaft und Kollegium. Die Eröffnung von autonomen Gestaltungsräumen und der Umgang mit Heterogenität spielen darüber hinaus eine wesentliche Rolle in der Sozialisation von Schüler/innen. Das Gleiche gilt für Leistungserwartungen und Leistungsbeurteilungen in der Schule, die sich auf die Persönlichkeitsentwicklung von Kindern und Jugendlichen auswirken. Leistungsmotivation, Selbstbild und Selbstwertgefühl, Selbstwirksamkeit und Emotionsregulierung werden durch Schule beeinflusst. Bildungsinstitutionen sind maßgeblich beteiligt am Aufbau von Selbstkompetenz, Sozialkompetenz und Leistungskompetenz. Schule wirkt demnach im Aufbau von Handlungsdispositionen, Reflexionskompetenzen und in der Emotionsregulierung. Sie nimmt nicht nur bezüglich des schulischen Leistungserlebens Einfluss, sondern sie ist auch wirksam bezüglich der Bewältigung gesellschaftlicher Herausforderungen, der Identitätsentwicklung und der sozialen Verortung von jungen Menschen. Im schulischen Kontext finden relevante Begegnungen mit der Umwelt statt, die prägend für die weitere Laufbahn von Schüler/innen sein können. Dies sind deutliche Hinweise darauf, dass jede Schulart individuelle Dispositionen in heterogenen Lernwelten ernst nehmen muss. Auch das Gymnasium muss sich diesem Anspruch stellen. Mit der Einrichtung sprachlicher, naturwissenschaftlich-technologischer, musischer sowie wirtschafts- und sozialwissenschaftlicher Schwerpunkte werden erste Gewichtungen in diese Richtung vorgenommen.

5. Professionalisierung der Gymnasiallehrkräfte

Bis in die Gegenwart hinein wird die akademische Ausbildung von Lehrkräften an Gymnasien als Fachstudium verstanden. Das erziehungswissenschaftliche Studium tritt gegenüber dem vertieften Studium der Fächer in den Hintergrund. Diese Gewichtung hat zweifelsohne seine Berechtigung, berücksichtigt man die hohen fachlichen Erwartungen an Gymnasiallehrkräfte. Die veränderten Ansprüche an gymnasiale Bildung und die Notwendigkeit, schlüssige gymnasiale Antworten auf gesellschaftliche Herausforderungen zu geben, erfordern jedoch auch ein breites erziehungswissenschaftliches Studium. Die Ausbildung von Fachspezialist/innen ist eine wesentliche Voraussetzung für guten Unterricht. Neuere Lehrerleitbilder zeichnen jedoch Umrisse einer pädagogischen Professionalität, die ein vertieftes Studium der erziehungswissenschaftlichen Fächer voraussetzen. Standards des erziehungswissenschaftlichen Studiums beziehen sich auf Menschenbilder, Bildungstheorie und Erziehungsprozesse, auf Lernen, Entwicklung und Sozialisation, auf Schule und das Schulsystem, auf Unterricht, Lernstrategien und Lernmethoden, auf Diagnostik und Leistungsbeurteilung, auf Fragen der Heterogenität der Schülerschaft, auf Kooperation, Schul- und Unterrichtsentwicklung sowie auf die Entwicklung eines professionellen Selbstverständnisses (Terhart 2003). Gymnasiallehrkräfte sollen nicht nur unterrichten, erziehen und diagnostizieren, sondern auch Schule entwickeln, denn sie tragen Verantwortung dafür, dass Schule und Unterricht angemessen antworten auf den Wandel von Kindheit und Jugend, auf veränderte Qualifikationsanforderungen, neue Medien und Technologien sowie auf die wachsende Bedeutung lebenslangen Lernens. Neben die klassischen Aufgabenfelder des Lehrberufs treten Tätigkeitsfelder wie das Kooperieren, das Planen, das Innovieren, das Evaluieren und Forschen, das kontinuierliche Lernen sowie das Leiten in Entwicklungsprozessen (Rahm/Schröck 2005).

Unter schulentwicklungstheoretischer Perspektive ist pädagogische Professionalität ein Entwicklungsauftrag, mit dem sich Ansprüche an ein Umdenken der Professionellen verbinden. Lehrer/innen sind aufgefordert, in Qualitätskreisläufen kontinuierlich an einer Verbesserung des Bildungsangebotes zu arbeiten. Ihr Beruf ist verbunden mit dem Anspruch auf kontinuierlichen Kompetenzerwerb, der mit dem Studium angebahnt, jedoch keineswegs abgeschlossen ist. Dazu bedarf es der Etablierung professioneller Lerngemeinschaften, in denen gemeinsam an der Weiterentwicklung von Schule und Unterricht gearbeitet wird. Es gibt auf nationaler und internationaler Ebene zahlreiche Beispiele von Schulen, die diesen Weg der gemeinsamen Entwicklung von Qualität beschreiten (Fauser/Prenzel/Schratz 2007).

6. Chancen gymnasialer Bildung

Im Zuge der Rezeption der PISA-Ergebnisse, die eine Deskription der Outputs deutscher Schüler/innen im internationalen Vergleich vorlegen, ist eine heftige Kritik am dreigliedrigen Schulwesen vorgetragen worden. Strukturdebatten haben Potentiale der Schularten eruiert, und das Gymnasium hat seinen Bildungsanspruch in unterschiedlichen Ausbildungsrichtungen behauptet. Der Umgang mit Wandel ist die zentrale Herausforderung des Gymnasiums heute. Gute Schule offeriert Lern- und Leistungsmöglichkeiten in einer in ihrer Komplexität schwer zu erfassenden Welt.

Sie kombiniert hohe Erwartungen mit schülerorientiertem Unterricht und der Möglichkeit, sich selbst als wirksam zu erleben. Sie erzieht zum Umgang mit Vielfalt und offeriert Möglichkeiten zur Entwicklung von Toleranz und gemeinsamem Lernen. Exzellente Schulen ermöglichen und unterstützen das Lernen und bereiten optimale Lerngelegenheiten vor. Gleichzeitig erziehen sie zu Verantwortungsübernahme und bürgerschaftlichem Engagement in einer Demokratie. Schulische Exzellenz zeigt sich an einem ausgeprägten

Schulleben mit einem förderlichen Miteinander aller Beteiligten sowie an einem ausgeprägten Engagement für Schulentwicklung, die in der Vernetzung mit anderen Schulen zur qualitätsorientierten Transformation des gesamten Bildungsbereiches führen kann. Dazu bedarf es ausgezeichneter Leadership, bei der die Vision handlungsleitende Funktion übernimmt (Fauser/Prenzel/Schratz 2007; Stoll/Moorman/Rahm 2007). Die besonderen Chancen gymnasialer Bildung liegen in ihrer hohen Ansprüchlichkeit trotz widerständiger Verhältnisse. Verstanden als gemeinschaftlicher Lernprozess hat sie gute Chancen auf Bewährung.

Literatur

Baumert, J. (2001): Das allgemeinbildende Schulwesen der Bundesrepublik Deutschland. In: *Roth, L.* (Hrsg.): Pädagogik. Handbuch für Studium und Praxis, S. 1251–1284.

Bayerisches Staatsministerium für Unterricht und Kultus (2004): Das neue achtjährige Gymnasium in Bayern. http://www.g8-in-bayern.de/imperia/md/content/pdf/aktuelles/g8_broschuere04.pdf.

Bayerisches Staatsministerium für Unterricht und Kultus (o. J.): Qualitätssicherung und Bildungsmonitoring. http://www.stmuk.bayern.de/km/schule/qualitaetssicherung.pdf.

Dalin, P. (1986): Organisationsentwicklung als Beitrag zur Schulentwicklung. Innovationsstrategien für die Schule. Paderborn: Schöningh.

Diederich, J./Tenorth, H.-E. (1997): Theorie der Schule. Berlin: Cornelsen

Fauser, P./Prenzel, M./Schratz, M. (2007): Was für Schulen! Gute Schule in Deutschland. Seelze/Velber: Kallmeyer/Klett.

Fend, H. (1974): Gesellschaftliche Bedingungen schulischer Sozialisation. Weinheim: Beltz.

Fend, H. (2006): Neue Theorie der Schule. Wiesbaden: VS Verlag.

Heid, H. (2000): Qualität. Überlegungen zur Begründung einer pädagogischen Beurteilungskategorie. In: Zeitschrift für Pädagogik, 41. Beiheft, S. 41–54.

Helmke, A. (2003): Unterrichtsqualität erfassen, bewerten, verbessern. Seelze: Kallmeyer.

Holtappels, H.G. (2003): Schulqualität durch Schulentwicklung und Evaluation. München/Unterschleißheim: Luchterhand.

Hurrelmann, K./Albert, M. (2006): Jugend 2006. Shell Jugendstudie. Frankfurt: Fischer.

Kempfert, G./Rolff, H.-G. (1999): Pädagogische Qualitätsentwicklung. Weinheim: Beltz.

Meyer, H. (2004): Was ist guter Unterricht? Berlin: Cornelsen.

Rahm, S. (2005): Einführung in die Theorie der Schule. Weinheim: Beltz.

Rahm, S./Schröck, N. (2005): Schulentwicklung – von verwalteten Schulen zu lernenden Organisationen. In: *Apel, H.J./Sacher, W.* (Hrsg.): Studienbuch Schulpädagogik, 2. Aufl., S. 148–167.

Recht der Jugend und des Bildungswesens, 41. Jg., Heft 2/1993.

Senge, P. (1999): Die Fünfte Disziplin. 7. Aufl., Stuttgart: Klett-Cotta.

Weick, K. E. (1995): Der Prozeß des Organisierens. Frankfurt/M: Suhrkamp.

Stoll, L./Moorman, H./Rahm, S. (2007): School leadership development strategies. The Austrian Leadership Academy. A case study report for the OECD-activity – Improving school leadership http://www.oecd.org/edu/schoolleadership.

Terhart, E. (2003): Wirkungen von Lehrerbildung: Perspektiven einer an Standards orientierten Evaluation. In: journal für lehrerInnenbildung, 3. Jg., Heft 3, S. 8–19.

Anhang

Am Johann-Schöner-Gymnasium Karlstadt, einem der acht bayerischen Exzellenz-Gymnasien, ist hinsichtlich der Kommunikations- und Organisationsstruktur die folgende Lösung gefunden worden:

Im Rahmen unseres Schulentwicklungsprozesses seit 1998 nutzt die Steuerungsgruppe gemeinsam mit der Schulleitung bewusst bereits vorhandene und bestehende Kommunikations- und Organisationsformen. Diese werden ergänzt um weitere Formen und Gremien, die nötig sind, um die vielfältigen, neuen Maßnahmen und Veränderungen ergebnisorientiert und offen zu steuern.

Als innovative Schule besitzen wir eine ausgeprägte Kommunikationskultur und beachten deren organisatorische, inhaltliche und personale Ebenen. Wir verstehen uns als eine lernende Organisation, die Verantwortung delegiert, in Kompetenzgremien Ziele vorgibt, Maßnahmen entwickelt und die bewährten pädagogischen Konzepte nach der Initiationsphase evaluiert, um sie ins geregelte Kontinuum des Schulalltags zu übernehmen.

Steuerungsgruppe
Die Steuerungsgruppe, deren Mitglieder das Spiegelbild der Vielfalt des Kollegiums sind, arbeitet nicht inhaltlich, sondern organisiert und koordiniert im Sinne der Projektsteuerung. Sie hat die Schulentwicklungsziele im Visier, lenkt Entscheidungsvorgänge, die notwendig sind, dokumentiert und ist stets offen für weitere Mitglieder.

Offene Fachbetreuerkonferenz
Die Fachbetreuerkonferenz ist auch für andere Kolleginnen und Kollegen, die keine Fachfunktion haben, offen. Das schafft kollegiales Vertrauen und gleichzeitig können auch jüngere Kolleginnen und Kollegen fachliches Wissen in die Beratung einbringen. Alle Konzepte zu pädagogischen und unterrichtlichen Themen durchlaufen diese *Offene Fachbetreuerkonferenz*, bevor sie der Pädagogischen Konferenz zur endgültigen Beschlussfassung vorgelegt werden.

Pädagogische Konferenz
Die Pädagogische Konferenz, an der auch die Eltern- und Schülervertreter teilnehmen, findet mindestens viermal im Schuljahr statt und wird von der Steuerungsgruppe in enger Abstimmung mit der Schulleitung einberufen. Ziel der Konferenz ist es, pädagogische und unterrichtliche Konzepte im Sinne der Schulentwicklung dem gesamten Kollegium unter Einschluss der Eltern und Schüler zur Diskussion und Beschlussfassung vorzulegen.

Eine genau beschriebene Tagesordnung mit zeitlich abgestimmter Koordination beschreibt die beabsichtigten Informationen, Anregungen und Abstimmungen.

Die wechselnde Leitung der Konferenz liegt in den Händen einer Kollegin oder eines Kollegen. Die einzelnen Tagesordnungspunkte werden von den Vertretern der Gruppen vorgestellt und erläutert. Sollen Abstimmungen stattfinden, so ist der Beschlussvorschlag vorher zu veröffentlichen.

Wolfgang Merklein, StD
Mitarbeiter in der Schulleitung,
Koordinator Schulentwicklung

Organisatorischer Aufbau der Kommunikation am Johann-Schöner-Gymnasium Karlstadt

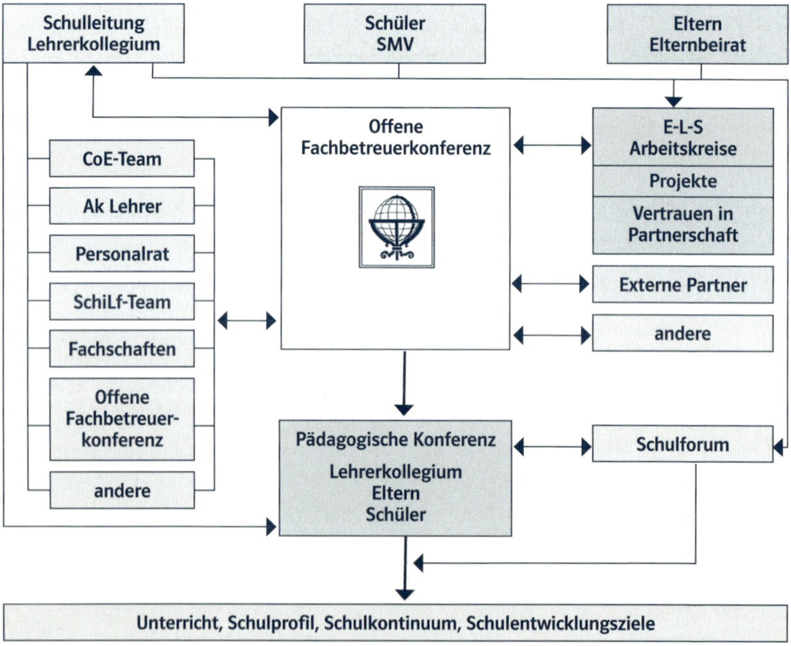

Stand: April 2008

Ansgar Batzner

Schulische Qualitätsentwicklung durch Netzwerke am Beispiel des Übergangs von der Grundschule zu den weiterführenden Schulen

Qualitätsentwicklung und Netzwerke – sind dies zwei Modebegriffe unserer Zeit, die längst auch die Schulen erreicht haben, oder schlicht eine unabdingbare Notwendigkeit, um sicherzustellen, dass Schulen gute Arbeit leisten können? Der folgende Beitrag soll Möglichkeiten schulischer Qualitätsentwicklung am Beispiel des Übergangs von der Grundschule zu den weiterführenden Schulen aufzeigen. Einen besonderen Stellenwert nimmt dabei die Überbrückung von Schnittstellen insbesondere im Bereich Englisch ein, wie sie im BLK-Verbundprojekt „Sprachen lehren und lernen als Kontinuum" seit 2003 in Bayern fokussiert wird.

1. Netzwerke – ein Zeichen exzellenter Schulen

In den Ausschreibungsunterlagen der Stiftung Bildungspakt Bayern sind exzellente Schulen unter anderem dadurch gekennzeichnet, „dass die Projekte systematisch aufeinander abgestimmt sind (... und) dass die interdisziplinäre Zusammenarbeit über die Fächergrenzen hinweg wesentlicher Bestandteil des Unterrichts ist". Dabei geht es um Schulen, die bereit sind, durch „den Aufbau eines Netzwerks mit anderen Schulen von einer kompetenten Schule zu einem exzellenten Gymnasium zu werden" (Stiftung Bildungspakt Bayern 2008).

Gerade die Optimierung des Übergangs von der Grundschule auf das Gymnasium kann zu einem Modellfall für die Kooperation und die Netzwerkbildung mit anderen Schulen werden. Auf das Gymnasium kommen Schüler aus den Grundschulen und – meist nach der Mittleren Reife – aus den Real- und Wirtschaftsschulen. Gleichzeitig gibt es mehrere Übergänge vom Gymnasium an andere Bildungseinrichtungen, zurück an Realschulen oder Hauptschulen und nach dem Abitur an Universitäten und Fachhochschulen oder in berufsbildende Institutionen. Eine professionelle Zusammenarbeit des Gymnasiums mit anderen Schulen ist Zeichen einer exzellent arbeitenden Schule und eine Notwendigkeit, um den Begabungen und Chancen der Schülerinnen und Schüler optimal gerecht werden zu können.

Eine hohe Bedeutung kommt der Zusammenarbeit zwischen Grundschule und weiterführenden Schulen zu: „Grundschule und weiterführende Schule haben die Aufgabe, die Eltern und Kinder intensiv und kontinuierlich bei der Wahl der Schullaufbahn zu beraten, um Fehlentscheidungen soweit wie möglich zu vermeiden" (KMK 2006, S. 7). Kooperationen und Netzwerke der beteiligten Schulen können Wege darstellen, auf individuelle Weise den Erfahrungsschatz der Lehrkräfte untereinander auszutauschen, verbindliche Ziele miteinander zu vereinbaren und ein Lernen im Prozess zu ermöglichen.

2. Warum und wann Netzwerke sinnvoll sind

Die Systemtheorie versteht unter Netzwerken eine Menge von unabhängigen, selbstständig agierenden Personen bzw. Institutionen, die zueinander in Beziehung stehen und miteinander ein System bilden. Diese Netzwerke sind meist informell, dezentralisiert und in ihren Beziehungen horizontal (Bassarak und Genosko 2001, S. 8), d.h. weitgehend gelöst von hierarchischen Strukturen. Von Vorteil erweist es sich, wenn die Mitglieder der Netzwerke sich hinsichtlich der Einstellungen und Wertungen ähnlich sind, da dann häufiger ein informeller Austausch stattfindet (Bassarak und Genosko 2001, S. 8). Ein zu hohes Maß an Ähnlichkeit kann jedoch bedeuten, dass Innovationsprozesse nicht in Gang kommen. Bezogen auf ein Netzwerk von Lehrkräften aus Grundschulen und weiterführenden Schulen bedeutet dies, dass hier die Ähnlichkeiten (Beruf) und Unähnlichkeiten (Schulart) in einem für die Effektivität der Kommunikation förderlichen Verhältnis stehen.

3. Erfahrungen aus dem BLK-Verbundprojekt „Sprachen lehren und lernen als Kontinuum"

Ein besonders sensibler Bereich beim Übergang von der Grundschule auf die weiterführenden Schulen besteht im Fach Englisch: „Der Schwerpunkt beim Fremdsprachenlernen in der Grundschule liegt auf der Schulung der rezeptiven Kompetenz und auf der Hinführung zu einer offenen, toleranten Grundhaltung gegenüber Fremdem. Einer spielerischen, erlebnisorientierten Auseinandersetzung mit Fremdsprache folgt in den fünften Jahrgangstufen der weiterführenden Schulen ein Sprachunterricht, der nicht selten unter hohem Zeitdruck stattfindet (dies beklagen vor allem Gymnasiallehrkräfte, die in dem neu geschaffenen achtstufigen Gymnasium unterrichten) und von Anfang an auf systematisches und ‚kognitionslastiges' Lernen setzt" (Sonnauer 2006, S. 3).

Als sehr erfolgreiche Maßnahme zur Optimierung der Abstimmungsprozesse zwischen den Schularten wurde das so genannte „Kleeblattkonzept" entwickelt, bei dem sich jeweils mindestens ein Vertreter der Grundschule und der drei weiterführenden Schulen (Hauptschule, Realschule, Gymnasium) zu festen Kooperationen bzw. Netzwerken zusammenschließen. Die ersten Kleeblätter entstanden in Niederbayern, mittlerweile gibt es in allen sieben bayerischen Regierungsbezirken solche Kleeblätter, zunächst in jedem Bezirk an einem Pilotstandort. Zurzeit sind mehrere hundert bayerische Schulen in dieses schulartübergreifende Kooperationsprojekt eingebunden, begleitet durch Fortbildungsveranstaltungen auf allen Ebenen der Lehrerfortbildung.

Um die Diskontinuität im Erlernen einer Fremdsprache abzubauen, wurden im BLK-Verbundprojekt „Sprachen lehren und lernen als Kontinuum" die folgenden Maßnahmen entwickelt und erprobt (Sonnauer 2006, S. 5 f.).

- Erstellen von Beobachtungen zu Schülerbiografien (Wege einzelner Schüler von der Grundschule in die verschiedenen weiterführenden Schularten)
- Bildung von Netzwerken (Sets), die sich aus jeweils zwei oder drei Vertretern aller beteiligten Schularten zusammensetzen: Grundschulen, Hauptschulen, Realschulen und Gymnasien
- Entwicklung eines Sprachenportfolios
- Maßnahmen zur Verbesserung der Abstimmung zwischen den Grundschulen und den weiterführenden Schulen
- Fortbildungen zu erfolgreichen Maßnahmen
- Entwicklung von Konzepten zur Angleichung von Lehr- und Lerntraditionen in der Phase des Übergangs von Primar- und Sekundarschulen

Entscheidend bei diesem Vorgehen war, dass das Projekt offen angelegt wurde, die Teilnehmer ihre eigenen Erfahrungen einbringen konnten und Neuerungen wie das Sprachenportfolio und Materialien für die schulartübergreifende Zusammenarbeit selbstständig entwickelt wurden.

4. Netzwerke bilden

Analog zu den Kleeblatt-Erfahrungen im Bereich Englisch könnten Netzwerke zwischen Grundschule und weiterführenden Schulen auch in den Fächern Mathematik und Deutsch sowie im Bereich des Lern-, Sozial- und Arbeitsverhaltens der Schüler erfolgreich installiert werden. Um ein solches Projekt der Netzwerkbildung zu starten und somit zu einer Qualitätssteigerung im

Bereich des Übergangs von der Grundschule an weiterführende Schulen zu gelangen, sind die folgenden Punkte zu berücksichtigen:

a) Anknüpfen an bestehende Erfahrungen und Modelle

An vielen Gymnasien gibt es bereits seit vielen Jahren erfolgreiche Modelle der Kooperation, vor allem mit Grundschulen. Es ist deshalb sinnvoll, beim Aufbau eines Netzwerkes die bisher gemachten Erfahrungen zu reflektieren und möglicherweise auf sie aufzubauen.

b) Genügend Zeit zur Entwicklung und zur Erprobung

Kooperation braucht Zeit. Das Entwickeln und Erproben von neuen Formen der Zusammenarbeit gelingt nur, wenn zum Aufbau des gegenseitigen Vertrauens kein übereilter Zeitplan vorgegeben wird.

c) Gruppenzusammensetzung und Gruppengröße

Bei der Bildung eines Netzwerkes wirken sich die Zusammensetzung und die Größe der Gruppe auf die Arbeit und die Ergebnisse entscheidend aus. Alle vier Schularten sollten vertreten sein, da die Grundschule an die Hauptschule, die Realschule und das Gymnasium abgibt. In der Regel bezieht eine weiterführende Schule ihre Schüler aus mehreren Grundschulen, während eine Grundschule ihrerseits immer Abgänger an mehrere weiterführende Schulen aufzuweisen hat. Ist jede Schule beispielsweise mit nur einem Vertreter in dem zu gründenden Netzwerk vertreten, kann sich schnell eine Gruppengröße von acht bis zwölf Beteiligten ergeben. Bei Gruppen von über zwanzig Personen ist es sinnvoll zu überlegen, ob eventuell zwei Teilgruppen gebildet werden können, die ihre Ergebnisse von Zeit zu Zeit austauschen.

d) Bedarfsabfrage und Austausch mit Vertretern aller Schularten

Ein Netzwerk kann nur dann erfolgreich sein, wenn der Bedarf an (mehr) Kooperation von den Beteiligten der jeweiligen Schulen gesehen wird. Deshalb ist eine Bedarfsabfrage und ein Austausch über die Erwartungen und Anforderungen der anderen Schularten nötig. Wenn die Situation des Übergangs nach der vierten Grundschulklasse sowohl für die abgebenden als auch für die aufnehmenden Schulen als unbefriedigend empfunden wird, ist die Bereitschaft größer, sich auf eine Kooperation einzulassen, die zumindest kurzfristig zu einer Mehrbelastung der Lehrkräfte führt, da einzelne Termine für Absprachen erforderlich sind. Mittelfristig jedoch wird die methodische und persönliche Kooperation in den Netzwerken zu einer Entlastung der Lehrkräfte führen, nicht zuletzt weil die schulische Qualitätsentwicklung zu einer höheren Berufszufriedenheit führen kann.

e) Zielklarheit

Ein zweiter wesentlicher Aspekt des Projektmanagements ist die Festlegung von Zielen und Inhalten für die Zusammenarbeit in den Netzwerken „Grundschule-weiterführende Schulen" (GS-wfS). Diese Ziele werden von den Mitgliedern des Netzwerkes festgelegt.

5. Kernpunkte der Zusammenarbeit festlegen und die Zusammenarbeit fördern

a) *Austausch über die Lehrpläne in der Grundschule und der weiterführenden Schulen*: Welche Folgerungen ergeben sich aus der Didaktik und der Lern- und Leistungskultur in der Grundschule für den Unterricht an den weiterführenden Schulen?

b) *Umsetzung der KMK-Bildungsstandards für die 4. Jahrgangsstufe*: Welche Konsequenzen haben die Bildungsstandards auf die Aufgabenkultur und die Unterrichtsgestaltung in der Grundschule? „Auch wenn der Mathematikunterricht in jeder Schulart sein eigenes Profil hat, so lohnt es doch, die Aufgabenbeispiele und Anforderungsbereiche für die Schularten zu betrachten, in denen man selbst keine Unterrichtserfahrung hat. Ein Blick z. B. in den Primarbereich zeigt, welche Kompetenzen bereits in frühen Altersstufen geweckt werden können. Auf solche in der Grundschule erworbene Kompetenzen kann aufgebaut werden" (ISB 2005, S. 62).

c) *Unterrichtsmitschau*: Neben der gegenseitigen Information können auch Unterrichtsmitschauen (Hospitationen) von großem Wert für die Lehrkräfte sein, was auch die Erfahrungen aus dem Kleeblattprojekt beweisen: „Zentraler Baustein der im Rahmen der Projektarbeit angebotenen Kooperationsveranstaltungen war immer die Unterrichtsmitschau. Dies bedeutet natürlich, dass die Veranstaltungen am Vormittag stattfinden und dass Vertretungsstunden oder Stundenausfall damit verbunden sind. Die Freistellung der KollegInnen für ca. zwei Unterrichtsstunden ist aber sinnvoll und vertretbar, stehen doch Aufwand und Nutzen von Kooperationsveranstaltungen mit Hospitation in einem überaus günstigen Verhältnis. Filme über Unterricht in der jeweils anderen Schulart führen längst nicht zum gleichen Lerngewinn; im Gegenteil: mittelbar gezeigter Unterricht wirkt nicht selten plakativ und stereotyp und bestehende Vorurteile werden gefestigt statt ausgeräumt. (...) Es wurde deutlich, dass die Lehrkräfte aus gegenseitigen Unterrichtsbesuchen den größten Lerngewinn schöpfen" (Sonnauer 2006).
Die vereinbarten Ziele sollten gemäß dem SMART-Prinzip formuliert sein;

nachfolgend ein Beispiel zum Bereich Hospitationen: *spezifisch*: Wir vereinbaren die gegenseitige Hospitation im Fach Englisch der 4. Klasse der Grundschule und der 5. Klasse der weiterführenden Schulen; *messbar*: Wir besuchen uns mindestens zweimal jährlich im Unterricht; *aktionsorientiert*: Wir verfolgen den Unterricht anhand vorab vereinbarter Beobachtungsaufträge und besprechen ihn anschließend; *realistisch*: Wir achten bei der Stundenplangestaltung auf mögliche Hospitationsfenster; *terminiert*: Wir stellen sicher, dass bis zum Ende des kommenden Schuljahres alle Englischlehrer der vierten und fünften Klassen sich gegenseitig im Unterricht hospitieren.

6. Instrumente, die der Zusammenarbeit dienen, entwickeln

Die folgenden Inhalte und Instrumente wurden, was den Bereich GS – HS anbelangt, im Rahmen einer Initiative der Staatlichen Schulämter im Landkreis Unterallgäu und in der Stadt Memmingen für den Übergang Grundschule – Hauptschule entwickelt.

Folgende Instrumente könnten zur Optimierung der Zusammenarbeit zwischen abgebender und aufnehmender Schule entwickelt werden:

- *Einheitliches Verfahren bei der Übergabe der Schülerdaten und beim „Ankommen" der Schüler an den weiterführenden Schulen*: Zusammenarbeit am Ende dieses Schuljahres vor allem mit Blick auf die „Übergabe" der Schüler, mögliche Schülerpatenschaften, die Optimierung des Informationsflusses und den Austausch von Schülerdaten
- *Analyse des Standes des Sozial-, Lern- und Arbeitsverhaltens*: Abgleich der Erwartungen von abgebender und aufnehmender Schule
- *Mindeststandards für Schüler der jeweiligen Schulart (HS/RS/GY): Entwickeln einer Lernstandserhebung für den Zeitraum Ende der 4. Jahrgangsstufe (GS)/Anfang der 5. Jahrgangsstufe (wfS)*: Die Lernstandserhebung könnte sich im Fach Mathematik auf die folgenden Bereiche beziehen: Zahlen und Operationen, Raum und Form, Größen und Messen, Muster und Strukturen sowie Häufigkeit und Wahrscheinlichkeit. Im Fach Deutsch geht es um die jeweiligen, je nach weiterführender Schule unterschiedlichen Mindestanforderungen in den folgenden Bereichen: Lesen, Schreiben, Sprache und Sprachgebrauch sowie Sprechen und Zuhören.

a) Organisatorische Rahmenbedingungen

Vor allem die räumliche Nähe der jeweils miteinander kooperierenden Schulen zählt zu den günstigen organisatorischen Rahmenbedingungen, unter denen eine Netzwerkbildung gedeihen kann. Liegen die Schulen (Grundschulen und weiterführende Schulen) nahe beieinander, sind Unterrichtshospitationen, Arbeitstreffen und gemeinsame Besprechungen leichter zu organisieren.

b) Fortbildung und Evaluation

Der Weitergabe von erprobten Maßnahmen durch Angebote der schulhausinternen bzw. lokalen Lehrerfortbildung – wie sie auch beim Kleeblattprojekt von Beginn an eingeplant war – kommt große Bedeutung zu. Nur so wird sichergestellt werden können, dass in das Netzwerk sukzessive alle Lehrkräfte der beteiligten Schulen einbezogen werden. In den gesamten Prozess der Netzwerkbildung sollte von Anfang an eine sich an den jeweiligen Zielen orientierende Evaluation einbezogen werden. Fragen wie „Welche Form der Zusammenarbeit hat sich bewährt?“ oder „Welche Gelingensbedingungen gab es für unser Netzwerk?“ oder „Wie hat sich unser Unterricht durch unsere Kooperation verändert?“ und vor allem die Frage, was das Netzwerk für die Schülerinnen und Schüler an Auswirkungen hat, werden zeigen, ob das Netzwerk zu einer schulischen Qualitätsentwicklung beitragen konnte und kann.

7. Zusammenfassung

Die erfolgreiche Arbeit im Kleeblattprojekt zeigt, dass Kooperationen und Netzwerke entscheidend zu einer schulischen Qualitätssteigerung beitragen können. Der Übergang von der Grundschule zum Gymnasium, zur Realschule und zur Hauptschule wird vor allem dann besser gelingen, wenn die Lehrkräfte dieser vier Schularten von den Gemeinsamkeiten und Unterschieden in der Unterrichtsgestaltung wissen, miteinander kooperieren, sich gegenseitig im Unterricht besuchen und ihre Arbeit reflektieren und wertschätzen. Diese Qualitätsentwicklung kann nur im Rahmen eines ziel- und bedarfsorientierten, offenen und strukturierten Schulentwicklungsprozesses gelingen, in den die Evaluation der erprobten Kooperationsmodelle sowie passgenaue Fortbildungsmaßnahmen integriert sind.

Viele der wesentlichen Kernpunkte der Netzwerkbildung zwischen Grundschulen und Gymnasien, Realschulen sowie Hauptschulen lassen sich auf Netzwerke zwischen Gymnasien und Hochschulen bzw. anderen Bildungseinrichtungen übertragen:

- das Anknüpfen an bestehende Erfahrungen und Modelle,
- das Einplanen von genügend Zeit zur Entwicklung und zur Erprobung,
- die Bedarfsabfrage und der Austausch mit Vertretern aller Schularten,

- die Festlegung der Kernpunkte (wie zum Beispiel Lehrplanvergleich und Unterrichtsmitschau),
- Fortbildungen und
- die Evaluation der Netzwerkarbeit.

Auch Instrumente wie einheitliche organisatorische Abläufe beim Wechsel zwischen zwei Bildungseinrichtungen und die Definition von Mindeststandards, die gemeinsam durch abgebende und aufnehmende Schule erfolgt, können Modell für weitere erfolgreiche Transitionen sein.

Professionelle Kooperationen im System Schule, Netzwerke mit anderen Bildungseinrichtungen, die Ausrichtung auf erfolgreich gestaltete Übergänge und die Optimierung der Schul- und Unterrichtsqualität – diese Aspekte machen erfolgreiche Netzwerkbildung zu einem Qualitätsmerkmal exzellenter Schulen.

Literatur

Bassarak, H./Genosko, J. (2001): Die Stärke stillen Wissens und schwacher Beziehungen. Zur Funktion und Bedeutung von Netzwerken und Netzwerkarbeit, zitiert nach: http://www.sozialraum.at/texte/bassarak_netzwerke.pdf (11.03.2008)

ISB Staatsinstitut für Schulqualität und Bildungsforschung (2005): KMK-Bildungsstandards – Konsequenzen für die Arbeit an bayerischen Schulen. München 2005, S. 62, zitiert nach: http://www.phil1.uni-wuerzburg.de/fileadmin/99050601/8_ek_standards_READER.pdf (13.03.2008)

KMK – Sekretariat der Ständigen Konferenz der Kultusminister der Länder in der Bundesrepublik Deutschland (2006), Übergang von der Grundschule in Schulen des Sekundarbereichs I. Informationsunterlage des Sekretariats der Kultusministerkonferenz., zitiert nach: http://www.kmk.org/doc/publ/ueberg.pdf (12.03.2008)

Sonnauer, S. (2006): 3. Jahresbericht zum BLK-Verbundprojekt Sprachen lehren und lernen als Kontinuum München, zit. nach: http://www.isb.bayern.de/isb/download.aspx?DownloadFileID=826d0ed2911befdd1c9c16d5745cb8c9 (08.03.2008)

Evaluation am Gymnasium

Werner Wiater

Qualität am Gymnasium feststellen und verbessern. Interne und externe Evaluation

Veranlasst durch die internationalen Vergleichsstudien TIMS, PISA, VERA und andere muss sich die Schule in Deutschland seit etwa einem Jahrzehnt verstärkt der Aufgabe widmen, ihre Qualität an Hand belastbarer Daten und Informationen zu überprüfen und darzustellen. Die Evaluation wurde zum Programm erklärt. Was die Qualität von Schule oder Unterricht ist, wie sie ermittelt werden kann, zu welchem Zweck sie es soll und wie sie – falls notwendig – verbessert werden kann, darüber sind Kontroversen entbrannt. Ist Schulqualität gegeben, wenn an der Schule ein Schulentwicklungsprozess in Gang gekommen ist? Oder lässt sich Schulqualität nur an messbaren Produkten, überprüfbaren Effekten und nachweislichen Wirkungen der schulischen Arbeit festmachen? Wie können in die Qualitätsfeststellung außer der Produktqualität von in der Schule erbrachten Leistungen auch die Prozessqualität der pädagogischen, didaktischen und kompetenzbezogenen Interaktionen oder die Orientierungsqualität des praktizierten Schulethos einbezogen werden? Soll das überhaupt geschehen? Aus welcher Perspektive soll nach der Qualität der Schule gefragt werden? Aus der Perspektive der Schulaufsicht? Der Lehrer? Der Schüler? Der Eltern? Der Schulleitung? Der Schulpsychologen, Ärzte, Therapeuten? Oder aus der Perspektive der öffentlichen (besser: veröffentlichten) Meinung?

Und weiter: Wie lässt sich die Bedeutung der Schulsystemstruktur bei der Qualitätsbestimmung „einrechnen"? Und weitere Fragen: Wie können Mängel und Defizite einer Schule, soweit diese bei der Evaluation zutage getreten sind, verbessert und behoben werden? Wie lassen sich die dabei zu erwartenden Schwierigkeiten, Probleme und Widerstände im Staatsschulsystem bearbeiten und beheben?

In den deutschen Bundesländern haben es in den letzten Jahren landeseigene Qualitätsagenturen übernommen, Fragen dieser Art zu thematisieren, entsprechende Evaluationsinstrumente zu erarbeiten und passende Evaluationsprozeduren zu entwerfen. In einem strukturierten Verfahren sollen dabei im Wesentlichen zwei Evaluationsformen zur Anwendung kommen, die interne und die externe Evaluation, bei denen in der Regel die „Outputs" summativ erfasst werden. Durch Maßnahmen der internen Evaluation soll sich die Einzelschule permanent der Qualität ihrer Arbeit selbst vergewissern; durch Formen der externen Evaluation sollen in einem regelmäßigen Mehrjahresturnus durch ein von außen eingesetztes Evaluationsteam an jeder Einzelschule systematisch Daten und Informationen erhoben, analysiert und bewertet werden. Beide Verfahren sollen zusammen betrachtet werden und zu Zielvereinbarungen in den Einzelschulen führen, durch die die Qualität der jeweiligen Schule kurz- und mittelfristig verbessert werden soll. Für diese Qualitätsverbesserungen sind drei Bezugsnormen denkbar: (1) zum einen Schulen, Schüler, Lehrer und Eltern derselben Schulart/Schulform in derselben Region, in anderen Regionen oder in anderen Staaten (synchrone Sichtweise); (2) zum anderen Vergleiche zwischen früher und heute, d.h. mit vorangegangenen Zeiträumen innerhalb derselben Schule (diachrone Sichtweise); (3) die Ausrichtung der Qualitätsverbesserungen an vordefinierten Aufgabenstellungen, Kriterien oder Standards, wie sie sich z. B. durch die Curricula (Lehrpläne, Kerncurricula) der jeweiligen Schulform (z. B. des Gymnasiums), durch neuere Forschungsergebnisse der Fachwissenschaften, der Erziehungs- und Sozialwissenschaften und der Didaktik oder durch spezifische Anforderungen an die Schule vor Ort (z. B. Anteil der Schüler mit Migrationshintergrund, Reduzierung der Schulabbrecher usw.) formulieren lassen (kriteriale Sichtweise).

1. Evaluierbare Qualitätsbereiche der Schule

Unter Evaluation (lat.: valere = wert sein, stark sein/engl.: value = Wert) – wie oben schon angedeutet – versteht man allgemein die feststellende Überprüfung des Werts, der Qualität, der Güte und Beschaffenheit einer Handlung oder einer Institution durch systematische Sammlung, Analyse und Auswertung von Daten darüber sowie deren Abgleich mit vorgegebenen Standards und Kriterien. Mit Hilfe solcher Dateninterpretationen sollen Entwicklungen und Entscheidungen sachkundiger getroffen und notwendige Innovationen in Gang gebracht werden. Gegenstand der Evaluation können grundsätzlich alle schulischen Akteure im engen und im weiten Wortsinn sowie alle schulischen Handlungsfelder sein. Aus der Fachliteratur lässt sich eine Systematisierung folgender Art ermitteln:

a) Allgemeine Qualitätsmerkmale

- Kontinuität und Stabilität in der Beziehung zwischen Lehrern und Schülern
- intensive didaktische Zusammenarbeit des Lehrerkollegiums
- gemeinsame Erörterung und Vereinbarung von Verhaltensregeln im Schulalltag

- eine besondere Gestaltung der Schule auf dem sozialen und räumlichen Sektor
- Abwehr von Chaos, Vandalismus, Struktur- und Verantwortungslosigkeit
- ein aktives, anspruchsvolles Schulleben
- eine positive Sichtweise des Schülers bei den Lehrern
- Zeit der Lehrer für die Schule, auch nachmittags und ggf. abends
- keine Überregulierung und Überbürokratisierung, eine Bürokratie, die auf ein notwendiges Minimum beschränkt ist
- keine negative Stimmungsmache an der Schule
- eine Grundstimmung des Angenommenseins bei Lehrern und Schülern
- eine reibungslos funktionierende Organisation des Schultags ohne Leerläufe
- ein aggressionsfreies Miteinander von Lehrern und Schülern und eine freundliche, lockere Schulatmosphäre
- die Beteiligung der Schüler und der Eltern bei wichtigen Belangen von Unterricht und Schule

b) Unterrichtsqualität

Zum guten Unterricht gehört nach heutigem Verständnis:

- eine Lehrerpersönlichkeit, die die Schüler zum Lernen anregt, sie dabei unterstützt und ihnen klare Handlungsregeln (Klassenmanagement) vermittelt
- eine anregende und fördernde Lernumgebung durch die Gestaltung des Klassenzimmers und durch die bereit gestellten Lernmaterialien
- eine positive Klassenatmosphäre, in der Akzeptanz, ein freundlicher Umgangston und ein soziales Miteinander herrschen
- eine Unterrichtsgestaltung mit Struktur und methodischer Vielfalt, die auf selbsttätiges, eigenverantwortliches und handelndes Lernen der Schüler Wert legt.

c) Qualität des Lehrerverhaltens

Zur Lehrkompetenz des Lehrers/der Lehrerin gehört, dass er/sie die Zielbereiche des Unterrichts mit entsprechenden und zweckmäßigen Unterrichtsformen zu verbinden in der Lage ist, d. h. nach F. E. Weinert (1996).

- beim Erwerb von intelligentem (sachlogisch-systematischem, anwendungsfähigem) Basiswissen Formen direkter Instruktion zu wählen,
- beim Erwerb von situierten Strategien der Wissensnutzung Formen kooperativer Instruktion wie Projekt, Lernen in Teams, lebenspraktische Recherchen und Anwendungen zu praktizieren und

- beim Erwerb von Handlungs- und Wertorientierungen Formen indirekter Instruktion wie Offener Unterricht, Übungen, Gewohnheitsbildung und reflexive Diskurse zu favorisieren.

Ein vorbildhaftes Lehrerverhalten, eine angenehme, akzeptierende Schulkultur sowie verbindliche Regeln gehören auch dazu. Diese Lehrkompetenz verbindet sich mit der Planungskompetenz, die die Interdependenz und die Variabilität aller didaktischen Entscheidungen beachtet und den Unterricht „stimmig" und zielorientiert konzipiert, sowie mit einer Kompetenz der Unterrichtsführung, die flüssig und mit Schwung geschieht und bei der es möglichst keine „Wartezeiten" gibt, die die Schüler zu Unterrichtsstörungen veranlassen könnten.

2. Möglichkeiten und Schwierigkeiten der internen Evaluation

Selbstreflexion und Selbstevaluation der Lehrerinnen und Lehrer stehen im Dienste der individuellen und organisatorischen Qualitätssicherung von Unterricht und Schule. Sie erschöpfen sich nicht in der Anwendung einiger Techniken, sondern sind als ein permanenter und bewusst geplanter Prozess der Verbesserung von Schule und Unterricht zu betrachten.

a) Möglichkeiten

Bei der *Selbstreflexion* geht es um das Nach-Denken über das eigene Handeln und Verhalten in Unterricht und Schule, um das kritisch-selbstkritische nachträgliche Überlegen, um ein besseres Verständnis der Realität durch Bewusstmachen und durch Selbstwahrnehmung. Selbstreflexion ist deshalb nicht dasselbe wie Selbsterfahrung, die jemand einem anderen mitteilt. Reflexion setzt nämlich voraus, dass man die Erfahrungen, die man mit sich selbst und mit anderen gemacht hat, mit Theorien zur Interaktion, zur Kommunikation, zur Qualität von Schule und Unterricht und zur Selbstentwicklung konfrontiert, sie für sich strukturiert und dadurch aussagbar und intersubjektiv verstehbar macht.

Bei der *Selbstevaluation* kommt ein neuer Aspekt hinzu, nämlich der der Sammlung subjektiv gegebener Daten und Informationen. Insofern kann man Selbstevaluation definieren als „die von außen nachprüfbare selber vorgenommene Dokumentation wesentlicher Planungen, Prozesse und Ergebnisse der eigenen Arbeit“ (Belardi, 2000, S. 23). Die Selbstevaluation dient der „Selbstaufklärung der Schule und der Reflexion der eigenen Ziele und Leistungen“, ist eine Art „interne Rechenschaft“, die auf der Sammlung und Bewertung von Informationen über die Prozesse, Produkte und Wirkungen/

Nebenwirkungen schulischer Arbeit basiert, z.B. durch eine Fehleranalyse oder durch Rückbezug auf das eigene Unterrichtshandeln (Bildungskommission NRW 1995, S. 197).
Selbstreflexion und Selbstevaluation sind wichtige Bestandteile der internen Unterrichts- und Schulevaluation. Denn bei ihnen geht es um das Durchschauen, Verstehen und Auswerten der eigenen Handlungsweisen in den Interaktionsprozessen des Unterrichtens und Erziehens, des Kooperierens und des Führens von Gruppen (Klassenmanagement), also um die berufliche Handlungskompetenz. Sowohl das eigene Berufsverständnis und das eigene Handeln als auch die Interaktionsweisen und die kommunikative Beziehung zu den Schülern/Schülerinnen oder Kollegen/Kolleginnen wie auch die Sachaspekte der Inhaltsvermittlung und das Methodenrepertoire sind ihr Gegenstand. Doch haben beide nicht nur die Verbesserung beruflicher Kompetenz zum Ziel. Vielmehr zielen sie auch auf das persönliche Wachstum des Lehrers ab. „Selbst-Supervision bedeutet, bewusst an sich zu arbeiten, sich als lernfähig anzusehen und in der beruflichen Arbeit die Chance zu persönlichem Wachstum zu sehen." Es handelt sich um ein „training at the job", das aber erst dann zu einer wirklichen persönlichen Weiterentwicklung und zu einem Zugewinn an beruflicher Kompetenz führt, wenn es nicht nur beim beruflichen Handeln, beim Sammeln von Praxiserfahrungen bleibt, sondern „wenn die Erfahrungen verarbeitet und als Einsichten und Verhaltensänderungen in das persönliche Verhalten integriert werden, d.h. dieses entscheidend verändern" (Kullmann 2000, S. XIV f.).

Praxisbeispiele für die individuelle Reflexion sind:

- das berufliche Tagebuch
- der Tagesrückblick an Hand von strukturierten Fragen
- Notizen zum Unterricht
- die Energie-Bilanzierung (Was nimmt mir Energie? Was gibt mir Energie?)
- Fragebögen zur Selbsteinschätzung und Fremdeinschätzung
- Selbsterkundung zum eigenen Umgang mit Konflikten
- Selbsterkundung zum eigenen kommunikativen Verhalten
- Überprüfung der eigenen Haltungen und Einstellungen

Praxisbeispiele für die Reflexion in einer Gruppe sind:

- die SWOT-Analyse (Stärken-Schwächen-Chancen-Bedrohungen-Analyse)
- Plus-Minus-Fragezeichen-Methode (Was ist gelungen? Was ist misslungen? Was ist offen geblieben?)
- das Analysegespräch über berufliche Erfahrungen, Eindrücke, Fragen usw. in der kollegialen Gruppe

- die peer-review durch eine schulinterne Unterstützungsgruppe oder durch „kritische Freunde“
- die regelmäßige kollegiale Fallberatung mit den Phasen: Einstimmung, Problembeschreibung, Blitzlicht zum berichteten Problem, Informationsfragen zum Problem, Perspektivenwechsel, Zielklärung, Suche nach Lösungsmöglichkeiten, Entscheidung für eine Möglichkeit, Abschluss-Blitzlicht
- die Evaluations-Zielscheibe zur wertenden Einschätzung über das Erreichen bestimmter Aspekte des Unterrichts (z. B. Verständlichkeit, Interesse am Thema, Zeitmanagement ...)
- Schüler-Rückmeldungen zum Unterricht
- Managementprogramm Kollux für professionelle Führung, innere Schulentwicklung, Qualitätsentwicklung und Qualitätssicherung durch interne Evaluation und Umsetzung von Empfehlungen der externen Evaluation
- EFQM (European Foundation for Quality Management mit den Schritten Act – Plan – Do – Check und neun Qualitätskriterien (z. B. Führung, Mitarbeiterorientierung, Ressourceneinsatz usw. – siehe Anhang, S. 116).
- QmbS (Qualitätsmanagement an beruflichen Schulen in Bayern) mit dem Individualfeedback vom Schüler dem Lehrer gegenüber und vom Lehrer dem Schulleiter gegenüber.

b) Schwierigkeiten

Zweifellos haben Selbstreflexion und Selbstevaluation, vor allem wenn sie als kollegiale Fallbearbeitung durchgeführt werden, große Vorteile wie D. Schmelzer (1997, S. 372 f.) zusammenstellt. Sie stärken den Selbsthilfegedanken und reduzieren die Abhängigkeit von Experten; sie führen zu hoher intrinsischer Motivation und Eigeninitiative der Teilnehmer; sie haben ökonomische Vorteile, weil sie honorarfrei sind; sie bewirken eine wechselseitige Unterstützung, Ermutigung und Feedback; sie geben Gelegenheit zur Erweiterung des begrenzten persönlichen Erfahrungsrahmens, zum Kennenlernen neuer/anderer Perspektiven und zum Austausch von Ideen; sie ermöglichen Lernen von neuen Methoden und Techniken sowie von Maßnahmen zur Qualitätssicherung (Vergleichsmöglichkeiten mit professionellen Standards, Evaluation mittels ‚peer review‘); sie bedeuten emotionaler Beistand in schwierigen Situationen und bei Konflikten; sie verlaufen in einer Atmosphäre der Offenheit, da sie von der Kontrolle/Evaluation durch die Administration frei sind und weil die Zusammensetzung der Gruppen nach Vertrauen, wahrgenommener Kompetenz und persönlicher Sympathie erfolgt; sie geben Gelegenheit zum Erwerb von Fähigkeiten und Erfahrungen außerhalb der formalen Struktur eines Ausbildungsprogramms oder eines „offiziellen“ Fortbildungsangebots und ermöglichen sowohl die Nutzung von persönlichen Stärken (spezielle Kenntnisse, Fertigkeiten und Erfahrungen einzelner Teilnehmer), als auch „stellvertretende“ Lernerfahrungen; sie beugen gegen Isolation am Arbeitsplatz, Stress und Burnout vor und haben gewissermaßen als Nebenprodukt einen größeren Zusammenhalt und intensivere Kooperation zwischen den Kollegen zur Folge.

Diesen Vorteilen stehen einige Nachteile gegenüber, wie Schmelzer (1997, S. 373) ebenfalls betont:

- „Überhöhte Ansprüche und illusorische Ziele,
- Gefahr der Überforderung bei zu großen Problemen,
- fehlende Kompetenz für bestimmte Themen, Prozesse und Inhalte,
- gemeinsame ‚blinde Flecken‘ durch fehlende Außenperspektive (‚Schmoren im eigenen Saft‘)
- mangelhafte Aufgaben- und Zielorientierung (fehlende Lernmotivation, zu informelle Treffen, ‚Kaffeeklatsch-Atmosphäre‘),
- inadäquate Schwerpunktsetzungen (z. B. emotionale Unterstützung geben, wo eine aktive Problemorientierung notwendig wäre),
- zu heterogene Gruppenzusammensetzung (Personen aus völlig unterschiedlichen Tätigkeitsbereichen ohne Transfermöglichkeiten),
- Notlösung bzw. Ersatz für andere Supervisionsangebote (wenn z. B. aus finanziellen Gründen externe professionelle Supervision unterbleibt)“.

3. Möglichkeiten und Schwierigkeiten der externen Evaluation

Je systematischer und subjektunabhängiger evaluiert wird, desto besser lässt sich die Rechenschaftslegung leisten. Die externe Evaluation erfüllt diese Funktion, indem sie von außen einen Blick auf das schulische Geschehen wirft. Beeinträchtigung, wie sie durch gewohnheitsmäßiges Verhalten, langjährige Praxis, „Betriebsblindheit“ oder mangelnde Fähigkeiten, „Schule neu zu denken“, die vor Ort bei den Beteiligten im Laufe der Schulpraxis entstehen, können durch Personen von außerhalb der Schule leichter entlarvt und erfasst werden. Dabei versteht es sich von selbst, dass die externen Evaluatoren mit den konkreten Rahmenbedingungen von Schule und Unterricht ebenso vertraut sind wie mit deren spezifischen Interaktionsformen.

a) Möglichkeiten

Idealtypisch durchläuft die externe Evaluation die folgenden Schritte:
1. Auswahl eines Evaluationsbereichs, der von den Evaluatoren und von den Beteiligten als relevant, wichtig und repräsentativ betrachtet wird

2. Festlegung der Ziele der Evaluation
3. Festlegen der Evaluationskriterien und Evaluationsinstrumente
4. Vereinbaren von Qualitätsindikatoren
5. Erarbeiten eines Evaluationsplans mit den „Spielregeln"
6. Schaffen einer Datengrundlage durch systematische Sammlung und unter Einbezug unterschiedlicher Sichtweisen
7. Aufbereitung der Daten
8. Analyse der Daten
9. Bewerten der Daten nach den festgelegten Evaluationskriterien und unter Berücksichtigung der Qualitätsindikatoren
10. Präsentation der Evaluationsergebnisse und Besprechung der Konsequenzen für Schule, Unterricht, Lehrer- und Schülerverhalten usw.

Der externen Evaluation stehen als Evaluationsinstrumente zur Verfügung: schriftliche Befragungen von Schulleitung, Lehrern/Lehrerinnen, Schülern/Schülerinnen, Eltern, Kommunen, Betrieben usw., strukturierte Gespräche oder Interviews mit derselben Personengruppe, Erfassen von Daten, die an der Schule bereits vorliegen (Statistiken, Pläne, Leistungsbeurteilungen, Klassenbücher, Schülerbögen, Konferenzprotokolle, Jahresberichte, Schulprogramm- und Schulprofil-Überlegungen usw.), Ermitteln eigener Daten zu den Kompetenzen der Schüler/Schülerinnen und ihrer individuellen Leistungsfähigkeit und Leistungsbereitschaft, Beobachtungen bei Unterrichtshospitationen, Unterrichtsanalysen, Teambesprechungen, bei Konferenzen und bei Pausen, Erfassen außerunterrichtlicher Aktionen und Aktivitäten des Schullebens, Einbeziehung kreativer oder expressiver Produkte von Schülern und Lehrern (Bilder, Fotos und Videos von Schule und Unterricht usw.).

b) Schwierigkeiten

Den Vorteilen der externen Evaluation steht eine Reihe von Schwierigkeiten gegenüber:

Die externe Evaluation muss (1) Wert auf ein dialogisches Verfahren der Experten mit den zu Evaluierenden legen, andernfalls besteht die Gefahr, dass ihre Ergebnisse nicht realitätsbezogen genug sind. Dazu bedarf es einer gewissen Offenheit auf beiden Seiten. Die zu Evaluierenden müssen bestehende Ängste, Opposition und Abqualifizierungen den Evaluatoren gegenüber überwinden, diese wiederum jenen gegenüber eine kollegiale beraterische Beziehung aufbauen. Denn nur so können die Eigenheiten, Schwerpunkte, Potenziale, Interessen und Schwierigkeiten der überprüften Schulen und ihrer Lehrer tatsächlich erfasst werden. Es sollte eine Zwischenstellung zwischen „top down" und „bottom up" erreicht werden, die bei den Evaluatoren Kenntnisse der Supervision, Gruppendynamik, Team-, Institutions- und Organisationsberatung voraussetzt. Jedenfalls ist es mit einem einfachen Ranking nicht getan. (2) Die Evaluationsinstrumente sollten möglichst „maßgeschneidert" für die jeweilige Schule und deren Lehrer sein. Zu den allgemeinen Vergleichsdaten wären Evaluationsinstrumente und Methoden einzusetzen, die auf deren spezifische Voraussetzungen und Bedürfnisse zugeschnitten sind. Das mindert zwar die überregionale oder internationale Vergleichbarkeit der Evaluationsergebnisse, entspricht aber eher der Einzelschule als Handlungseinheit für sich. In jedem Falle sollten nicht ausschließlich fertige Raster verwendet werden. (3) Bei der Datensammlung und der Dateninterpretation sollten möglichst unterschiedliche Sichtweisen der an der Schule tätigen Personengruppen einbezogen werden; ebenso sollten die Betroffenen nach ihren Eindrücken und Erfahrungen bei der externen Evaluation befragt werden, wie sie sie bewerten und was sie ihnen gebracht hat. (4) Die externen Evaluatoren sollten unter allen Umständen eine Defizitfixierung vermeiden und nicht nur danach suchen, was an der Schule und bei den Lehrern nicht gelingt. Allerdings verfehlt die Evaluation auch ihr Ziel, wenn nur das Positive in den Blick genommen wird und Mängel vertuscht werden. (5) Grundsätzlich wäre auch eine kritische Einstellung gegenüber der Unanfechtbarkeit von „harten" Daten, die über standardisierte Fragebögen erhoben werden, ebenso geboten wie gegenüber der Tendenz zur „Sammelleidenschaft von Daten". (6) Zu beachten ist auch, dass die externe Evaluation der Qualitätsverbesserung an den Schulen dienen soll; deshalb ist sie strikt zu trennen von Konsequenzen für die Zuweisung finanzieller Mittel an die Einzelschule oder für die Laufbahnbeurteilung einzelner Lehrer. (7) Schließlich ist zu bedenken, dass nach der externen Evaluation und nach dem Evaluationsbericht für die Schule und die Lehrer die eigentliche Arbeit erst beginnt; sie müssen sich nun ändern! Das ist eine äußerst schwierige Aufgabe, bei der die Schulen nicht allein gelassen werden dürfen. Hier braucht es ein durchdachtes „Change-Management", wie es beispielsweise in der Personalführung für Betriebe und Arbeitsteams bereits besteht.

4. Qualität am Gymnasium

Die gymnasialen Besonderheiten einer Qualitätsfeststellung und Qualitätsverbesserung sind in den Besonderheiten der Schulform zu suchen. Mit allen anderen Schularten teilt das Gymnasium den Qualitätsrahmen, der durch Lehren und Lernen, durch Schulkultur und Schulklima, durch die Beziehungen der Schule zu außerschulischen Lernorten, durch die Verwaltung und die Leitung, durch die Schulentwicklung im Organisations-, Personal- und Unterrichtsbereich und natürlich auch durch die Leistungsergebnisse abgesteckt wird. Darüber hinaus tritt das Spezifische der Schulform Gymnasium in den Blick der Evaluatoren und des Veränderungsmanagements. Der Anspruch des Gymnasiums liegt im Bildungsniveau, das in den einzelnen Schulfächern und durch deren Vernetzung zu erreichen ist, in der Herausforderung an das Denken und die Theoretisierung, in der Bereitschaft zur Analyse und Lösung von komplexen Problemen sowie in der Wissenschaftspropädeutik und der Verwissenschaftlichung der Fragestellungen. Bei alledem soll die Nähe zur Anwendung des Gelernten und Reflektierten auf die Wissenschafts-, Berufs- und Lebensrealität im Blick bleiben und der Bezug zur Kultur und deren Bedingungsgefüge gewahrt sein. Das gymnasiale Bildungsniveau zu erreichen, bedeutet nicht nur, dass der Unterricht fachlich/fachwissenschaftlich anspruchsvoll sein muss, sondern auch dass er sich methodisch für die Erkenntnisgewinnung aufschließen muss, wie sie in der Wissenschaft erfolgt. Dabei ist es durchaus legitim, wenn Gymnasien in ihren Schulprogrammen Schwerpunkte setzen und sich profilieren. Diese Schwerpunktbildung führt dann dazu, dass die einzelne Schule über die allgemeinen Evaluationskriterien hinaus eigene, für sie speziell bedeutsame Kriterien benennen muss, auf die intern und extern bei der Evaluation zu achten wäre.

Anhang: Das EFQM-Modell

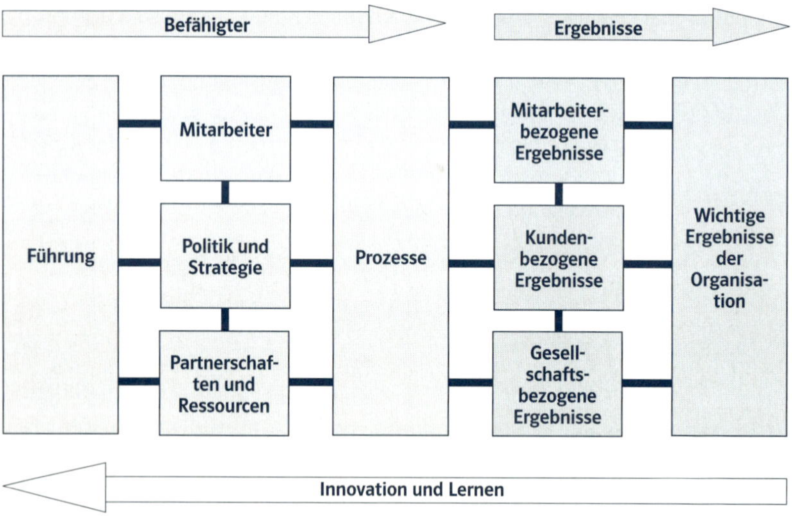

(Hinweis: Auf S. 170 findet sich die schulpraktische Umsetzung dazu.)

Der zeitlich-periodische Ablauf der Qualitätsentwicklung

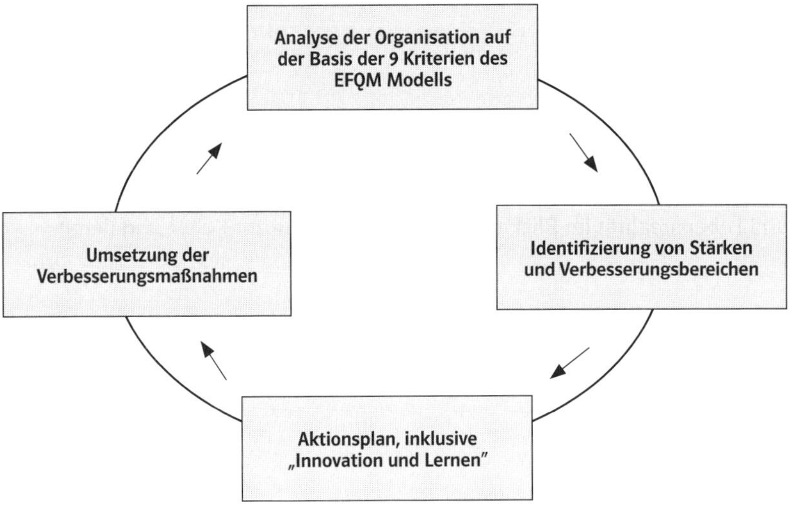

(aus: Staatsinstitut für Schulqualität und Bildungsforschung ISB (2002) S. 9 ff.)

Literatur

Belardi, N. (2000): Praxisbericht: Selbstevaluation als Lernprozess. In: Sozialmagazin 6/2000, S. 23–25
Belardi, N. (2002): Supervision. Grundlage, Techniken, Perspektiven. München
Bildungskommission NRW (Hrsg.) (1995): Zukunft der Bildung – Schule der Zukunft. Neuwied
Burkard, C./Eikenbusch, G. (2000): Praxishandbuch Evaluation in der Schule. Berlin
Helmke, A. (2004): Unterrichtsqualität. Seelze (2. Aufl.)
Staatsinstitut für Schulqualität und Bildungsforschung (ISB) (2002): Unser Gymnasium auf dem Weg in die Zukunft. München
Kullmann, J. (2000): Selbst-Supervision in der Schule. Neuwied
Meyer, H. (2004): Was ist guter Unterricht? Berlin
Posch P./Altrichter, H. (1997): Möglichkeiten und Grenzen der Qualitätsevaluation und Qualitätsentwicklung im Schulwesen. Innsbruck
Schmelzer, D. (1997): Verhaltenstherapeutische Supervision. Göttingen
Vötter, M. (Hrsg.) (1999): Spiegel aufstellen. Zur Praxisreflexion und Selbstevaluation an Schulen. Bozen
Weinert, F. E. (Hrsg) (1996): Psychologie des Lernens und der Instruktion. Göttingen
*Wiater, W. (*2006): Theorie der Schule. (2. Auflage) Donauwörth

Herbert Altrichter/Katharina Soukup-Altrichter

Aktionsforschung als Möglichkeit der internen Evaluation

In den letzten Jahren ist „Selbstevaluation" als eine Anforderung an qualitätsvolle Schulen herangetragen worden. In diesem kurzen Beitrag versuchen wir zunächst einige Argumente zu diskutieren, warum eine komplexe, nicht-routinehafte praktische Tätigkeit wie jene von Lehrerinnen und Lehrern einer begleitenden Reflexion und Selbstevaluation bedarf. Sodann stellen wir das Konzept der Aktionsforschung als *eine* Möglichkeit vor, solche begleitende professionelle Reflexion anzuregen und zu unterstützen.

1. Komplexe praktische Tätigkeit braucht Selbstevaluation

Hochqualifizierte Handlungen, wie sie in professionellen Berufen, wie z. B. in jenen von Ärzten, Rechtsanwälten, Psychotherapeuten, Architekten, Stadtplanern usw., aber eben auch von Lehrerinnen und Lehrern verlangt werden, sind u. a. dadurch charakterisierbar, dass sie nicht nur Routineaufgaben lösen kann, sondern sich auch in „komplexen Situationen" bewährten, die durch ungewisse, nicht vorhersagbare Verläufe, durch Mehrdeutigkeit und Interpretationsbedürftigkeit sowie durch Wert- und Interessenskonflikte geprägt sind (vgl. Schön 1983). Wir möchten im Folgenden einige Argumentationslinien über Charakteristika solcher Handlungen vorstellen [1].

a) Donald Schön: Die Grundstruktur professionellen Handelns in komplexen Situationen

Wie kommt qualitätsvolle Handlung in solchen „komplexen Situationen" zustande? Die übliche Antwort darauf lautet: Um die Probleme professioneller Praxis zu lösen, wenden PraktikerInnen allgemeines Wissen an. Daher wird in der Ausbildung von PraktikerInnen darauf Wert gelegt, dass sie allgemeines, durch Forschung produziertes Wissen lernen – je länger, desto besser. Diese Ausbildung folgt einem „Modell technischer Rationalität", das allerdings unzweifelhafte Ziele und feststehende Arbeitsbedingungen voraussetzt (vgl. Schön 1983, S. 39 ff.). Solche Anforderungen mögen bei einfachen und routinehaften Aufgaben gegeben sein, nicht aber bei der Mehrzahl der Situationen professioneller Praxis, die „komplex" im oben genannten Sinne sind.

---

[1] Der Beitrag gibt in geraffter Form Argumente wieder, die in Altrichter/Posch (2007) und Altrichter/Soukup-Altrichter (1999) ausführlicher argumentiert werden.

Donald Schön (1983) hat in seinem Buch „The Reflective Practitioner" erfolgreiche hochqualifizierte praktische Tätigkeit in realen „komplexen Situationen" untersucht und dabei folgende Charakteristika festgestellt:

- *Problemdefinition*: In komplexen Situationen können PraktikerInnen gar nicht einfach Wissen zur Problemlösung anwenden, weil das „Problem" als solches gar nicht eindeutig vorliegt. Es muss erst durch den Prozess der Problemdefinition aus der komplexen Gesamtsituation herausgeschält werden, der dadurch die Voraussetzung für das Wirksamwerden allgemeinen Wissens schafft.
- *Vorläufigkeit, Prozesshaftigkeit, Weiterentwicklung*: Diese erste Problemdefinition ist üblicherweise noch nicht der Weisheit letzter Schluss. Erfolgreiche PraktikerInnen beobachten ihre Handlung und damit gleichzeitig, wie zutreffend ihre Problemdefinition ist. Durch diese Handlungserfahrungen versuchen sie auch, diese Problemdefinition weiterzuentwickeln.
- *Entwicklung „lokalen Wissens"*: Schließlich sind konkrete Probleme leider nicht immer Spezialfälle einer schon bekannten allgemeinen Theorie. Gerade erfolgreiche PraktikerInnen haben nach Schöns Untersuchungen die Fähigkeit, aus ihren Handlungserfahrungen „lokales Wissen" gleichsam auszufällen. Sie bauen einen speziellen Erfahrungsschatz auf, der ihnen hilft, die Probleme ihres Berufsbereiches kompetent und situationsbezogen anzugehen.

Die drei genannten Merkmale, die man auch als Hypothesenbildung, Datensammlung und -auswertung sowie Wissensentwicklung übersetzen könnte, machen praktische Handlung in komplexen Situationen ähnlich der Tätigkeit von Forscherinnen und Forschern. Daher hat Schön gemeint, komplexe professionelle Praxis gleiche „research in the practice context". Schöns Konzeption verknüpft professionelles Handeln mit professionellem Lernen. Professionelles Lernen ist dabei nicht nur ein *intellektueller* Vorgang (ein Prozess des Wissenserwerbs und der Wissensanwendung), sondern auch ein *aktiv-praktischer*, ein Tun. Diese Auffassung wird im Bild des *Kreislaufes von Aktion und Reflexion* ausgedrückt (vgl. Abb. 1, S. 123). Wie an anderer Stelle gezeigt (vgl. Altrichter 1996), sind Schöns handlungstheoretische Vorstellungen mit Ergebnissen der *Expertenforschung* (vgl. z. B. Berliner 1992; Bromme 1992) gut vereinbar.

b) John Elliott: Der Wertbezug professioneller Handlungen

Für John Elliott, Initiator einiger für die Entwicklung der englischen Aktionsforschung bedeutsamer Projekte, sind praktische Handlungen Verkörperungen pädagogischer Werte in konkreter Gestalt: Eine konkrete professionelle

Handlung ist eine (von vielen möglichen) praktischen Ausformungen professioneller Werte, ist die „professionelle Ethik in Aktion".

In Rückgriff auf die aristotelische Ethik sieht Elliott (1998, S. 157) Wertvorstellungen als notwendigerweise unscharf und offenendig und daher einer Konkretisierung durch Handlung bedürftig an. Aufgrund der Unschärfe und Offenheit der Werte ist die Gestaltung einer Handlung keine einfache „technische Anwendung" allgemeiner Prinzipien, sondern eine konstruktive Aufgabe, die prinzipiell mit Unsicherheiten befrachtet ist. Akteure „konstruieren" ihre Handlung – explizit oder implizit – als eine „spezifische" (d. h. den besonderen Kontext berücksichtigende) „Interpretation professioneller Werte".

Aus der prinzipiellen Unsicherheit dieser „Übersetzungsleistung" ergibt sich die Verpflichtung, die Beziehung zwischen konkreter Handlung und pädagogischen Werten zu reflektieren. Handlungen müssen sich daraufhin befragen lassen, welche professionellen Werte sich in ihnen ausdrücken. *Professionalität* bedeutet auch, diese Werthaftigkeit professioneller Handlungen anzuerkennen und zu reflektieren. Daraus leitet sich auch eine Begründung von Aktionsforschung als Element professioneller Praxis ab: Professionelle müssen nicht nur „technisch effizient" handeln, sondern auch von Fall zu Fall die Passung zwischen konkreten Handlungen und professionellen Werten reflektieren (vgl. Elliott 1998, S. 157).

c) Jean Lave und Etienne Wenger: Die soziale Situierung professionellen Handelns

Bis zu diesem Punkt könnte professionelle Handlung als *individueller* Handlungsvollzug, garniert mit etwas Reflexion auf Handlungen und Werte, verstanden werden. Für die Ausformung und die Qualität professioneller Berufstätigkeit spielen jedoch verschiedene Formen der Bezugnahme auf die Berufsgruppe, auf die Profession eine große Rolle. Mit Hilfe der „Theorie des Situierten Lernens" von Lave und Wenger (1991) soll dies verdeutlicht werden (vgl. Altrichter 2002).

Lernen heißt Sich-Einlassen auf die Welt: Lave/Wenger beschreiben Lernen nicht primär als einen Prozess des Erwerbs von Lehrsätzen und Wissenstexten, sondern als „Sich-Einlassen" („social engagement") auf eine – als sozial verstandene – Welt. Lernen ist Tun, ist Handeln, ist eine Art, in der sozialen Welt zu sein, nicht bloß eine Art, Wissen über sie aufzubauen.

Lernen ist situiert: Lernend stehen AkteurIn und Welt in einer wechselseitigen, letztlich unaufhebbaren Abhängigkeit: Ohne konkreten Ort kann man sich Lernen nicht vorstellen. Lernen braucht ein Einlassen auf *bestimmte* soziale Situationen, es schöpft aus ihnen und es ist in einem gewissen Sinne auch an sie gebunden. "... *learning, thinking, and knowing are relations among people engaged in activity in*, with, and arising from the socially and culturally structured world [which is] itself *socially constituted*" (Lave 1991, S. 67).

Lernen geschieht in und durch Praxisgemeinschaften: Der primäre Ort des Lernens ist nicht der individuelle Geist, sondern sind die Prozesse der Beteiligung in einer „community of practice" (vgl. Lave/Wenger 1991, S. 98).

Lernen ist Identitätsbildung in Praxisgemeinschaften: Der Erwerb von Fähigkeiten ist mit Prozessen der Identitätsentwicklung verbunden: Indem Akteure nach und nach in der entsprechenden Praxisgemeinschaft praktizierte und geschätzte Fähigkeiten erwerben, bewegen sie sich von einer peripheren zu zentraleren Position in dieser Gemeinschaft und entwickeln Identität als deren Mitglied: beide Elemente – das Lernen von Fähigkeiten und die Entwicklung von Identität – sind Teil ein und desselben Prozesses (vgl. Lave 1991, S. 65).

Fazit

Wir lesen aus den dargestellten Ansätzen folgende Aussagen heraus, die für das Handeln und Lernen professioneller PraktikerInnen bedeutsam sind:

- Sowohl die Unsicherheit angemessener Handlung in komplexen Situationen als auch ihr prinzipiell prekärer Wertbezug erfordern die *Reflexion der Handlung* und die Fähigkeit und Bereitschaft, Handlung aufgrund dieser Reflexionsergebnisse *weiterzuentwickeln*.
- D.h. aber auch, dass kompetentes professionelles Handeln in komplexen Situationen typischerweise *nicht ohne begleitende Lernprozesse* erfolgen kann. Und umgekehrt: Professionelles Lernen – im Sinne der Fähigkeit zur Bewältigung der komplexen Situationen des beruflichen Alltags in hochqualifizierten Berufen – mag aus vorbereitenden Lernsituationen, aus Trainings, Vorlesungen usw. Nutzen ziehen, es benötigt jedoch letzten Endes die Fähigkeit zum reflektierenden und weiterentwickelnden Handeln angesichts der komplexen Situationen beruflicher Praxis, es benötigt Handlungserfahrung in komplexen Praxissituationen.
- Prozesse der Wissens-, Könnens- und Praxisentwicklung sind mit *Prozessen der Identitätsentwicklung* verwoben. Diese Prozesse spielen sich *im Medium einer „Praxisgemeinschaft"* ab, die gerade dadurch charakterisiert ist, dass ihre Mitglieder – meist informell, aber dennoch real engagiert – an Wissens-, Praxis- und Identitätsentwicklung zusammenwirken.

- Wir sind also der Meinung, dass die Forderung nach „Selbstevaluation" als berufsspezifische Notwendigkeit von Lehrerinnen und Lehrern gut begründbar ist. Eine Selbstevaluation, die zwischen KollegInnen abgestimmt ist und für die Weiterentwicklung der eigenen Kompetenzen und der Lernerfahrungen, die die Schule ihren SchülerInnen bietet, genutzt wird, benötigt aber auch Zeit und Ressourcen. Damit derartige – im Prinzip sinnvolle – Anforderungen also nicht zu neuen Belastungserlebnissen führen und „deprofessionalisierend" wirken, müssen sie mit einer *Weiterentwicklung der Rahmenbedingungen der Lehrerarbeit* einhergehen (vgl. Altrichter 2000).

2. Aktionsforschung als Modus professionellen Lernens

Komplexe professionelle Praxis erfordert „research in the practice context". Wir verstehen Aktionsforschung als eine Möglichkeit, pädagogische Praxis einer Selbstevaluation zu unterziehen und Kompetenzen für reflektierte professionelle Handlung zu erlernen und zu pflegen. Diese Aktionsforschung, von der wir im Folgenden sprechen, ist im letzten Viertel des vorigen Jahrhunderts in der englischen Lehrerforschungsbewegung entstanden (vgl. Elliott 1991; Noffke/Somekh 2005): LehrerInnen wollten ihren Unterricht weiterentwickeln; die Evaluation (oder Reflexion oder Erforschung) dieser Neuerungsversuche sollte für sie klarer machen, ob ihre Ziele aufgingen, ob die eingesetzte Energie sich lohnte, ob alternative Wege empfehlenswerter wären (vgl. Altrichter/Feindt 2004).

a) Ein Beispiel

Wie geht nun diese Aktionsforschung vor? LehrerInnen beobachten und erforschen über eine Zeit lang systematisch Aspekte ihrer Tätigkeit in der Absicht, ihre Praxis und dabei auch ihre Kompetenzen weiterzuentwickeln. Oder an einem konkreten Beispiel: Hanna-Maria Suschnig, eine Lehrerin einer Wiener Sekundarschule, hatte einige Ideen über neue Lernformen aufgeschnappt, einzelne Brettspiele im Englischunterricht eingesetzt, dabei aber eher frustrierende Erfahrungen gemacht. Sie beschloss, die Sache systematischer anzugehen. Sie stellte eine Einheit „Offenen Lernens" (OL) zusammen, bei der die SchülerInnen aus einem Satz von Aufgaben auswählen und diese dann selbstständig bearbeiten konnten. Sie beobachtete die SchülerInnen bei ihrer Arbeit, fertigte Notizen darüber an und legte den SchülerInnen einen Fragebogen vor, um deren Wahrnehmung einzufangen. Ihre Reflexionen kreisten zunächst vor allem um technische Probleme mit den verschiedenen Unterrichtsmaterialien, die sich in der Folge als relativ leicht behebbar herausstellten. Sie notierte aber auch ihre Überraschung, dass alle SchülerInnen zumindest fünf Übungen – „wenn auch z. T. sehr schlampig" – erledigten, obwohl doch nur zwei als „Pflicht" aufgetragen waren. Dies interpretierte sie einesteils als Hinweis darauf, dass die SchülerInnen an der neuartigen Arbeitsweise Gefallen gefunden hatten. Andererseits entstand die Idee, die SchülerInnen bei der Entwicklung von Fähigkeiten der Arbeitsorganisation z. B. durch Nachbesprechungen der OL-Stunden zu unterstützen. Ihre ersten Versuche empfand die Lehrerin als Schritte in die richtige Richtung und so nahm sie sich neue Aufgaben vor: Sie dehnte ihre OL-Stunden auf eine Klasse mit „schwierigeren SchülerInnen" aus, die sie vorher bewusst ausgespart hatte. Sie machte sich Gedanken über die Entwicklung der Selbstkontrollfähigkeit der SchülerInnen. Sie ging schließlich zur Arbeit mit Wochenplänen über und baute mit KollegInnen – unter dem Titel „Englischhamster" – eine Materialienbank auf.

Dies ist nur ein Beispiel unter vielen. Andere LehrerInnen entwickelten Formen innerer Differenzierung weiter (Siebenhofer 1994), untersuchten ihr Frageverhalten im Unterricht (Sorger 1989) oder machten sich Gedanken darüber, wie sie die aktive Kommunikation von SchülerInnen im Englischunterricht fördern könnten (Morocutti 1989). Wie Hanna Suschnig reflektierten auch diese ihre Praxis z. B. mit Hilfe eigener Tagebuchaufzeichnungen, Schülerinterviews, Beobachtungen eingeladener KollegInnen usw. und entwickelten daraus neue Handlungsideen. Während vielleicht nicht jede der Einzelhandlungen und -erfahrungen besonders überraschend ist, so erscheint gerade der längerfristige Prozess und die Konsequenz beeindruckend, mit der diese LehrerInnen an der Weiterentwicklung ihrer Praxis und ihrer Kompetenzen arbeiten und dabei auch manche „an sich bekannte" Konzepte *für die eigene Handlung* bedeutsam machen.

b) Eine Evaluation in Gang bringen

Evaluieren lernt man, indem man evaluiert. Die Kompetenzen, die AktionsforscherInnen für ihre Reflexions- und Entwicklungsarbeit benötigen, basieren auf Fähigkeiten, die auch im beruflichen Alltag wichtig sind: Beobachtung, die Bereitschaft, hinzuhören und hinzuschauen, Informationen zu sammeln und möglichst vorurteilsfrei auszuwerten, Entscheidungen unter Bedingungen unvollständiger Information treffen, in Unterrichts- und Erziehungssituationen handeln, Alternativen sehen, aus der Auseinandersetzung mit SchülerInnen, KollegInnen, Eltern usw. lernen.

Evaluieren lernt man, indem man evaluiert. Doch wie anfangen? Jeder Aktionsforschungsprozess hat sein eigenes Gesicht. Dennoch lassen sich *typische Schritte* skizzieren, deren Reihenfolge und Gewichtung sich manchmal ändert, deren Grundstruktur aber charakteristisch für Aktionsforschung bleibt. Aktionsforschung bietet PraktikerInnen verschiedene methodische Hilfen, damit jene Reflexion-Aktions-Kreisläufe, die auch im Alltag „natürlich" ablaufen, systematischer, reflexiver und auf einer besseren Informationsbasis erfolgen können. In dieser Werkzeugkiste der LehrerforscherInnen (vgl. Altrichter/Posch 2007) finden sich sowohl Methoden zur Erhebung von Daten, als auch solche, die die Zusammenarbeit verschiedener Lehrpersonen strukturieren und die die Weiterentwicklung der Unterrichts- und Schulpraxis unterstützen sollen. Sie sollen Lehrergruppen und Schulen helfen, praktikable und aussagekräftige Selbstevaluationen zu erstellen.

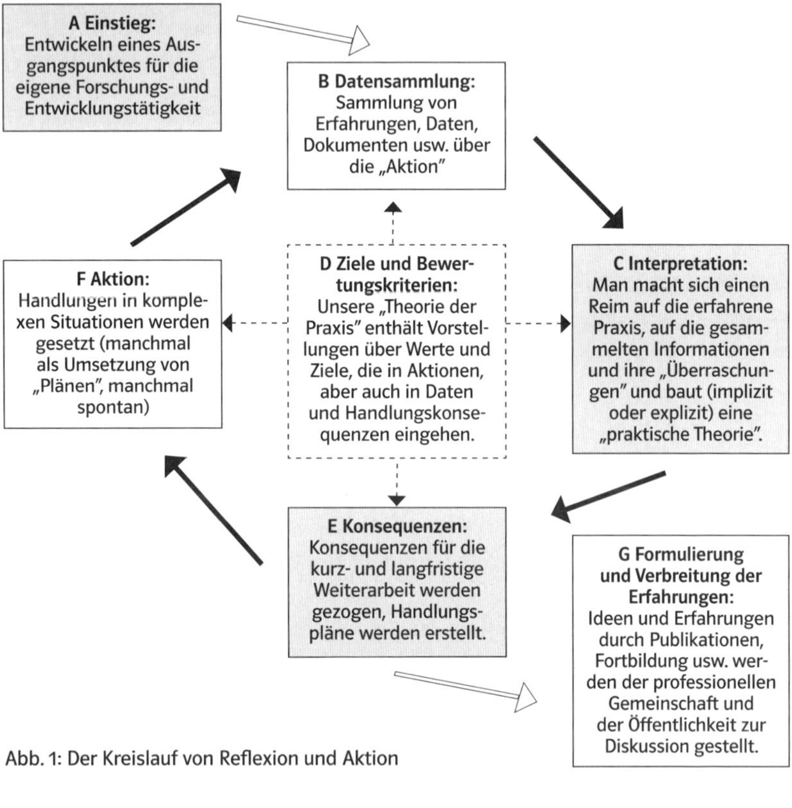

Abb. 1: Der Kreislauf von Reflexion und Aktion

Für die *Einstiegsphase* eines Aktionsforschungsprojekts sind folgende Aktivitäten charakteristisch (vgl. Bereich A in Abb. 1):

1. *Einen Ausgangspunkt für die Forschung und Entwicklung festlegen*
   Der Forschungsprozess setzt ein mit dem *Erkennen einer Fragestellung* und der Bereitschaft, daran zu arbeiten. Warum lassen sich LehrerInnen überhaupt auf Vorhaben der Selbstevaluation ein? Weil sie neue Wege gehen wollen und sich Rückmeldung darüber verschaffen wollen, ob ihre Ziele und Hoffnungen mit einigermaßen vertretbarem Energieeinsatz aufgehen. Oder weil sie ihre Tätigkeit vor eigenen Ansprüchen oder vor – z. B. durch Schulprogramm, Qualitätsrahmen, Bildungsstandards usw. – vorgegebenen Standards bilanzieren wollen.

2. *Die Unterstützung von ForschungspartnerInnen suchen*
   Aktionsforschung zieht großen Nutzen aus der Unterstützung und der Herausforderung, die sich aus einer Gruppe „kritischer Freunde" ergeben. KollegInnen können alternative Ideen bei Interpretation oder Weiterentwicklung haben, sie können kritische Rückmeldung geben oder konkrete Hilfen (z. B. bei einer Datenerhebung) anbieten. Wann immer möglich, sollten Sie sich einer solchen Gruppe von KollegInnen versichern, die ebenfalls an der Weiterentwicklung ihres Unterrichts arbeiten. Verschiedene Methoden, wie z. B. das *Analysegespräch* oder die *Nominelle Gruppen-Technik* (vgl. Altrichter/Posch 2007, S. 85 f. und S. 243 ff.), sollen helfen, solche Kooperationen in sachorientierter und persönlich gewinnbringender Weise zu strukturieren.

3. *Den Ausgangspunkt näher klären*
   Ist einmal die Entscheidung für einen Untersuchungsbereich und eine Fragestellung gefallen, so versucht man durch Nutzung und Analyse von Informationen, die entweder schon vorliegen oder relativ leicht zugänglich sind, ein „erstes Bild" der Untersuchungssituation zu gewinnen, um weitere Forschungs- und Entwicklungsschritte konzipieren zu können. Im Zuge dieser ersten Recherchen kann sich der ursprüngliche Ausgangspunkt durchaus ändern, was vielleicht manchmal frustrierend wirkt, aber meist ein Zeichen von Entwicklung und Dazulernen ist.

In der *Kernphase* eines Aktionsforschungsprojekts fallen folgende Tätigkeiten an (vgl. Abb. 1, Bereiche B, C, D, E und F):

4. *Daten sammeln*
   Mit unterschiedlichen Methoden werden Informationen über Praxissituationen und über deren Wahrnehmung durch die Beteiligten beschafft. Dafür kommen Beobachtungen, Gespräche, Interviews, die Analyse vorliegender Dokumente, aber auch andere Arten von Datensammlung in Frage (vgl. Altrichter/Posch 2007, S. 110 ff.). Der Vergleich von Informatio-

nen aus verschiedenen Quellen kann neue Einsichten und weiterführende Fragen eröffnen.

Die *Konfrontation unterschiedlicher Perspektiven* gilt als eine wichtige Faustregel für AktionsforscherInnen (vgl. Prengel 2003, S. 603 ff.). Die ForscherInnen werden ermutigt, ihre eigenen Wahrnehmungen z. B. mit solchen von SchülerInnen oder externen BeobachterInnen zu vergleichen. Etwaige „Diskrepanzen" sind Nahrung für die Reflexion; sie bilden oft besonders anregende Ausgangspunkte für die Weiterentwicklung von praktischen Theorien und Handlungsstrategien (z. B. die Diskrepanz zwischen dem Selbstbild einer Lehrerin und der „distanzierteren Perspektive" einer Tonbandaufnahme).

5. *Daten analysieren*
   Die Analyse und Interpretation der Erfahrungen und Daten, die im Zuge einer Evaluation anfallen, gehört zu den faszinierendsten, anfänglich aber auch schwierigsten Teilen des Aktionsforschungsprozesses: Kategorien müssen gebildet werden; mit ihnen müssen die eingeholten Informationen gedeutet werden (vgl. Altrichter/Posch 2007, S. 181 ff.). Dabei erfolgt ein Rückgriff auf die „praktische Theorie" der Forschenden, vor allem auf ihre Werthaltungen (vgl. Bereich D in Abb. 1), weil die Interpretation der Bedeutung von Handlungen immer wieder auf die pädagogischen Werte verweist, die in der jeweiligen Situation verwirklicht werden sollen. Wiederum können „kritische Freunde" und kollegiale Gruppen den Prozess des Interpretierens und Sehens von Alternativen sehr unterstützen.

6. *Handlungsstrategien entwickeln und in die Praxis umsetzen*
   Neue Vermutungen über und Einsichten in die eigene Praxis wollen in die Tat umgesetzt werden. Als Konsequenz werden verschiedene Handlungsstrategien entwickelt (vgl. Bereich E) und schließlich in der Praxis erprobt (vgl. Bereich F). In aller Regel kann nicht erwartet werden, dass neue Handlungsstrategien ein Problem sofort auf zufriedenstellende Weise lösen. Daher werden diese auf ihre Wirkungen und Nebenwirkungen untersucht, damit aus den Erfahrungen gelernt werden kann, und die Handlungsstrategien selbst verbessert werden können. Damit tritt der Forschungsprozess in eine neue Phase der Situationsklärung, die schließlich wieder in eine Erprobung der dabei entwickelten Handlungskonsequenzen mündet (vgl. den Kreisprozess zwischen Bereichen B und F in Abb. 1). Auch wenn ein Entwicklungsprojekt für Sie persönlich sehr lohnend war, wird es erst dadurch zu einem Aktionsforschungsprojekt, wenn Sie die Erfahrungen und Ergebnisse Anderen zugänglich machen (Bereich G in Abb. 1).

7. *Erkenntnisse und Erfahrungen veröffentlichen*
Elliott (1991) ist überzeugt, dass PraktikerInnen über Berufswissen verfügen, das für ihre BerufskollegInnen interessant ist. Sein Konzept der Aktionsforschung zielt darauf, das professionelle Wissen einzelner Berufstätiger aus seiner privatistischen Isolation zu befreien. Aktionsforschung regt die PraktikerInnen an, die bei der Erforschung ihrer eigenen Praxis gewonnenen Erfahrungen z. B. in Fallstudien, in Fortbildungskursen oder in anderen Medien zu veröffentlichen und einer kollegialen Diskussion auszusetzen. Dafür gibt es drei Gründe: Erstens ist die Teilnahme an einer „professional community" ein Mittel, um *individuelle Einsichten auf ihre Brauchbarkeit und ihren Gültigkeitsbereich zu überprüfen und Hinweise für deren Weiterentwicklung zu bekommen.* Zweitens macht sie praktisches Wissen KollegInnen zugänglich und *verbreitert damit die Wissensbasis der Profession.* Schließlich drückt die Teilnahme an öffentlichen Diskussionen auch eine wichtige gesellschaftspolitische Idee aus: Für eine konstruktive Weiterentwicklung professioneller Berufsbereiche ist es notwendig, dass *PraktikerInnen* ihre Ansichten und ihr *Wissen öffentlich zum Ausdruck bringen,* dass sie verständliche, gut begründete Argumente und Beispiele aus ihrer Praxis anbieten können und dass sie den *Fragen und Anliegen der Öffentlichkeit gegenüber offen* und darauf vorbereitet sind, auf glaubwürdige Weise Rechenschaft über ihre und ihrer Institution Arbeit abzulegen.

Tatsächlich wird ein Entwicklungsprojekt in der Praxis nie „abgeschlossen" sein, weil alle Einsichten neue Fragen und Ideen für Handlungsstrategien hervorrufen, und ein weiterer Forschungszyklus beginnen könnte. Wir halten es aber für wichtig, Endpunkte zu setzen (wie immer vorläufig sie sich langfristig erweisen mögen), um die bis dahin gewonnenen Erkenntnisse zu formulieren und zur Diskussion zu stellen. Und auch weil niemand „permanent" seine gesamte Tätigkeit erforschen kann: Phasen systematischerer Reflexion und Weiterentwicklung werden sich in normaler beruflicher Praxis mit Phasen routinierter Tätigkeit abwechseln.

Literatur

Altrichter, H. (1996): Der Lehrberuf: Qualifikationen, strukturelle Bedingungen und Professionalität. In: *Specht, W./Thonhauser, J.* (Hrsg.): Schulqualität. StudienVerlag: Innsbruck, S. 96–172.
Altrichter, H. (2000): Schulentwicklung und Professionalität. In: *Bastian, J./Helsper, W./Reh, S./Schelle, C.* (Hrsg.): Professionalisierung im Lehrerberuf. Leske+Budrich: Opladen, S. 145–163.
Altrichter, H. (2002): Die Rolle der „professional community" in der Lehrerforschung. In: *Dirks, U./Hansmann, W.* (Hrsg.): Forschendes Lernen. Klinkhardt: Bad Heilbrunn, S. 17–36
Altrichter, H./Feindt, A. (2004): Handlungs- und Praxisforschung. In: *Helsper, W./Böhme, J.* (Hrsg.): Handbuch der Schulforschung. VS Verlag für Sozialwissenschaften: Wiesbaden, S. 417–435
Altrichter, H./Posch, P. (2007): Lehrerinnen und Lehrer erforschen ihren Unterricht. Unterrichtsentwicklung und Unterrichtsevaluation durch Aktionsforschung. 4. überarbeitete und erweiterte Auflage. Klinkhardt Verlag: Bad Heilbrunn

Altrichter, H./Soukup-Altrichter, K. (1999): Forschen für die eigene Praxis In: Hamburg macht Schule, S. 16–18.
Berliner, D. C. (1992): The Nature of Expertise in Teaching. In: *Oser, F./Dick, A./Patry, J.-L.* (Hrsg.): Effective and Responsible Teaching. The New Synthesis. Jossey-Bass: San Francisco, S. 227–248.
Bromme, R. (1992): Der Lehrer als Experte. Zur Psychologie des professionellen Wissens. Haupt: Bern
Elliott, J. (1991): Action Research for Educational Change. Open University Press: Buckingham
Elliott, J. (1998): The Curriculum Experiment – Meeting the Challenge of Social Change. Open University Press: Buckingham
Hanks, W. F. (1991): Foreword. In: *Lave, J./Wenger, E.*: Situated Learning. Cambridge University Press: Cambridge, UK, S. 13–24.
Lave, J. (1991): Situating Learning in Communities of Practice. In.: *Resnick, L.B./Levine, J.M./Teasley, S. D.* (eds.): Perspectives on Socially Shared Cognition. American Psychological Association: Washington, D.C., S. 63–81.
Lave, J./Wenger, E. (1991): Situated Learning. Legitimate Peripheral Participation. Cambridge University Press: Cambridge, UK
Morocutti, I. (1989): Mündliches Arbeiten im Englischunterricht. In: *Altrichter et al.* (Hrsg.): Schule gestalten: Lehrer als Forscher. Hermagoras: Klagenfurt, S. 72–81.
Noffke, S./Somekh, B. (2005): Action Research In: *Somekh, B./Lewin, C.* (eds.): Research Methods in the Social Sciences. Sage: London, S. 89–96.
Prengel, A. (2003): Perspektivität anerkennen – Zur Bedeutung von Praxisforschung in der Erziehung und Erziehungswissenschaft. In: *Friebertshäuser, B./Prengel, A.* (Hrsg.): Handbuch qualitative Forschungsmethoden in der Erziehungswissenschaft. Juventa: Weinheim, S. 599–627.
Schön, D. A. (1983): The Reflective Practitioner. Temple Smith: London
Siebenhofer, H. (1994): Für wen unterrichte ich? Studien aus dem PFL-Englisch Nr. 39. IFF: Klagenfurt
Sorger, H. (1989): Fragen im Unterricht. In: *Altrichter et al.* (Hrsg.): Schule gestalten: Lehrer als Forscher. Hermagoras: Klagenfurt, S. 95–104.
Suschnig, H.-M. (1994): Offenes Lernen macht süchtig! Studien aus dem PFL-Englisch Nr. 28. IFF: Klagenfurt

Otmar Schießl

Die externe Evaluation nach dem bayerischen Evaluationskonzept

Ein besonderes Anliegen für das Konzept der externen Evaluation war es, sie tatsächlich als ein neues Instrument der Steuerung zu gestalten. Die Lehrer waren Inspektion und Visitation gewohnt, sie befürchteten zunächst, Evaluation sei eine verschärfte Form davon. „Wo früher Einer kam, kommen jetzt dann Vier!" umschrieben manche Lehrer ihre Vorstellung von der externen Evaluation. Die Qualitätsagentur, zum 01. Oktober 2003 am Staatsinstitut für Schulqualität und Bildungsforschung eingerichtet, achtete deshalb äußerst sorgfältig darauf, das Konzept „Externe Evaluation an Bayerns Schulen" von der Skepsis gegenüber Kontrolle frei zu halten: „Evaluation will und darf kein Instrument der Kontrolle sein". Diese Zielrichtung geben Staatsminister Siegfried Schneider und Staatssekretär Karl Freller im Vorwort zum Manual „Externe Evaluation an Bayerns Schulen" (Bayerisches Staatsministerium für Unterricht und Kultus: Externe Evaluation an Bayerns Schulen, München 2005; www.isb.bayern.de) dem Vorhaben mit auf den Weg.

1. Grundlagen des Konzepts

a) Externe Evaluation dient der inneren Schulentwicklung. Ein wesentliches Merkmal innerer Schulentwicklung ist die größere Eigenverantwortung der Schule. Die externe Evaluation muss der Schule dafür Maßstäbe und Zielrichtung liefern.
b) Die Eigenverantwortung der Schule setzt auf Konsens. In die externe Evaluation sind deshalb möglichst viele Mitglieder der so genannten Schulfamilie einzubeziehen. Wenn also nachfolgend von „der Schule" die Rede ist, sind immer Schulleitung, Lehrerinnen und Lehrer, Schülerinnen und Schüler und ihre Eltern gemeint.
c) Die Schule hat einen öffentlichen Auftrag zur Bildung und Erziehung der Kinder und Jugendlichen zu erfüllen. Deshalb ist die Schulaufsicht in einer bestimmten Weise für die externe Evaluation mitverantwortlich.
d) Evaluation ist ein Bewertungsvorgang. Dabei spielen Elemente wie Macht und Wahrheit eine nicht unwesentliche Rolle. Deshalb sind Aspekte erkenntnis-theoretischer und gruppendynamischer Art durchaus von Bedeutung.

2. Eckpunkte des Konzepts

a) Die externe Evaluation dient nicht der Beurteilung oder Kontrolle von Personen, sondern der Analyse von Bedingungen und der Bewertung von Arbeitsprozessen und Ergebnissen. Der Blick richtet sich also nicht auf die einzelne Lehrkraft, sondern auf die „Schule als Organisation" (Manual S. 7). Das wird an zwei Stellen in der Praxis der externen Evaluation besonders deutlich:

- Bei der Beobachtung des Unterrichts geht es nicht, wie etwa bei einer Prüfungslehrprobe, um die Bewertung „gut-schlecht", was als „Vermögen" der jeweiligen Lehrkraft ausgelegt wird, sondern um Informationen für den Unterricht in der Fachschaft, in der Jahrgangsstufe und ähnliche übergreifende Sachverhalte. In diesem Sinne wird auch nach dem Unterrichtsbesuch der Lehrkraft lediglich ein kurzes Feedback über Phänomene und Ereignisse gegeben, die aufgefallen sind; über die Qualität der einzelnen Unterrichtsstunde wird nicht diskutiert.
- Im Evaluationsbericht finden sich keine Namen oder Angaben, die Rückschlüsse auf eine bestimmte Kollegin oder einen bestimmten Kollegen zulassen. Auch bei der Befragung (zur Vorbereitung auf die Evaluation) werden z. B. Antworten von weniger als drei Lehrkräften automatisch ausgesondert. Der Bericht zur Schulleitung wird dem Lehrerkollegium, den Schüler- und Elternvertretern nicht vorgestellt, weil aus ihm leicht einzelne Personen identifiziert werden können.

b) „Schulen d.h., Schulleitungen sowie Lehrerinnen und Lehrer, werden fair behandelt. Evaluation sollte deshalb grundsätzlich von einem Wohlwollen gegenüber der Schule getragen sein; Evaluatoren sollten sich als kritische Freunde verstehen“ (Manual S. 10). Auch hierfür gibt es Beispiele aus der Durchführung der externen Evaluation:

- Fair ist es, die Arbeit des Lehrers grundsätzlich wertzuschätzen, indem man nicht nur mehr oder weniger kurze Ausschnitte aus seinem Unterricht, sondern eine ganze Unterrichtseinheit, in der Regel eine Unterrichtsstunde, beobachtet.
- Bei einer Evaluation müssen auch Schwierigkeiten und Unzulänglichkeiten offen angesprochen werden können; Evaluatoren und Evaluierte begegnen sich also auf gleicher Augenhöhe. Gewährleistet werden soll das z.B. durch die Tatsache, dass Evaluatoren und Evaluierte nicht in einem besonderen dienstlichen oder privaten Beziehungsverhältnis zueinander stehen. Deshalb evaluieren Schulleiter oder Schulaufsichtsbeamte nicht Schulen im eigenen Verantwortungsbereich; Evaluatoren, die in einem engen familiären Verhältnis zu einer Lehrkraft an der Schule stehen, werden für diesen Fall ausgetauscht.

c) „Aus der Evaluation muss sich ein möglichst objektives, an den Leitzielen von Bildung und Erziehung orientiertes Bild von der Arbeit an der Schule ergeben“ (Manual S. 9). Dies ist eine Herausforderung an die Ausgestaltung der Evaluation als Methode und an die Instrumente, die im Rahmen der Evaluation eingesetzt werden. Mitunter herrscht die Vorstellung, für eine Evaluation würde bereits die Durchführung einer Befragung ausreichen. Auch wird manchmal Evaluation mit Feedback gleichgesetzt. Während dieses aber einen subjektiven Eindruck wiedergibt, muss sich eine Evaluation um Objektivität bemühen.

- Der Evaluation muss ein Qualitätsrahmen voran stehen: Was ist eine gute Schule? Was ist guter Unterricht? Für die externe Evaluation an Bayerns Schulen wurden die entsprechenden Qualitätsmerkmale in einer „Legende“ definiert und beschrieben. Gewonnen wurden diese Merkmale aus den Ergebnissen aktueller Forschungen zur Schul- und Unterrichtsqualität. Der Qualitätsrahmen (Manual S. 12 ff.) muss öffentlich zugängig sein; vor allem die Schule muss vor der Evaluation wissen, welche Gegenstände und Qualitätsmerkmale die externe Evaluation in Augenschein nimmt und bewertet.
- Stimmig dazu müssen der Schule auch die Instrumente bekannt sein, die in der externen Evaluation zum Einsatz kommen. Alle Schulen haben

deshalb das Manual zur externen Evaluation erhalten, alle Instrumente sind im Evaluationsportal der Qualitätsagentur abrufbar und die Evaluationsteams stellen rechtzeitig vor der Evaluation den gesamten Ablauf der Evaluation an der Schule vor.

- Die Instrumente sind auf der Grundlage sozialwissenschaftlich-empirischer Kompetenz entwickelt worden. Das gilt insbesondere für den Fragebogen und den Bogen für die Unterrichtsbeobachtung, aber auch für die Leitfäden zu den Interviews. Man kann getrost behaupten, der gesamte Ablauf der Evaluation ist auf die Qualitätskriterien Validität, Reliabilität und Objektivität ausgerichtet. Entsprechend werden auch die Erfahrungen mit der externen Evaluation in Bayern von der Qualitätsagentur beobachtet und ausgewertet; derzeit wird an einer Verbesserung der Vergleichbarkeit der Bewertungen durch die verschiedenen Evaluationsteams gearbeitet.

d) „Evaluation setzt Fakten an die Stelle von Vermutungen" (Manual S. 9). Bewertungen – Evaluation ist Bewertung – sind oft Ideologien, subjektiven Wertüberzeugungen und modischen Trends unterworfen. Eine externe Evaluation darf aber nicht vom Geschmäcklerischen einzelner Evaluatoren bestimmt sein, weil sonst die Qualität der einzelnen Schule einer breiten Beliebigkeit ausgeliefert ist und nicht objektiven, d.h. verallgemeinerbaren Standards genügen kann. Anders gesagt, es muss Sorge dafür getragen werden, dass zwei verschiedene Evaluationsteams ein und dieselbe Schule in etwa gleich bewerten. Im Verfahren der externen Evaluation sind dafür bestimmte Sicherungen eingezogen:

- Es kommen mehrere Verfahren zum Einsatz, um einen Sachverhalt zu bewerten. Der Fragebogen richtet sich an Schüler, Eltern und Lehrer und erfasst, wie von ihnen ihre Schule in bestimmten Qualitätsmerkmalen wahrgenommen wird; es handelt sich also um Einschätzungen. Die Besuche und Gespräche vor Ort gehen in gewisser Weise qualitativen Zusammenhängen und Klärungen nach. Das Portfolio, das die Schule vorbereitet, gibt mit Hilfe statistischer Daten ein Bild von der Eigenart der jeweiligen Schule und dem Leistungsstand der Schülerinnen und Schüler. Bei den Bewertungen, die im Evaluationsbericht festgehalten werden, müssen mindestens zwei der angeführten Instrumente als Beleg herangezogen werden.
- Die Befragung von Schülern, Eltern und Lehrern ist soweit wie möglich parallel gehalten, sodass Übereinstimmungen und Abweichungen in der Einschätzung erfasst werden können. Die Befragung wird vor dem Besuch des Evaluationsteams von der Qualitätsagentur ausgewertet und sie

meldet diesem und der Schule die Ergebnisse zurück. Zusammen mit dem Portfolio, das die Schule mit Hilfe eines Datenblattes erstellt, bereitet das Evaluationsteam den Schulbesuch vor. Es legt daraufhin Schwerpunkte fest und stellt ggf. Prüfhypothesen auf, denen in den Unterrichtsbeobachtungen, in den Gesprächen und auch im Rundgang durch das Schulhaus unbedingt nachgegangen wird; freilich muss daneben auch noch Raum für aktuelle Wahrnehmungen bleiben.
- Jede Evaluationsmaßnahme während des Schulbesuchs muss von mindestens zwei Evaluatoren gemeinsam durchgeführt werden. Eine Bewertung muss jedoch am Schluss einvernehmlich gelingen.

e) „Evaluation mündet in klar formulierte und verbindliche Ziel- und Handlungsvereinbarungen, die entschieden eine notwendige Qualitätsentwicklung und -sicherung im Auge haben und vorantreiben“ (Manual S. 10).
Die Ziel- und Handlungsvereinbarungen gehen aus den Empfehlungen des Evaluationsberichts hervor. Werden dort große Schwächen ausgewiesen, müssen dazu solche Vereinbarungen getroffen werden. Aber auch Stärken verdienen oftmals besondere Aufmerksamkeit, sollen sie auch weiterhin Stärken bleiben. Sowohl an der Schule als auch bei der Schulaufsicht mündet die Beschäftigung mit dem Evaluationsbericht in die Überlegung, wo die Schule mit welchen Maßnahmen und welchen Zuständigkeiten ihre Qualitätsentwicklung vorantreiben muss. Gemeinsam entwickelt man dann aus diesen getrennten Vorüberlegungen für jedes Vorhaben einen Projektplan. Dabei ist nicht die Anzahl der Vorhaben das Entscheidende, ausschlaggebend sind die Passung zu den Befunden im Evaluationsbericht und die Durchführbarkeit.

3. Externe Evaluation durch Evaluationsteams

Die externe Evaluation wird von einem Team durchgeführt, das schulartspezifisch gebildet wird. Zu einem Team gehören drei schulische Evaluatoren und ein nicht-schulischer Experte. Die schulischen Evaluatoren können Lehrer, Seminarlehrer, Schulleiter oder auch Schulaufsichtsbeamte sein; sie kommen natürlich nicht an der eigenen Schule oder im eigenen Aufsichtsbezirk zum Einsatz. Die nicht-schulischen Experten sind in der Regel Vertreter aus der Wirtschaft, dort oft mit Aufgaben der Qualitätssicherung betraut, oder sie sind Eltern. Mit großer Anerkennung ist anzumerken, dass sie ihre Aufgabe als Ehrenamt wahrnehmen. Alle Evaluatoren unterschreiben eine Diskretionserklärung, wonach sie die Personenrechte und Datenschutzbestimmungen achten und einhalten sowie sich verpflichten, keine Informationen über Personen oder über die Schule an Dritte weiterzugeben.

In jedem Fall wird darauf geachtet, dass die künftigen Evaluatoren dem Anforderungsprofil ihrer Tätigkeit entsprechen (Manual S. 20); eine Repräsentation bestimmter Institutionen oder Verbände ist nicht vorgesehen. Die schulischen Evaluatoren werden zunächst von der Schulaufsicht ausgesucht; die Qualitätsagentur führt mit ihnen ein Auswahlgespräch und lässt sie dann nach Absprache mit der Schulaufsicht zur Qualifizierung zu, die an der Akademie für Lehrerfortbildung und Personalführung stattfindet. Die nichtschulischen Experten werden in einer eintägigen Veranstaltung in ihre Aufgabe eingeführt; eine Teilnahme an den Qualifizierungsmaßnahmen an der Akademie ist auch ihnen grundsätzlich möglich.

4. Gemeinsame, aber jeweils spezifische Verantwortung von Schulaufsicht und Qualitätsagentur

„Die Qualitätsagentur ist verantwortlich für das Konzept der Externen Evaluation und vom Staatsministerium autorisiert, die Evaluationsteams entsprechend zu begleiten. Die Schulaufsicht koordiniert und organisiert, nimmt die Anregungen aus der Evaluation für ihre weitere Arbeit mit den Schulen auf und unterstützt die Schulen bei der Qualitätsentwicklung und -sicherung" (Manual S. 5).

Die gemeinsame, aber jeweils spezifische Verantwortung von Schulaufsicht und Qualitätsagentur für die externe Evaluation steht in keinem Widerspruch zu oben genannten Grundsätzen für die Evaluation. Im Gegenteil: Sie unterstreicht einmal die Bedeutung und Verbindlichkeit der externen Evaluation, sichert aber gleichzeitig die Augenhöhe zwischen Evaluatoren und Schule. Manchmal wird ein Problem in der Mitwirkung der Schulaufsicht bei der Auswahl der Evaluatoren gesehen. Für diesen Modus spricht aber die Tatsache, dass ein großes Vertrauensverhältnis zwischen Schulaufsicht und Evaluationsteam gegeben sein muss, wenn die Ergebnisse der externen Evaluation von der Schulaufsicht in die Weiterarbeit mit den Schulen einmünden sollen; Schule und Schulaufsicht schließen nämlich auf der Basis des Abschlussberichts miteinander Ziel- und Handlungsvereinbarungen für eine weiterführende Qualitätsentwicklung und -sicherung; letztlich sorgen beide gemeinsam für eine nachhaltige innere Schulentwicklung.

Im Ablauf des Evaluationsprozesses ist die Schulaufsicht direkt zu Beginn mit der Auswahl der Evaluatoren eingebunden, dann klinkt sie sich aus und schaltet sich bei den Ziel- und Handlungsvereinbarungen wieder ein. Diese Vereinbarungen sind nicht mehr Gegenstand des Evaluationsprozesses, dieser wird mit der Berichtseröffnung an der Schule abgeschlossen.

Außerdem ist die Schulaufsicht auch bei der Auswahl der Schulen maßgeblich beteiligt: Bei ihr melden sich Schulen freiwillig zur externen Evaluation an und sie kann auch Schulen dafür benennen.

5. Ablauf des Evaluationsprozesses

Jede externe Evaluation verläuft nach einem einheitlichen Modell. Die Schulen, die evaluiert werden, stehen bereits Ende März des der Evaluation vorausgehenden Schuljahres fest; die Schulaufsicht informiert sie darüber. Eine große Bedeutung kommt der Vorstellungskonferenz zu, weil dort Skepsis gegenüber der externen Evaluation, vielleicht auch gegenüber dem Team ausgeräumt oder neue Nahrung bekommen kann. Der Transparenz dient es, dass das gesamte Team bei der Vorstellungskonferenz anwesend ist, also auch der nichtschulische Experte. Die Schule muss wissen, mit wem sie es zu tun haben wird.

Der Besuch an der Schule dauert in der Regel drei Tage. Bei sehr kleinen Schulen kann er auch in Absprache zwischen Team und Schule auf zwei Tage verkürzt werden. Während der Besuchstage finden vormittags die Unterrichtsbeobachtungen statt; der Nachmittag ist den Gesprächen und Interviews vorbehalten, und zwar mit allen am Schulgeschehen beteiligten Personengruppen: von der Schulleitung über die Lehrer, die Eltern und Sachaufwandsträger – bei den beruflichen Schulen auch die Ausbilder in den Betrieben – bis hin zu Hausmeister und Verwaltungspersonal.

Der Evaluationsbericht wird vom Team einvernehmlich und zunächst als Entwurf erstellt. Die Schule hat dann die Möglichkeit, diesen Bericht zu kommentieren. Das Evaluationsteam entscheidet, wo und wie weit es dem Kommentar folgen kann, und erstellt dann die Endfassung des Berichts, die nicht als Konsensfassung gedacht ist. Allerdings muss der Kommentar der Schule dem Bericht beigefügt werden. Die Endfassung wird der Schulaufsicht und der Qualitätsagentur zugeleitet. Veröffentlicht werden derzeit die Berichte nicht.

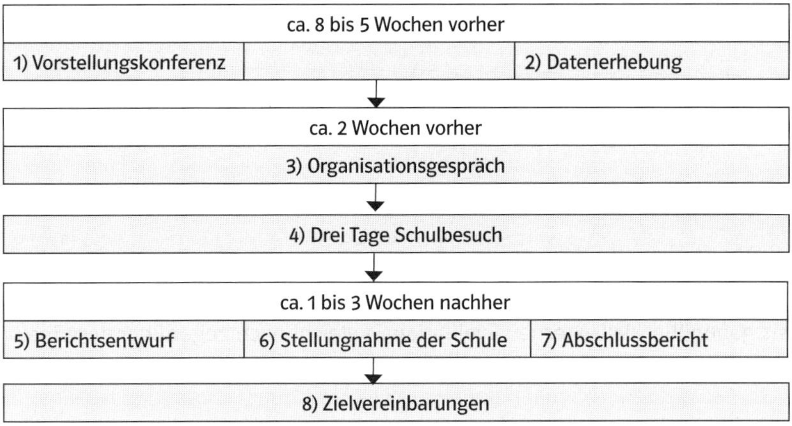

Abb.: Vorgehen der Evaluationsteams

6. Nutzen der Evaluation

„Das bayerische Evaluationsmodell nützt sowohl der Schule als auch der Schulaufsicht. Es gibt Lehrerinnen und Lehrern Handlungssicherheit, weil ihre Arbeit nach sachlich gesicherten Kriterien, unter Berücksichtigung der spezifischen Bedingungen ihrer Schule, analysiert wird. So erhalten sie Aufschluss über die Effektivität der Prozesse, über die Wirksamkeit getroffener Maßnahmen und schließlich auch über erwünschte oder unerwünschte Nebenwirkungen. Evaluation hilft Schwerpunkte und Prioritäten in der Arbeit zu setzen. Von großem Nutzen ist Evaluation auch für die Schulaufsicht. Sie ist Grundlage für eine konstruktive, sachlich zielgerichtete Zusammenarbeit mit den Lehrerinnen und Lehrern. Die Schulaufsicht kann durch Evaluation für ihre Entscheidungen Informationen gewinnen, wo und in welcher Weise sie einzelne Schulen ihres Bezirks unterstützen sollte, ohne dabei die Gesamtheit der ihr anvertrauten Schulen aus dem Auge zu verlieren.

Evaluation und Unterstützung gehören untrennbar zusammen. Unterstützung durch die Schulaufsicht muss gezielt an der spezifischen Situation orientiert sein und sie muss die Eigenkraft der Schule voraussetzen. Die Anstrengungen von Lehrerinnen und Lehrern werden durch Evaluation transparent, zielorientiert, auf Wesentliches konzentriert, aufeinander abgestimmt, also wirksamer" (Manual S. 54).

Literatur

Staatsinstitut für Schulqualität und Bildungsforschung (ISB) (2005): Externe Evaluation an Bayerns Schulen, München

Nora Heyne/Annette Hosenfeld/Andreas Helmke

Unterrichtsvideografie als Werkzeug der Evaluation und Entwicklung von Unterricht

1. Der Beitrag der Unterrichtsvideografie für die Unterrichtsentwicklung

Beschäftigt man sich mit Publikationen zur Evaluation und Entwicklung von Unterricht, stößt man zunehmend häufiger auf den Begriff „Unterrichtsvideografie". Hierbei geht es um Videoaufzeichnungen zum Zwecke der anschließenden Beobachtung, Analyse und Beschreibung unterrichtlicher Prozesse, sei es im Rahmen der Unterrichtsforschung, -evaluation oder der Entwicklung von Unterricht. „Unterrichtsentwicklung" bezeichnet dabei sämtliche Bemühungen, die darauf ausgerichtet sind, Unterrichtsprozesse zu optimieren (Bastian 2007). Um Möglichkeiten zur Verbesserung des Unterrichts erkennen zu können, sind einerseits klare Vorstellungen über die anzustrebenden Unterrichtsbedingungen (Soll-Zustand) erforderlich. Andererseits ist es notwendig, sich ein genaues Bild von den Merkmalen des aktuell praktizierten Unterrichts zu machen (Ist-Zustand). Der Vergleich der real ablaufenden Unterrichtsprozesse mit dem Bild „idealen" Unterrichts kann dabei helfen, Schwachstellen aufzudecken, und somit eine Grundlage für die Ableitung von Maßnahmen zur Optimierung liefern.
Wie gravierend Lehrpersonen in der Einschätzung des eigenen Unterrichts daneben liegen können, hat kürzlich die Gegenüberstellung von Selbsteinschätzungen und videobasierten Echtzeiten der Lehrer- und Schülersprechzeiten in den Videostudien „DESI" (Helmke et al. 2007) und „VERA – Gute Unterrichtspraxis" (Helmke et al. 2007) gezeigt: Lehrpersonen schätzten sich demzufolge als wesentlich schweigsamer, zurückhaltender und passiver ein, verglichen mit der (videobasierten) Realität. Um sich in diesem Prozess ein genaues Bild von den vorliegenden Unterrichtsbedingungen zu verschaffen, stellt die Unterrichtsvideografie ein adäquates Werkzeug dar. Als solches wird ihr eine große Bedeutung in der Unterrichtsentwicklung wie auch der Professionalisierung von Lehrkräften beigemessen (u. a. Helmke & Helmke 2004; Fischer & Schratz 2005; Krammer & Reusser 2005; Gärtner 2007). Um die Nutzung des Potenzials von Unterrichtsvideografie zur Reflexion, Evaluation und schließlich Entwicklung des (eigenen) Unterrichts anzuregen und zu unterstützen, werden im Folgenden praktische Vorgehensschritte, förderliche Kontextbedingungen wie auch Vorteile und Hürden des Einsatzes des Verfahrens thematisiert.

2. Vorzüge und Hürden der Unterrichtsvideografie in der Unterrichtsentwicklung

Insbesondere im Rahmen der Unterrichtsentwicklung bietet die Nutzung von Videoaufzeichnungen des Unterrichts vielfältige *Vorteile*. Hierzu zählt beispielsweise ihre Anwendungsmöglichkeit, Unterricht ganzheitlich in seiner gesamten Komplexität zu erfassen, was andere Verfahren nicht leisten können. Unterrichtsvideos ermöglichen es zudem, Unterricht wiederholt und aus wechselnden Perspektiven (z. B. aus didaktischer, lernpsychologischer, linguistischer Sicht etc.) zu beobachten.

Für Lehrkräfte, die ihren eigenen Unterricht mithilfe von Videoaufzeichnungen Revue passieren lassen, eröffnen sich damit Möglichkeiten, auf Aspekte zu achten, die ihnen im Laufe des unmittelbaren Unterrichtsgeschehens häufig entgehen. Aufgrund der hohen Belastung des Arbeitsgedächtnisses, welches i. d. R. mit der Steuerung und Überwachung des Unterrichtsgeschehens einhergeht, bleiben während des Unterrichtsverlaufs kaum freie Ressourcen für eine unterrichtsbezogene Selbstreflexion. Bleibende Erinnerungen an den Unterrichtsverlauf sind selektiv, zudem oft verzerrt, und bieten somit keine zuverlässige Grundlage für Reflexionsprozesse. Mithilfe der Unterrichtsvideografie erhalten Lehrkräfte die Möglichkeit, eigenen Unterricht mit entlastetem Arbeitsgedächtnis zu erleben und somit ihre Aufmerksamkeit gezielt auf Aspekte zu lenken, die im Unterrichtsverlauf entgingen (z. B. Verhaltensgewohnheiten, Sprache, Körpersprache). Unterrichtsvideografie kann somit die *unterrichtsbezogene Selbstreflexion von Lehrkräften unterstützen*, welche eine wesentliche Voraussetzung für die Entwicklung von Lehrerprofessionalität (Kultusministerkonferenz 2004) darstellt.
Ebenso ist dem kollegialen Austausch eine große Bedeutung zur Professionalisierung von Lehrkräften beizumessen. Hierbei ist es u. a. förderlich, Sichtweisen zu Unterrichtsmethoden, damit verbundenen Lehrerfahrungen wie auch zu Vorgehensweisen im Hinblick auf den eigenen Unterricht auszutauschen. Unterrichtsaufzeichnungen können hier, im Sinne einer „virtuellen Hospitation", als *Ausgangspunkt der Kommunikation und Kooperation im Kollegium* genutzt werden. Mithilfe der Nutzung des Internets und anderer Medien ermöglichen sie dabei den kollegialen Austausch über große örtliche Distanzen (Krammer & Hugener 2005) sowie unter freier Zeiteinteilung der Beteiligten. Indem Unterrichtsaufzeichnungen Unterrichtsprozesse, die Gegenstand des Austauschs sind, unmittelbar vor Augen führen, erleichtern sie die Kommunikation, verhindern Missverständnisse und ermöglichen zudem eine Objektivierung der Auseinandersetzung (Dorlöchter, Krüger, Stiller & Wiebusch 2005).

Videoaufzeichnungen können gespeichert, bearbeitet, aufbereitet, mit Lernmaterial angereichert, kommentiert sowie auf einfache Weise ausgetauscht werden und eignen sich somit auch hervorragend als *Lernmaterial für die Aus- und Fortbildung von Lehrkräften*. So können z. B. Aufzeichnungen sogenannten „best-practice-Unterrichts" als Modelle zum Lernen dienen. Ebenso bieten Unterrichtsvideos Möglichkeiten, um Unterrichtsmethoden zu erproben, zu reflektieren, zu vergleichen und hinsichtlich ihrer Wirksamkeit einzuschätzen.

Neben diesen Vorzügen der Nutzung von Unterrichtsvideografie sind jedoch auch *Hürden* zu nennen. Hierzu zählen beispielsweise *psychische Barrieren* seitens der Lehrkräfte gegenüber der Nutzung von Unterrichtsvideografie, wie z. B. Vorurteile zum Nutzen, Ängste vor Kritik und Blamage sowie ein eher geringer Antrieb, den eigenen Unterricht auf Video aufzuzeichnen. Diese Barrieren tauchen jedoch häufig nur am Anfang auf und können leicht überwunden werden. So zeigte sich, dass Lehrende überwiegend positive Einstellungen gegenüber dieser Methode annahmen, nachdem sie erste Erfahrungen mit Videoaufzeichnungen des eigenen Unterrichts gesammelt hatten. Um Lehrkräften den ersten Schritt zur Nutzung von Unterrichtsvideos zu erleichtern, scheint es empfehlenswert, Anregungen, zeitliche, technische und räumliche Möglichkeiten zu geben, das Verfahren zunächst für sich persönlich zu erproben. Zur Überwindung von Ängsten vor Kritik und Blamage sollte es zudem nützlich sein, videografierte Lehrkräfte selbst darüber entscheiden zu lassen, ob sie und welche Sequenzen sie im Kollegium diskutieren möchten. Oft zeigt sich, dass Lehrkräfte kein Problem mehr darin sehen, Aufzeichnungen zum eigenen Unterricht im Kollegium zu thematisieren, nachdem sie den eigenen Unterricht auf Video für sich angeschaut haben.

Ein weiteres Problem, das zu Beginn des Einsatzes von Unterrichtsvideografie auftreten kann, welches sich jedoch ebenfalls mit zunehmender Gewöhnung an das Verfahren seitens der Lehrenden und Lernenden schnell legt, ist die Verfälschung *natürlicher Unterrichtsprozesse* durch den Prozess der Aufzeichnung. Unter gewissen Umständen kann es vorkommen, dass sich Schülerinnen, Schüler und Lehrkräfte aufgrund des Wissens um die Aufzeichnung, unnatürlich verhalten. Entsprechend werden gelegentlich Kritiken laut, Unterrichtsaufzeichnungen könnten kein repräsentatives Bild von alltäglichen Unterrichtsprozessen liefern. Nach den Erfahrungen aus verschiedenen Videostudien der Unterrichtsforschung legen sich solche Phänomene jedoch i. d. R. bereits nach kurzer Zeit innerhalb der aufgezeichneten Unterrichtsstunden, und Verhaltensroutinen treten zu Tage (vgl. Hosenfeld,

A., Helmke, Heyne & Lipowsky 2007). Es ist anzunehmen, dass sich videobedingte Änderungen im Unterrichtsgeschehen noch schneller einstellen, wenn es die Lehrkraft für eine gewisse Zeit zur Regel und zum Alltag macht, den Unterricht auf Video aufzuzeichnen.

Schließlich wird – als weitere Hürde – oft der erhebliche *technische und organisatorische Aufwand* genannt. Hierfür sind einerseits zunächst technische Ausrüstung und das entsprechende Know-how zu erwerben, wozu u.a. Petko & Reusser (2004) Hinweise bieten. Organisatorisch steht dem ersten „Kameraschwenk in die Klasse" oft noch, aus Gründen des Datenschutzes, das Einholen von Einverständniserklärungen von Eltern und evtl. auch Lernenden im Wege, welche jedoch, im Interesse optimierten Unterrichts für die Lernenden, meist bereitwillig gegeben werden.

3. Vorgehensschritte in der Unterrichtsvideografie für die Unterrichtsentwicklung

Wurden diese dargestellten Hürden zur Vorbereitung der Aufzeichnung von Unterricht erfolgreich gemeistert, ist es förderlich, in der in Abbildung 1, im Überblick dargestellten Schrittfolge vorzugehen:

(1) Auswahl zu evaluierender Unterrichtsmerkmale

↓

(2) Definition der Zielausprägungen der Unterrichtsmerkmale

↓

(3) Festlegung von Prozeduren zur Erfassung der Unterrichtsmerkmale

↓

(4) Videoaufzeichnung der Unterrichtsmerkmale

↓

(5) Auswertung der Videoaufzeichnungen

↓

(6) Ableitung von Konsequenzen für die Unterrichtsentwicklung

Abb. 1: Überblick von Vorgehensschritten bei der Nutzung von Unterrichtsvideografie zur Unterrichtsentwicklung

In einem ersten Schritt bei der Nutzung von Unterrichtsvideografie ist es notwendig, diejenigen Unterrichtsmerkmale festzulegen, welche Gegenstand der Evaluation werden sollen. Dies ist erforderlich, um den weiteren

Prozess der Aufzeichnung und Auswertung optimal auf die ausgewählten Unterrichtsmerkmale auszurichten und somit den Weg für die Erhebung aussagekräftiger Analyseergebnisse zu bahnen. Anregungen für diese *Auswahl zu evaluierender Unterrichtsmerkmale (1)* findet man in aktuellen Beiträgen der Unterrichtsforschung, z. B. zu „Merkmalen guten Unterrichts"(Helmke 2006). Ebenso bieten Bildungsstandards sowie Standards für das Lehrerhandeln der Kultusministerkonferenz Orientierung über Unterrichtsmerkmale, welche bei der Gestaltung von Unterricht zu berücksichtigen sind. Im Forschungsprojekt „VERA – Gute Unterrichtspraxis" (Helmke, Helmke, Heyne, Hosenfeld, Kleinbub, Schrader & Wagner 2007) wurde u.a. die „Zeitnutzung", als Ausmaß, in dem die Unterrichtszeit für die Vermittlung bzw. den Erwerb des Lehrstoffes aufgewendet wird, zum Gegenstand der Unterrichtsanalyse gemacht.

Um erfasste Unterrichtsbedingungen und ihre jeweiligen Ausprägungen im späteren Auswertungsprozess hinsichtlich ihrer Bedeutung einschätzen zu können, ist es zu empfehlen, die *angestrebten Ausprägungen der ausgewählten Unterrichtsmerkmale zu definieren (2)* und somit einen Vergleichsmaßstab zu schaffen. In dem oben bereits erwähnten Beispiel zur Untersuchung der „Zeitnutzung", ist „ideale Zeitnutzung im Unterricht" beispielsweise dadurch ausgezeichnet, dass die gesamte Unterrichtszeit zur Vermittlung bzw. zum Erwerb des Lehrstoffes aufgewendet wird.

Ebenso stellt die *Festlegung der Prozeduren zur Erfassung der ausgewählten Unterrichtsmerkmale (3)* einen wesentlichen Schritt in der Vorbereitung der Aufzeichnungen des Unterrichts dar. Hierbei ist zu entscheiden, welche Ereignisse oder Abläufe als Indizien für das jeweils auszuwertende Unterrichtsmerkmal betrachtet und wie diese schließlich ausgewertet werden sollen. Das Auszählen von Ereignissen, das Erfassen der zeitlichen Dauer von Abläufen wie auch die qualitative Bewertung von Unterrichtsmerkmalen stellen hier gängige Methoden der Auswertung dar. Solche finden häufig Anwendung in erhältlichen Verfahren zur Unterrichtsbeobachtung, welche auch für die Analyse des eigenen Unterrichts genutzt werden können. Zu den üblichsten Verfahren zur Analyse von Unterrichtsprozessen zählen Ratingskalen, Checklisten wie auch kategorienbasierte Beobachtungssysteme, die sich jeweils auf eine Auswahl klar definierter Unterrichtsmerkmale beziehen. Während Beobachter mithilfe von Checklisten das Auftreten bzw. Nichtvorhandensein von Merkmalen festhalten können, bieten Ratingverfahren Skalen mit vorgegebenen Antwortoptionen zur Beurteilung von Unterrichtsbedingungen (z. B. PURDUE zur Evaluation des Lehrverhaltens von Hochschuldozenten von Remmers, Elliott, Snedeker, Weisbrodt 1965). Kategorienbasierte Systeme hingegen unterstützen Beobachter, indem sie eine Reihe von klar definierten Kategorien zu Unterrichtsmerkmalen bieten, welche im Verlauf der Unterrichtsbeobachtung den zutreffenden Unterrichtssequenzen zugewiesen werden können (Heyne, in Vorbereitung; Beobachtungssystem COLT zur Analyse von Unterricht zur Vermittlung von Sprachen in Spada, Fröhlich 1995). Das Resultat solcher Analysen sind Häufigkeitswerte oder Angaben zur Zeitdauer des Auftretens analysierter Unterrichtsmerkmale. Den Vorteil solcher Beobachtungssysteme gegenüber den anderen aufgeführten Methoden, welcher sich i. d. R. in aussagekräftigeren Ergebnissen niederschlägt, erkauft man sich häufig mit einem erheblichen Untersuchungsaufwand. Eine bessere Handhabbarkeit in der Durchführung und Auswertung von Checklisten und Ratingskalen rechtfertigt jedoch oft ihren Einsatz, v. a. im Rahmen individueller Unterrichtsreflexion, trotz Einbußen hinsichtlich methodischer Gütekriterien. Alternativ zu solchen vorliegenden Verfahren können ebenso spezifische Auswertungsprozeduren für individuell interessierende Problemstellungen konzipiert und genutzt werden. Die Auswahl des Analyseverfahrens ist günstigstenfalls in Orientierung an das zu analysierende Unterrichtsmerkmal, die methodischen Ansprüche an die Ergebnisse wie auch unter Berücksichtigung der entstehenden Kosten bzw. benötigten Ressourcen auszuwählen. Als beobachtbares Indiz der „Zeitnutzung" (s. obiges Beispiel) wurde der Zeitanteil betrachtet, in welchem die Vermittlung bzw. der Erwerb des Lehrstoffs im Mittelpunkt des Unterrichtsgeschehens steht. Die Erfassung entsprechender Unterrichtsphasen erfolgte hierbei anhand eines kategorienbasierten Beobachtungssystems und wurde mithilfe der Software „Videograph" (Rimmele 2007) durchgeführt.

Dann kann mit der *Videoaufzeichnung des Unterrichts (4)* begonnen werden. Hierbei ist bei der Auswahl der Anzahl, der Positionierung und der Ausrichtung von Kameras und Mikrofonen darauf zu achten, dass die im vorangehenden Schritt festgelegten Kriterien tatsächlich, mit ausreichender Bild- und Tonqualität, im Fokus liegen. Für die Untersuchung der „Zeitnutzung" im Unterricht wurde im erwähnten Projekt entsprechend eine Kamera über den gesamten Unterricht hinweg auf die jeweilige Lehrkraft gerichtet, um somit genau erfassen zu können, wann diese lernstoffbezogenen oder aber nicht-lernstoffbezogenen Aktivitäten nachgeht.

Für die anschließende Auswertung der *Videoaufzeichnungen (5)* und die *Ableitung von Konsequenzen für die Unterrichtsentwicklung (6)* ist zu empfehlen, zwischen der Deskription des Unterrichtsgeschehens und seiner qualitativen Bewertung zu unterscheiden. Es bietet sich hierfür an, die Unterrichtsmerkmale zunächst explizit zu beschreiben und sie im Anschluss daran zu bewerten. Ein solches Vorgehen führt Lehrkräften vor Augen, für wie förderlich oder nicht förderlich Unterrichtsbedingungen im Einzelnen zur Vermittlung des Lernstoffes eingeschätzt werden, und erleichtert ihnen somit, Konsequenzen zur eigenen Unterrichtsgestaltung aus den Bewertungen abzuleiten (z. B. Forcierung oder Verringerung bestimmter Handlungsabläufe). Die Trennung der Beobachtungs- und Beurteilungsebene liefert Lehrkräften somit ein verhaltensnahes Feedback, welches es erleichtert, Möglichkeiten zur Verbesserung des eigenen Unterrichts zu erkennen. Zudem erleichtert der Vergleich des eigenen Unterrichts mit dem „Idealunterricht" (Ist-Soll-Vergleich), Handlungsbedarf und Verbesserungsmöglichkeiten bezüglich der Gestaltung des eigenen Unterrichts zu entdecken. Im dargestellten Beispiel der Analyse der „Zeitnutzung" im Unterricht wurde entsprechend zunächst der gesamte Zeitanteil entsprechender Unterrichtsphasen ermittelt (Beschreibungsebene). Vor dem Hintergrund der obigen Definition „idealen" Unterrichts (s. Schritt 2), wurde dieser Zeitanteil schließlich mit der Gesamtdauer des Unterrichts in Beziehung gesetzt.

Auf dieser Grundlage wurde Unterricht, bei welchem ein größerer Anteil der Zeit für lernstoffbezogene Aktivitäten aufgewendet wurde, gegenüber Unterrichtsstunden mit einem ungünstigeren Verhältnis von lernstoffbezogenem Unterricht und Gesamtunterrichtsdauer, als effektiver in der Zeitnutzung eingeschätzt.

4. Stand und Ausblick zur Unterrichtsvideografie in der Unterrichtsentwicklung

Wie Studien belegen, weisen Lehrkräfte in Deutschland derzeit selten Erfahrungen in der Nutzung von Unterrichtsvideos auf. Entsprechend zeigten z. B. Ergebnisse der Videostudie „VERA – Gute Unterrichtspraxis", dass mehr als 30 % der 66 teilnehmenden Lehrkräfte noch nie zuvor videografierten Unterricht gesehen hatten. Mehr als zwei Drittel von ihnen berichteten zudem, dass sie noch nie die Gelegenheit hatten, Videoaufzeichnungen vom eigenen Unterricht anzusehen (Hosenfeld in Vorbereitung).

Wird Unterrichtsvideografie bislang noch selten in der Schulpraxis und speziell im Rahmen der Unterrichtsentwicklung in Deutschland eingesetzt, so zeichnet sich doch der Trend einer Zunahme der Nutzung dieser Methode ab. Dies verdeutlichen einerseits das steigende Interesse von Lehrenden, Schulleitern und Schulbildnern wie auch andererseits zunehmend positive Einstellungen gegenüber der Nutzung von Unterrichtsaufzeichnungen, die immer mehr Lehrkräfte einnehmen, nachdem sie erste Erfahrungen mit dem Verfahren sammeln konnten. Die fortschreitende Entwicklung neuer Technologien im Bereich der elektronischen Datenverarbeitung und Videografie unterstützt diesen Trend, indem sie immer anwenderfreundlichere Möglichkeiten im Umgang mit Videoaufzeichnungen an die Hand gibt.

Neben diesen technischen Voraussetzungen sind jedoch auch kontextuelle Bedingungen sehr bedeutend für den Nutzen, den Unterrichtsvideografie im Rahmen der Unterrichtsentwicklung erbringen kann. So stellen insbesondere gegenseitige Akzeptanz, ein offener und respektvoller Umgang miteinander wie auch mit Fehlern und Rückmeldungen sowie eine positive Einstellung gegenüber der Nutzung von Unterrichtsvideografie im Kollegium wichtige Voraussetzungen dafür dar, was eine Lehrkraft selbst sowie andere aus der Aufzeichnung des eigenen Unterrichts lernen kann bzw. können.

In der Studie „VERA – Gute Unterrichtspraxis" gaben die befragten Lehrpersonen an, sehr von den Unterrichtsaufzeichnungen profitiert zu haben. Die Studie zeigte zudem, dass diejenigen Lehrkräfte, welche sich eigenen auf Video aufgezeichneten Unterricht anschauten, auch vermehrt über diesen nachdenken und eine größere Bereitschaft zeigen, etwas daran zu verändern (Hosenfeld, in Vorb.). Dies deutet darauf hin, dass Videografie nicht nur ein geeignetes Mittel ist, sich ein genaues Bild vom eigenen Unterricht zu verschaffen, sondern auch Impulse für die Verbesserung des eigenen Unterrichts zu liefern. Deshalb besitzt die Unterrichtsvideografie ein großes Potenzial für die Professionalisierung von Lehrkräften und die Verbesserung des Unterrichts und kann als Werkzeug für die Lehrerfortbildung, für innerschulische Qualitätszirkel und professionelle Lerngemeinschaften in Schulen, wie sie z.B. von Gärtner (2007) beschrieben werden, nachdrücklich empfohlen werden.

Literatur

Bastian, J. (2007): Einführung in die Unterrichtsentwicklung. Weinheim und Basel, Beltz.
Dorlöchter, H./Krüger, U./Stiller, E./Wiebusch, D. (2005): Schau in den Spiegel. Unterrichtsvideos im Vorbereitungsdienst. Journal für Lehrerinnen und Lehrerbildung, 2, S. 31–35.
Fischer, D./Schratz, M. (Hrsg.). (2005): Videos in der LehrerInnnenbildung (Journal für LehrerInnenbildung, Vol. 2/2005). Innsbruck: Studienverlag.
Gärtner, H. (2007): Unterrichtsmonitoring. Evaluation eines videobasierten Qualitätszirkels zur Unterrichtsentwicklung. (Empirische Erziehungswissenschaft). Münster: Waxmann.
Helmke, A. (2003): Unterrichtsqualität: erfassen, bewerten, verbessern. Seelze: Kallmeyersche Verlagsbuchhandlung.
Helmke, A./Helmke, T. (2004): Videobasierte Unterrichtsreflexion. Seminar, 10 (4), S. 48–66.
Helmke, A. (2006): Was wissen wir über guten Unterricht?, Pädagogik 2, S. 42–45.
Helmke, A./Helmke, T./Heyne, N./Hosenfeld, A./Kleinbub, I./Schrader, F.-W./Wagner, W. (2007): Erfassung, Bewertung und Verbesserung des Grundschulunterrichts: Forschungsstand, Probleme und Perspektiven. In: *K. Möller, P. Hanke, C./Beinbrech, A. K./Hein, T./Kleickmann R./ Schages* (Hrsg.), Qualität von Grundschulunterricht entwickeln, erfassen und bewerten (Vol. 11). Bonn: Verlag für Sozialwissenschaften.

Helmke, A./Helmke, T. (2007): "Die DESI-Videostudie." Der fremdsprachliche Unterricht - Englisch 41(90), S. 37–44.
Helmke, A. (2007): "Aktive Lernzeit optimieren - Was wissen wir über effiziente Klassenführung?" Pädagogik 59(5), S. 44–49.
Helmke, A./Hosenfeld, I./Helmke, T./Heyne, N./Hosenfeld, A./Schrader, F.-W./Wagner, W. (in Druck): Zeitnutzung im Grundschulunterricht: Ergebnisse der Unterrichtsstudie "VERA - Gute Unterrichtspraxis". Zeitschrift für Grundschulforschung.
Heyne, N. (in Vorbereitung): Die Bedeutung von Unterrichtsqualität für die Entwicklung von Lesekompetenz in der Grundschule. Universität Koblenz-Landau, Fachbereich Psychologie: Dissertation.
Hosenfeld, A. (in Vorbereitung): Führt Unterrichtsrückmeldung zu Unterrichtsentwicklung? Die Wirkung von videografischer und schriftlicher Rückmledung bei Lehrkräften der vierten Jahrgangsstufe. Universität Koblenz-Landau, Fachbereich Psychologie: Dissertation.
Hosenfeld, A./Helmke, A./Heyne, N./Lipowsky, F. (2007): Praxisworkshop: Videostudien in der empirischen Unterrichtsforschung. In: *Möller, K./Hanke, P./Beinbrech, C./Hein, A. K./Kleickmann, T. & Schages, R.* (Hrsg.), Qualität von Grundschulunterricht entwickeln, erfassen und bewerten (Vol. 11). Bonn: Verlag für Sozialwissenschaften.
Krammer, K./Hugener, I. (2005): Netzbasierte Reflexion von Unterrichtsvideos in der Ausbildung von Lehrpersonen – eine Explorationsstudie. Beiträge zur Lehrerbildung, 23 (1), S. 51–61.
Krammer, K./Reusser, K. (2005): Unterrichtsvideos als Medium der Aus- und Weiterbildung von Lehrpersonen. Beiträge zur Lehrerbildung, 23, S. 35–50.
Kultusministerkonferenz (2004): Standards für die Lehrerbildung: Bildungswissenschaften. Bonn, KMK.
Petko, D./Reusser, K. (2004): Praxisorientiertes E-Learning mit Video gestalten. In: *Hohenstein, A./ Wilbers, K.* (Hrsg.), Handbuch E-Learning. Expertenwissen aus Wissenschaft und Praxis. Köln: Deutscher Wirtschaftsdienst.
Remmers, H. H./Elliott, D. N./Snedeker, J. R./Weisbrodt, J. A. (1965): PURDUE Rating Scale For Instruction. Indiana: University Book Store.
Rimmele, R. (2007): Software Videograph – s. http://www.ipn.uni-kiel.de/projekte/vidoe/videostu.htm
Spada, N./Fröhlich, M. (1995): COLT – Communicative Orientation of Language Teaching Observation Scheme. Sydney: National Centre for English Language Teaching and Research.

Hildegard Macha

Die Kollegiale Beratung

Einleitung: Kollegiale Beratung und Evaluation

Kollegiale Beratung in Gruppen ist ein Instrument der Lehrer- und Schulleiterfortbildung, das mit der Methode der Fallberatung aus dem Schulalltag und der Zielorientierung zur Steigerung der Qualität des Unterrichts und der Schulentwicklung arbeitet. Die Kollegiale Beratung ist geeignet, die Reflexion und Selbstreflexion von LehrerInnen und SchulleiterInnen zu erhöhen und eine wertschätzende Feedbackkultur aufzubauen. Dadurch wird die Erfahrung der Selbstwirksamkeit (self efficacy) erhöht. Durch Zielorientierung werden Unterrichtspläne stringent durchgeführt, Schulentwicklung in einem Zeitrahmen festgelegt und Indikatoren für die Zielerreichung durch interne Evaluation überprüft. Dadurch wird interne Evaluation in der Schule vorbereitet und externe Evaluation erleichtert. Die vertraute Gruppe gibt Rückendeckung bei Innovationen und ermöglicht Perspektivenwechsel.

Schule ist verstärkt in die Kritik geraten und erlebt vielfältige Reformbemühungen. Oft wird jedoch der zweite Schritt vor dem ersten getan: es wird evaluiert, bevor Lehrkräften Hilfen zur Verbesserung von Unterricht und Schule gegeben wurden. Evaluation stellt aber selten eine Motivation dar, sie wirkt eher als Kontrolle, die Druck macht. Eine solche unterstützende Lehrer- und Schulleiterfortbildung stellt Kollegiale Beratung dar. Im Gymnasium ist verstärkt eine Orientierung an Fachwissen zu verzeichnen, aber auch hier bietet Kollegiale Beratung sinnvolle Lehrerfortbildung.

Schulleiter- und Lehrerfortbildung kann Unterstützung und Wertschätzung der Arbeit der Lehrerinnen und Lehrer in den Zeiten geben, wo die Bedingungen, unter denen sie arbeiten, sich kontinuierlich verschärft haben, zum Beispiel die Probleme der Familien, von Schülern mit Migrationshintergrund und andere gesellschaftliche Faktoren wie verstärkter Leistungsdruck, Unterschiede in den Chancen und allgemein eine Geringschätzung von Schule.

Kollegiale Beratung hat viele unterschiedliche Definitionen erfahren; wir haben in dem Projekt folgende Definition entwickelt: Kollegiale Beratung wird definiert als eine ziel- und lösungsfokussierte, gruppenbezogene Lehrerfortbildung. Die Gruppenarbeit mit der Kollegialen Beratung (bis zu 10 Teilnehmern) wird charakterisiert durch drei Methoden, 1. die gemeinsame Fallberatung, 2. gegenseitige Unterrichtsbesuche und 3. Schulentwicklung. Dadurch wird die Qualität von Unterricht gesteigert, die Erfahrung der

Selbstwirksamkeit verbessert und Netzwerke werden aufbaut. Durch das Zeitkontinuum der Arbeit erfolgen nachhaltige Potentialerweiterungen und ein relativ zeitstabiler Aufbau der Beratungsgruppe, die nach einer Anfangsphase unter Leitung der Experten selbstständig gemäß den methodischen Schritten arbeiten kann. Perspektivenwechsel und fachlicher Austausch sind möglich und erweitern das methodische und fachliche Repertoire. Expertise wird gestärkt, indem Verbesserungen im Unterricht in der vertrauten Gruppe gemeinsam geplant und kontrolliert werden.

1. Der Forschungsstand zur Lehrerfortbildung

Das Lehrerverhalten wird neben fachlichen Aspekten auch durch Attributionen in Bezug auf Schüler beeinflusst (Rheinberg u.a. 2001, S. 312). In der internationalen Forschung gibt es dazu zwei Ansätze, nämlich „Teachers Beliefs" und „Subjektive Theorien" (Ludwig 1998, Nespor 1987, Rokeach 1968, Pajares 1992, Zedler 2004, Groeben/Scheele 1977, Groeben et al. 1988, Wahl 1991). Darunter versteht man Überzeugungen, Werte und Vorannahmen, die zum Beispiel die Wahrnehmung der Schüler in ihrer Unterschiedlichkeit, die Informationsverarbeitung im Unterricht und individuelle Erwartungen und Forderungen an die Leistung der Schüler und das Handeln im Unterricht beeinflussen.

LehrerInnen und SchulleiterInnen werden weitgehend bei der Problematik der Bewältigung von Schule und Unterricht allein gelassen. Die Professionalisierung der Lehrer und Schulleiter kann durch Lehrerfortbildung nach dem Modell der „Kollegialen Beratung" (Rauen 2002, Schreyögg 2000, Mutzek 2005) erhöht werden. Es können in der vertrauten Gruppe Perspektivenwechsel eingeleitet und angemessene Teacher´s Beliefs und Subjektive Theorien in Ko-Konstruktionen erreicht werden (Fiese/Spagnola 2005, Valsiner 1997). Das Paradigma der Ko-Konstruktion in der Lehrerfortbildung bedeutet, dass im Austausch der Gruppenmitglieder nichtadäquate Einstellungen erweitert und weiterentwickelt werden. Expertise zum Lehrerhandeln im Unterricht und methodisch-didaktische Bausteine zur Bewältigung von Heterogenität der Schüler können LehrerInnen helfen, sich auf die Auseinandersetzung mit dem multifaktoriellen Problem des Unterrichts einzustellen. SchulleiterInnen können Schulentwicklungsprozesse einleiten, die die Heterogenität der Schüler im Lernverhalten, im Sozialverhalten und im geschlechtstypischen Verhalten angemessen berücksichtigen. Das Lern- und Leistungsverhalten der Schüler kann dadurch verbessert werden.

Professionelles Wissen und Expertise von Lehrern und Lehrerinnen erhöhen adäquates Handeln im Unterricht (Bromme/Haag 2004, S. 777). Lehrerforschung zeigt, dass die Unterschiede der Schülerpopulationen auch durch Erweiterung der Wahrnehmung der Selbstwirksamkeit der Lehrkräfte – self efficacy (Bandura 2000) – besser bewältigt werden.

Lehrerfortbildungsforschung muss sich der Thematik annehmen und zum einen den Umgang von Lehrern und die Bewältigungsstrategien empirisch erfassen sowie Lehrerfortbildung konzipieren und evaluieren, die neue Strategien und Einstellungen in Ko-Konstruktionsprozessen an Lehrergruppen vermittelt (Macha 2006, 2007, Macha/Bauhofer 2002, 2004, 2005). Unterricht leidet an der mangelnden Kooperation von Lehrkräften, die zwar durchgehend über eine qualifizierte Kenntnis moderner Lehrformen verfügen, aber durch Isolation und mangelnde Zielorientierung diese zu wenig im Unterricht aktualisieren. Durch kooperative Lehrerfortbildung können integrierte Maßnahmen in Schulen zur Kooperation geplant werden.

Teachers´ Beliefs und Subjektive Theorien werden seit den 60er Jahren im Zusammenhang mit der Professionalität von Lehrkräften diskutiert (Rokeach 1960, 1968; Staub/Stern 2002, S. 344, Ludwig 1998, Nespor 1987, Pajares 1992, Zedler 2004, Groeben/Scheele 1977, Groeben et al. 1988, Wahl 1991). Zur Professionalität gehören demnach nicht nur die kognitive Lehrerexpertise, sondern auch personale Kompetenzen (Bromme/Haag 2004, S. 777; Thompson 1992, S. 128 ff.). Die Idee, dass Attributionen das Lehrerhandeln im Unterricht mitbestimmen, löste die rein kognitiv orientierte Unterrichtsforschung ab. Persönliche Überzeugungssysteme – belief systems – und Wissen müssen aber klar voneinander abgegrenzt werden. Green (1971) unterscheidet drei Dimensionen des belief system, 1. primary und derivate beliefs, 2. central or peripheral beliefs, 3. clustering of beliefs in conceptions (Thompson 1992, S. 130).

Lehrerforschung (Rahm/Schratz 2004) und Lehrerfortbildungsforschung (Zedler 2004, Terhart/Klieme 2006, Bonsen/Roloff 2006, Steinert/ Klieme et al. 2006, Gräsel u. a. 2006, Havers/Helmke 2002) stellen die Attributionen, Subjektiven Theorien und Teachers´ Beliefs als zentral für Innovation in der Schule dar. Formen kooperativer Lehrerfortbildung wie zum Beispiel Professionelle Lerngemeinschaften oder Kollegiale Beratungsgruppen optimieren die Expertise der LehrerInnen und SchulleiterInnen.

Geteilte Werte und Visionen, geteilte Führungskonzepte, gemeinsames Lernen und Anwenden und unterstützende Rahmenbedingungen machen die professionellen Lerngemeinschaften aus (Bonsen/Roloff 2006, S. 170,

Macha/Bauhofer 2005). Die Effekte der Kooperation im Kollegium sind eine Zunahme des systematischen, wechselseitig adaptiven und integrierten Lehrerhandelns (Steinert u.a. 2006, S. 195).

Es wird auf Theorien zum Subjekt, zur Gruppe und zum System, aber auch auf Modelle der Kollegialen Beratung zurückgegriffen (Gergen 1999, Lewin 1963, Bertalanffy 1969, Rauen 2002, Bauschatz/Carle et al. 2003, Mutzek 2005, Schreyögg 2002) und eine eigene Theorie der Beratung auf der Basis des Forschungsstandes entwickelt. Insbesondere folgende neue Akzente werden dabei gesetzt:

1. Die Analyse der Potentiale der Teilnehmer steht am Beginn der Fortbildungsmaßnahmen. Aufgrund der Forschung zu Teacher´s Beliefs und Subjektiven Theorien ist anzunehmen, dass subjektive Potentialerweiterungen ausschlaggebend für den Erfolg von Fortbildung sind. Sehr viel stärker als in vorhandenen Theorien wird die Potentialentwicklung der einzelnen Teilnehmer und Teilnehmerinnen deshalb als Basis der Fortbildung aufgefasst, und durch den Meyers-Briggs-Type Indicator (Bents/Blank 1997) werden zu Beginn der Arbeit die Potentiale datenbezogen erfasst. Dies dient der Erstellung von Kompetenzprofilen jedes einzelnen Teilnehmers, die dann in die weitere Fortbildungsarbeit einfließen und eine Weiterentwicklung der Potentiale deutlich machen. Wertschätzung ist zentrales Merkmal einer partizipativen Führung in der Lehrerfortbildung.
2. Zusätzlich wird die unterstützende Wirkung der Gruppen genutzt im Sinne von Lewin und Winnefeld (1969, 1969). Diese beschreiben energetisierende Effekte, die auch in der modernen Gruppenforschung und sogar in der Organisationsforschung und der neurobiologischen Forschung belegt werden (Romhardt 2002, Schreyögg 2002, Königswieser 2002, Bonsen 2003, Tomaschek 2007, Damasio 2000, Ciompi 1997, Schiepek 2003). Die wertschätzende Unterstützung bei Falldarstellungen und Unterrichts-Planungen aktiviert die Innovationskräfte der Teilnehmer und bietet einen geschützten Raum, in dem in jedem Alter noch einmal neue Akzente für Unterrichtsqualität und Schulentwicklung gesetzt werden können. Die Gruppe verstärkt den Zuwachs an Potential durch Akzeptanz. Perspektivenwechsel in Bezug auf die Wahrnehmung der Selbstwirksamkeit und die Subjektiven Theorien werden dadurch möglich.
   Immer handelt es sich auch um die Perspektive der Führung; bei SchulleiterInnen und Schulleitern ist das unmittelbar evident, aber auch Lehrer entwickeln im Verlauf der Fortbildung neue Führungsqualitäten.
3. Das System Schule wird durch die Potentialentwicklung und die Fortbildung der Gruppen beeinflusst. Systemisch wird dadurch Organisations-

entwicklung bewirkt (Macha 2007). Wenn die Gruppen neue Strategien der Bewältigung des Schulalltags implementieren, so werden das Kollegium und die Schule dadurch angeregt, ihrerseits Entwicklungsprozesse zu unternehmen. Schulleiter, die die Fortbildung absolvieren, bringen direkt Schulentwicklungsprozesse in Gang.
4. Das Zeitkontinuum erwies sich als zentrales Qualitätsmerkmal für die Nachhaltigkeit der Intervention. Leider gibt es dazu keine empirischen Untersuchungen. Entwicklungen von Teilnehmern einer Fortbildung brauchen Zeit und müssen vertieft und verstärkt werden, bevor sie anhaltend beim Verhalten im Beruf verankert werden können. Ko-Konstruktionen neuer Ziele und Erfolgsparameter leistet die Gruppe in Interaktion.
5. Schulinterne Fortbildung setzt zwei Nachteile externer Beratungs- und Fortbildungsmodelle für Lehrkräfte und Schulleiter außer Kraft: 1. der Transfer des Gelernten wird durch die räumliche und interaktive Nähe zum Arbeitsplatz besser geleistet und 2. das Vertrauen in der Gruppe wird in relativ kurzer Zeit aufgebaut, weil die Lehrkräfte sich zum Teil schon kennen. Zudem ist Einzelberatung oder Einzelcoaching weniger effektiv, weil der Rückhalt der Gruppe fehlt.

2. Ergebnisse der Evaluation im Projekt „Kollegiale Beratung" (2003 – 2008)

Die Evaluation von Lehrerfortbildung mit Kooperativen Modellen, zum Beispiel der Kollegialen Beratung (Mutzek 2005, Rauen 2002, Schreyögg 2000, Macha 2001, Macha/Bauhofer 2004, 2005) zeigt, dass Lehrer in Gruppen leichter Perspektivenwechsel vornehmen können und in Ko-Konstruktionen besser und leichter lernen, angemessene Subjektive Theorien zu formulieren (Macha 2007). Auf der Basis der Forschung zur Lehrerfortbildung werden in diesem Projekt neue Schwerpunkte entwickelt und die hier erarbeitete Theorie der Beratung ist an vier zentralen Annahmen orientiert:

1. Die systemisch-konstruktivistische Grundlegung: hier beruft sie sich auf die systemische Theorie, (Bertalanffy 1969, Maturana/Varela 1987, Tomaschek 2007), die konstruktivistische Lehr-Lerntheorie (Mandl/Reinmann 1999, Gräsel et al. 2004), das situierte Lernen (Resnick et al. 2000) sowie auf den systemischen Ansatz von de Shazer (2004).
2. Die Gruppe als Kraftfeld: dem systemischen Arbeiten mit Gruppen wurde gegenüber dem individuellen Coaching deshalb der Vorrang gegeben, weil in der Einzelberatung der „Resonanzboden" des Kollektivs fehlt, welcher die Verhaltensweisen der TeilnehmerInnen spiegelt, Entwicklungen unterstützt sowie Potentiale entdecken und fördern hilft. Die Gruppe

kann bei richtigem Setting ein „unterstützendes Kraftfeld" sein (Lewin 1963, Winnefeld 1957). Dadurch entstehen zwischen dem/der einzelnen Teilnehmer/in Interferenzen, die zu einer Erweiterung ihrer Perspektive und zu einer positiven Veränderung der Subjektiven Theorien führen (Groeben/Scheele 1988).

3. Potentialentwicklung: Die Lehrerfortbildung dennoch bei der Potentialentwicklung einzelner Gruppenteilnehmer anzusetzen, bedeutet zudem, letztlich die Veränderung in Organisationen vor allem durch die Veränderung von Individuen zu erwarten. Organisationsentwicklung ist in diesem Sinne also vor allem individuelle Potenzialentwicklung, die erst in der Folge von kollektiven Akteuren unterstützt und in die Organisation Schule hineingetragen wird. Die Veränderungsimpulse gehen also primär von einzelnen Teilnehmern einer kollegialen Beratungsgruppe aus. Hierzu sollten Visionen oder mittelfristige Ziele vorliegen, damit sich auch die Schule insgesamt nachhaltig weiterentwickeln kann. Deshalb steht am Anfang eines kollegialen Beratungsprozesses oftmals eine Zielformulierung durch Narrationen, die einen visionären wie emotional befördernden sowie energetisierenden Aspekt aufweist. Narrationen wiederum können die angestrebte Selbstwirksamkeit (Bandura 1999) und Selbstwahrnehmung begünstigen oder gar erstmals in Gang setzen.
4. Die Kollegialen Beratungsgruppen wirken darüber hinaus als „Kollektive Akteure" im Veränderungsprozess einer Schule. Kollektive Akteure sind Kompetenzträger, die Innovation einleiten können. Sie erzeugen einen „Spreading-Effekt" (Macha 2007) der Verbreitung neuer Ideen und Impulse. Dabei wirkt die Gruppe als unterstützendes Kraftfeld in dem Sinne, dass sie das Verhalten einzelner TeilnehmerInnen durch Spiegelung wahrnehmbar macht, Veränderungen und Zielsetzungen unterstützend begleitet und durch Interferenzen der Teilnehmer-Potenziale zu einer Erweiterung der Perspektiven durch strukturelle Koppelung beiträgt. Lewin spricht zu Recht von der Energetisierung einzelner TeilnehmerInnen in Gruppen durch die Resonanz oder gegenseitige Rückkoppelung persönlicher Energien.

Es wurden anhand einer Zielanalyse (Reischmann 2003) die Effekte und Veränderungen der Teilnehmer mit empirischen Instrumenten der Evaluation erhoben und in einer deskriptiven Analyse sowie einer Inhaltsanalyse ausgewertet. Die Ziele der Lehrerfortbildung wurden empirisch überprüft und insgesamt folgende Ergebnisse der Evaluation erzielt:

1. Ziel – Potenzialentwicklung der TeilnehmerInnen: Die Verbesserung der Selbstwahrnehmung, der Selbstwirksamkeit und die Möglichkeit zu Perspektivenwechseln der TeilnehmerInnen. Die Reflexion des eigenen Kompetenzprofils der TeilnehmerInnen anhand des MBTI-Persönlichkeitstests (Bents/Blank 1997) und die zielorientierte Erarbeitung von Professionalisierungsmöglichkeiten haben einen motivierenden Effekt auf die Teilnehmer. Sie können sich mit anderen Gruppenmitgliedern austauschen und erfahren durch Feedback ihre Stärken im Unterricht und in der kollegialen Zusammenarbeit. Dadurch wurden die Unterrichtsqualität verbessert und schwierige Fälle aus dem Schulalltag in der Fallberatung gelöst.

2. Ziel – Verbesserung der Qualität des Unterrichts und der Handlungsoptionen: Die Bedeutung der Kontinuität der Gruppen über 1,5 Jahre wurde von der Mehrheit der Teilnehmer bestätigt. Durch die kontinuierliche Arbeit kommt es zu einer vertieften Auseinandersetzung mit den Arbeitsmethoden und den inhaltlichen Themen und zu einer Potenzialentwicklung in Bezug auf Perspektivenwechsel beruflicher Strategien beim Problemlösen und bezüglich der Ziel- und Erfolgsorientierung. Vertrauen in der Gruppe wächst kontinuierlich und ermöglicht ein Erproben neuer Lösungsmöglichkeiten und verbesserter Unterrichtsstrategien.

Durch Unterrichtsbesuche von Lehrkräften im Tandem wurden Qualitätsverbesserungen erreicht, die spürbar für LehrerInnen und SchülerInnen waren. Durch die eigenständige Erarbeitung und Erprobung von Methoden zur qualitativen Unterrichtsverbesserung ist der Transfer von wissenschaftlichen Ergebnissen in die Praxis gelungen. Methoden zur Selbst- und Fremdevaluation haben zur Professionalisierung der Führungskräfte beigetragen.

3. Ziel – Erweiterung der Problemlösekompetenz: Nach übereinstimmender Ansicht der Teilnehmer wächst die Problemlösekompetenz in der kontinuierlichen Arbeit der Kollegialen Arbeitsgruppen. Die Rahmenbedingungen und die Regeln der Gruppenarbeit in den Kollegialen Beratungsgruppen haben dabei positive Auswirkungen auf den Gruppenprozess und die einzelnen Mitglieder. Die Strukturpläne für die Fortbildungsarbeit sind als „Framing“ (Rahmung) hoch willkommen, denn sie lenken die Phasen der Arbeit in sachliche Bahnen. Die Gruppe wird als Unterstützung und Ressource wahrgenommen und ist wichtig zur Erweiterung der Wahrnehmung von Selbstwirksamkeit bei den TeilnehmerInnen, Klärung eigener Subjektiver Theorien sowie zur Definition der Berufsrolle.

4. Ziel – Evaluation der unterstützenden Wirkung der Gruppe und des Gruppenkraftfeldes: Die unterstützende Wirkung der Gruppen wurde übereinstimmend in der Evaluation betont. Es erfolgte eine Motivierung durch die gemeinsame Planung von Zielen für den Unterricht und die didaktisch-methodische Umsetzung, die durch gegenseitige Unterrichtsbesuche im Tandem mit Beobachtungsbögen verstärkt wurde. Durch die kontinuierliche Begleitung über circa 1,5 Jahre wurde eine nachhaltige Entwicklung in den einzelnen Gruppen erreicht.

Die konstant hohe Teilnehmerzentriertheit bzw. die Möglichkeit, auf die individuellen Bedürfnisse der TeilnehmerInnen eingehen zu können, erhöht die Akzeptanz der methodischen Vorgehensweise, erleichtert die Vermittlung wissenschaftlicher Erkenntnisse und fördert sehr stark den schulspezifischen Transfer. Der Aufbau einer Kooperationskultur konnte an einzelnen Schulen in Gang gesetzt werden. Im Rahmen des Projekts konnte bei allen beteiligten Schulen und TeilnehmerInnen ein Grundstein zur Förderung der Qualität des Unterrichts und der Schulentwicklung gelegt werden.

Literatur

Bandura, A. (2000): Self-efficacy: the exercise of control. 4. Auflage, New York.
Bents, R./ Blank, R. (1997): Der MBTI – die 16 Grundmuster unseres Verhaltens nach C. G. Jung; eine dynamische Persönlichkeitstypologie. München.
Bertalanffy, L. von (1969): General System Theory.
Bonsen, M./ Roloff, H. (2006): Professionelle Lerngemeinschaften von Lehrern und Lehrerinnen. In: Zeitschrift für Pädagogik, Jg. 52, Heft 2, S. 167–184.
Bromme, R./ Haag, L. (2004): Forschung zur Lehrerpersönlichkeit. In: *Helsper, W./ Böhme, J.* (Hrsg.): Handbuch der Schulforschung. Wiesbaden, S. 777–793.
Ciompi, L. (1997): Die emotionalen Grundlagen des Denkens. Entwurf einer fraktalen Affektlogik. Göttingen.
Damasio, A. R. (2000): Ich fühle, also bin ich. Die Entschlüsselung des Bewusstseins. München.
De Shazer, S. (2004): Das Spiel mit Unterschieden: wie therapeutische Lösungen lösen. Heidelberg.
Fiese, B./ Spagnola, M. (2005): Narratives in and About Families: an Examination of Coding Schemes and a Guide for Family Researchers. In: Journal of Family Psychology, Jg. 19, No. 51–61.
Gräsel, C./ Fußangel, K./ Pröbstel, C. (2006): Lehrkräfte zur Kooperation anregen – eine Aufgabe für Sisyphos? In: Zeitschrift für Pädagogik, Jg. 52, Heft 2, S. 205–219.
Green, T. (1971): The Activities of Teaching. New York.
Groeben, N. et al. (1988): Das Forschungsprogramm Subjektive Theorien: eine Einführung in die Psychologie des reflexiven Subjekts. Tübingen.
Groeben, N./ Scheele, B. (1977): Argumente für eine Psychologie des reflexiven Subjekts. Paradigmawechsel vom behavioralen zum epistemologischen Menschenbild. Darmstadt.
Havers, N./ Helmke, A. (2002): Training des Lehrerhandelns. Zeitschrift für Pädagogik, Jg. 48, Heft 2, S. 171–173.
Königswieser, R. (Hg.) (2002): Das Feuer großer Gruppen. Konzepte, Designs, Praxisbeispiele für Großveranstaltungen. Stuttgart: Klett-Cotta.
Lewin, K. (1963): Feldtheorie in den Sozialwissenschaften. Bern.
Ludwig, P. (1998): Zur Wirksamkeit von fächerübergreifendem Unterricht. Eine empirische Untersuchung der Sicht von Schülerinnen und Schülern. Kassel.
Macha, H. (2007): Transformation der Organisation durch Potentialentwicklung und Netzwerkbildung. In: *Tomaschek, N.*: Die bewusste Organisation. Opladen.
Macha, H. (2001): Bildung. In: *Wiater, W.* (Hrsg): Kompetenzerwerb in der Schule von morgen. Fachdidaktische und erziehungswissenschaftliche Aspekte eines nachhaltigen Lernens. Donauwörth, S. 188–206.
Macha, H. (2006): Erziehungs-, Unterrichtsstile und Kooperationsformen von Lehrern. In: *Frank, N./ Menzel, D./ Schloms, C.* (Hrsg.): Erziehung fördert Bildung. Donauwörth, S. 116–125.
Macha, H./ Bauhofer, W. (2002): Multiperspektivische Aus- und Weiterbildung in der allgemeinen Pädagogik für Lehrer mit Anteilen von E-Learning. In: *Solzbacher, C./ Macha, H.* (Hrsg.): Welches Wissen brauchen Lehrer? Lehrerbildung aus dem Blickwinkel der Pädagogik. Bad Heilbrunn, S. 119–142.

Macha, H./ Bauhofer, W. (2004): Weiterbildung als Potentialentwicklung und Kompetenzerwerb – Prämissen und Handlungsfelder. In: *Bender, W./ Groß, M./ Hegelmeier, H.* (Hrsg.): Reihe Politik und Bildung, Band 31: Lernen und Handeln, S. 300–316.
Macha, H./ Bauhofer, W./ Rehm, S. (2005): Kollegiale Unterrichtsbeobachtung als Instrument zur Evaluation der eigenen Berufspraxis.. In: Die Schulleitung, Beilage zur Zs. Pädagogische Führung, Ausgabe 3/2005, S. 4–8.
Maturana, Humberto. R./Varela, Franzisco J. (1987): Der Baum der Erkenntnis. Bern/München.
Mutzek, W. (2005): Kooperative Beratung. Grundlagen und Methoden der Beratung und Supervision im Berufsalltag. 5. Auflage, Weinheim.
Nespor, J. (1987): The Role of Beliefs in the Practice of Teaching. In: Journal of Curriculum Studies, Jg. 19, S. 317–328.
Pajares, F. (1992): Teachers Beliefs and Educational Research: Cleaning Up a Messy Construct. In: Review of Educational Research, Jg. 62, S. 307–332.
Rahm, S./ Schratz, M. (2004): LehrerInnenforschung: Ressourcen zur Aufklärung komplexer Handlungsfelder nutzen. In: *Rahm, S./ Schratz, M.*: LehrerInnenforschung. Theorie braucht Praxis. Braucht Praxis Theorie? Innsbruck, S. 7–18.
Rauen, C. (2002): Handbuch Coaching. 2. Auflage, Göttingen.
Reinman-Rothmeier, G./ Mandl, H. (2001): Unterrichten und Lernumgebungen gestalten. In: *Krapp, A. & Weidenmann, B.* (Hrsg.), Pädagogische Psychologie (S. 601–646). Weinheim.
Reischmann, J. (2003): Weiterbildungs-Evaluation. Neuwied.
Resnick, M., Berg, R., and Eisenberg, M. (2000). Beyond Black Boxes: Bringing Transparency and Aesthetics Back to Scientific Investigation. In: Journal of the Learning Sciences, 9; 1, S. 7–30.
Rheinberg,F./ Bromme, R./ Minsel, B./ Winteler, A./ Weidenmann, B. (2001): Die Erziehenden und Lehrenden. In: *Krapp, A./ Weidenmann, B.*: Pädagogische Psychologie: Ein Lehrbuch. Weinheim, S. 273–355.
Rokeach, M. (1960): The Open and Closed Mind. New York.
Rokeach, M. (1968): Beliefs, Attitudes and Values: A Theory of Organization and Change. San Francisco.
Romhardt, K. (2002): Wissensgemeinschaften. Orte lebendigen Wissensmanagements. Dynamik, Entwicklung, Gestaltungsmöglichkeiten. Zürich.
Romhardt, K. (2002): Wissensgemeinschaften. Orte lebendigen Wissensmanagements. Dynamik, Entwicklung, Gestaltungsmöglichkeiten. Zürich.
Schiepek, G. u.a. 2003: Neurobiologie der Psychotherapie – Ansatzpunkte für das Verständdnis und die methodische Erfassung komplexer biopsychischer Veränderungsprozesse. In: *Schiepek, G.* (Hrsg.) 2003, a.a.O., S. 1–27.
Schreyögg, A. (2000): Coaching. Eine Einführung für Praxis und Ausbildung. Frankfurt am Main.
Schreyögg, A. (2002): Konfliktcoaching. Anleitung für den Coach. Fankfurt am Main: Campus.
Staub, F./ Stern, E. (2002): The Nature of Teachers´ Pedagogical Content Beliefs Matters for Students´ Achievement Gains: Quasi-Experimental Evidence From Elementary Mathematics. In: Journal of Educational Psychology, Jg. 94, No. 2, S. 344–355.
Steinert, B./ Klieme, E. et al. (2006): Lehrerkooperation in der Schule: Konzeption, Erfassung, Ergebnisse. In: Zeitschrift für Pädagogik, Jg. 52, Heft 2, S.185–204.
Terhart, E./ Klieme, E. (2006): Kooperation im Lehrerberuf – Forschungsproblem und Gestaltungsaufgabe. In: Zeitschrift für Pädagogik, Jg. 52/2006, Heft 2, S.163–166.
Thompson, A. (1992): Teachers Beliefs and Conceptions: A Synthesis of the Research. In: *Grouws, D.* (Hrsg.): Handbook of Research on Mathematics Teaching and Learning. New York, S.127–146.
Tomaschek, N. (Hrsg.) (2006): Systemische Organisationsentwicklung und Beratung bei Veränderungsprozessen. Heidelberg.
Valsiner, J. (2003): Handbook of Developmental Psychology. London.
Wahl, D. (1991): Handeln unter Druck. Der weite Weg vom Wissen zum Handeln bei Lehrern, Hochschullehrern und Erwachsenenbildnern. Weinheim.
Winnefeld, F. (1957): Pädagogischer Kontakt und pädagogisches Feld. Beiträge zur pädagogischen Psychologie. München.
Zedler, P./ Fischler, H. et al. (2004): Fachdidaktisches Coaching – Veränderungen von Lehrerkognitionen und unterrichtlichen Handlungsmustern. In: *Doll, M./ Prenzel, M.*: Bildungsqualität von Schule. Münster, S. 114–132.

Anhang: Kollegiale Fallberatung

Der Ablauf der Fallarbeit erfolgt nach folgenden, relativ festen Formen:

1. Einstimmung und Vorab-Klärungen
Die Sitzung beginnt mit einem Reihum-Statement etwa zu den Impulsen: Wie geht es mir im Augenblick? Was war in der Zwischenzeit wichtig? Möchte ich heute einen Fall bearbeiten?
Die Gruppe einigt sich auf einen „Fall"; sie entscheidet nach Brisanz für den/die Betroffene(n) und nach dem Interesse der Gruppenmitglieder bzw. danach, wie stark sie sich von der Thematik angesprochen fühlen.

2. Beschreibung des Problems
Kurze Situationsbeschreibung so genau wie möglich. Keine Generalisierungen: „X macht immer…"
Keine Rückfragen, keine Unterbrechungen; die Teilnehmer hören lediglich zu.

3. Blitzlicht
Die Gruppenmitglieder äußern sich spontan, kurz und prägnant zum Bericht, ohne zu bewerten oder zu kommentieren. Welche Gedanken, Gefühle hat der Bericht bei mir ausgelöst? Was habe ich gehört, wahrgenommen (z. B. in Bezug auf Stimme, Tonfall, Diktion, Körperhaltung)?

4. Nachfragen
Es sind nur Informationsfragen zugelassen: „Was muss ich noch wissen, um mir ein genaues Bild von der Situation bzw. dem Verhalten der Interaktionspartner machen zu können?" Keine in Frageform verkleideten Lösungsvorschläge: „Haben Sie denn versucht,… zu tun?"

5. Perspektiven-Wechsel
Wie mag Ihr Interaktionspartner die Situation gesehen haben? Wie würde ich als Interaktionspartner reagieren, wie hätte ich reagiert? „Ich als …"

6. Zielklärung
Worum geht es mir? Was möchte ich ändern?

7. Suche nach Lösungsmöglichkeiten und Entscheidung für eine der Alternativen
Welche Lösungen erscheinen mir möglich? Welchen Lösungsweg werde ich verfolgen? Was werde ich ganz konkret tun, um zum Ziel zu kommen?

8. Abschluss-Blitzlicht
- Des/der Protagonisten/in: „Ich fühle mich jetzt …"
- Der übrigen Teilnehmer: „Für mich war folgendes wichtig: …"

(aus: *Kullmann, V. J. E.* (2000): Selbst-Supervision in der Schule. Neuwied, S. 126–128)

II. TEIL: Praxis

Zentren für Schulqualität – Centers of Excellence

Exzellente Konzepte an bayerischen Gymnasien

Walter Gremm

Gegenwärtige Situation und Entwicklungsperspektiven des bayerischen Gymnasiums

Am 01.08.2004 startete eines der herausforderndsten Projekte der Schulpolitik im Freistaat Bayern: die Einführung des achtjährigen Gymnasiums. In der Diskussion darüber wurde oft übersehen, dass es sich dabei um ein gesamtdeutsches Projekt handelte, das auf dem allgemeinen Konsens beruht, dass die Ausbildungszeiten in Deutschland im Vergleich zum Ausland und mit Blick auf die Relation von Ausbildungs- und Erwerbszeit zu hoch sind. Das achtjährige Gymnasium trägt aber auch der Tatsache Rechnung, dass Wissen, je spezieller es ist, um so schneller veraltet und kontinuierliches Lernen zum integralen Bestandteil des Erwerbslebens geworden ist.

Als das achtjährige Gymnasium vor vier Jahren startete, war im sogenannten „Leitfaden zur Einführung des neuen bayerischen Gymnasiums" zu lesen: „Für den Erfolg des neuen bayerischen Gymnasiums kommt es darauf an, dass die neu eröffneten Gestaltungsräume erschlossen, als Chance wahrgenommen und ideenreich umgesetzt werden. Lehrer, Schüler und Eltern sind aufgefordert, das neue Gymnasium als gemeinsames Projekt zu verwirklichen. Es sind die Voraussetzungen dafür zu schaffen, in begrenzter Zeit möglichst qualitätsvoll und effizient zu arbeiten, Schule als Raum für die Förderung von Fach- und Methodenwissen, für individuelle Leistung sowie für die Arbeit im Team zu gestalten und einen Leistungsbegriff zu verwirklichen, der sich nicht nur an der Höhe des von den Besten erreichten Niveaus bemisst.

Es geht vielmehr darum, dass möglichst viele Schüler die mit der Schulart verbundenen anspruchsvollen Ziele erreichen und möglichst wenige auf dem Weg zum Abitur die Schule verlassen müssen. Die neuen Möglichkeiten individueller Förderung stellen bisher nicht vorhandene Instrumente zur Verwirklichung eines solchen Leistungsbegriffs bereit."
Vier Jahre nach der Entstehung dieser programmatischen Leitlinien darf die Frage gestellt werden, wo das Gymnasium heute steht. Vier Thesen sollen eine Antwort geben.

1. Gemessen an den Leistungen seiner Schüler ist das bayerische Gymnasium nicht nur national, sondern auch international zu den erfolgreichsten Schulformen zu zählen. Was früher eine unbewiesene Behauptung war, wurde durch PISA bestätigt. Als Gründe hierfür dürfen sicherlich die

Kontinuität in der Bildungspolitik, d.h. die bedachte Weiterentwicklung der gegliederten Schulstruktur, das Zentralabitur sowie auch das Funktionieren der bayerischen Schulverwaltung und die klar geregelten Zuständigkeiten von Schulleitung und Schulverwaltung genannt werden.

2. Das bayerische Gymnasium hat sich weiterentwickelt. Gerade im Bereich der Schulentwicklung – zu denken ist an die Neugestaltung des Mathematik- und des naturwissenschaftlichen Unterrichts in Folge von TIMSS, an Modus 21 und Modus F – nimmt das Gymnasium eine führende Rolle ein. Hier wurden und werden tragfähige Modelle entwickelt, die letztlich dem Ziel dienen, den Gestaltungsspielraum und die Eigenverantwortung der Einzelschule zu stärken.

3. Auch in achtjähriger Form erweist sich das bayerische Gymnasium als Erfolgsmodell. Die Konzeption zielt darauf ab, die fachliche Qualität zu sichern und zugleich die erzieherische Qualität zu erhöhen. Ein erstes Indiz für den Erfolg dieses Ansatzes ist die Wiederholerquote, die in allen Jahrgangsstufen beständig gefallen ist. Lag sie im Schuljahr 2001/2002 noch bei 3,1%, so ist sie im Schuljahr 2007/2008 auf 1,7% gesunken. Ein Grund für den Rückgang der Wiederholerquote ist sicher die individuelle Förderung der Schüler in den Intensivierungsstunden. Die individuelle Förderung in kleinen Gruppen (i.d.R. halbe Klassenstärke) und die Einbindung von Wiederholungs-, Übungs- und Vertiefungsphasen in den Pflichtunterricht sind ein Markenzeichen des bayerischen Gymnasiums, welches sich zum Exportprodukt entwickelt. Auch in den anderen Ländern beginnt man, über die Einführung von Intensivierungsstunden zu diskutieren.

4. Auch in Bayern müssen wir feststellen, dass sich die Erwartungen an das Gymnasium verändern. In einer zunehmend wettbewerbsorientierten Gesellschaft steigt die Bedeutung von Bildungsabschlüssen. Die Qualität wird gemessen an der Zahl der Abiturzeugnisse. Zugleich werden die Bildungsinhalte nach ihrer Brauchbarkeit hinterfragt. Das Ideal der zweckfreien Bildung und Persönlichkeitsentfaltung tritt in den Hintergrund. Damit entsteht ein Konflikt zwischen dem Selbstverständnis des Gymnasiums und den Erwartungen und Hoffnungen seiner Schüler bzw. ihrer Eltern.

Für die Konzeption des Gymnasiums bedeutete dies, einen Ausgleich der unterschiedlichen Erwartungen vorzunehmen und eine neue Balance herzustellen. Im Konsens mit der Landeselternvereinigung, dem Philologenverband und der Direktorenvereinigung wurden deshalb Maßnahmen zur Weiterentwicklung des Gymnasiums erarbeitet. Unstrittig war dabei die Zielvorgabe, dass das bayerische Gymnasium auch in Zukunft seinen Schülerinnen und Schülern eine vertiefte Allgemeinbildung vermittelt, sie bestmöglich auf ein Hochschulstudium vorbereitet und sie befähigt, eine berufliche Ausbildung außerhalb der Hochschule erfolgreich zu absolvieren. Die Weiterentwicklung betraf insbesondere den Lehrplan und die Stundentafel.

Mit der Einführung des achtjährigen Gymnasiums wurde beim Lehrplan ein Paradigmenwechsel vollzogen, der sich in einer stark ausgeprägten Kompetenz- und Grundwissensorientierung niederschlägt. Um diese Grundkonzeption noch stärker zur Geltung zu bringen, wurde das Detailwissen nochmals reduziert und die Unterscheidung von verpflichtenden und optionalen Inhalten sowie die Möglichkeit von fachübergreifender Vernetzung klar herausgearbeitet. Die Inhalte sind nun so weit reduziert, dass man im Vergleich zum Lehrplan des neunjährigen Gymnasiums von einer Kürzung um ein Neuntel ausgehen kann. Für die Stoffvermittlung sind in jedem Fach im Durchschnitt 3/4 der zur Verfügung stehenden Unterrichtszeit, für die Vertiefung und das Methodenlernen im Durchschnitt etwa 1/4 vorgesehen.

Neben dem Lehrplan erfolgte auch an der Stundentafel eine Nachjustierung, die durch eine Richtlinienänderung der Kultusministerkonferenz ermöglicht wurde. Im Zuge der bundesweiten Diskussion über die Belastung der Schülerinnen und Schüler am achtjährigen Gymnasium hat die Kultusministerkonferenz die Rahmenvorgaben für die Gestaltung des G8 gelockert und dabei den bisherigen Mindestumfang der Stundentafel leicht reduziert. Diese Änderung setzt Bayern in Form einer Flexibilisierung der Stundentafel im Bereich der Intensivierungsstunden um. Bisher waren – je nach Jahrgangsstufe – 2 bis 3 Intensivierungsstunden pro Woche für alle Schüler verpflichtend, auch für jene, die diese besondere Förderung nicht benötigten. Nunmehr wird der Besuch dieser Stunden teilweise in das Ermessen der Schüler bzw. ihrer Eltern gestellt.
Die Schulen erhalten dafür aber weiterhin die vollen Lehrerkapazitäten. So können die Gruppengrößen verringert und die Förderangebote mit Blick auf die unterschiedlichen Begabungen vielfältiger gestaltet werden. Durch diese Maßnahmen wird also nicht nur die zeitliche Belastung derjenigen Schüler, die dies wünschen, reduziert, sondern zugleich die individuelle Förderung und damit die pädagogische Qualität des bayerischen Gymnasiums weiterentwickelt und gestärkt. Eine echte Kürzung der Stundentafel fand nur an einer Stelle statt: in der erste Fremdsprache wurde der Unterricht in Jahrgangsstufe 7 um eine Wochenstunde reduziert. Allerdings wird dies dadurch aufgefangen, dass der ersten Fremdsprache eine Intensivierungsstunde verpflichtend zugeordnet wird.

Eine wesentliche Weiterentwicklung wird das bayerische Gymnasium durch die Einführung der neuen Oberstufe erfahren. Diese erfüllt die Zielvorgabe, die Qualität des Abiturs im Hinblick auf die von den Hochschulen und der Arbeitswelt geforderten Kernkompetenzen zu sichern. In der neuen Stundentafel erhalten die Kernkompetenzfächer Deutsch, Mathematik und Fremdsprache einen besonderen Stellenwert (jeweils 4 Wochenstunden) und sind verpflichtende Abiturprüfungsfächer.

Ein völlig neuer Weg wird mit der Einführung von zwei Seminarfächern beschritten, die der verbesserten Vorbereitung der Schülerinnen und Schüler auf die Anforderungen von Hochschule und Arbeitswelt dienen. In einem wissenschaftspropädeutischen Seminar (W-Seminar) werden die Schülerinnen und Schüler mit den Formen des wissenschaftlichen Arbeitens befasst und eignen sich diesbezügliche Kompetenzen an. Das Projekt-Seminar zur Studien- und Berufsorientierung (P-Seminar) dient der vertieften beruflichen Orientierung und führt in die Methoden der Projektarbeit ein. Durch die Einbindung eines oder mehrerer externer Partner aus den Bereichen Berufswelt und/oder Hochschule werden realitätsnahe Einblicke in die Arbeitswelt ermöglicht.

Mit der Einführung der achtjährigen Form und den Maßnahmen zu seiner Weiterentwicklung erfüllt das bayerische Gymnasium die gesellschaftliche Erwartung, die ihm anvertrauten Schülerinnen und Schüler bestmöglich zu fördern und auf hochwertige Funktionen in Wirtschaft und Gesellschaft vorzubereiten.

Regina Pötke/Boris Hackl

Impulse aus dem Projekt „Zentren für Schulqualität – Centers of Excellence"

1. Was ist ein „Center of Excellence"?

Dem englischen Begriff „Center of Excellence" begegnet man oft – am häufigsten bei der Auszeichnung von Hochschulen. Übersetzt wird der Begriff auch im universitären Bereich nicht, denn es gab lange Zeit für ein „Center of Excellence" keine vernünftige, lesbare Übersetzung. Gemeint ist eine in einem bestimmten Bereich „führende Institution", die für hohe Kompetenz und herausragende Qualität steht.

2. Warum werden zum Beispiel Hochschulen als „Center of Excellence" ausgezeichnet?

Die Auszeichnung hebt einzelne Institute auf Grund ihrer Qualität, der Kompetenz ihrer Mitarbeiter und der erzielten Leistungen hervor und bricht mit dem Leistung nivellierenden Gleichheitsgrundsatz. Damit gewinnen die ausgezeichneten Institute nicht nur an Renommee, sondern primär auch an studentischem Zulauf. Sobald die individuelle Leistungsstärke der einzelnen Universitäten herausgehoben wird, beginnt der außen stehende Betrachter zu vergleichen. Der Präsident der Technischen Universität München, Prof. Dr. Wolfgang A. Hermann, schreibt daher in einem offenen Brief an die Mitglieder seiner Universität: „Mit der Exzellenzinitiative hat sich die Politik zum Wettbewerbsprinzip bekannt".

3. Welche Chancen liegen in der Auszeichnung von Gymnasien?

Der Grundgedanke eines „Center of Excellence" ist immer die Förderung und Multiplikation von hervorragenden, innovativen Modellen in einem Fachbereich. Durch die Auszeichnung einzelner Gymnasien auf Grund von Kompetenz und Qualität werden „Best-Practice-Beispiele" anderen zur Nachahmung empfohlen. Schließlich muss nicht an jeder Schule „das Rad neu erfunden" werden. Dieser Blick über den Tellerrand soll durch das Projekt „Center of Excellence – Zentrum für Schulqualität" gefördert werden. Daher steht im Rahmen des Projekts auch die Multiplikation vor Ort, angepasst an die jeweilige Situation der Einzelschule, im Vordergrund, um aus der Praxis für die Praxis lernen zu können.

4. Wie sah die Umsetzung in Bayern aus?

Die Stiftung Bildungspakt Bayern und das Bayerische Staatsministerium für Unterricht und Kultus haben 2004 das Projekt „Zentrum für Schulqualität – Center of Excellence" für bayerische Gymnasien initiiert. Aus 53 eingegangen Bewerbungen hat die Jury acht „Zentren für Schulqualität – Center of Excellence" für

- den mathematischen und naturwissenschaftlichen,
- den sprachlichen,
- den gesellschafts- und wirtschaftswissenschaftlichen,
- den künstlerischen Fachbereich

ausgezeichnet. Bei der Auswahl der acht „Centers of Excellence" wurde auf einige Aspekte besonders viel Wert gelegt:

- die methodisch-didaktische Konzeption für den Fachbereich,
- bestehende Kooperationen mit externen Partnern,
- der Stand der Inneren Schulentwicklung und
- nicht zuletzt die Leistungsergebnisse der Schule.

Die ausgezeichneten Schulen waren in den vergangenen Jahren vor allem Beispiel für andere Schulen. Sie haben ihre hervorragenden methodisch-didaktischen Module in zahlreichen Fortbildungsveranstaltungen und Gesprächen multipliziert. Dabei entstanden oft intensive Kontakte mit interessierten Schulen. Auch wenn die Module nicht immer unverändert übernommen wurden, so wurden andere Schulen zum Nachdenken und Nachahmen angeregt.

5. Welche Impulse gehen von dem Projekt „Center of Excellence – Zentrum für Schulqualität" aus?

Neben den Modulen, die in dem nachfolgenden Praxisteil oder auf www.bildungspakt-bayern.de vorgestellt werden, können aus dem Projekt einige grundsätzliche Anregungen abgeleitet werden:

a) Es kommt nicht nur auf die Umsetzung von einem oder mehreren erprobten Modulen an der eigenen Schule an. Vielmehr ist es entscheidend, die Situation der Schule gemeinsam mit Schülern, Lehrern und Eltern zu analysieren. Ausgehend von den erfassten Problemen können Ziele definiert und Lösungen gesucht werden. Dies geschieht in der Regel im Rahmen der internen Evaluation und ist grundlegende Voraussetzung, damit der Qualitätsentwicklung nicht der Charakter des Zufälligen und Aufgesetzten anhaftet.

b) Entscheidend ist es nicht, eine Vielzahl von Projekten an der Schule zu realisieren. Vielmehr kommt es darauf an, über die Jahrgangsstufen hinweg ein systematisches Angebot zu entwickeln, in dem die einzelnen Module ineinandergreifen und aufeinander aufbauen.
Die Umsetzung einer Maßnahme sollte unabhängig von der eingesetzten Lehrkraft erfolgen, sie sollte fest institutionalisiert sein, so dass die Maßnahme mit dem Schulprogramm und nicht mit der einzelnen Person in Verbindung gebracht wird.
c) Bei jeder Maßnahme im Rahmen der Inneren Schulentwicklung muss die Belastungssituation der Lehrkräfte im Blick behalten werden. Daher empfiehlt es sich, die außerunterrichtlichen Angebote nicht weiter auszubauen, sondern durch die Koordination des Unterrichts inhaltliche oder methodische Schwerpunkte zu verwirklichen.

Die fachliche und methodische Weiterentwicklung der Schule kann daher auch nicht unabhängig von der Inneren Schulentwicklung gesehen werden; sie ist Bestandteil des Schulentwicklungsprozesses.

Fachbereichsprogramme und Module der „Centers of Excellence"

In Anlehnung an die Ansprüche eines Schulprogramms dient das Fachbereichsprogramm dazu, das spezifische Profil eines Fachbereichs darzustellen und damit dessen Identität und Außendarstellung zu entwickeln. Das Fachbereichsprogramm beschreibt, wie die Lehrkräfte eines Fachbereichs kooperativ den Erziehungs- und Bildungsauftrag – unter Berücksichtigung der spezifischen Ansprüche der Fächer – erfüllen. Aussagen über pädagogische und fachliche Schwerpunkte, gemeinsame Zielvereinbarungen, die Benennung der Umsetzungsmöglichkeiten sowie die Planung der Unterrichtsentwicklung sollen durch die Mitglieder des Fachbereichs gemeinsam und möglichst konkret benannt werden. Die involvierten Lehrerinnen und Lehrer schreiben das Fachbereichsprogramm regelmäßig fort und überprüfen in bestimmten Abständen dessen Wirksamkeit sowie den Erfolg ihrer Arbeit. Ziel ist dabei die Institutionalisierung und Systematisierung aller Maßnahmen.

Im Rahmen der Modularisierung und Organisationsentwicklung von Bildungseinrichtungen bezeichnet man mit Modul – synonym auch Baustein/Bauelement – den Teil eines größeren Systems. Ein Modul kann als kleinere Einheit mit anderen Modulen zu einem höherwertigen Ganzen zusammengefügt werden. Auch wenn Module im schulischen Kontext nicht immer passgenau für verschiedene Institutionen sind, so halten sie doch Kompatibilitätsprobleme gering. Aufgrund der inneren Systematik sowie der exakten Beschreibung der Organisation und Umsetzung eignen sich Module für die Multiplikation.

Im Folgenden stellen die acht ausgewählten bayerischen Gymnasien ihre im Projekt „Center of Excellence – Zentrum für Schulqualität" entwickelten Fachbereichsprogramme und Module vor.

Mathematischer und naturwissenschaftlicher Fachbereich

- Christoph-Jacob-Treu-Gymnasium, Lauf
- Johann-Schöner-Gymnasium, Karlstadt
- Apian-Gymnasium, Ingolstadt

Sprachlicher Fachbereich

- Julius-Echter-Gymnasium, Elsenfeld

Künstlerischer Fachbereich

- Nikolaus-Kopernikus-Gymnasium, Weißenhorn
- Wirsberg-Gymnasium, Würzburg

Gesellschafts- und wirtschaftswissenschaftlichen Fachbereich

- Katharinen-Gymnasium, Ingolstadt
- Benedikt-Stattler-Gymnasium, Bad Kötzting

Einleitend zu jedem Fachbereich stellen die Fachreferenten der Gymnasialabteilung des Bayerischen Staatsministeriums für Unterricht und Kultus inhaltliche Perspektiven für die einzelnen Fachbereiche vor.

Mathematischer und naturwissenschaftlicher Fachbereich: die Sicht des Fachreferats

Dieter Götzl

Perspektiven für die Fächer Mathematik / Physik / Informatik

„Schlechte Noten für deutsche Schüler“, „Deutschland auf dem Weg ins Abseits“ – solche und ähnliche Schlagzeilen haben vor rund zehn Jahren große Unruhe in die deutsche Bildungslandschaft gebracht, als mit TIMSS die erste weltweite Studie mit deutscher Beteiligung zu Schülerleistungen vorgestellt wurde. Gerne hätten damals viele das schlechte Abschneiden der deutschen Schülerinnen und Schüler in Mathematik und in den Naturwissenschaften als einmaligen Ausrutscher abgetan. Doch spätestens mit PISA 2000 mussten auch die größten Befürworter unseres Bildungssystems einsehen, dass in Deutschland tiefgreifende Änderungen bei der schulischen Bildung notwendig waren.

Bayern hat sich dieser Herausforderung gestellt. Die neuen Lehrpläne des achtjährigen Gymnasiums setzen sehr viel stärker als dies im neunjährigen Gymnasium der Fall war auf Vernetzung, vertiefende Wiederholung, ein stabiles Grundwissen und die Vermittlung von nicht nur fachbezogenen Grundkompetenzen. Eines der Kernstücke bei der Umsetzung dieser veränderten Schwerpunktsetzung ist eine neue Aufgabenkultur, die mittlerweile alle Schulen erreicht hat. Unterstützt wird ihre Verbreitung sowohl durch die neuen Schulbücher, die ein vielfältiges Aufgabenangebot mit unterschiedlicher Zielsetzung enthalten, als auch durch Fortbildungsinitiativen wie SINUS, die stetig weiter in die Breite getragen werden. Auf diese Phase der Neuorientierung muss in den kommenden Jahren eine Phase der Konsolidierung folgen. Anwendungs-, Handlungs- und Schülerorientierung, Vermittlung eines stabilen Grundwissens, Flexibilisierung des Wissens und Wecken von nachhaltigem Interesse an mathematisch-naturwissenschaftlichen Inhalten sind die Eckpfeiler dazu. Besonders interessant erscheinen in dieser Phase alle Projekte, die auf verbindliche Absprachen innerhalb der Fachschaften bzw. über die Fachschaften einer Schule hinweg ausgerichtet sind, Absprachen, die sich auf eine Weiterentwicklung des Unterrichts an den einzelnen Schulen im Sinne moderner Erkenntnisse zu Lehren und Lernen im mathematisch-naturwissenschaftlichen Bereich beziehen. Abgesehen von den genannten übergreifenden Aspekten, die gleichermaßen für die Fächer Mathematik, Physik und Informatik gelten, stehen die Einzelfächer vor unterschiedlichen Herausforderungen.

1. Mathematik

Die flächendeckende Verbreitung des Computers hat auch die Möglichkeiten im Fach Mathematik verändert. Zahlreiche Programme aus dem Bereich der Dynamischen Geometrie-Software und den Computer-Algebra-Systemen erlauben einen eigentätigen, dynamischen und anschaulichen Zugang zu vielen mathematischen Inhalten. Eine der aktuellen Herausforderungen ist daher, das Medium Computer mit seinen Möglichkeiten sinnvoll und gewinnbringend sowie in angemessenem Umfang in den Unterricht zu integrieren.

Dies gelingt vielerorts bereits hervorragend. Zusätzlich wird aber in den kommenden Jahren die Möglichkeit geschaffen, statt eines herkömmlichen Taschenrechners Kleincomputer mit einem Computer-Algebra-System im Unterricht und in Prüfungen zu nutzen. Realitätsnahe Fragestellungen, die häufig mit einer hohen rechnerischen Komplexität verbunden sind und damit mit herkömmlichen Methoden in der Bearbeitung zu zeitaufwändig, können dadurch im Unterricht behandelt werden. Die Kleincomputer bieten damit in besonderem Maße die Chance, Mathematik als hilfreiches Werkzeug bei der Analyse und Lösung realer Probleme erlebbar zu machen.

2. Physik

Ingenieurmangel – es gibt derzeit keine Diskussion um das Fach Physik, in der nicht auf den Fachkräftemangel in naturwissenschaftlichen Berufsfeldern hingewiesen wird. Und das zu Recht! Die Förderung eines nachhaltigen Interesses an naturwissenschaftlichen (und speziell physikalischen) Inhalten sowie die Vermittlung eines fundierten Wissens in diesem Bereich ist eine Aufgabe von großer, gesamtgesellschaftlicher Bedeutung. Durch eine verstärkte Anwendungsorientierung und die Bezugnahme auf technische Themen soll das Interesse der Jugendlichen geweckt und stabilisiert werden, während eine verstärkte Handlungsorientierung nicht nur der Vertiefung des Wissens, sondern auch der Vermittlung von grundsätzlichem Selbstvertrauen in die eigenen Fähigkeiten in diesem Bereich dienen soll. Kompetenz, nachhaltiges Interesse und Selbstvertrauen sollen den Boden für steigende Anfängerzahlen in naturwissenschaftlichen Studiengängen bereiten.

3. Informatik

Mit Einführung des achtjährigen Gymnasiums ist die Informatik (zumindest in der naturwissenschaftlich-technologischen Ausbildungsrichtung) als eigenständiges Fach in die Stundentafel aufgenommen worden. Allein schon die Etablierung dieses Fachs stellt eine große Herausforderung dar, die in den kommenden Jahren gemeistert werden muss. Dabei wird es von zentraler Bedeutung sein, den Wert der Vermittlung informatischer Grundbildung und damit den Unterschied zur reinen Anwenderschulung deutlich zu machen. Auch wenn derzeit noch viele hervorragende Ansätze unter dem Personalmangel im Bereich Mathematik/Physik/Informatik leiden – schon in naher Zukunft werden sich die neuen Ideen und Vorhaben in immer größerem Maße an den Schulen umsetzen lassen. Ich bin mir sicher, dass sich dies auch in entsprechend guten Ergebnissen bei den nächsten internationalen Studien niederschlagen wird.

Wolfgang Ellegast

Perspektiven für die Qualitätsentwicklung im naturwissenschaftlichen Fachbereich (Biologie, Chemie)

1. Wozu Naturwissenschaften?

In atemberaubendem Tempo werden weltweit neue Technologien entwickelt, die einerseits ein besseres und längeres Leben verheißen, andererseits aber Ängste und Misstrauen hervorrufen. Um irrationalen Reaktionen vorzubeugen und an gesellschaftlichen Entscheidungsprozessen teilhaben zu können, ist es für jeden heranwachsenden Staatsbürger unerlässlich, sich eine naturwissenschaftliche Grundbildung und Verständnis für naturwissenschaftliches Arbeiten anzueignen. Ohne solches Wissen kann man Vieles nicht verstehen, wichtige Alltagsfragen nicht vernünftig entscheiden und auch nicht verantwortungsvoll mit natürlichen Ressourcen und mit der Umwelt umgehen. Darüber hinaus nehmen die Naturwissenschaften im Wettbewerb der Hochtechnologieländer zweifellos eine Schlüsselstellung ein, da ihre Forschungs- und Entwicklungsergebnisse die Grundlage für wirtschaftlich verwertbare Innovationen bilden. Damit genügend leistungsfähige junge Leute den Weg in naturwissenschaftliche und technische Berufe finden, muss einerseits ein möglichst hohes Kompetenzniveau in der Breite angestrebt werden, andererseits gilt es, mehr begabte Jugendliche für die Naturwissenschaften zu gewinnen. Ihnen muss der naturwissenschaftliche Unterricht eine anschlussfähige Basis für ein entsprechendes Studium bieten können.

2. Wirkungsvoller naturwissenschaftlicher Unterricht

In Reaktion auf internationale Vergleichsstudien wie TIMSS und PISA wurde die Qualität des naturwissenschaftlichen Unterrichts intensiv unter die Lupe genommen. Die Ergebnisse sind eingeflossen in die

- Einheitlichen Prüfungsanforderungen in der Abiturprüfung (z. B. Chemie 2004 www.kmk.org/doc/beschl/EPA-Chemie.pdf),
- Bildungsstandards für den mittleren Schulabschluss 2004 (z. B. im Fach Chemie www.kmk.org/Schul/Bildungsstandards/ChemieMSA 16-12-04.pdf),
- SINUS-Materialien.

Die darin gesammelten Erkenntnisse wurden bei der Lehrplanerstellung für das achtjährige Gymnasium berücksichtigt.
Was sind nun über die fachlichen Inhalte hinaus Merkmale eines qualitätsvollen Unterrichts, der das Interesse der Jugendlichen fördern kann?
Nach wissenschaftlichen Untersuchungen sind dies:

- die Klarheit des fachlichen Inhalts und die Qualität der gebotenen Hilfestellung,
- die Möglichkeit, selbst planen, erproben und erforschen zu können, also eigenständig über das Vorgehen mitzubestimmen,
- die wahrgenommene Bedeutsamkeit des Unterrichtsinhalts z. B. mithilfe wichtiger Anwendungen in realen Lebensbezügen oder auch die Relevanz für die Lehrkraft (ihre Begeisterung),
- das Erleben der eigenen Kompetenz.

Für die Qualitätsentwicklung des naturwissenschaftlichen Unterrichts lassen sich daraus Schwerpunkte ableiten, die auch von den „Zentren für Schulqualität“ bearbeitet worden sind.

3. Schwerpunkte der Qualitätsentwicklung

Basiskonzepte und Grundwissen

Klarheit in den Begriffen über die Fachgrenzen hinweg erleichtert Schülerinnen und Schülern das Verständnis und ist Voraussetzung für die Vernetzung von Wissen unterschiedlicher Fächer miteinander. In fachschaftsübergreifender Kooperation muss dazu wenigstens für die zentralen Definitionen und Bezeichnungen eine für alle mathematisch-naturwissenschaftlichen Fächer gültige Sprachregelung festgelegt sowie abgestimmt werden, welche Begriffe wann und bei welcher Gelegenheit einzuführen sind. Gleiches gilt für die wenigen Basiskonzepte, auf die sich der naturwissenschaftliche Unterricht stützt und die in den verschiedenen Fächern in wiedererkennbarer Form erscheinen sollten. Der lernpsychologische Wert eines Basiskonzepts liegt in der vielfachen Anwendung auf unterschiedliche Inhalte (z. B. Stoff-Teilchen-Konzept) und wird gesteigert, wenn solche Anwendungsbeispiele in den verschiedenen Fächern wiederkehren. Im Verbund mit immer gleichen Begriffen festigen die Schülerinnen und Schüler so einen Grundbestand von Erklärungskonzepten und Anwendungsfertigkeiten. Der Aufbau des gewünschten Grundwissens als Ergebnis kumulativen Lernens setzt jedoch voraus, dass der Unterricht immer wieder auf bestimmte Inhalte zurückkommt. Aufgabe der Fachschaften ist es, sich in regelmäßigen Absprachen über diese Inhalte zu verständigen, Aufgabe der Lehrkraft, mithilfe didaktischer Reduktion die Basiskonzepte und Grundwissenselemente deutlich heraustreten zu lassen.

4. Erkenntnisgewinnung

Das Experimentieren ist die zentrale Methode der Erkenntnisgewinnung im naturwissenschaftlichen Unterricht. Nur durch Experimentieren können die SchülerInnen ein Verständnis für den Forschungsprozess entwickeln, wie es zu Recht auch die Bildungsstandards und die EPA einfordern. Ein zweites, pädagogisches Motiv kommt hinzu. Wie Untersuchungen zeigen, ist das naturwissenschaftliche Interesse von Jugendlichen, die im Unterricht selten forschen oder experimentieren, deutlich geringer ausgeprägt. Um beiden Zielen gerecht zu werden, naturwissenschaftliche Kompetenz und naturwissenschaftliches Interesse zu entwickeln, ist zweierlei zu beachten.

1. Richtiges Experimentieren: SchülerInnen müssen eigene naturwissenschaftliche Fragen formulieren, selbst Untersuchungen planen und eigenständig experimentieren dürfen, sie sollen aber in ähnlich großem

Zeitumfang auch Schlussfolgerungen aus dem Experiment ziehen und eigene Erklärungsansätze aus den experimentellen Ergebnissen ableiten dürfen. Das kostet freilich Zeit, die immer sehr knapp bemessen ist. Dennoch darf auf Experimente im richtigen Maß nicht verzichtet werden.

2. Richtiger Lernmix: Untersuchungen haben gezeigt, dass sehr häufiges „freies Experimentieren", bei dem Schüler also selbstständig Versuche planen und durchführen dürfen, Lernprozesse nicht in optimalem Maß befördert. Vielmehr kommt es darauf an, die selbstständige Entwicklung und Ausführung von Experimenten einzubetten in die gedankliche Vorbereitung sowie in die Auswertung und Interpretation der Ergebnisse und die Übertragung des Gelernten auf Anwendungen. Dies kann gut durch die Zusammenarbeit mit externen Partnern unterstützt werden.

5. Lebensweltbezug

Wenn ein Gymnasium ein Netz außerschulischer Partner wie Unternehmen, Hochschulen und Forschungsinstitute knüpft, so erschließt es für seine Schüler zusätzliche Lernorte mit ausgeprägtem Lebensweltbezug. Und der wirkt sich gleich vielfach positiv aus: Schüler können reale Forscher und aktuelle Forschung erleben und damit authentische Anwendungen von Naturwissenschaft und Technik; Lebensweltbezüge dienen SchülerInnen häufig als Anknüpfungspunkte für ihre Erfahrungen und Interessen und zeigen damit auf, in welchen Bereichen naturwissenschaftliche Zusammenhänge für sie von Bedeutung sein könnten; die Rolle von Naturwissenschaft und Technik für die Gesellschaft kann vor Ort erlebt werden und Schüler anregen, sich weiter mit Naturwissenschaft zu befassen. Um ein komplexes Geschehen wie die Klimaerwärmung verstehen zu können, braucht man Wissen aus unterschiedlichen Disziplinen, das auch noch wirksam verknüpft sein muss. Wenn die SchülerInnen mithilfe ihrer naturwissenschaftlichen Modellvorstellungen dann auch komplexe Phänomene verstehen und damit einen Nutzen ihres Wissens spüren, stabilisiert das ihr Interesse.

Ansprechende Lebensweltbezüge sollen die SchülerInnen begeistern, ihre Freude am Lernen stärken und dies möglichst über die Schulzeit hinaus. Im Biologieunterricht gelingt dies erfahrungsgemäß gut mit lebenden Organismen, von alltäglichen „Allerweltsarten" bis zu Exoten. Richtig im Unterricht eingesetzt, steigern sie die Motivation, die Lernbereitschaft und den Lernerfolg der Schüler.

Mathematischer und naturwissenschaftlicher Fachbereich: die Sicht der Center-Schulen

Christoph-Jacob-Treu-Gymnasium, Lauf

Fachbereichsprogramm

Das Fachbereichsprogramm für den naturwissenschaftlichen Unterricht des CJT-Gymnasium, Lauf beruht im Wesentlichen auf drei Säulen: die Einführung von Grundwissen in allen naturwissenschaftlichen Fächern, die systematische individuelle Förderung von Schülerinnen und Schülern sowie der Einbezug und die enge Anbindung an externe Partner. Diese Module werden im Folgenden vorgestellt. Dabei soll ausführlich auf die erfolgreichen Kontakte zu unseren externen Partnern eingegangen werden, da Gymnasien ohne solche Partnerschaften heute nicht mehr zeitgemäß ausbilden können. Nur durch ein allgemeines Qualitätsmanagement ist die systematische Entwicklung eines Schulprogramms möglich.

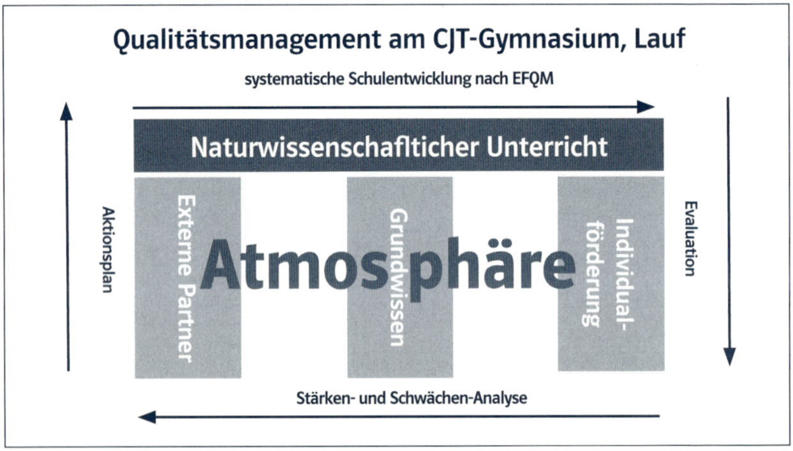

1. Allgemeines Qualitätsmanagement

Das *Christoph-Jacob-Treu-Gymnasium, Lauf* evaluiert seine Effizienz sowie den erreichten Qualitätsstandard regelmäßig nach dem EFQM-Modell (European Foundation of Quality Management). Dazu wird die gegenwärtige Qualität vorbehaltlos, umfassend und systematisch an Hand festgelegter *Standards*, die eigens auf Schulbelange abgestellt wurden, überprüft, um Stärken und Verbesserungsbereiche festzustellen. Die Verbesserungsbereiche ziehen fundierte Maßnahmen zur Qualitätssteigerung nach sich, mit dem Ziel *„Excellence"* zu entwickeln. Dieser Prozess erfordert insbesondere die Anstrengung aller Mitglieder der Schulgemeinschaft, es arbeiten dazu Lehrkräfte, Eltern und Schülerinnen und Schüler zusammen. Er bedarf aber auch der konstruktiven Kritik und der ständigen Rückmeldung der außerschulischen Partner. Wir sind der festen Überzeugung, dass es nicht genügt, punktuell z. B. im Bereich der Mathematik und der Naturwissenschaften einen hohen Standard anzustreben und damit allein den Fokus auf diese Gebiete zu richten, sondern es bedarf, um wirklich ausgezeichnete Leistungen zu erzielen, eines Gesamtkonzepts für alle Bereiche der Schule.

Der Erfolg von Lehrkräften, SchülerInnen in den einzelnen Fächern und Unterrichtsprozessen ist nach unserer Erfahrung maßgeblich von den neun Kriterien des EFQM-Modells abhängig (wie z. B. effektive Führung, motivierte Mitarbeiter, eine Vision und formulierte Ziele für die Schule, externe Partnerschaften und Ressourcen). Sie bilden das unabdingbare Fundament, auf dem es dann fachbezogen aufzubauen gilt. Eine Schule kann nach unserer Ansicht nur dann zum Center of Excellence werden, wenn parallel zu der fachbezogenen Komponente diese Basis systematisch und umfassend aufgebaut ist.

Eine *stetige Qualitätssteigerung in Richtung „Excellence"* ist nur durch einen systematischen und ständigen Verbesserungsprozess erreichbar. Die am CJT-Gymnasium durchgeführten Module unterliegen zu einem erheblichen Teil dem nachstehenden Evaluationszirkel; er soll am Beispiel *Grundwissen* erläutert werden.

2. Grundwissen

Am CJT-Gymnasium besteht in allen naturwissenschaftlichen und vielen weiteren Fächern ein verpflichtendes Grundwissen, auf das sich die jeweilige Fachschaft geeinigt hat (vgl. Homepage des CJT-Gymnasiums). Hier soll die Entwicklung des Grundwissens im Fach Mathematik als Beispiel dienen. *Ziel* der Vermittlung von Grundwissens ist, dass sich Schülerinnen und Schüler nicht nur in einem bestimmten Abschnitt einer Klasse kurzfristig prüfungsrelevantes Wissen aneignen, sondern langfristig in allen Jahrgangsstufen über mathematisch relevante Grundlagen verfügen können (z. B. Bruch- oder Prozentrechnen). Dazu wurden als *Kriterien oder Indikatoren Grundwissenskataloge* für jede Jahrgangsstufe erstellt, deren Inhalt systematisch zu

Beginn des Schuljahres in einem schuleigenen Grundwissenstest sowie in allen Leistungserhebungen geprüft wird (*Datenerhebung*). Um sich darauf vorbereiten zu können, erhalten die Schülerinnen und Schüler am Ende eines Schuljahres Ferienaufgaben. Die systematische *Auswertung* der Tests wird in Fachsitzungen mit allen Fachkollegen ausführlich *kommuniziert* und es werden daraus *Konsequenzen* für den täglichen Unterricht sowie für die weitere Vertiefung des Grundwissens gezogen.

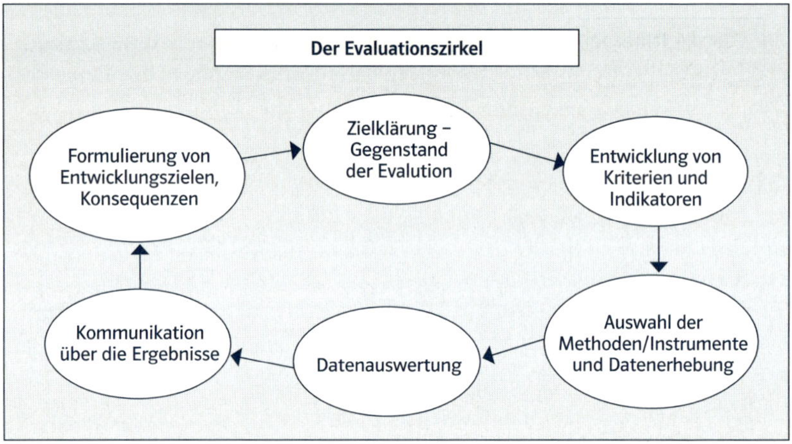

3. Individualförderung

Die Individualförderung ist von der 5. Jahrgangsstufe an bis hin zur Kollegstufe Teil eines *systematischen Konzepts*, sowohl als Bestandteil zusätzlichen Unterrichts als auch in differenzierten Maßnahmen und Kursen. So ist für alle SchülerInnen die Teilnahme an Lernmethodik, Rhetorik, fächerübergreifenden Halbjahresprojekten und dem Berufs- und Begabungstest sowie ein Studien- bzw. Berufsorientierungsseminar in der Oberstufe verpflichtend. Andererseits werden die individuellen Begabungen, Interessen und Neigungen unserer SchülerInnen zusätzlich gefördert. Von der 6. Klasse an können besonders begabte und leistungsfähige Schülerinnen und Schüler aus vielfältigen Zusatzkursen Angebote wählen – teilweise auch an Stelle des Pflichtunterrichts. Dabei hat die Förderung von begabten Mädchen in den Naturwissenschaften einen besonderen Platz. Mit der Möglichkeit, ohne „Bubenkonkurrenz" zu experimentieren oder im technisch-naturwissenschaftlichen Berufsbereich zu „schnuppern", werden Schülerinnen besonders angeregt, sich mit derartigen Berufsbildern auseinanderzusetzen. Aber auch Schülerinnen und Schüler mit besonderem Förderbedarf geben wir in verschiedenen Kursen Hilfestellungen.

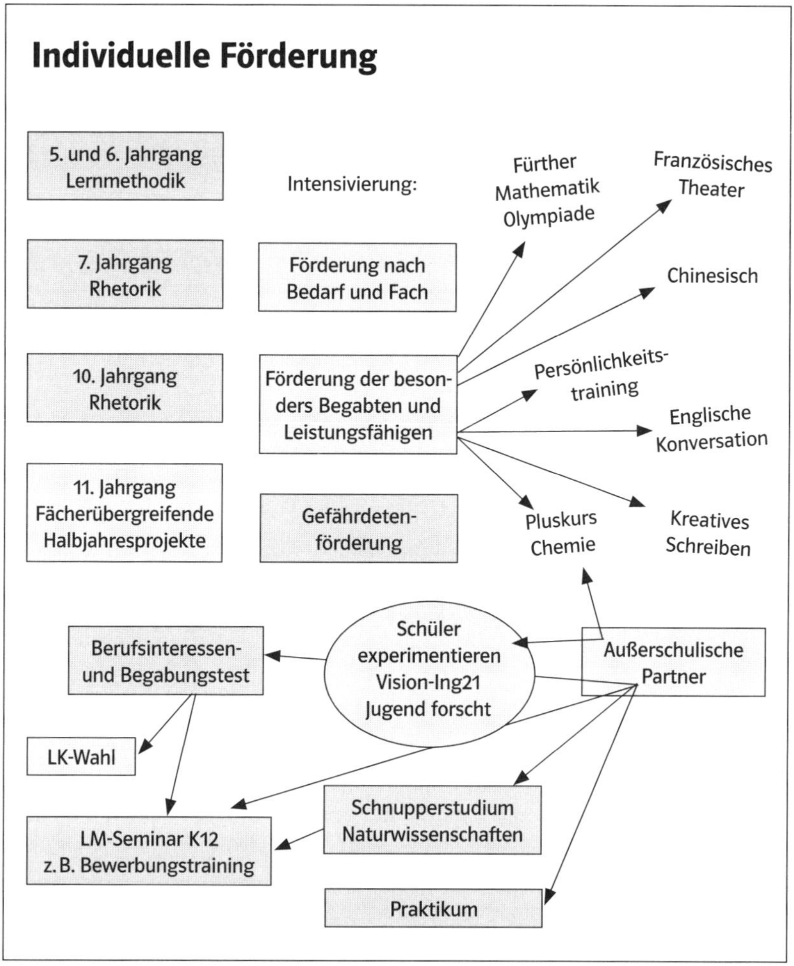

Center of Excellence

Darstellung des Moduls *Externe Partner: Zusammenarbeit stärken – Synergien nutzen*

Schule: CJT-Gymnasium, Lauf

Ansprechpartner: Karl Bögler, Christiana Koops
→ schule@cjt-gym-lauf.de

Zielgruppe
Schülerinnen und Schüler der Fachbereiche des „Center of Excellence"

Anzahl der beteiligten Schüler: ca. 400 Schülerinnen und Schüler

Ziel der Maßnahme
Nachhaltige Verbesserung des naturwissenschaftlichen Unterrichts und gezielte Berufs- und Studienorientierung der Kollegiaten durch Zusammenarbeit mit externen Partnern.

Beschreibung der Maßnahme
„Externe Partner: Zusammenarbeit stärken – Synergien nutzen" (siehe folgend)

Ressourcen (benötigte Materialien, Finanzmittel etc.)
Verfügungsstunde zur Pflege der Partnerschaften (Aktualisierung der Adressdatei und Organisation der Netzwerktreffen)

Schulorganisatorische Rahmenbedingungen (Unterrichtsfach, -stunden etc.)
Alle Fächer des naturwissenschaftlichen Fachbereichs und Geographie (Fachunterricht; Wahl- und Pluskurse)

Ablauf/Durchführung/Zeitplan
Zusammenarbeit mit Partnern ist fest im Unterricht integriert; halbjährliche Netzwerktreffen zum Informationsaustausch

Kurzurteil
Dieses Projekt kann als Vorbild für die Erstellung und die Weiterentwicklung von Partnernetzwerken dienen, da wir mittlerweile langjährige Erfahrungen gesammelt haben und die Zusammenarbeit mit externen Partnern auf jeder Entwicklungsstufe evaluiert wurde. Wir sind somit in der Lage, andere Netzwerke zu bewerten und gezielt Verbesserungsvorschläge zu machen.

Zusammenarbeit stärken – Synergien nutzen

Partnerschaften sind wichtig, da Schule, Hochschule und Wirtschaft wechselseitig aufeinander angewiesen sind. So bemühen sich Universitäten und Unternehmen verstärkt um die Schule, was sich an der Vielzahl von Initiativen und Wettbewerben für Schülerinnen und Schüler zeigt. Das Anliegen dieser vielfältigen Bemühungen ist es, den jeweiligen Ansprechpartner bei Schülerinnen und Schülern bekannt zu machen und Interesse zu erzeugen, da sich aus diesem Kreis der künftige naturwissenschaftliche Nachwuchs rekrutiert. Und diese Akquise wird immer wichtiger: *„2006 fehlten nach Angaben des Vereins Deutscher Ingenieure (VDI) bundesweit 50.000 Fachkräfte, der wirtschaftliche Schaden geht in die Milliarden."* (Ingenieurmangel kostet Deutschland Milliarden, in: Financial Times Deutschland, 08.05.2007).

Dieser Aspekt wird durch die demografische Entwicklung in Deutschland künftig noch an Bedeutung gewinnen. Unseren Beitrag als Schule mit mathematisch-naturwissenschaftlichem Schwerpunkt sehen wir darin, Schülerinnen und Schülern solide Kenntnisse in den Naturwissenschaften und den hohen Stellenwert von Naturwissenschaft und Technik in einer modernen Gesellschaft zu vermitteln. Durch die zusätzlichen Ressourcen unserer außerschulischen Partner sind wir in der Lage, besonders interessierte und begabte Schülerinnen und Schüler in Plus- und Wahlkursen verstärkt zu fördern. Dort können sie unter Anleitung eigenständig Projekte bearbeiten und in regionalen oder überregionalen Wettbewerben wie Jugend forscht, Vision-Ing21 oder beim Schülerforum des VDE/VDI und der Technischen Fakultät der Universität Erlangen präsentieren. Und diese Zusammenarbeit trägt Früchte: Regelmäßig treffen sich über 40 Schülerinnen und Schüler aller Altersstufen an einem Nachmittag pro Woche zum Experimentieren. Und unsere Erfahrung zeigt, wer einmal dabei ist, bleibt meist in der gesamten Schullaufbahn in unserer Forschergruppe.

Jahr für Jahr stellt das Christoph-Jacob-Treu-Gymnasium eine große Teilnehmerzahl für die erwähnten Wettbewerbe. In jedem naturwissenschaftlichen Fach können wir seit längerem immer einen Leistungskurs durchführen, da die Nachfrage von Seiten der Schüler vorhanden ist. Von besonderem Nutzen ist eine solche Öffnung nach außen auch für die Vermittlung einer frühzeitigen Orientierung für den weiteren akademischen oder beruflichen Werdegang. Wie wichtig dies ist, zeigt eine Studie des Hochschul-Informations-Systems *HIS*, nach der im Schnitt jeder vierte Ingenieurstudent sein Studium abbricht, in Maschinenbau und Elektrotechnik ist es sogar mehr als jeder Dritte (Gillmann, B.: Jeder Fünfte bricht sein Studium ab. In Handelsblatt, 15./17.02.2008).

Eine unvollständige Liste allein der Initiativen aus unserer Region:

- Vision-Ing21
- Girls' Day
- Schülertage der Uni Erlangen
- Schülerforum von VDE/Techn. Fakultät Uni Erlangen
- Werksbesichtigungen
- Schnupperstudien
- Invent a Chip
- Praktika
- Betriebsbesichtigungen

Durch diese *Fehlallokation*, um einen wirtschaftlichen Terminus zu gebrauchen, entsteht großer volkswirtschaftlicher und auch persönlicher Schaden. Auch die Politik hat darauf reagiert: Im neuen Lehrplan G8 für die Oberstufe müssen im sogenannten P-Seminar Projekte gemeinsam mit außerschulischen Partnern wie Unternehmen, Behörden oder Hochschulen durchgeführt werden. Da somit bei allen Beteiligten ein großes Interesse an Partnerschaften unterstellt werden kann, ist es leicht, Kontakte zu knüpfen. Diese ergeben sich entweder aus den angeführten Initiativen, oder man kann direkt auf Betriebe oder Behörden vor Ort zugehen; nach unseren Erfahrungen findet man für die Anliegen der Schule immer ein offenes Ohr. Schwierig ist es hingegen, aus zunächst lockeren Beziehungen, die häufig personenbezogen und mehr oder weniger zufällig entstanden sind, eine feste, personenunabhängige Partnerschaft zu machen. Dazu ist es nötig, im Vorfeld die gegenseitigen Erwartungen und Wünsche genau zu klären, feste Ansprechpartner zu benennen und dies in einem mehr oder weniger formellen Vertrag zu fixieren, damit die Partnerschaft für alle Seiten ertragreich gestaltet werden kann. Um unser bereits bestehendes Netzwerk auf dem Weg zur „Excellence" noch zu verbessern, führten wir mit der LGA TrainConsult GmbH, einer Tochtergesellschaft des TÜV Rheinland, im Rahmen eines

Kooperationsprojekts mit der Stiftung Bildungspakt Bayern die Evaluierung der Partnerschaften bezüglich der inhaltlichen Qualität und der Organisation der Partnerschaften durch.

Die Konsequenzen:

- Damit sich unser Netzwerk strukturell entwickeln kann, muss eine *Adressdatei* mit allen wichtigen Informationen *angelegt* und *gepflegt* werden.
- Es müssen *regelmäßige Treffen* (je eines pro Halbjahr) stattfinden, damit sich die Netzwerkpartner kennenlernen und die Synergien des Netzwerks noch besser genutzt werden können. Die Treffen werden jeweils von einem Partner ausgerichtet, der damit die Gelegenheit bekommt, sich dem gesamten Netzwerk vorzustellen. Es wird immer ein bestimmtes Thema festgelegt (z. B. Duale Ausbildung, Bachelor- und Masterstudiengänge mit entsprechenden Fachreferenten; Besuch der Patentauslegestelle der LGA, Besichtigung von Forschungseinrichtungen der Partner), damit die Treffen nicht nur informellen Charakter haben.

Unsere externen Partner

Logos der Partner im Foyer

Beispiele aus unserem Partnernetzwerk

- ***Wir gehen in die Arbeitswelt***:

Für eine frühzeitige Orientierung der Schüler bei der Berufs- und Studienwahl ist ein enger Kontakt zu Unternehmen unerlässlich. Durch Betriebsbesichtigungen, in unserem Exkursionsplan verpflichtend für die 5. und 11. Klassen, und eine Vielzahl von Praktika kann ein realistisches Bild der Berufs- und Arbeitswelt vermittelt werden. Experten aus der Wirtschaft kommen in die Schule und trainieren Schüler für künftige Bewerbungen.

Ein Orientierungspraktikum bei unserem Partner *Siemens PowerGeneration* (jetzt Siemens Energy) bietet ca. 15 Kollegiaten des CJT-Gymnasiums einen vertieften Einblick in die Arbeitswelt eines Global Players. Interessierte Schüler müssen sich offiziell wie für einen Job bewerben und anschließend in einem Assessment-Center präsentieren und erfahren dabei, dass neben guten Noten auch Soft Skills (z. B. Präsentation und Teamfähigkeit) bei der Auswahl eine wichtige Rolle spielen. Während der 3- bis 4-wöchigen Arbeit in den Sommerferien, die attraktiv bezahlt wird, sind die Praktikanten jeweils in Teams mit laufenden Projekten eingebunden und lernen so den Arbeitsalltag kennen. Für einige kann dieses Orientierungspraktikum sogar ein Sprungbrett für den weiteren Ausbildungsweg sein, da die Firma Siemens bei Fachpraktika und Praxissemestern während des Studiums ehemalige Praktikanten präferiert. So ist es nicht verwunderlich, dass die Interessentenzahl in drei Jahren von 23 auf 47 gestiegen ist; beim Wettbewerb Vision-Ing21, einem Projekt des Fördervereins Ingenieurstudium, ist die Zusammenarbeit Schule – Wirtschaft Programm: Schüler haben Ideen, die sie in einem Unternehmen verwirklichen können.

So verbrachten Schüler Nachmittage in der Lehrwerkstatt unseres Partners *Diehl Metall* aus dem benachbarten Röthenbach, um eine Mülltrennmaschine oder einen wischenden und staubsaugenden Roboter zu bauen. Aber die Maschinen sind nur das sichtbare Ergebnis der Zusammenarbeit: Die Jugendlichen sind begeistert von Technik und wissen jetzt, was ein Ingenieur macht!

- ***Wir holen Expertenwissen in die Schule***:

Studenten der *Fachhochschule Triesdorf* haben unter Anleitung von Prof. Asmus als Semesterarbeiten einen Lernzirkel „Boden" für die 5. Klassen entwickelt und mit unseren Schülern vor Ort im Schulgarten durchgeführt, mit einem Aufwand, der für eine einzelne Lehrkraft unmöglich zu leisten wäre.

Teilweise kann das externe Wissen auch unmittelbar in den Unterricht integriert werden: So wird im Leistungskurs Chemie der Lehrplaninhalt Chromatographie von einer ausgewiesenen Expertin mit großem Engagement in einem mehrstündigen Kurs praktisch und theoretisch vermittelt.

Formen der Zusammenarbeit:	
• Unterstützung bei Facharbeiten	• Sponsoring
• Externe Referenten	• Schnupperstudium
• Schulpartnerschaften	• Bewerbungstraining
• Unterstützung bei Projekten	• Praktika
• Betriebsbesichtigungen	• Gemeinsame Projekte

– ***Wir erweitern unser Angebot***:

Eine enge Zusammenarbeit verbindet uns mit dem *Zentrum für Werkstoffanalytik* (*ZWL*), einem Spin-off der Bayerischen High-Tech-Offensive. Das Institut, das direkt neben der Schule liegt, unterstützt uns nicht nur mit Material, z. B. für unsere alljährliche Alchemisten-Show im Rahmen des Schulfestes, mit der wir vor allem jüngere Schüler für die Naturwissenschaften begeistern möchten, sondern betreut auch Experimente für Facharbeiten und bietet Kollegiaten einen Workshop zur Elektronenmikroskopie und modernster Analytik an. So haben ältere Schüler die Gelegenheit, nach einer Unterweisung selbstständig für ihre Projekte an einem Rasterelektronenmikroskop zu arbeiten! Und wenn Klassen einen Ausflug in die Mikro- und Nanowelt machen möchten, gehen sie einfach über die Straße.

Johann-Schöner-Gymnasium, Karlstadt

Fachbereichsprogramm der Naturwissenschaften

- Wir wollen die Effizienz des Unterrichts durch koordinierte Vermittlung von Fachwissen und Methodenkompetenz steigern.
- Wir fördern vernetztes Denken bei Schülerinnen und Schülern durch fächerübergreifendes Handeln.
- Wir wollen durch eine verbesserte Kooperation der Naturwissenschaften die Berufszufriedenheit der Kolleginnen und Kollegen erhöhen.
- Die ergriffenen und beschlossenen Maßnahmen wollen wir jährlich fortschreiben und im Schulalltag institutionalisieren.
- Das Fachbereichsprogramm ist eine Prozessbeschreibung.
- Es sollen Phasen der Überprüfung eingeschaltet und zukünftig Korrekturen vorgenommen werden können.

Das Fachbereichsprogramm ist eine Prozessbeschreibung, die in den einzelnen naturwissenschaftlichen Fächern unterschiedlich weit gediehen und verwirklicht ist. In Phasen der Überprüfung sollen Änderungsvorschläge diskutiert und, wenn notwendig, eingebaut werden.

Maßnahmen

(1) Maßnahmen, die Unterrichtsinhalte und Methoden betreffen

Fächerübergreifende Zusammenarbeit
Für die naturwissenschaftlichen Fächer des G8 wurde für die Unterstufe ein gemeinsames, verpflichtendes Minimalprogramm festgelegt. Es umfasst sowohl inhaltliche Vereinbarungen, z.B. bezüglich der Fachsprache, allgemeiner naturwissenschaftlicher Methoden und Konzepte als auch zeitliche Absprachen. Die Fortsetzung dieser Zusammenarbeit für die Mittelstufe ist mit Fortlaufen des G8 geplant. So soll für die naturwissenschaftlichen Fächer eine gemeinsame Jahresplanung erstellt werden, indem die Lehrpläne überprüft, Lerninhalte abgeglichen und gemeinsame Projekte geplant werden. Auch die Vorgaben der Bildungsstandards sollen dabei Berücksichtigung finden.

Grundwissen
Das in allen Fachschaften bereits vorhandene Grundwissen wird veröffentlicht. Es soll regelmäßig im Unterricht genutzt werden, auch im Rahmen von fächerübergreifenden Aufgabenstellungen. Zudem ist es ein selbstverständlicher Bestandteil jeder Leistungserhebung.

Experimentalkompetenz
Die Phasen des naturwissenschaftlichen Erkenntnisweges sollen eingeübt werden. Dazu werden verschiedenste, v.a. auch praktische Aufgaben zur Hypothesenbildung, Planung, Durchführung und Protokollierung von Experimenten bearbeitet. Dazu müssen einheitliche Vorgaben für alle Fächer vereinbart werden.

Aufgabenkultur
In fächerübergreifenden Teams werden Aufgaben v.a. zu den Kompetenzbereichen Erkenntnisgewinnung, Kommunikation und Bewertung erarbeitet, die im Rahmen des Unterrichts Anwendung finden können. Sie werden allen Kollegen zur Verfügung gestellt.

(2) Organisatorische Maßnahmen

Eine Steuergruppe ist zuständig für die Planung und Koordination der Maßnahmen. Sie setzt sich aus vier Lehrkräften zusammen, die unterschiedlichen Fachschaften angehören und sich wöchentlich in einer gemeinsamen Teamstunde treffen. Diese Gruppe bereitet die gemeinsamen Sitzungen vor, organisiert, dokumentiert und bespricht die Ergebnisse. Halbjährlich finden von der Steuergruppe organisierte fächerübergreifende Fachsitzungen statt. Im Rahmen dieser Sitzungen werden Arbeitsthemen festgelegt, Arbeitsgruppen gebildet, (Zwischen-)Ergebnisse vorgestellt und diskutiert und letztendlich Beschlüsse gefasst, die für alle Fachschaften verbindlich sind.

Für die Arbeit in den fächerübergreifenden Teams sind im Stundenplan gemeinsame Stunden vorgesehen. Im Rahmen der Zusammenarbeit der Fachschaften werden anstehende Maßnahmen organisatorischer Art, wie z. B. Ausstattung und Räumlichkeiten, in zusätzlichen gemeinsamen Fachbetreuerkonferenzen erörtert.

Center of Excellence

Darstellung des Moduls *KoMet* – *Koordiniertes Methodenlernen*

Schule: Johann-Schöner-Gymnasium, Karlstadt

Anprechpartner: Wolfgang Merklein, StD
JSG.Karlstadt@t-online.de

Zielgruppe
Schülerinnen und Schüler der Klassen 5, 6 und 7 in allen Fächern

Anzahl der beteiligten Schüler: ca. 400 Schülerinnen und Schüler

Ziel der Maßnahme

KoMet (Koordiniertes Methodenlernen)
Durch KoMet verändern wir den Blickwinkel auf das Lernen. Wir sehen nicht in erster Linie das, was wir als Lehrer unterrichten müssen, sondern lenken den Fokus des Unterrichtens auf die Fragestellung, was sollen unsere Schülerinnen und Schüler können, welche Fähigkeiten sollen sie entwickeln im Umgang mit dem Gelernten und welche Kompetenzen sind für sie für ein lebenslanges Lernen notwendig. Durch diese Betrachtungsweise steht für uns das Lehren, Lernen und Anwenden eines gemeinsamen fächerübergreifenden Methodenrepertoires im Mittelpunkt.

Der Lehrplan gibt verpflichtende Unterrichtsinhalte vor, die in der Koordinierung und in Verbindung mit den gelernten und eingeübten Methoden in den einzelnen Fächern der Unterstufe eine Verbesserung der Lernkompetenz ermöglichen. Der kompetente Umgang mit Medien ist notwendig, um gelerntes Wissen zeitgemäß darzustellen und für andere Wissensbereiche anwendbar zu machen.

Für alle Fächer in der 5., 6. und 7. Klasse gibt es einen Grundwissenskatalog entsprechend dem Profil der Schule, der eine Verzahnung von Lerninhalten und Methoden beschreibt.
Der aktuelle Stand der gelernten Methoden und Kompetenzen wird von den Fachlehrern in der Klasse auf dem Methodenraster dokumentiert.

Beschreibung der Maßnahme
Bei diesem Unterrichtsmodell gibt es in der Klasse 5 KoMet als einstündiges Fach und als übergreifendes Konzept im Fachunterricht. In der 6. und 7. Klasse entfällt das einstündige Fach und es bleibt nur das fachmethodische Konzept übrig. Ab der 7. Klasse wrid das Erlernen von Kompetenzen in einem weiteren schulinternen Modell, genannt KosMoS (Koordiniertes Modell Sekundarstufe), verwirklicht. **KoMet als einstündiges Unterrichtsfach in der Klasse 5** In der 5. Klasse wird KoMet (Koordiniertes Methodenlernen) im 1. Vierteljahr zweistündig pro Woche unterrichtet. Dabei geht es darum den Schülerinnen und Schülern grundsätzliche Arbeitstechniken und Methoden für alle Fächer gültig zu vermitteln. Dies erfolgt in enger Verzahnung mit den Lerninhalten der Unterrichtsfächer der 5. Klasse (Modell ähnlich dem „Lernen lernen").

Johann-Schöner-Gymnasium, Karlstadt
Koordiniertes Methodenlernen

Übersicht über die Unterrichtsinhalte im fächerübergreifenden KoMet-Unterricht der 5. Klassen

	Kompetenz/Inhalt	U-Std	Datum	Koordination/Evalution
Erster Teil des KoMet-Unterrichts (ca. 9 Wochen, 2 Std./Woche)				
1	Bedeutung des Lernens	1		
2	Führen eines Hausaufgabenheftes	1		Koordination mit den Klassenlehrern
3	Terminplaner	1		
4	Die Organisation des Schreibtisches	–		Infoblatt an die Eltern
5 6	Sinnvolles Packen der Büchertasche	1		
7	Frühstück und Pausenbrot	–		Infoblatt an die Eltern
8	Vorgehen bei der mündlichen Hausaufgabe	2		
9	Schulaufgabenvorbereitung	2		Anleitung an die Eltern
10	Texterschließung (5-Stunden-Lesetechnik)	2		Anleitung an die Klassenlehrer
11	Texte gliedern und unterstreichen	2		
12	Erstellen einer Mind-Map	2		Fragebogen an die Klassenlehrer
13	Tipps zum Vokabellernen	3		Absprache mit Fremdsprachenlehrer

Zweiter Teil des KoMet-Unterrichts (ca. 9 Wochen, 1 Std./Woche)				
14	Texterschließung (Stichwortzettel)	2		
15	Übungen zum Vortragen von Ergebnissen	2		Absprache mit dem Deutschlehrer und den Klassenlehrern
16	Leseregeln	1		
17	Energiefresser	1		
18	Mutmacherstunde			
19	Erstellen einer Mind-Map am Computer	1–2		Kooperation mit KL (Medienkompetenz)

Die Kolleginnen und Kollegen, die in der 5. Klasse unterrichten, bilden ein Team, das gemeinsam den Unterricht konzipiert und vorbereitet. Gemeinsame Arbeitsmaterialien stehen in einem Ordner zur Verfügung.
Der Klassenleiter erhält ebenfalls im 1. Vierteljahr eine zusätzliche Stunde, um durch pädagogische Aktivitäten die Klasse zusammenzuführen.
Zum 2. Viertel des Schuljahres setzt die Intensivierung in der geteilten Klasse in den Kernfächern für alle Schüler der 5. Klasse ein und dauert bis zum Ende des 3. Viertels. Danach übernimmt der KoMet-Lehrer die in zwei Gruppen aufgeteilte Klasse und fährt mit dem Koordinierten Methodenlernen fort. Zur gleichen Zeit hat der Klassenleiter eine zusätzliche Stunde für Projekte und in der geteilten Klasse (parallel zu KoMet) unterrichtet er nach dem Lehrplan Medienkompetenz.

<table>
<tr><th>Zeitliche Aufteilung</th><th>Fach/Unterricht</th><th>Fach/Unterricht</th><th>Fach/Unterricht</th><td rowspan="6">Koordiniertes Methoden-Lernen

wird verbunden mit Inhalten im Fachunterricht

Siehe dazu Lernplantafeln in den Klassenzimmern</td></tr>
<tr><td>Bis Allerheiligen</td><td>KoMet
Koordiniertes Methodenlernen</td><td>KoMet
Koordiniertes Methodenlernen</td><td>Klassenleiter
Organisatorisches Sozialkompetenzen</td></tr>
<tr><td>Bis zum Halbjahr</td><td>Deutsch/Englisch
Fördern
Intensivierung</td><td>Englisch/ Mathematik
Fördern
Intensivierung</td><td>Mathematik/ Deutsch
Fördern
Intensivierung</td></tr>
<tr><td>Bis Pfingsten</td><td>Deutsch/Englisch
Fördern
Intensivierung</td><td>Englisch/ Mathematik
Fördern
Intensivierung</td><td>Mathematik/ Deutsch
Fördern
Intensivierung</td></tr>
<tr><td rowspan="2">Bis zum Schuljahresende
Ab diesem Zeitpunkt wird die Klasse geteilt
(wegen Verrechnung der Lehrerstunde)</td><td>KoMet
Koordiniertes Methodenlernen</td><td>KoMet
Koordiniertes Methodenlernen</td><td rowspan="2">Klassenleiter
Klassenprojekte
(siehe Lehrplan)</td></tr>
<tr><td>Klassenleiter
Medienkompetenz</td><td>Klassenleiter
Medienkompetenz</td></tr>
</table>

In der 5. Klasse werden nach Lehrplan 4 Sportstunden unterrichtet. Die Experimentalstunde für Natur und Technik liegt am Nachmittag. Die Klasse wird geteilt (nach Alphabet), sodass die Schüler wechselnd alle 14 Tage Nachmittagsunterricht haben. Die Schülerinnen und Schüler haben 31 Stunden Unterricht pro Woche.

5. Klasse Modell

(Beispiel aus dem Schuljahr 2005/6)

Unter der Prämisse, dass es organisatorisch möglich ist, werden die Jahresstunden geviertelt (je ca. 9 Stunden):

Bis 18. 11. 05	KoMet	KoMet	Klassenleiter	← ganze Klasse
Ab 21. 11. 05	**D/E**	**E/M**	**M/D**	← geteilte Klasse
Bis 12. 5. 06	**D/E**	E/M	**M/D**	← geteilte Klasse
Bis 28. 7. 06	KoMet Medien-kompetenz	KoMet Medien-kompetenz	Klassenleiter Projekte	← ganze Klasse / geteilte Klasse

Lehrerstunden

Bis Allerheiligen	KoMet	KoMet	Klassenleiter
Bis zum Halbjahr	**D/E**	**E/M**	**M/D**
Bis Pfingsten (je nach Jahr)	**D/E**	E/M	**M/D**
Nach Pfingsten (je nach Jahr)	KoMet/MK	MK/KoMet	Klassenleiter Projekte

In Angleichung an das Profil unserer Schule sollten zwei Intensivierungsstunden nach Pfingsten je nach Möglichkeiten des unterrichtenden Lehrers der Medienkompetenz (Computer, Internet, Textverarbeitung, Maschinenschreiben, etc.) **gewidmet werden.**

- Mathematik 1 LS
- Deutsch 1 LS
- Englisch 1 LS
- Komet 1 LS
- Klassenleiter 0,5 LS
- MK 0,5 LS

Wenn der Klassenleiter die Einführung in die Medienkompetenz übernimmt, werden halbe Lehrerstunden vermieden.

KoMet als fächerübergreifendes Konzept in den Klassen 5, 6 und 7
Gleichzeitig besteht, wie oben schon erwähnt, ein schulinternes Methodenraster, erarbeitet aus den Fachlehrplänen, für die Klasse 5, 6 und 7. Das Raster hängt vergrößert in Druckform in den Klassenzimmern aus, sodass alle Fachlehrer die eingeführten Methoden bzw. Inhalte mit Datum und Übungsform vermerken können. Somit entsteht ein Überblick, wann welche aufgelistete Methode mit welchem Inhalt, in welchem Fach eingeführt, geübt oder vertieft wurde.

Methodenraster Klasse 5 (G8)	
	Methode / Technik
1	**Beschaffen und Auswerten von Informationen** • Gezielte Förderung der Lesefähigkeit: – Flüssiges, gestaltendes Lesen durch Befolgen von besprochenen Regeln – Bei fremdsprachlichen Texten: lautgetreue Imitation, rezeptiver Umgang mit Lautschrift – Sinnentnehmendes Lesen, überprüft durch Fragen direkt nach dem Lesen – Strukturierung des Textes durch Überschriften für einzelne Abschnitte – Markieren von Schlüsselwörtern – Leseförderung durch: Buchvorstellung, Besuch von Büchereien, Buchhandlungen, Klassenbücherei (Lernen der Nutzung), Lektüren im Unterricht, Nutzung des Internets Strukturieren der Information (Notiz- / Spickzettel, Tafelanschriften) – Bildbetrachtung (Fragen stellen und Thesen werten)
2	**Erstellen von schriftlichen Arbeiten** • Umformen von Texten • Textproduktion auf Grund von verschiedenen Erzählanlässen
3	**Naturwissenschaftliches Erkunden** • Neugier in Fragestellungen umsetzen • Sammeln, Betrachten, Beobachten, Untersuchen • Fähigkeit zum Messen • Textproduktion auf Grund von verschiedenen Erzählanlässen • Experimentieren: Umgang mit einfachen Lebewesen, Arbeiten mit Rezepten qualitative Analyse • Mathematische Grundlagen: einfache dezimale Messwerte und einfache Bruchteile, geografische Orientierung (Umgang mit kartografischen Darstellungen)
4	**Experimentelle Ergebnisse fixieren und auswerten** • Verbalisieren von Versuchsergebnissen • Protokollieren von Versuchen • Skizzen erstellen • Diagramme erstellen, • Auswerten von Ergebnissen • Mathematische Grundlagen (direkte und indirekte Proportionalität, Prozentrechnung), • Experimentieren mit neuen Techniken
5	**Präsentieren** • Selbstständiges und strukturiertes Gestalten • Tafelanschrift, Folien, Mind-Map, Plakate • Ausarbeiten von Layout-Aufgaben • Präsentieren von Experimenten auch am PC
6	**Vortragen, mündlicher Sprachgebrauch** • Vortrag bzw. szenisches Spiel vor der Klasse (dabei Einüben von Reaktionen in Standardsituationen) • Theatersequenzen, Verhältnis von Spannung und Sprachgebrauch
7	**Eigenständiges Arbeiten in offenen Unterrichtsformen** • Freiarbeit • Projektbezogenes Arbeiten • Gruppenarbeit • Stationenarbeit
8	**Systematisches Lernen und Wiederholen** • Techniken des Vokabellernens (u. a. Führen eines Vokabelhefts, Aneignung, Selbstkontrolle und Wiederholen der Vokabeln) • fächerübergreifend: Methoden der Fehlerfindung und der selbstständigen Korrektur
9	**Erkennen und Bewusstmachen von Sprachstrukturen** • Anwenden bereits erlernter Methoden auf die 2. Fremdsprache • Vertiefter Umgang mit Sprachregeln der 2. Fremdsprache • Erkennen der Übersetzungstechnik

JGS, Karlstadt

Einführung		Übungen		Bemerkungen
Datum	Fach			

Arbeitshinsweise für die Kollegen zum Methodenraster 5. Klasse

Die Methoden sind teils fachspezifisch, aber auch fächerübergreifend. Ziel ist die Einführung und Übung aller vorgesehenen Methoden und deren flexible Anwendung in möglichst vielen Fächern. Zu diesem Zweck ist es sinnvoll zu dokumentieren, wann welche Methode eingeführt bzw. weitergeübt wurde. So vermeidet man mehrmalige Einführung bzw. kann auf Bewährtes bereits zurückgreifen.

Die Vorgehensweise ist so gedacht: Fachkollegen führen ihre fachspezifischen Methoden passend zu den Lerninhalten ein. Dazu erfolgt ein Beitrag in der dafür vorgesehenen Spalte (Datum und Fach) im Methodenraster, sodass für die Kollegen ersichtlich ist, wann welche Methode eingeführt wurde, die dann im eigenen Fach eventuell verwendet werden kann. Wenn auf dieselbe Methode zurückgegriffen wurde, soll ein weiterer Eintrag in der Spalte „Übung" erfolgen. Außerdem soll gekennzeichnet werden, in welchem Fach die Methode verwendet wurde. Es entsteht somit ein Überblick und Nachweis – und auch eine Verbindlichkeit – über die Verfügbarkeit von Methoden.

Ressourcen (benötigte Materialien, Finanzmittel etc.)
– Lehrerteam ausgebildet als KoMet-Lehrer (Inhalte, Unterrichts- und Arbeitsmethoden, moderiertes Unterrichten) – Teamsitzungen für Absprachen (Zeitfenster) – Fortbildung in Moderationstechniken, fünf Moderationskoffer für den Unterricht – Materialien, Papier, Folien, Laminate, Stifte, Literatur ca. 500 € – Druck des Methodenrasters zum Aufziehen aus Kömatex-Platten (Kunststoff) für später wieder abwaschbare Einträge mit Folienstiften und zum Aufhängen in den Klassenzimmern. Ca. 300 € (beziehbar im Grafikbedarf und in Druckereien) – Gemeinsamer Pool von Arbeitsblättern, um die Stunden in allen 5. Klassen gleichmäßig zu konzipieren. – Regelmäßige Absprachen der Kolleginnen und Kollegen.

Schulorganisatorische Rahmenbedingungen (Unterrichtsfach, -stunden etc.)
Wir nutzen die vorhandenen Intensivierungsstunden im G8 in der 5. Klasse kreativ und teilen sie unter Klassenleiter, Fachlehrer und KoMet-Lehrer auf. Die Stunden des KoMet-Lehrers im Unterricht der 5. Klasse und des Klassenleiters müssen aus den Intensivierungsstunden genommen werden, es sei denn, es stehen genügend Stunden im Budget der Schule zur Verfügung. Es gibt für den Unterricht des Klassenleiters (Integrationsaufgaben zu Schulbeginn, Medienkompetenz) und der KoMet-Lehrer und für den Unterricht in der Intensivierung einen eigenen Stundenplan, der dreimal im Jahr wechselt. So haben KoMet-Lehrer und Klassenleiter gleich im 1. Viertel des Schuljahres zusätzliche Stunden, die dann an die Kolleginnen und Kollegen für die Intensivierung übergehen, die für alle Schülerinnen und Schüler einsetzt (erste Arbeiten sind geschrieben, Leistungsstand ist sichtbar). Dieser Förderunterricht wird nach einem halben Jahr beendet, sodass erneut zwei Stunden an den KoMet-Lehrer (Klasse wird geteilt) und 3 Stunden an den Klassenleiter (Medienkompetenz, Unterrichtsprojekte, Klasse wird parallel zu KoMet geteilt) übergehen.

Ablauf/Durchführung/Zeitplan

Die Erarbeitung der Lehrpläne am JSG erfolgte in drei Jahren. Die Maßnahmen wurden zweimal evaluiert und Nachbesserungen durch die Einführung von G8 vorgenommen. Der Unterricht in KoMet (einstündig) und Medienkompetenz ist inzwischen Bestandteil des „Schul-Kontinuums". Die Schülerinnen und Schüler führen einen Kompetenz-Ordner (Schöner-Ordner), in dem alle Dokumente, Zeugnisse, Bestätigungen und Kompetenzbeschreibungen abgelegt werden. Dies gilt vor allem ab der 7. Klasse, wenn der Unterricht mit dem KosMoS-Modell verbunden wird, das im Rahmen der Intensivierungsstunden auf das Erlernen von Kompetenzen abzielt.

Kurzurteil

Ein gut moderierter KoMet-Unterricht macht den Schülern viel Freude und kann eng verzahnt mit dem Fachunterricht den Schülern Erfolgserlebnisse ermöglichen. Die Vertreter des „Runden Tisches" (Schüler, Eltern und Wirtschaftsvertreter) begrüßen das Modell als richtungsweisend und sind begeistert von dieser methodischen Komponente in Verzahnung mit Lerninhalten. Es bedarf einer sorgfältigen Stundenplangestaltung und großen Engagements der Kolleginnen und Kollegen.

Sonstiges, Bemerkungen

Es muss darauf geachtet werden, dass die Lehrer die methodischen Komponenten verstärkt in den Unterricht einbauen und diese stoffbezogen mit Lerninhalten verknüpfen. Die Dokumentation der gelernten und eingeübten Methoden und Kompetenzen muss zwingend über das Methodenraster erfolgen. Der methodische Anteil des Unterrichts muss mit den Schülern reflektiert werden.

Vorhandene Materialien

- Schulinterner Lehrplan zum KoMet
- Schulinterner Lehrplan für die Medienkompetenz der 5. Klassen
- Arbeitsblätter für KoMet Unterricht
- Stundenraster für KoMet-Unterricht
- Kommunikations- und Organisationsstruktur für die Planung
- Evaluationsbögen für den KoMet-Unterricht
- Methodenraster für die Klassenzimmer
- Reflexionsbögen für die Schüler
- PowerPoint-Präsentationen für die Fortbildung

Ansprechpartner: Wolfgang Merklein, StD, Günther Wolf, StD
Bodelschwinghstraße 29, 97753 Karlstadt, Tel. 09353 7474, Fax. 09353 4156
e-mail: JSG.Karlstadt@t-online.de , www.jsg-karlstadt.de

Apian-Gymnasium, Ingolstadt

Fachbereichsprogramm

1. Zielsetzungen

Bei der Teilnahme am Projekt „Centers of Excellence – Zentren für Schulqualität" verfolgte das Apian-Gymnasium unter dem Motto „Naturwissenschaft und Technik – kommunizieren und erleben" von Beginn an vor allem zwei Ziele: Zum Ersten sollten die verschiedenen kreativen Einzelprojekte aus dem Bereich Naturwissenschaft und Technik koordiniert und in ein schlüssiges Gesamtkonzept gebracht werden. Zum Zweiten sollten die entwickelten Ideen möglichst leicht von anderen Schulen übernommen werden können, sodass die von einem Center of Excellence erwartete Multiplikatorenfunktion auch tatsächlich erfüllt werden kann.

2. Konzeption der Module

Jedes zu entwickelnde Modul (Unterrichtseinheit, außerstundenplanmäßiges Projekt etc.) soll gewissen Grundanforderungen genügen, die daher bereits bei der Konzeption beachtet werden müssen.

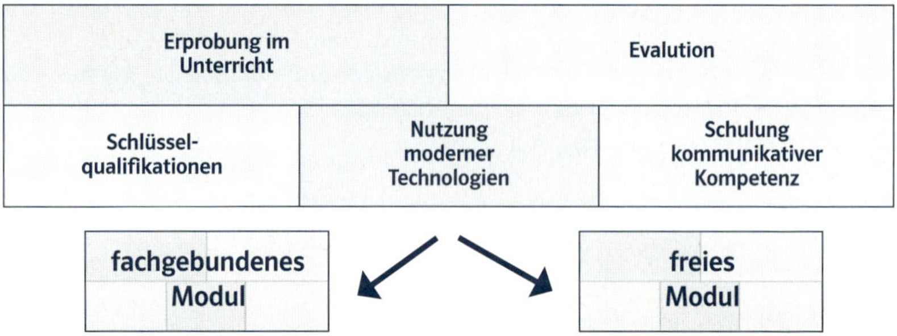

Besonderer Wert wird auf die Vermittlung von Schlüsselqualifikationen, auf die sinnvolle Einbeziehung moderner (Kommunikations-)Technologien und auf die Schulung der kommunikativen Kompetenz der Schüler gelegt. Alle Module werden im Unterricht erprobt und durchlaufen anschließend eine Evaluation. Es wird zwischen zwei Arten von Modulen unterschieden: Die *„freien" Module*, die in verschiedenen Fächern eingesetzt werden können, und die *„fachgebundenen" Module*, die hauptsächlich in einem bestimmten Schulfach Verwendung finden. Gemäß unserem Motto „Naturwissenschaft und Technik – kommunizieren und erleben" finden sich die „freien" Module vor allem im Bereich der Anwendung von modernen (Kommunikations-) Technologien, die „fachgebundenen" Module vor allem im Teilbereich „erlebte Naturwissenschaften".

3. Entwicklung eines Fachbereichprogramms

Um die verschiedenen Module koordinieren zu können, wurde ein Gesamtkonzept erstellt, in dem alle Module des Fachbereichs Mathematik und Naturwissenschaften sinnvoll aufeinander abgestimmt werden.

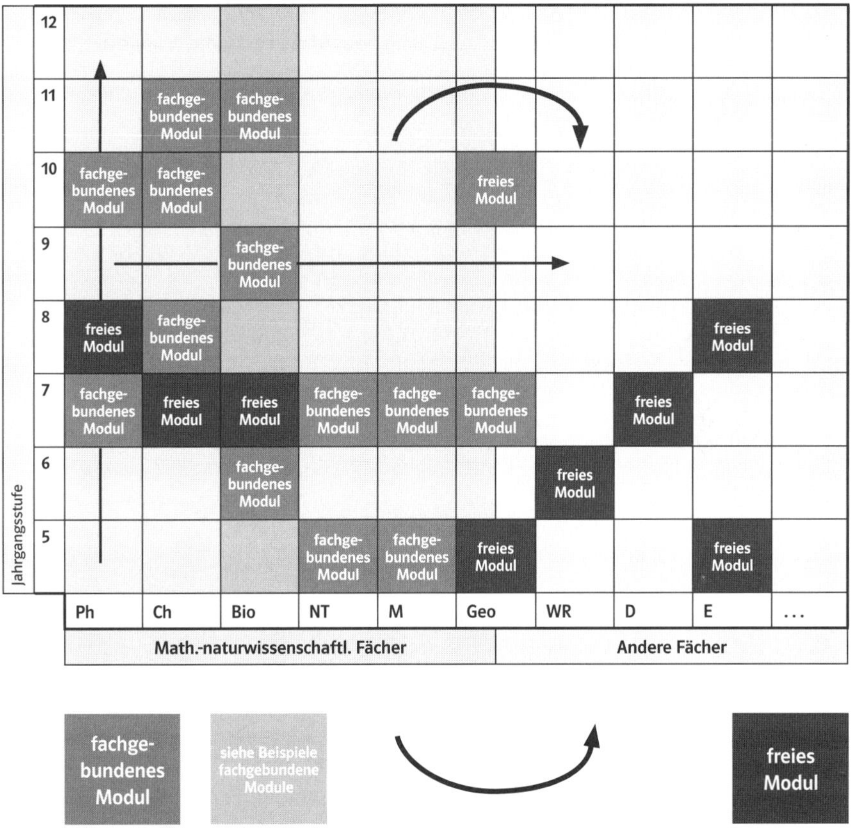

Unser Fachbereichsprogramm besteht aus einer festen Integration bestimmter Module in bestimmten Fächern bzw. in bestimmten Jahrgangsstufen. So werden „fachgebundene" Module in einem schul- bzw. fachinternen Curriculum je nach Anforderungsniveau auf verschiedene Jahrgangsstufen verteilt. In einer Jahrgangsstufe durchlaufen die Schüler verschiedene (fachgebundene und freie) Module in unterschiedlichen Fächern. Insgesamt wird dadurch erreicht, dass alle Schülerinnen und Schüler an den neu entwickelten Konzepten Anteil haben. Außerdem ermöglichen die „freien" Module (bereitgestellt v. a. durch das HERMES-Projekt zur Entwicklung und Erprobung eines modularen Modells im Bereich Kommunikation, Kommunikationstechnologie und Schlüsselqualifikationen) auch die Einbeziehung anderer Fachbereiche.

Die Integration der aufeinander aufbauenden Module in den verschiedenen Jahrgangsstufen und die Kombination mit den zur Verfügung stehenden „freien" Modulen ergibt ein abwechslungsreiches Programm, das von anderen Schulen ebenso leicht übernommen wie abgewandelt werden kann.

4. Systematischer Ausbau der Module

Auf der Basis des Fachbereichsprogramms werden nun schrittweise die vorhandenen Module um weitere ergänzt. Dabei wird v. a. auf die angemessene Verteilung auf alle Jahrgangsstufen und Fächer sowie die Einbeziehung möglichst vieler Fächer geachtet.

Insgesamt erwuchs so aus der Teilnahme am Projekt „Center of Excellence" ein Programm zur qualitativen Entwicklung der gesamten Schule.

5. Entwickelte Module am Apian-Gymnasium (in Auswahl)

freies Modul *Freie Module* freies Modul	fachgebundenes Modul *Fachgebundene Module (beispielhaft aus Biologie)* Bio
Tastaturschreiben (in Zusammenarbeit mit dem Elternbeirat des Apian-Gymnasiums)	**Biologie** ausgewählter Wirbeltiere durch Beobachtung an lebenden Tieren
Digitale Fotografie und PowerPoint (Unterstufe)	Der **Boden als Lebensraum**
Kreativitätstraining und Teamarbeit (in Zusammenarbeit mit Erfinderklub „Querdenker")	**Bau und Lebensweise von Gliederfüßern** an lebenden Exemplaren
Präsentationstraining (in Kooperation mit Audi AG Ingolstadt)	Experimentelle Entwicklung der **Leistung von Sinnesorganen**
Projektmanagement (in Kooperation mit dem Siemens Forum München)	Zusammenhang zwischen Bau und Eigenschaften ausgewählter **Biomoleküle**
Roboter programmieren I und II (in Kooperation mit der Fachhochschule Ingolstadt, und dem DLR-School-Lab Oberpfaffenhofen)	**Mutationen und Gentechnik** am Beispiel der Master-Gene
Videokonferenzen planen und durchführen (in Kooperation mit BliK – Berufe live im Klassenzimmer und dem Bildungswerk der Bayerischen Wirtschaft e. V.)	**Einsatz von lebenden Organismen im Rahmen des Biologie-Unterrichts** am Gymnasium (Zielgruppe Biologielehrer; vgl. Beispielmodul des Apian-Gymnasiums)

6. Weiterführende Informationen

Über weitere freie und fachgebundene Module informiert die Homepage des Apian-Gymnasiums Ingolstadt unter www.apian.de.

Center of Excellence

Darstellung des Moduls *Vivarium – Einsatz lebender Organismen im Biologieunterricht (Beschaffung, Durchführung und Organisation)*

Schule: Apian-Gymnasium, Ingolstadt

Ansprechpartner: Markus Zeller
markus.zeller@VR-web.de

Zielgruppe
Alle Biologielehrer an weiterführenden Schulen, insbesondere Gymnasiallehrer

Anzahl der beteiligten Schüler: variabel

Ziel der Maßnahme
Anhand von konkreten Beispielen, die bereits am Apian-Gymnasium umgesetzt bzw. erprobt wurden, werden Möglichkeiten der Haltung und des Einsatzes von lebenden Organismen am Gymnasium aufgezeigt. Der Schwerpunkt liegt dabei auf Arten, die sich besonders leicht pflegen und halten lassen (wenig Aufwand für die betroffenen Lehrer) und an denen möglichst viele biologische Basiskonzepte im Unterricht behandelt werden können. Geeignete Arten sind beispielsweise (Auswahl): – Kornnatter (*Elaphe guttata*) – Axolotl (*Ambystoma mexicanum*) – Farbmaus (*Mus musculus domesticus*) – Diverse Aquarienfische (einzelne Arten sind in den Modulen vorgestellt) – Achatschnecke (*Achatina fusca*) – Diverse Gespenstschrecken (z. B. *Eurycantha spec.*) – Mehlkäfer (*Tenebrio molitor*) – Schaben (z. B. *Periplaneta spec.*) – Mutationen der Fruchtfliege *Drosophila* – Ameisen in einem Formicarium (z. B. *Lasius niger*)

Abb. 1: Albino-Form des Axolotls

Abb. 2: Kornnatter

Alle Tiere können in der Regel ohne Probleme im Zoofachhandel erworben werden, *Drosophila*-Stämme erhält man im Lehrmittelhandel, Ameisen (Naturschutzrichtlinien beachten!) können aus der Natur entnommen und in Formicarien untergebracht werden.

Mittlerweile liegen konkrete Skizzen und Vorschläge für einzelne Unterrichtseinheiten vor. Momentan liegt dabei der Schwerpunkt auf den Themenbereichen aus dem Fach Natur und Technik der gymnasialen Unterstufe sowie auf der Kollegstufe des G9. Mit Fortschreiten des achtjährigen Gymnasiums werden in Zukunft laufend weitere Entwürfe und erprobte Unterrichtseinheiten für die Mittel- und Oberstufe folgen.

Ressourcen (benötigte Materialien, Finanzmittel etc.)

Abhängig von der Art und der Anzahl der gehaltenen Organismen. Kosten entstehen insbesondere bei der Anschaffung der Lebewesen selbst, durch die Behälter für die artgerechte Haltung und die Technik. Auch müssen die laufenden Kosten (v.a. Futter) bedacht werden.
Zur Versorgung der Tiere hat sich eine Wahlfach-Gemeinschaft bewährt, die einmal wöchentlich die anfallenden größeren Arbeiten (z. B. Reinigung) erledigt. Hier sind mittlerweile ca. 60 Schüler beteiligt, was eine Gruppenbildung und Rotation nötig macht. Ergänzt wird diese Gruppe vom etwa 10-köpfigen „Pausenteam", das in jeder großen Pause die täglichen Arbeiten wie z. B. die Fütterung der Tiere übernimmt.

Schulorganisatorische Rahmenbedingungen (Unterrichtsfach, -stunden etc.)
Die Unterrichtseinheiten betreffen das Fach BIOLOGIE bzw. in der Unterstufe das Fach NATUR UND TECHNIK (Schwerpunkt Biologie). Die bisher entwickelten Unterrichtseinheiten sind so aufgebaut, dass sich diese über eine bis mehrere Unterrichtsstunden erstrecken. Alle mehrstündigen Entwürfe lassen sich in Einheiten von mehreren Einzelstunden durchführen, so dass kein Eingriff in die Stundenpläne erfolgen muss. Lediglich bei manchen experimentellen Arbeiten im Rahmen von Natur und Technik wären Doppelstunden von Vorteil, sind aber nicht zwingend erforderlich.

Ablauf/Durchführung/Zeitplan

Module (Schuljahr 2007/2008):

Schwerpunkt 10. Klasse G8 (→ Lehrplan 10.3 „Grundlegende Wechselbeziehungen zwischen Lebewesen"):

- Modul „Interspezifische Beziehungen – Symbiose zwischen *Crecropia*-Baum und der Ameise *Azteca*"
- Modul „Interspezifische Beziehungen – Parasitismus von *Periplaneta americana* durch *Ampullex compressa*"

Schwerpunkt Oberstufe G8 (→ Lehrplan: 12.1 „Evolution"):

- Modul „Evolution – Vom Einzeller zum Vielzeller"

Schwerpunkt 8. Klasse G8 (→ Lehrplan 8.2 „Einblick in die Biodiversität bei wirbellosen Tieren"):

- Modul zur Lebendmikroskopie der inneren Organe der Büschelmückenlarve *Chaoborus spec.*
- Modul zur Lebendmikroskopie von Bärtierchen (Tardigrada)

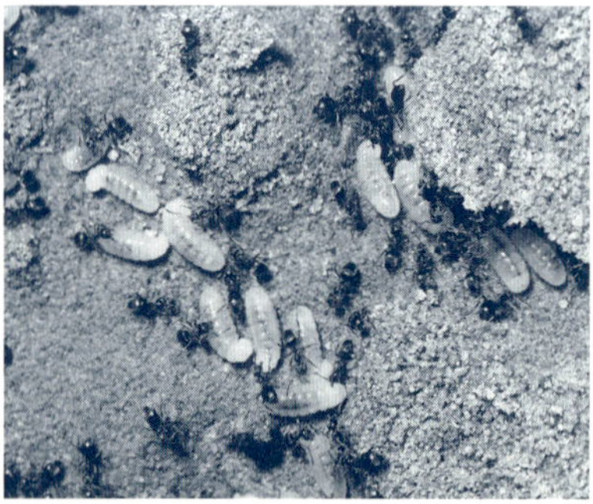

Abb. 3: Ameisen

Abb. 4: Mehlkäfer

Kurzurteil
Bei allen bisher erprobten Unterrichtseinheiten konnte eine deutliche Steigerung der Motivation und des Interesses seitens der Schüler festgestellt werden. Die behandelten Inhalte wurden zudem langfristig gespeichert, was entsprechende Evaluationen zeigen.

Sonstiges, Bemerkungen
Kontakt und Bezug der bisher entwickelten Module: markus.zeller@VR-web.de Ein Modul findet sich auf der Homepage der ALP Dillingen, die auch einmal jährlich einen Lehrgang („Praktisches Arbeiten im Biologieunterricht") gemeinsam mit dem Vivarium durchführt: http://www.alp.dillingen.de/ref/bc/lehrgaenge/rueckblicke.html?T=15&H=70 Zudem können verschiedene Tiere aus laufenden Nachzuchten vom Vivarium bezogen werden (insbesondere Zuchtstämme von *Drosophila*, Insekten- bzw. Axolotlnachzuchten). Die jeweilige Verfügbarkeit von Nachzuchten bitte über die obige Email-Adresse erfragen. Tausch ist jederzeit erwünscht!

Sprachlicher Fachbereich: die Sicht des Fachreferats

Stefan Krimm

Perspektiven für das Fach Deutsch

Die Präsentation von Projekten, die im Rahmen der Zentren für Schulqualität entwickelt wurden, muss sich naturgemäß auf bestimmte Aspekte der fachlichen Arbeit beschränken. Das Fach Deutsch am Gymnasium hat jedoch traditionell eine sehr umfassende Palette von Aufgaben: Vertiefung der sprachlichen und literarischen Bildung, Umgang mit Informationen, Ausbildung der Phantasie und der Fähigkeit, Probleme kreativ zu lösen, Auseinandersetzung mit wertbezogenen Fragen von Individuum, Gesellschaft und Welt in literarischen und nicht-literarischen Texten und nicht zuletzt Bewahrung des großen literarischen Erbes unseres Kulturraums sowie Förderung der Teilhabe am kulturellen Leben.

Damit schafft der Deutschunterricht nicht nur unverzichtbare Voraussetzungen für den Unterricht und den Lernerfolg in allen Fächern und Jahrgangsstufen, sondern er trägt auch wesentlich zur Persönlichkeitsbildung bei. Aufgrund der breiten Fächerung seiner Aufgaben und der engen Verknüpfung mit den anderen Fächern sieht sich das Fach immer wieder vor neue Herausforderungen gestellt. Der folgende knappe Überblick benennt Felder, die in diesem Zusammenhang gegenwärtig und auf mittlere Sicht besondere Beachtung verdient haben. Es handelt sich um die Bereiche

- Ästhetische Bildung
- Leseförderung
- Förderung von Schülern mit Migrationshintergrund
- Praxisorientierte Rhetorik.

1. Ästhetische Bildung

„Ästhetische Bildung" meint die bewusste Hinführung und Befähigung der Schüler zur Wahrnehmung von differenzierter Gestaltung, Harmonie und Schönheit in ihrem natürlichen wie in ihrem kulturell vermittelten Umfeld. Die Schüler sollen ästhetisches Urteilsvermögen erwerben, vorhandene Anlagen zu eigenständigem Gestalten entwickeln, angemessenes sprachliches wie nichtsprachliches Verhalten üben und sich der Bedeutung von Stil und Form für die persönliche Lebensgestaltung bewusst zu werden.

Natürlich stellt die ästhetische Bildung eine Aufgabe dar, die nur in enger Zusammenarbeit mit anderen Fächern, insbesondere Kunst und Musik, zu verwirklichen ist, aber dem Fach Deutsch kommt dabei im Hinblick auf seine sprachliche wie seine literarische Aufgabenstellung eine grundlegende Bedeutung zu. Die neuen Lehrpläne enthalten hierfür viele Ansatzpunkte. Aufgabe aller am schulischen Leben Beteiligter ist es, sie mit Leben zu füllen und vor allem dem damit eng verbundenen Thema der Persönlichkeitsbildung die entsprechende Aufmerksamkeit zu widmen. Gelänge dies nicht, so würden die staatlichen Gymnasien bei der Verwirklichung ihres Bildungsauftrags auf einem von der Gesellschaft in den letzten Jahren zunehmend stärker gewichteten Feld gegenüber den Privatschulen bedenklich ins Hintertreffen geraten.

2. Leseförderung

Lesen ist eine Kompetenz, die im Hinblick auf den schulischen Erfolg in allen Fächern zentrale Bedeutung hat. Die Ergebnisse der beiden PISA-Untersuchungen haben deutlich gemacht, dass es erforderlich ist, das allgemeine Leistungsniveau beim Lesen anzuheben. Ziel muss es sein, in Zusammenarbeit des Faches Deutsch mit anderen Fächern, die allgemeine Lesemotivation zu erhöhen und Leseschwächen bei bestimmten Schülergruppen zu reduzieren. Vor allem bei Buben haben sich hinsichtlich Lesekompetenz und Lesemotivation Entwicklungen gezeigt, die ein gezieltes Gegensteuern erfordern. Auch Schüler mit Migrationshintergrund sowie aus bildungsfernen Milieus bedürfen besonderer Zugänge zur Lesekultur und zur Förderung der Lesekompetenz.
Aus diesem Grunde wurde vom Staatsinstitut für Schulqualität und Bildungsforschung München das Konzept „Mehr lesen – mehr verstehen! Neue Wege der Leseförderung an Bayerns Schulen" entwickelt. Es zeigt Wege auf, wie es Schulen gelingen kann, über die Zusammenarbeit der Fachschaften bzw. der Lehrerinnen und Lehrer und der Eltern sowie über die gezielte Berücksichtigung von Sachbüchern bei der Leseerziehung die Leselust von Kindern und Jugendlichen zu wecken und gleichzeitig ihre Lesekompetenz zu fördern.

3. Förderung von Schülern mit Migrationshintergrund

Die *Förderung von Schülern mit Migrationshintergrund* ist eng mit der Leseförderung verbunden. Integration kann nach Meinung aller Experten nur über eine intensive Sprachförderung gelingen. Leseförderung ist ein wesentlicher Teil davon, gelingende Integration meint aber viel mehr. Wenn es unserem Bildungswesen nicht gelingt, begabte Schüler mit Migrationshintergrund in nennenswerter Zahl zu Abitur und Studium zu führen, werden der Gesellschaft die Leistungspotenziale eines immer größeren Teils unserer Gesellschaft entzogen und gesellschaftspolitisch äußerst bedenkliche individuelle Enttäuschungshaltungen aufgebaut, die – wie das Beispiel Frankreich zeigt – zu massiven sozialen Spannungen führen können. Neben der reinen Sprachförderung muss das Ziel eines umfassenden Enkulturationsangebots verfolgt werden, das Literatur, Musik, bildende bzw. darstellende Kunst sowie Geschichte auch an Orten außerhalb der Schule bewusst integriert und Zugänge schafft, die Identifikation ermöglichen und erleichtern. Gleichzeitig muss die Schule Begegnungen auf diesem Feld anbieten: durch Aufgreifen und Ernstnehmen von Werken und kulturellen Zeugnissen anderer, durch eine nicht geringe Zahl unserer Schüler repräsentierter Zivilisationen. Dass Schüler mit Migrationshintergrund auf diesem Feld zu Spezialisten werden können, soll dazu führen, dass Multiethnizität im Ansatz als Chance für die Gesellschaft erkannt wird und nicht als zu bewältigendes Problem.

4. Praxisorientierte Rhetorik

Mit einer Schwerpunktsetzung auf den Lernbereich *Praxisorientierte Rhetorik* greifen die neuen Lehrpläne der oberen Mittelstufe und der Oberstufe einen Kompetenzbereich auf, der in Studium und Beruf zunehmend an Bedeutung gewonnen hat. Hintergrund ist die Einsicht, dass dort nicht Wissen allein über den Erfolg entscheidet, sondern seine Kombination mit dem Vermögen, es fachlich präzise, sprachlich gewandt und zuhörerorientiert zu präsentieren sowie die zur Verfügung stehenden Mittel der Veranschaulichung und Vertiefung zielorientiert einzusetzen. In den deutschen Gymnasien gibt es eine mehrhundertjährige, in den 1970er Jahren noch einmal verstärkte Tradition der Analyse rhetorischer Mittel, während die Anwendung demgegenüber deutlich in den Hintergrund getreten ist. Dieser Trend muss mit Hilfe intelligenter, in der Schulpraxis entwickelter und umgesetzter Konzepte auf der Basis der neuen Lehrpläne umgekehrt werden, wenn die Devise *non scholae sed vitae discimus* eingelöst werden soll.

Rolf Kussl

Perspektiven für den altsprachlichen Unterricht

Der altsprachliche Unterricht konzentriert sich auf drei wesentliche Bereiche: die *Sprache*, die *Literatur* und – anhand der gelesenen Texte – die *Auseinandersetzung mit zentralen Fragen*, die zu persönlichen Stellungnahmen der Schülerinnen und Schüler führen und so einen Beitrag zur Persönlichkeitsbildung und zum Aufbau eines eigenen Wertebewusstseins leisten sollen. Der grundlegende Charakter der Fächer Latein und Griechisch legt die Zusammenarbeit mit anderen Fächern, insbesondere den sprachlich und historisch-geistesgeschichtlich ausgerichteten, nahe. Für die Centers of Excellence bietet es sich, im Rahmen einer Vertiefung des Fachunterrichts oder in fächerübergreifenden Projekten, an, wichtigen Teilaspekten von einem oder mehreren der genannten Bereiche besondere Aufmerksamkeit zu widmen.

Der systematische Aufbau der lateinischen *Sprache* sowie die grammatikalische Terminologie und Metasprache vermitteln den Schülerinnen und Schülern ein modellhaftes Bild von Sprache an sich, das nicht nur ein besseres Verständnis der Muttersprache ermöglicht, sondern auch das Erlernen weiterer Fremdsprachen erleichtert. Die verwendeten Unterrichtswerke im Fach Latein enthalten durchgehend Hinweise auf die Verbindungen des Lateinischen zu den romanischen Fremdsprachen und Englisch. Im Sinne eines vertieften gymnasialen Sprachunterrichts und als gute Grundlage für das Erlernen moderner Fremdsprachen auf der Basis von Lateinkenntnissen könnte an den Zentren für Schulqualität eine fächerübergreifende Systematisierung dieser Bezüge in Teilbereichen (z. B. Wortschatz, Syntax und Phonetik) entwickelt werden, die auch auf die historische Entwicklung und Veränderung von Sprache(n) eingeht.

Die Verdeutlichung der Wirkung antiker *Literatur* auf nachfolgende Epochen hat im altsprachlichen Unterricht stets einen hohen Stellenwert. Ein Ausblick auf William Shakespeares „A Midsummer Night's Dream" oder „Romeo and Juliet" wird bei der Lektüre der ovidischen Erzählung von „Pyramus und Thisbe" ebenso wenig unterbleiben wie bei der Behandlung des Antigone-Stoffes ein Hinweis auf Bertolt Brechts und Jean Anouilhs Bearbeitungen dieser antiken Tragödie. In den letzten Jahren ist nun gerade im Medium Film eine verstärkte Rezeption antiker Stoffe zu verzeichnen: Kinofilme wie „Gladiator" (2000), „Troja" (2004) und „Alexander" (2004) oder TV-Serien wie „Rom" (2007) belegen das in den letzten Jahren spürbar gestiegene Interesse der Öffentlichkeit und der Medienwelt an antiken Stoffen. Ein Vergleich der modernen Produkte mit den literarischen Vorlagen und den historischen Fakten könnte Schülerinnen und Schüler der „Centers of Excellence" nicht nur ein vertieftes Verständnis für die Attraktivität und Aktualität der antiken Stoffe bieten, sondern auch dazu beitragen aufzudecken, welche Strategien bei der medienwirksamen Umgestaltung verfolgt werden.

Die Begegnung mit den Werken antiker Autoren weitet nicht nur den literarischen Horizont der Schülerinnen und Schüler, sondern schärft auch das ästhetische Urteilsvermögen und soll zu einer *Auseinandersetzung mit wesentlichen Fragen* (z. B. nach der anzustrebenden Lebensweise oder der besten Staatsform) führen. Figuren wie Antigone („die Einzelne gegen die Staatsmacht"), Ödipus („der verblendete Wahrheitssucher"), Odysseus („der Mensch auf der Suche nach seinem Ithaka") oder Prometheus („der Rebell und Menschenfreund") bieten Archetypen des abendländischen Menschenbildes, Stoffe wie der von Pygmalion oder Orpheus legen zentrale Fragestellungen nahe. Diese zusammenzustellen, zu diskutieren und an einzelnen Beispielen ihre literarische, künstlerische und philosophische Rezeption über die Jahrhunderte mitzuverfolgen, könnte für Schülerinnen und Schüler der „Centers of Excellence" eine wertvolle Aufgabe sein.

Thomas Mayer

Perspektiven für den Unterricht in den modernen Fremdsprachen

Schulisches Fremdsprachenlernen heute ist „europatauglich" – *Mehrsprachigkeit*, d. h. die Kenntnis mindestens zweier Fremdsprachen neben der Muttersprache, steht in der Europäischen Union weit oben auf der Agenda – und es bereitet auf den lebenslangen Umgang mit Nachbarkulturen und das Erlernen weiterer Fremdsprachen vor. Indem unsere Schüler lernen, fremde Sprachen, auch die damit einhergehenden Weltbilder, zu verstehen und sich zunehmend differenziert darin auszudrücken und zu bewegen, erwerben sie die Grundlagen zum Verständnis fremder Sprachgemeinschaften sowie die Voraussetzung für interkulturelle Handlungsfähigkeit, um Zukunft auch im internationalen Kontext verantwortlich mitgestalten zu können.

Kommunikationsfähigkeit und fremdsprachliche Kompetenz zählen heute selbstverständlich zu den Basisqualifikationen, die von unseren Abiturienten erwartet werden, und Sprachbewusstheit gilt seit jeher als Kernbereich gymnasialer Pädagogik. Gerade für unsere gymnasialen Schülerinnen und Schüler bedeutet dies heute: Sie müssen befähigt werden, in zwei oder mehr modernen Fremdsprachen erfolgreich zu kommunizieren. Für die modernen

Fremdsprachen heißt dies nicht zuletzt eine gleichgewichtige Entwicklung aller kommunikativen Fähigkeiten und Fertigkeiten sowie interkultureller und methodischer Kompetenzen. Kommunikativen Kompetenzen wie Hörverstehen, Leseverstehen, schriftlicher und mündlicher Ausdrucksfähigkeit und Sprachmittlung ist deshalb ein gleich hoher Stellenwert einzuräumen. Der Erwerb sprachlicher Mittel (Lexik, Grammatik, Textstrukturen) ist nicht Selbstzweck, sondern hat dienende Funktion. Entsprechend wurde mit der Einführung des neuen Lehrplans – neben dem interkulturellen Lernen sowie den Lernstrategien und Methoden selbstständigen Arbeitens – insbesondere der *Stellenwert des Mündlichen* stärker akzentuiert, da dieser in der Unterrichtspraxis bislang zu gering veranschlagt wurde.

Ein besonderes Anliegen in diesem Zusammenhang ist die Förderung des *bilingualen Unterrichts*. Darunter versteht man den Unterricht eines Sachfachs wie etwa Geographie, Geschichte oder Wirtschafts- und Rechtslehre unter Einbeziehung von Fremd- und Muttersprache. Er bietet insofern die Möglichkeit, die Schüler in besonderem Maße – sprachlich wie fachlich – auf ihre künftigen Aufgaben vorzubereiten. Bilingualer Sachfachunterricht kann die Sprachkompetenz über das Maß des regulären Fremdsprachenunterrichts hinaus fördern, da die Partnersprache hier Kommunikationsmittel im eigentlichen Sinn und nicht in erster Linie Gegenstand des Unterrichts ist. Bilingualer Sachfachunterricht versteht sich dabei keineswegs vorrangig als Sprachunterricht; vielmehr vollzieht der Schüler hier den Schritt vom Lernen der Fremdsprache zum Lernen in der Fremdsprache. Kulminationspunkt dieser Entwicklung ist das deutsch-französische Doppelabitur: Am Dante-Gymnasium München sowie am Werner-Heisenberg-Gymnasium Garching legen bayerische Gymnasiasten alljährlich das AbiBac ab und erwerben somit neben der deutschen auch die französische Hochschulreife.

Im Rahmen des gymnasialen Fremdsprachenunterrichts erhalten Schülerinnen und Schüler die Möglichkeit, die im Unterricht erworbenen Sprachkenntnisse im internationalen Vergleich zu überprüfen: Das Staatsministerium arbeitet mit den ausländischen Kulturinstituten zusammen, um internationale *Sprachzertifikatsprüfungen* anbieten zu können. Zahlreiche Oberstufenschüler erwerben mit sehr großem Erfolg das *Cambridge Certificate in Advanced English* (*CAE*). Bereits in den Anfangsklassen des Französischunterrichts legt eine ständig wachsende Anzahl von Schülern die verschiedenen Niveaustufen des *Diplôme d'Etudes en Langue Française* (*DELF scolaire*) ab. Im Bereich der dritten Fremdsprachen gibt es daneben für Spanisch die *Diplomas de Español como Lengua Extranjera* (*DELE*) sowie für Italienisch *ele.IT* in Zusammenarbeit mit der Universitát Roma III.

Sprachlicher Fachbereich: die Sicht der Center-Schulen

Julius-Echter-Gymnasium, Elsenfeld

Fachbereichsprogramm

Die Darstellungen (siehe rechts) stellen die zwei wichtigsten Elemente unseres Grundkonzeptes dar: Die Säulengrafik zeigt, dass es uns darum geht, mit Hilfe von Literatur und Sprache einen Beitrag zur ganzheitlichen Entwicklung der Persönlichkeit zu leisten. Gemeinsam ist den fünf Themen und Methoden, dass sie den Schüler auf seinem Weg hin zu einer Persönlichkeit mit Selbstbewusstsein, Kritikfähigkeit, Kreativität, Toleranz und Weltoffenheit unterstützen sollen. Die damit verbundene Stärkung von Ausdrucksfähigkeit, Kommunikationsfähigkeit und Sprachsicherheit schafft eine unverzichtbare Basis für diese Entwicklung.

Die Tabelle zeigt in ihren drei Spalten den zweiten Kernbestandteil unseres Konzepts: die Institutionalisierung von Maßnahmen, Einrichtungen und Projekten von der 5. Klasse bis zum Abitur, wobei deutlich zu erkennen ist, dass dem Fach Deutsch eine zentrale Funktion zukommt. Hier wird, beispielsweise durch Kreativwettbewerbe und Buchvorstellungen, zuerst Leseförderung betrieben, hier werden die Schülerinnen und Schüler zuerst zu kreativem Schreiben angeregt, hier werden auch zuerst Methoden eingeübt und trainiert. Mit einem zeitlichen Abstand von ein bis zwei Schuljahren nehmen dann die modernen Fremdsprachen diese „Vorlagen" des Faches Deutsch auf. Beide Schaubilder zeigen auch den Gewinn, den wir aus dem Projekt „Zentrum für Schulqualität – Center of Excellence" gezogen haben. Wir haben in den drei Jahren lange praktizierte Vorgehensweisen und Ideen optimiert und vor allem institutionalisiert, sodass sie zunächst bei uns zu festen, wiederholbaren Projekten wurden und auch an andere Schulen weitergegeben werden konnten. Zugleich ist es gelungen, eine Vernetzung zwischen dem „Leitfach" Deutsch und den modernen Fremdsprachen an der Schule zu erreichen und so eine Systematisierung und feste Institutionalisierung zu etablieren, die die Planung und Durchführung in den nächsten Jahren entscheidend vereinfachen werden.

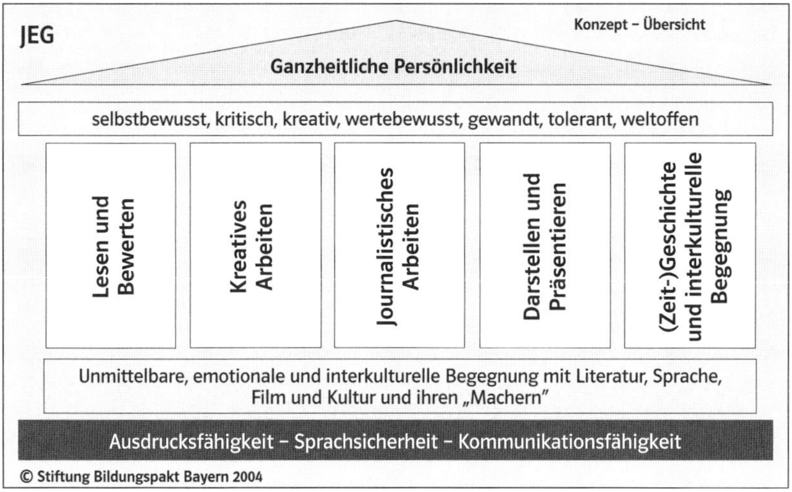

Institutionalisierung der Projekte im Rahmen des „Center of Excellence"

Jg.	Deutsch	Englisch	Französisch
5	- Arbeiten mit Texten (z. B.: journalistisch: Klassenzeitung; poetisch: Hörspiel; evtl. in Dplus) - Buchvorstellung, Lesekiste	- Klassenbibliothek	
6	- Vorlesewettbewerb - szenisches Spiel im Klassenverband	- Schüler schreiben fairy tales - Aufbau von Brieffreundschaften Vorlesewettbewerb	- szenisches Spiel im Klassenverband
7	- Lesung Jugendbuchautor - Methodentraining 1		- Hörspiel (Wettbewerb) Lesewettbewerb
Ust	- Kreativwettbewerb - Vertretungsstunden: Konsequent lesen/vorlesen	- Rollenspiele - Theatervorstellungen - Theaterworkshop durch externe Betreuung - Einüben z. B. der Zahnrad-Methode zur Förderung des freien Sprechens	
8	- Literaturrätsel	- Aufbau von Brieffreundschaften mit der Partnerschule in Mbinga	- kreatives Schreiben (Lyrik, z. B. „Elfchen", calligrammes)
9	- journalistisches Schreiben - Oper: Besuch, Analyse, kreatives Bearbeiten	- Theatervorstellungen	- kreatives Schreiben (bandesdessinées) - Lesekiste als „mobile" Bibliothek und individuell

10	- Methodentraining 2	- Theatervorstellungen - Einüben folgender Methoden: - Gruppenpuzzle - Podiumsdiskussion in Kleingruppen	- Lesepass - Affiches de lecture - Cinéfête + Filmbesprechung - Franz. Theatergruppe
Mst	- Szenisches Spiel im Klassenverband oder in Mittelstufentheatergruppe		
Ost	- Wettbewerb (auch im Hinblick auf Literaturwettbewerb des Landkreises) - Literarisches Quartett mit Autorenlesung - „LiteraTour" anlässlich der Buchmesse (Plakataktion in Orten der Umgebung) - Fahrt zur Buchmesse - Tag der Rede (Rhetorik) - Grundkurs dramatisches Gestalten - Schüler treffen Theaterleute - Theaterabo - Theaterführung (Werkstatt, Kulisse usw.) - Methodentraining 3 - Assessmentcenter	- Theatervorstellungen (Rüsselsheim, Frankfurt a. M., Würzburg) - Workshop modernes Drama (LK) in Zusammenarbeit mit der Universität Würzburg **Methoden:** - eigenständiges Lernen und dialogisches Sprechen - längere Präsentationen Schule + Beruf (KS): - Vorstellungsgespräch und Wirtschaftsenglisch in Zusammenarbeit mit FH Aschaffenburg; - Erarbeitung von Bewerbungsmappen - Vorbereitung auf das Cambridge Certificate for Advanced English	- Buchvorstellung auf Homepage mit Leseeindrücken - Theaterbesuche - berufsbezogenes Französisch in Zusammenarbeit mit der FH Aschaffenburg - Prix des lycéens **Allgemein:** Aufbau eines Bestandes aktueller französischer Kinder- und Jugendliteratur

Center of
Excellence

Darstellung des Moduls *Literaturquartett*

Schule: Julius-Echter-Gymnasium, Elsenfeld

Ansprechpartner: Dr. Heinz Linduschka, Dr. Bertram Söller
heinz.linduschka@julius-echter-gymnasium.de bertram.soeller@julius-echter-gymnasium.de

Zielgruppe
12. Jahrgangsstufe (im achtjährigen Gymnasium: 11. Jahrgangsstufe)

Anzahl der beteiligten Schüler
alle Schüler der entsprechenden Jahrgangsstufe

Ziel der Maßnahme
- emotionale und kognitive Auseinandersetzung mit zeitgenössischer Literatur - unmittelbare und persönliche Begegnung mit einem Autor - Förderung der Lesefreude - Anwendung von Qualitätskriterien zur Analyse von literarischen Texten - Schulung der Selbst- und Sozialkompetenz (Selbstbewusstsein, rhetorische Fähigkeiten, öffentliches Argumentieren, Gesprächsführung, Zuhören, Eingehen auf Gesprächspartner etc.)

Beschreibung der Maßnahme
Das sogenannte „Literaturquartett“ für die Jahrgangsstufe 12 wird jährlich durchgeführt. - Alle Schülerinnen und Schüler lesen drei bis vier zeitgenössische Romane von verschiedenen Autoren. - Einer der Autoren nimmt am „Literaturquartett“ teil. - Mit diesem Autor und seinem Werk beschäftigen sich alle Schülerinnen und Schüler besonders intensiv.

- Die zentrale Veranstaltung, das eigentliche „Literaturquartett", findet im zweiten Schulhalbjahr an einem vollen Schultag von Unterrichtsbeginn bis ungefähr 16 Uhr statt.
- Über alle gelesenen Romane wird in getrennten, offenen Podiumsgesprächen mit verteilten Rollen (Moderator, Diskussionsteilnehmer, Plenumsbeiträge) diskutiert. Subjektive Eindrücke und emotionale Aussagen über die Erfahrungen und Gefühle beim Lesen sind nicht nur erlaubt, sondern erwünscht.
- Die Schüler im Plenum werden in geeigneter Weise in das Gespräch und die kritische Auseinandersetzung einbezogen. Problemlos können ggf. Ausschnitte aus Verfilmungen der Werke in die literarische Betrachtung einbezogen werden. Der anwesende Autor beteiligt sich an der Diskussion, nimmt selbst Stellung zu seinem Werk und gibt auch seine Meinung zur Diskussion der Schüler ab. Er liest aus einem neuen, oft noch unveröffentlichten Werk.

- Die Veranstaltung wird öffentlich über die Presse angekündigt und ist für die Öffentlichkeit zugänglich.
- Die Presse berichtet über die Veranstaltung.

Spaß an Literatur wecken, vor allem an moderner, war eines der Ziele, die wir vor 14 Jahren am Julius-Echter-Gymnasium Elsenfeld mit einer besonderen Aktion erreichen wollten: Schon seit sechs Jahren lief im ZDF die erfolgreiche Büchersendung von Marcel Reich-Ranicki „Das Literarische Quartett". Zwei Lehrer des Julius-Echter-Gymnasiums waren davon so bebegeistert, dass sie auch an ihrer Schule einen Versuch starten wollten, sich endlich einmal mit Schülerinnen und Schülern mit Literatur so zu beschäftigen, dass nicht der Blick auf bevorstehende Schulaufgaben oder auf eine Notengebung den Spaß an Belletristik trüben sollte.

1994 wurde eine Veranstaltung ins Leben gerufen, die heute an der Schule zu einer festen Einrichtung geworden ist. Der Vorzug dieser Institutionalisierung: Jeder Elftklässer weiß lange im Vorhinein, dass er sich im nächsten Jahr einen ganzen Tag lang mit moderner Literatur beschäftigen wird und dafür auch vorher drei bis vier Romane lesen muss oder darf.

Zu Beginn des Schuljahres, spätestens Anfang Dezember, erhalten die Kursteilnehmer der Jahrgangsstufe 12 in den Leistungs- und Grundkursen Deutsch die Titel genannt, die sie in den nächsten Wochen und Monaten lesen sollen. Jeder Kurs ist für ein Buch besonders verantwortlich, was allerdings nicht heißt, dass die Kursteilnehmer die anderen Bücher nicht lesen.

Aus jedem Kurs wird für jedes Buch ein Schüler/eine Schülerin für die jeweilige Kritikerrunde auf dem Podium ausgewählt, allerdings erst kurz vor der zentralen Veranstaltung, um alle Kursteilnehmer zum intensiven Lesen anzuregen.

Meist Mitte oder Ende Februar findet dann einen Tag lang das eigentliche „Literaturquartett" statt. Alle Kollegiatinnen und Kollegiaten – in den letzten Jahren immerhin 80 bis 95 Mädchen und Jungen – treffen sich im großen Veranstaltungsraum. An der Stirnseite des Raums sind vier oder fünf Sessel platziert – die Sitzgelegenheit für die „Kritiker". Aus jedem Kurs ist ein Teilnehmer in dieser Runde, dazu noch der Kursleiter des Kurses, „dessen" Buch gerade behandelt wird. Der Kursteilnehmer des „zuständigen" Kurses stellt in etwa drei bis fünf Minuten das Buch subjektiv und durchaus auch emotional vor, indem er die Handlungsstränge nennt, Problemfelder des Buches aufzeigt und eigene Bewertungen einfließen lässt.

Dann kommt es zur Diskussion in der „Kritikerrunde", in denen die Lehrkraft als „normaler" Teilnehmer agieren und möglichst die Lehrerrolle vermeiden soll. Bei Bedarf kann der Lehrer natürlich Anstöße geben, durch Diskussionsbeiträge das Gespräch in eine Richtung lenken, die er für wichtig hält – aber diese Möglichkeit haben natürlich auch die anderen „Kritiker". Ein literarisches Werk wird in den Mittelpunkt gestellt und bildet das „Highlight" des „Literaturquartetts". Der Autor dieses Werkes ist anwesend, beobachtet die Diskussion der Schülerinnen und Schüler zu dem ausgewählten Werk, beteiligt sich am Ende selbst am Podiumsgespräch und nimmt Stellung zur vorgetragenen Kritik an seinem Roman. Anschließend liest er aus einer neueren Arbeit und stellt sich nun den Fragen des Plenums zu seiner Arbeit und seiner Person. Die direkte Begegnung und Auseinandersetzung mit dem Autor, die subjektiven und emotionalen Eindrücke von ihm, seiner Arbeitsweise, seinem Leben und seinem Werk stellen eine grundlegende und nachhaltige Erfahrung für die Schülerinnen und Schüler, und nebenbei bemerkt, auch für den Autor, dar. Sobald es sich ergibt, wird – ein großer Gegensatz zum „Literarischen Quartett" des ZDF – das Plenum in das Gespräch einbezogen. Hier kommt es darauf an, den richtigen Zeitpunkt zu erkennen. In der Praxis hat sich das aber als sehr unproblematisch erwiesen, weil die Schülerinnen und Schüler durch ihr Verhalten recht deutlich machen, dass sie sich einschalten wollen.

In den letzten Jahren haben wir an der Schule ein breites Spektrum an verschiedenen Abläufen der Veranstaltung erlebt. Es gab Fälle, in denen die Begeisterung über das Buch oder umgekehrt die entschiedene Ablehnung eines Romans so groß war, dass sich fast unmittelbar nach der Vorstellungsrunde die ersten Finger im Plenum hoben. Bodo Kirchhoffs „Schundroman" war im Jahr 2005 so ein Beispiel.

Aber es gab auch Fälle, bei denen kaum Diskussionsbedarf feststellbar war. Ganz wichtig ist deshalb, flexibel zu reagieren. Man muss bereit sein, den Zeitplan spontan umzustellen. Wenn ein Buch nach 30 Minuten keinen Gesprächsstoff mehr liefert, dann sollte man nach einer kurzen Pause zum nächsten übergehen. Erfahrungsgemäß kann man diese eingesparten 15 Minuten bei einem der nächsten Titel gut brauchen, dann, wenn die Diskussion sehr lebhaft wird. Im Durchschnitt – und auch in der Zeitplanung des Tages – werden für die Besprechung eines Buches 45 Minuten vorgesehen, für das „Highlight" mindestens 90 Minuten.

In den letzten Jahren hat es sich bewährt, eine Mittagspause von mindestens 1 ½ Stunden einzuplanen. Am Julius-Echter-Gymnasium sorgt die 12. Jahrgangsstufe selbst für die Verpflegung – eine Möglichkeit, möglichst viele Schülerinnen und Schüler an der Gestaltung dieses Tages zu beteiligen. Nach unseren Erfahrungen ist ganz wichtig, trotz allen Vertrauens auf das Wort und auf die ausgewählte Literatur dafür zu sorgen, dass an einem Tag, der von 8 Uhr bis 16 Uhr dauert, hinreichend Personen- und Methodenwechsel und inhaltliche Vielfalt geplant und geboten werden. Und wer die Gespräche der Schüler hört, wird merken, dass die Diskussionen durchaus noch nachwirken – nicht nur in die Mittagspause hinein, sondern oft bis lange nach der Veranstaltung.

Wenn Jahre später, wie inzwischen geschehen, ehemalige Schüler auf ihre damaligen Kursleiter zukommen und Romane oder Autoren für das „Literaturquartett" vorschlagen, dann ist die Nachhaltigkeit der Veranstaltung eindrücklich unter Beweis gestellt.

Ressourcen (Personen, Materialien, Finanzmittel etc.)

- Autor, ggf. literarische Verfilmung,
- Budget von ca. 400 € für den geladenen Autor,
- Raum mit Bestuhlung für den gesamten Schülerjahrgang,
- Podium mit geeigneten Sitzmöbeln und Tisch,
- Mikrofone und Lautsprecheranlage,
- Videorecorder oder DVD-Player mit Projektionsmöglichkeit,
- eventuell Videokamera zur schulinternen Dokumentation.

Das „literarische Quartett" im ZDF hat ganz bewusst auf die Wirkung des Wortes gesetzt. Das tun wir am Julius-Echter-Gymnasium bei unserem „Literaturquartett" auch, haben uns aber entschlossen, eine Art „Highlight" zu setzen. Dafür gibt es eine Reihe von Möglichkeiten.

Einladung von Autoren:

Das ist sicher die beste Möglichkeit, aber auch die schwierigste. Wenn es gelingt, einen Autor einzuladen, dessen Buch besprochen wird, dann profitieren davon alle am meisten: Schüler, Lehrer und Autor.

Alle Autoren nahmen zu den Beiträgen der Schülerinnen und Schüler ausführlich Stellung und waren voll des Lobes über die Qualität der Diskussionen. Anschließend lasen sie aus neuen, zum Teil unveröffentlichten Werken.

Die Probleme beim Verfahren „Einladung von Autoren":

Es ist nicht einfach, ein geeignetes Werk und einen Autor zu finden, der an einem vorgeplanten Tag zur Verfügung steht – eine langfristige Kontaktaufnahme und Absprache ist nötig.

Zudem muss die Finanzierung geregelt werden. Eine Möglichkeit: eine Lesereise zu organisieren und Nachbarschulen einzubinden, um die Kosten zu teilen und zu senken, oder einen Veranstalter und damit Sponsor zu suchen, der mit dem Autor eine Lesung, etwa am Vorabend, veranstaltet und damit teilweise den Auftritt des Autors beim „Quartett" mitfinanziert. Nähere Informationen und Tipps gibt es gerne bei den Ansprechpartnern am Julius-Echter-Gymnasium.

Verfilmung des Romans:

Eine finanziell günstigere Möglichkeit ist es, eine Verfilmung des gelesenen Romans zu zeigen. Ob man das mit einer Leihkopie in der Schule tut oder – wie bei uns – in Zusammenarbeit mit einem örtlichen Kino, bleibt jeder Schule überlassen. Wichtig ist auch hier die frühzeitige Suche nach geeigneten Werken, die verfilmt sind. Außerdem sollte man in diesem Fall sinnvollerweise eine Filmanalyse anschließen – ohnehin ein Thema, das in den nächsten Jahren nicht nur bei uns, sondern auch in den Lehrplänen immer größeren Stellenwert gewinnen wird.

Ein Thema eines Romans – oder sogar mehrerer Werke – kann am Projekttag vertieft werden:
Ein Beispiel vom JEG: 2005 lasen und besprachen wir u.a. Karen Duves „Dies ist kein Liebeslied“ und gestalteten einen Tag zum Thema „Gesunde Ernährung“. Wir luden Essberater, Mediziner und Vertreter des Gesundheitsamtes des Landkreises ein und sorgten – zusammen mit der Hauswirtschaftslehrerin der Schule – in der Mittagspause für ein gesundes Mittagessen.

Hinweise zur Auswahl und zum Umgang mit der Lektüre, weitere Rahmenbedingungen

Die Auswahl der Lektüren erfolgt in gegenseitiger Absprache durch die Fachlehrer der Grund- und Leistungskurse Deutsch. Sie organisieren die Veranstaltung und nehmen auch selbst am „Literaturquartett“ teil.

48 Bücher haben Schülerinnen und Schüler in der 12. Jahrgangsstufe des Julius-Echter-Gymnasiums Elsenfeld in den letzten 15 Jahren gelesen. Das bedeutet pro Jahr für jeden Kollegiaten immerhin zwischen 700 und 1200 Seiten Lektüre – ohne dass man damit eine Schulaufgabe bestreiten oder gute Noten für eine mündliche Prüfung einbringen könnte.

Für die Auswahl der Bücher gibt es nur wenige feste Kriterien:

- Die Literatur sollte möglichst modern und deutschsprachig sein – im Idealfall Literatur der letzten 10 Jahre oder Neuerscheinungen.
- Da jeder Kurs sich besonders intensiv mit einem Buch beschäftigt und ein Schüler oder eine Schülerin aus diesem Kurs auf dem Podium den Einstieg in die Erörterung moderieren soll, misst sich die Zahl der zu lesenden Bücher an der Zahl der Deutschkurse im Jahrgang – die Summe aus Leistungs- und Grundkursen. In der Praxis des Julius-Echter-Gymnasiums hieß das: drei oder vier Romane pro Jahr.
- Die Auswahl treffen in der Regel die jeweiligen Kursleiter – aus ganz praktischen Gründen. Sie haben die größere Erfahrung, können ein schätzen, welche Titel einerseits den Kollegiaten „zumutbar“ sind und welche andererseits eine gute Grundlage für eine engagierte und möglichst auch kontroverse Diskussion bieten. Bei den jährlich stattfindenden Abschlussbesprechungen findet dieses Auswahlverfahren auch die nahezu einstimmige Billigung der Schülerinnen und Schüler.
- Die Bücher sollten Jahr für Jahr unterschiedliche Erwartungshaltungen und Interessen der Schüler ansprechen und sich auch vom Niveau her unterscheiden. Schließlich sollen alle etwas finden, mit dem sie sich

anfreunden können: diejenigen, die den Umgang mit anspruchsvoller Literatur seit Jahren gewöhnt sind, und diejenigen, denen es schwer fällt, sich über Hunderte von Seiten auf Literatur einzulassen. Ein Beispiel: die Liste aus dem Jahr 1996. Robert Schneiders „Schlafes Bruder" spaltete die Leser in euphorische Anhänger dieser bewusst altmodischen Sprache und in kompromisslose Kritiker, Uwe Timms „Die Entdeckung der Currywurst" „bediente" diejenigen, die locker geschriebene Prosa mit Zeitkolorit bevorzugen, und Ransmayrs „Die letzte Welt" war eine Herausforderung an alle, die bereit sind, sich auf komplexe Literatur und anspruchsvolle, ästhetische Sprache einzulassen.

- Jeder Schüler, jede Schülerin soll bis zum Termin des Literaturquartetts alle Bücher gelesen haben – und, wenn nicht alles täuscht, war das in den bisherigen 15 Jahren meist der Fall. Ausnahmen gibt es natürlich immer mal – aber das sind eben Ausnahmen.
- Die Bücher sollten in einer preiswerten Taschenbuchauflage vorliegen, um den Etat der Kollegiaten nicht unzumutbar zu belasten. Natürlich ist es auch möglich, sich mit Mitschülern bei der Bestellung abzusprechen und Bücher gemeinsam zu nutzen.

Eine Liste der bisher gelesenen und besprochenen Bücher kann eine Fundgrube für eigene Versuche sein, sie spiegelt aber auch unsere gelungene und teilweise weniger gelungene Auswahl. Sie ist im Internet unter der unten angegebenen Adresse einzusehen. Sie reicht von
1994 Christoph Hein: Der Tangospieler,
Jurek Becker: Schlaflose Tage,
Günter de Bruyn: Babylon ... bis zu
2008 Thommie Bayer: Das Herz ist eine miese Gegend,
Martin Mosebach: Der Mond und das Mädchen,
Hanns-Josef Ortheil: Die große Liebe,
Eva Menasse: Vienna.

Ablauf/Durchführung/Zeitplan
– Die Vorbereitung beginnt unmittelbar nach Festlegung der Deutschlehrer im Schuljahr vor dem „Literaturquartett". – Die Auswahl der Lektüren erfolgt in gegenseitiger Absprache durch die Fachlehrer der Grund- und Leistungskurse Deutsch. – Die Finanzierung wird gesichert über die Suche nach Sponsoren für eine öffentliche Lesung oder die Teilung der Kosten über eine „Lesereise" durch benachbarte Schulen. – Mit dem Schulleiter wird der Schultag für die Durchführung des „Literaturquartetts" abgesprochen, die durch Unterrichtsausfall betroffenen anderen Kursleiter werden dabei einbezogen. Der ausgesuchte Schultag sollte in einer Zeit des Schuljahres liegen, in der keine oder wenig Prüfungen stattfinden. – Der ausgesuchte Autor wird eingeladen. – Die Auswahl der Lektüre wird den Schülern nach Beginn des Schuljahres bekannt gegeben; sie brauchen hinreichend Zeit für die Bewältigung des großen Lesepensums. – In den Kursen wird kurz vor der Veranstaltung ein geeigneter Schüler ausgewählt, der die Podiumsdiskussion eröffnet und den Inhalt des Romans und die wichtigsten Handlungsstränge vorstellt. – Der zugeordnete Deutschlehrer nimmt an der Diskussionsrunde teil, jedoch möglichst nur beobachtend. – Mit jedem zu besprechenden Werk wird die Diskussionsrunde auf dem Podium völlig neu besetzt. – Die Veranstaltung wird in der Presse angekündigt; sie sollte aus verschiedenen Gründen öffentlich sein. – Die eigentliche Veranstaltung wird organisiert (vgl. Ressourcen), für Mittags- und Pausenverpflegung für alle Schüler und die Gäste wird gesorgt. Der Zeitrahmen zum eigentlichen „Literaturquartett" ist ein ganzer Schultag, Vormittag und Nachmittag (1. bis 10. Stunde). – Die Veranstaltung wird nachbereitet, ein Pressebericht erstellt.

Kurzurteil
Hervorragend geeignete Maßnahme, um die Beschäftigung mit moderner Literatur anzuregen, darüber ins Gespräch zu kommen und Selbst- und Sozialkompetenz zu fördern. Die lange „Tradition" der Veranstaltung an der Schule unterstützt die Bereitschaft der Schülerinnen und Schüler, die hohen Anforderungen, die an sie gestellt sind, anzunehmen. Wie positiv auch die Autoren die Veranstaltung und die subjektive und kritische Auseinandersetzung der Jugendlichen sehen, zeigen die hier eingefügten Stellungnahmen einiger Autoren.

Stimmen einiger Autoren

Die Diskussion über meinen Roman „Corpus" zeugte von einer eingehenden Beschäftigung der Schüler mit dem Buch. Es wurden nicht nur persönliche Leseerfahrungen geäußert, keinesfalls gab es eine bloße Lobhudelei, im Gegenteil, das Buch wurde kontrovers diskutiert, mit einigen fundierten kritischen Einwänden seitens der Schüler, (beispielsweise der Hinweis auf eine symbolische Überfrachtung des Romans an einigen Stellen).

Nicht nur für die Schüler, auch für mich als Autor war die Veranstaltung gewinnbringend, auch in Verbindung mit der gleichzeitig über drei Tage stattfindenden Schreibwerkstatt. Immer wieder mache ich in Schulen die Erfahrung, dass der unverbrauchte, teils noch unverstellte Blick der Schülerinnen und Schüler auf Literatur zu ganz neuen Einsichten und Eindrücken führt. Ich kann jedem Autor, der die Fähigkeit zur Selbstkritik mitbringt, nur empfehlen, sich den Diskussionen in Elsenfeld zu stellen und auf das einzulassen, was die Schüler zu sagen haben.

Klaas Huizing: *Leser fallen nicht vom Himmel wie Mana. Schüler an die Literatur heranzuführen, ist ein sehr irdisches Geschäft, das am besten gelingt, wenn es mit Leidenschaft betrieben wird. Bildung verdichtet sich immer in Personen, die anregen und aufregen. Möglicherweise potenziert wird diese Anregung (und Aufregung), wenn Literatur selbst einen Kopf bekommt und vor einem Auditorium gelesen und dann besprochen wird. Von Vorteil ist diese Begegnung auch für den Schriftsteller, weil er nicht auf übersättigte und milde zynische Kunstrichter der großen Tageszeitungen trifft, sondern auf interessierte Leser. Erfahrungen wie mit dem Literaturquartett sind deshalb immer glückliche Erfahrungen.*

Thommie Bayer: *Für einen Autor ist es ein eher seltenes, dafür aber umso aufregenderes Erlebnis, wenn er erfährt, dass seine Arbeit wirkt. Am Schreibtisch erträumt er sich Leser, die seine Geschichten persönlich nehmen, sich Gedanken dazu machen, starke Gefühle erleben, die Geschichte im besten Falle sogar mit sich selbst bevölkern oder immerhin leidenschaftlich miterleben. Als ich den Schülern beim Diskutieren zuhörte, hatte ich das Gefühl, eine sinnvolle, nützliche Arbeit zu tun. Diese klugen und lebendigen jungen Leute waren ganz und gar mit sich selbst, mit ihrer eigenen Person und Welt dabei – das ist der Idealfall. Ich bin froh, diese Erfahrung gemacht zu haben.*

Künstlerischer Fachbereich: die Sicht des Fachreferats

Michael Weidenhiller

Perspektiven für den künstlerischen Fachbereich

Die Musen haben als Schutzgöttinnen der Künste im heutigen Bildungssystem einiges zu tun, erst recht am achtjährigen Gymnasium.

Zwar haben die Fächer Kunst und Musik am bayerischen Gymnasium einen weit über die Landesgrenzen hinaus bekannten guten Ruf. Das liegt einmal an der stabilen Stundentafel und dem durchgängigen Unterrichtsangebot bis zur Oberstufe, zum anderen an der sehr individuellen Ausbildung der Kunst- und Musiklehrer. Doch sind auch in Bayern Erosionsprozesse des gesamten künstlerischen Bereichs an den Gymnasien nicht mehr von der Hand zu weisen. Vor allem die das Profil der einzelnen Schule stark mitbestimmenden Wahlbereiche Chor, Orchester, Big-Band, Theater oder Film spüren die allgemeine Aufgeregtheit um das achtjährige Gymnasium.

Umso mehr kommt es darauf an, die Schülerinnen und Schüler schon in der Unterstufe für die künstlerischen Fächer zu begeistern. Denn nur über die Fächer und deren Lehrkräfte lassen sich stabile Bindungen auch in die Wahlbereiche hinein aufbauen. Je interessanter und spannender, je bereichernder und anregender der Unterricht gerade in der Unterstufe des Gymnasiums in Kunst und Musik ist, desto länger halten seine Auswirkungen vor, desto eher sind auch Eltern bereit, ihre Kinder in zusätzliche Angebote zu senden.

Damit dies gelingt, sind die Lehrpläne für Kunst und Musik mit ähnlicher Zielrichtung gestaltet. Zeichnen und Malen, Modellieren und Bauen, Singen und Musizieren verbinden sich immer wieder mit theoretischen Inhalten. Über das Lernen mit der Hand werden Fachbegriffe genauso erschlossen wie historische und aktuelle Zusammenhänge. Die Lebenswelt der Kinder und Jugendlichen findet bewussten Eingang in den Unterricht. Mit diesem „Pfund", die Lebenswelt der Kinder aktiv in den Unterricht und in die Schule einzubeziehen, gilt es zu „wuchern". Leider ist das pädagogische Erfolgsrezept, die Kinder da abzuholen, wo sie gerade stehen, noch nie schwieriger umzusetzen gewesen als heute. Denn die Kinder sind bei Eintritt in das Gymnasium alle woanders. Dies hat nicht nur mit „Multikulti" zu tun, sondern mit dem nicht mehr vorhandenen Konsens, was und vor allem wie vor dem Eintritt in das Gymnasium gelernt wurde. Gerade weil die Kinder so viele unterschiedliche Vorerfahrungen in das Gymnasium einbringen, brauchen sie verlässliche Muster, wie diese Schule und damit auch ihre Welt funktioniert. Hier leisten Kunst und Musik und ganz stark auch die vorher genannten Wahlbereiche wertvolle Dienste. Denn hier würden die Kinder tatsächlich da abgeholt, wo sie gerade sind. Mit ihrem Kunst- und Musiklehrer könnten sie die Fähigkeiten entfalten, die ihnen Zuversicht und Anerkennung in das eigene Leistungsvermögen geben, aber auch Orientierung und Richtung. Der Stolz über das eigene Bild im Gang vor dem Kunstsaal, die gemeinsame Freude über eine gelungene Aufnahme des Klassensongs, das Staunen über die erste dreidimensionale Zeichnung, die Anerkennung anderer Schüler und Lehrer über die erste kleine Rolle im Theater tragen meist mehr zur Identifikation mit der Schule und zu einer positiven Einstellung ihr gegenüber bei als manche gut gemeinte „Schulfamilienaktion" von oben.

Diese positiven Auswirkungen des Kunst- und Musikunterrichts am Gymnasium sind heute gefährdeter denn je. Denn allzu leicht werden die mittel- und langfristigen positiven Effekte der künstlerischen Fächer mit scheinbar kurzfristig erreichbaren und bildungspolitischen Tagesvorgaben in die Waagschale geworfen. Dann haben sie wenig Chancen. Vor allem die Wahlangebote bleiben unter solchen Vorzeichen auf der Strecke. Nicht nur die Zeit, sondern auch die angebliche Bedeutung manch anderer Fächer spielen hier dann eine ungute Rolle.

Das Kunst und Musik betonende „Center of Excellence" geht gerade dieses Problem aktiv an, denn es forciert die integrativen Stärken der musischen und künstlerischen Fächer. Die vielfältigen Möglichkeiten in Kunst und Musik, Themen aus unterschiedlichen Blickwinkeln zu betrachten, sprachliche, naturwissenschaftliche oder gesellschaftliche Schwerpunkte mit den Mitteln der Kunst anzugehen und aus dem Unterricht hinaus damit zu wuchern, multiplizieren die Wirkungen der Künste weit über die ihnen zugemessenen Zeitanteile hinein in die gesamte Schule. Die Öffnung anderer Fächer für die Künste ist nur ein positiver Effekt. Mindestens genauso wichtig ist die Wiederherstellung eines Gleichklangs der Fächer, die erst im Zusammenspiel das Gymnasium als den richtigen Ort für eine allumfassende Bildung wieder ins gebührende Licht rücken. In diesem Sinne wäre jede Exzellenzprofilbildung willkommen.

Künstlerischer Fachbereich: die Sicht der Center-Schulen

Nikolaus-Kopernikus-Gymnasium, Weißenhorn

Fachbereichsprogramm

Das Nikolaus Kopernikus Gymnasium verfolgt die *Vision einer „Ganzheitlichen Schule“*, an der Schüler mit Freude lernen, am Kommunikationsprozess in sozialer Verantwortung teilnehmen, Schaffensprozesse erleben, das Erlernte inner- und außerhalb der Schule leben, genießen und kundtun. Ziel ist die *gebildete Persönlichkeit* der Lernenden. Vielfalt und Kreativität sind uns dabei zentrale Anliegen, und wir fördern sie in allen Fächern und Bereichen (Leitbild).
Im Projekt „Zentren für Schulqualität – Centers of Excellence“ hat das Nikolaus-Kopernikus-Gymnasium den Schwerpunkt auf den musisch-künstlerischen Bereich gelegt. Im *musisch-künstlerischen Netzwerk* sollen Schüler und Schülerinnen Mut zu Kunst, Musik, Kreativität und letztlich Mut zu sich selbst entwickeln. Über musisch-ästhetische Bildung und künstlerisches Schaffen in der Schule wächst die Identifikation mit der Schule. Wichtig für das „Center of Excellence“ am Nikolaus-Kopernikus-Gymnasium ist der Netzwerkgedanke. Im Folgenden sind Maßnahmen und Angebote aufgeführt, die im musisch-künstlerischen Netzwerk gebündelt sind.

Das Netzwerk im gesamten Fachbereich

- Intensivierung von schülerorientierten Unterrichtsformen, die Schüler zu Eigenverantwortung führen
- Einzelförderung von begabten Schülern
- Künstler arbeiten als etablierte Partner mit den Schülern in der Schule
- Fachübergreifende Fach- und Seminararbeiten
- Angebot von „Meisterklassenkursen“ in den Ferien (Ferienakademie)
- Aufbau eines Kunst-/Musikzentrums für begabte Schüler aller Schulen
- Schülerteams für das Management von Veranstaltungen (Grundkurs Veranstaltungstechnik, Wahlkurs „Technikcrew“)
- Begleitung musischer Projekte durch naturwissenschaftliche oder sprachliche Fächer (gemeinsame Dokumentationen, Präsentationen, Seminararbeiten)
- Zusammenarbeit der verschiedenen Unterrichtsfächer bei Aufhebung des Klassenverbands in Projektwochen

- Theater-, Konzert-, Akrobatikaufführungen bzw. Kunstausstellungen, Themen bisher: Mozart, Afrika, Mittelalter
- Durchführung und Organisation der Regionalen Lehrerfortbildung „Veranstaltungstechnik" für Lehrkräfte und Schüler im Bezirk
- Ausbau bestehender Präsentationsmöglichkeiten (Neubau)
- Organisationsentwicklung (Planungsgruppen, Steuergruppen)

Schwerpunkte in den einzelnen Fächern

Musik

- Differenzierung in Vor- und Sinfonieorchester
- Enge Kooperation mit Partnerschulen, Grundschulen, Musikschulen
- Projekt „Komponisten in die Schule"
- Stimmbildung durch eine professionelle Sängerin
- Kooperation mit dem Sinfonischen Orchester der Stadt Ulm
- Workshops mit Berufsmusikern im Bereich Jazz/Rock
- Planungsgruppen in den Bereichen Konzertmanagement, Kostüme, Tänze, Choreographie, Arrangements
- Öffentliche Aufführungen schülereigener Kompositionen
- Förderung der Ensemblearbeit in der Ferienakademie

Kunst

- Einbeziehung von Handwerk, Filmemachern und bildenden Künstlern in den Unterricht
- Workshops mit Malern und Bildhauern in den Ferien (Ferienakademie)
- Praktika in Handwerksbetrieben
- Enge Zusammenarbeit mit Studenten der Akademie für Bildende Künste (Ferienakademie)
- Kooperation mit Firmen und Patenschaften für angehende Studenten und künftige Mitarbeiter (Seminarfächer)
- Kooperation mit anderen Fachbereichen mit dem Ziel der Präsentation
- Fächerübergreifender Bau von Instrumenten, Objekte mit neuen Designmerkmalen
- Aufbau eines schulinternen Grafikbüros: Schüler promoten Schule
- Grafik/Designworkshop zur Schülerzeitungsarbeit
- Medienerziehung durch Mediengestaltung: parallele Stundenführung der Fächer Deutsch, Fremdsprachen, Musik, Kunst, Informatik
- Ausstellungen in öffentlichen Räumen (Sparkasse, Kloster Roggenburg, Kultusministerium)

Theater/Tanz

- Integration aller Fachbereiche in den gemeinsamen und individuellen ästhetischen Prozess des Gestaltens (Theateraufführung, Musical)
- Verbindung affektiver und kognitiver Lernprozesse im erfahrungsbezogenen Unterricht
- Lehrplanbezogenes fächerübergreifendes Lernen am konkreten Projekt, Erweiterung der Weltsicht und Förderung der Fähigkeit der Selbsteinschätzung
- Entwicklung des Selbstvertrauens und der Fähigkeit sich anzuvertrauen
- Workshops mit Theatermachern, Regisseuren, Tänzern (Ferienakademie)
- Einbeziehung des Tanzsports in fächerübergreifende Präsentationen – „Tanzbetonte Schule"

Center of Excellence

Darstellung des Moduls *Ferienakademie Kunst Musik Theater Tanz im Bildungszentrum Kloster Roggenburg*

Schule: Nikolaus-Kopernikus-Gymnasium, Weißenhorn (www.gymnasium-weissenhorn.de)

Ansprechpartner: Klaus Schneikart, StD, Schulleiter
→ sek@nkg.schule.neu-ulm.de

Zielgruppe
Ausgeschrieben ist unser Angebot jeweils in der zweiten Osterferienwoche für Schülerinnen und Schüler aller Schularten ab Jahrgangsstufe 8, die von ihren Lehrkräften angesprochen und empfohlen werden, oder die sich direkt bewerben. Die Teilnehmer kommen aus ganz Bayern.

Anzahl der beteiligten Schüler: 100

Ziel der Maßnahme

Grundprinzipien:

- Persönliches Erleben, Erfahren, Gestalten, Schaffen (freies, selbstständiges Arbeiten am eigenen Werk, Einflüsse von hauptberuflich tätigen Künstlern und Musikern, aber auch von den anderen Teilnehmern aufnehmen bzw. weitergeben)
- Authentizität in der direkten Begegnung mit Künstlern und anderen Teilnehmern
- Ermutigung, Bewusstseinsschärfung und Anleitung durch den „Meister"
- Grenzerfahrung im eignen Schaffen
- Förderung von Begabungen
- Förderung von Qualitätsbewusstsein
- Einbettung des schöpferischen Gestaltens in die Umgebung von anderen Formen der Kunst (Musik, Literatur, Tanz, Darstellende Kunst)

Wir wollen mit diesem Angebot Jugendlichen, die eine besondere Begabung haben oder zu haben glauben, in der Klausuratmosphäre des Bildungszentrums die Begegnung mit anderen Künsten und Künstlern ermöglichen. Sie werden dabei ihren künstlerischen und ihren sozialen Horizont erweitern. Wir wollen eine Meister-Schüler-Beziehung aufbauen. Dabei sollen die Teilnehmer durchaus ihre Grenzen, aber auch das Glückserlebnis aus kreativem Schaffen erfahren. Wir sind der Auffassung, dass der Bereich der Förderung künstlerischer Begabungen in unserem Bildungssystem gestärkt werden sollte.

Wir sind außerdem der Meinung, dass wir mit diesem Angebot den Unterricht in den entsprechenden Fächern bereichern und die Identifikationsbereitschaft mit der Schule insgesamt fördern. Hinter der Idee der Ferienakademie steht die Vision, dass mit der Förderung der Fähigkeiten und Talente über die tägliche Vermittlung von Wissen und Können hinaus kreative Potentiale entwickelt werden, die die Schüler zu Menschen machen, welche den Herausforderungen der Zukunft gewachsen sind. Die direkte Auseinandersetzung mit Künstlern und Musikern, die Brüche, Strukturen, Kompositionen verlangen, Erreichtes immer wieder in Frage stellen, öffnet Augen, erweitert das Urteilsvermögen, regt zum Weiterdenken an und macht Mut, Grenzen zu erfahren und sich selbst auszuprobieren. Der Einsatz während dieser Ferienakademie kann in allen Jahrgangsstufen in die Bewertung der Jahresleistungen der entsprechenden Fächer eingehen.

Beschreibung der Maßnahme

Die Ferienakademie ist gedacht als Fördermaßnahme für künstlerisch oder musisch begabte Schülerinnen und Schüler von 13 bis 19 Jahren. Sie deckt die Bereiche Bildende Kunst/Fotografie, Tanz/Performance und Kammermusik (Bläser und Streicher), Sprache/Literatur/Theater und Gesang ab.

Die Teilnehmer arbeiten über fünf Tage hinweg mit hervorragenden Künstlern zusammen und leben mit ihnen unter einem Dach. Dazu dient als Unterkunft und Arbeitsstätte das Bildungszentrum des Klosters Roggenburg in der Nähe der Schule mit Werkräumen, Übungsstätten und der ansprechenden Unterkunft.

In kleinen Gruppen konzentrieren sie sich zunächst auf Themen, die von den Künstlern angeboten werden, erleben aber gleichzeitig die anderen bei ihrer Auseinandersetzung mit den jeweiligen Schwerpunkten. Dabei werden sie außerdem unterstützt von Studenten der Akademie der bildenden Künste. Immer wieder finden Begegnungen der Disziplinen statt. Das zusätzliche Angebot umfasst öffentliche Veranstaltungen, meist an den Reisen des Malers Richard Allgaier orientiert, ein öffentliches Künstlerkonzert der beteiligten Musiker sowie weitere fakultative Angebote für die Teilnehmer wie Führungen durch die Ausstellung, Kirchen- und Opernführung, Gute-Nacht-Geschichten, Abenteuerspiele, Bogenschießen oder gemeinsame sportliche Aktivitäten am Abend.

Umrahmt wird die Ferienwoche von einer Kunstausstellung, in der die beteiligten bildenden Künstler von März bis Mai in den Ausstellungsräumen der Klosteranlage Beispiele ihres Schaffens zeigen. Die Teilnehmer besuchen diese Ausstellung während der Ferienakademie auch zusammen mit den Künstlern selbst. Sie finden dabei einen sehr individuellen und authentischen Zugang zur modernen Kunst und erleben zumindest in Ansätzen die existenzielle Auseinandersetzung der Künstler mit ihrem Werk. Am letzten Nachmittag präsentieren die Teilnehmer ihre Arbeiten zusammen mit den sie begleitenden Künstlern im Rahmen der Ausstellung und in Aufführungen an verschiedenen Orten der Klosteranlage öffentlich. Dabei arbeiten die Bereiche Kunst, Musik, Theater, Tanz eng zusammen. Diese Präsentation wird von Eltern und Öffentlichkeit sehr aufmerksam wahrgenommen und erfreut sich großer Beliebtheit.

Ressourcen (benötigte Materialien, Finanzmittel etc.)

Der Finanzrahmen umfasst neben den Künstlerhonoraren und den Kosten für die Unterkunft und die Werkstätten und Räume auch den nicht unerheblichen Bedarf an Verbrauchsmaterial (Farben, Pigmente, Holz, Rahmen, Papier, Zeichenmaterial, Werkstoffe, musikalische Literatur etc.). Die Kosten für die Künstler- und Dozentenhonorare stellte von Anfang an die Firma PERI, Weißenhorn, als großzügiger Sponsor und Förderer musisch-künstlerischer Aktivitäten an der Schule in Aussicht. Eine entsprechende Zusage mit langfristiger Bindung war die Voraussetzung für das gesamte Projekt. Die Schüler bezahlen eine Kursgebühr. In den ersten drei Jahren übernahm der Bildungspakt Bayern einen wesentlichen Teil der restlichen Kosten.

Das Kultusministerium unterstützt das Projekt mit Deputatsstunden, eine zusätzliche erhalten wir im Rahmen der Schülerakademie Schwaben. Das Bildungshaus Kloster Roggenburg fördert die Veranstaltung in Form einer Kooperation.

Schulorganisatorische Rahmenbedingungen (Unterrichtsfach, -stunden etc.)
Da die Ferienakademie ausschließlich in der unterrichtsfreien Zeit stattfindet, entsteht kein Unterrichtsausfall. Außerdem ist garantiert, dass sich nur interessierte Teilnehmer anmelden. Allerdings sind bis zu sechs Lehrkräfte in den Ferien gebunden (Kunst, Musik, Sport, Theater, Schulleitung), die die Künstler und Schüler während der Kurse betreuen und z.T. ebenfalls in der Bildungsstätte übernachten.

Ablauf/Durchführung/Zeitplan
Die Ferienakademie beginnt jeweils am Ostermontag und endet am darauf folgenden Freitag. Die Workshops finden täglich von 9 bis 12 Uhr und von 14.30 bis 18 Uhr statt. Da Künstler und Schüler im Bildungszentrum wohnen, werden die Abendstunden häufig ebenfalls zur Workshoparbeit genutzt. Fakultative Veranstaltungen ergänzen das Wochenprogramm: Sport in der Halle und im Freien, Yoga, Bogenschießen, Film, Autorenlesung, Künstlerkonzert, Gute-Nacht-Geschichten. Am Freitagnachmittag präsentieren die Teilnehmer ihre Workshopergebnisse öffentlich, die Kunstwerke der Schüler werden in die Künstlerausstellung integriert.

Kurzurteil
Zitat Richard Allgaier (Bildender Künstler): „Die Tatsache, dass pubertierende Jugendliche freiwillig in ihren Ferien früh aufstehen, den ganzen Tag die Konzentration für die Arbeit im Atelier halten und abends um 10 Uhr ‚hinausgeschmissen' werden müssen, spricht für sich. Besonders beeindruckt hat mich der liebevolle Umgang, den die Jugendlichen miteinander dabei hatten. Sie haben ihre unbändige Lebendigkeit in eine Form bringen können und experimentierfreudig ihre Kraft in Ausdruck umgesetzt. Ihre Lernwilligkeit hat mich richtig begeistert. Manch einer wäre froh, die Freiheit zu haben, mit der die Jugendlichen an (selbst) gestellte Aufgaben herangegangen sind."

Sonstiges, Bemerkungen
Das Projekt „Ferienakademie" ist sowohl für das wissenschaftspropädeutische als auch für das praxisorientierte Seminarfach an der neu gestalteten gymnasialen Oberstufe geeignet. Die Auseinandersetzung mit den

Künstlern selbst und deren Einbettung in das kunsthistorische Umfeld einerseits, die Organisation, Gestaltung, Umsetzung des gesamten Vorhabens andererseits sind regelmäßig als Forschungs- und Erprobungsfeld für die Oberstufenschüler denkbar. Dabei können die Fächer Kunst, Musik, Wirtschaft ohne weiteres zusammenarbeiten, Musiker, Künstler, Studenten der Kunstakademie, Beschäftigte des Theaters oder des Bildungszentrums selbst sind als außerschulische Partner automatisch eingebunden.

Wirsberg-Gymnasium, Würzburg

Fachbereichsprogramm

Das Konzept steht auf der Basis des fächerübergreifenden Arbeitens unter dem Titel „SICH ZEIGEN". Leitfächer sind hierbei Musik und Kunst, die sich in besonderer Weise eignen, Aspekte der Präsentation und der Kommunikation unter ihrem Dach zu vereinen. So ist es möglich, inhaltlich und methodisch letztlich jedes Fach in dieses Konzept zu integrieren. Die notwendige Systematisierung der Arbeit erfolgt auf der Grundlage eines sich stufenweise entwickelnden Kompetenzenkataloges, der für die (1) Unter-, (2) Mittel- und (3) Oberstufe jeweils zu den Bereichen „Sprechen und Sprache", „Körpersprache", „Visualisierung" und „Zuhörerorientierung" Linien vorgibt, die die einzelnen Fächer für sich umsetzen können.

Grob umrissen ergibt sich daraus für „Sprechen und Sprache" die Steigerung von „Sprecherziehung/Sprachspiele/Auseinandersetzung mit der Wirkung der Sprache" in (1) über die Vermittlung von „Grundlagen der Kommunikationstheorie und der Rhetorik/Grundlagen des ‚Instrumentes' Sprache" in (2) bis hin zur „vertieften Beschäftigung mit Kommunikationstheorie/Vertiefung rhetorischer Kenntnisse und Fertigkeiten und Analysefähigkeit" in der Oberstufe (3). Demgemäß entwickelt sich auch die „Körpersprache": von „spielerischen Übungen und der Schaffung körperlicher Grundlagen" (1), über „die Praxis der Körpersprache" (2) bis zum „bewussten und gesteuerten Verhalten" (3). Kernelement unserer Arbeit ist der Bereich Visualisierung.

Hier beginnen die Schülerinnen und Schüler mit einer „Einführung in die visuellen Medien" (1), es folgen „Medienanalyse und Medienkritik" (2), sodass zuletzt eine „ästhetische Eigenkonzeption" (3) erreicht werden kann. Das unten vorgestellte Modul ist Teil der Arbeit in diesem Kernbereich. Untrennbar mit den bisher genannten Aspekten verbunden und dennoch in der präsentativen Praxis häufig unbeachtet ist die „Zuhörerorientierung". Hier steigert sich das Konzept ausgehend von „Möglichkeiten der Kontaktaufnahme" (1) über „das partnerschaftliche Zuhören und das Kennenlernen von Methoden der Gesprächsführung" (2) zur „Situations- und Zuhöreranalyse, Methodenanwendung und Konzeptentwicklung" in der Oberstufe (3). An diesem Gesamtkonzept können alle Fächer teilhaben, ohne dass übergroße Zwänge entstehen. Musik und Kunst tragen als Leitfächer inhaltlich und methodisch Wesentliches bei und erfahren so zusätzliche Wertschätzung und eine feste Verankerung im schulischen Alltag und in der Schulentwicklung. Am Ende sollen dann Schülerinnen und Schüler stehen, die „sich zeigen" können.

Center of Excellence

Darstellung des Moduls *SICH ZEIGEN vor der eigenen Lerngruppe im Medium Film/Video*

Schule: Wirsberg-Gymnasium, Würzburg

Ansprechpartner: Sabine Blum-Pfingstl, Kunst
→ sekretariat@wirsberg-gymnasium.de

Zielgruppe
LehrerInnen aller Fächer

Anzahl der beteiligten Schüler: 27 SchülerInnen der 5. bis 7. Klasse

Ziel der Maßnahme: „SICH ZEIGEN vor der eigenen Lerngruppe im Medium Film/Video“
von der ersten spielerischen Selbst-Improvisation (*5. Klasse*) vor und mit der Kamera über kleine medial-szenische Übungen der Selbstwahrnehmung (*6. Klasse*) zur differenzierteren Selbstbetrachtung im bewegten Bild und gesprochenen Wort (*7. Klasse*)

Zielbereiche	
– Sprache/Sprechen	Im Laufe der drei ersten Schuljahre werden das freie und auch das geplante Sprechen zunächst spielerisch in kleinem Rahmen immer stärker ausgebaut. Dies kann bedeuten, in einen eigenen kleinen Film selbst entworfene und gesprochene Textpassagen einzufügen, aber auch, das fertige Filmprojekt in einer Schulveranstaltung den Klasseneltern vorzustellen.
– Körpersprache	Das Bewusstsein, in Mimik, Gestik und Körperhaltung ebenfalls zu einer eigenen „Sprache“ finden zu können, wird von szenischen Requisiten- und klassischen „Warm-up“-Übungen bis hin

	zu tänzerisch angelegten Choreografien entwickelt. Art und Intensität des körpersprachlichen Ausdrucks lassen sich in vielfältigen Variationen sensibilisieren und zuletzt in einem filmischen Projekt bündeln.
– Visualisierung	Dank der digitalen Medienwelt ermöglichen es einfache Programme den Kindern, kleine Filmvorhaben zu realisieren. In der Unterstufe ist hier der erste Kontakt mit bewegten Bilderwelten zu schulen: Mit Sprache und Klang unterlegte Diashows oder Kurzfilme mit einfachen Einstellungs- und Schnittsequenzen sind bereits ab der 5. Klasse aufwärts auch im Klassenverband realisierbar.
– Zuhörerorientierung	Wem erzähle ich was und vor allem wie? Die Notwendigkeit der Orientierung an den Bedürfnissen der Zuhörer/Zuschauer wird den SchülerInnen bereits nach den ersten Tagen an der neuen Schule sehr schnell klar – dementsprechend werden die Themen der Beiträge gewählt, die Schwerpunkte des Projektes gesetzt und vor allem auch Ort und Zeitpunkt der Präsentation gewählt: Vom Fotoalbum am Klassenelternabend zum ersten Trickfilm im Schulkino …

Beschreibung der Maßnahme: „moving pictures = movies Aktive Medienarbeit mit Foto / Film / Video“
„Gedanken über Sachverhalte und Erlebnisse in Texte zu fassen, ist etablierte Technik in der Schule. *Film ist das wichtigste moderne Erzählmedium. Die Sprache des Films lesen oder gar gestalten zu lernen, ist aber selten ein Lernziel. Was verständlich ist, denn das Medium wirkt auf das Unterbewusstsein, wird emotional erlebt und hat mit allen Kategorien von Wahrnehmungspsychologie zu tun: Film im Kino heißt in den angelsächsischen Ländern „Motion-Picture“. In sinnvoller Abwandlung kann man auch „Emotion-Picture“ sagen, denn in der unreflektierten Hingabe an das Filmerlebnis werden die Zuschauer geführt.* *Dieses Bildermedium ist hervorragend geeignet, anonyme Zuschauermassen zu steuern, ihnen Ideen einzupflanzen und Wünsche zu wecken; letzteres ist die Erfolgsschiene aller Werbespots. Erst wer sich im Zuschauen aktiv der*

Bilder bemächtigt und selbst solche produziert, befreit sich von der Abhängigkeit. Filme zu machen ist eine emanzipatorische Tätigkeit, die Persönlichkeit entwickelt und Urteilskraft stärkt. Filmen ist für die Macher ein Sprachrohr für ihre Belange."

Mit diesen Worten verabschiedete sich Wolfram Weisse, ein Urgestein in der Landschaft film-lehrender Kunstpädagogen, im Januar 2002 nach 28 Jahren praktischer Medienarbeit von seiner Schule im Münchner Süden. Lange bevor die vergleichsweise günstigen Anschaffungskosten digitaler Videokameras und computergestützter Schnittplätze uns wie heute semiprofessionelle Arbeitsplatzbedingungen bieten konnten, hatte er bereits erkannt, welch absehbare Entwicklung der Film hin zu einer *Omnipräsenz bewegter Bilder* – selbst in Handys – nehmen würde. Doch technische Errungenschaften sind wertlos, wenn sie nicht sinnvoll und didaktisch begleitet dazu eingesetzt werden, Kinder und Jugendliche von der „Glotze" weg und vor und hinter die Kamera oder an den Schnittcomputer zu bringen. Gelingt dies, dann kann Film bzw. Video zu dem Erzählmedium schlechthin werden, das den Jugendlichen die Chance bietet, sich selbst in diesem sonst nur passiv erlebten Medium zu artikulieren.
Die schulische Arbeit der *„Wirsberg-Studios"* am *Wirsberg-Gymnasium* legt nun vor allem in der Unterstufe ihren Schwerpunkt auf die narrativen Aspekte des Mediums und will an Hand von Beispielen aus der Unterrichtspraxis unterschiedlichster Altersstufen dazu beitragen, Berührungsängste der LehrerInnen abzubauen und die Kinder und Jugendlichen zu einem gestalterischen Umgang mit bewegten Bildern zu animieren.
Konkret bedeutet dies, die Jugendlichen Schritt für Schritt an *Präsentationstechniken im engeren Sinn der digitalen Technik, aber auch an die ästhetische Ebene des Gestaltens* heranzuführen. Dabei beeinflussen, wie bereits angesprochen, der jeweilige Kenntnisstand der SchülerInnen wie auch der beteiligten KollegInnen und natürlich weitere bekannte Gegebenheiten der Klasse *Themata und Art* der Filme. Variationen sind also nicht nur denkbar, sondern auch ein pädagogisches „Muss". In der Arbeit der „Wirsberg-Studios" ergaben sich beispielsweise folgende Projekte:
In der 5. Klasse wird das szenische Spiel mit simplen Requisiten in Form von „Stills" fotografiert und anschließend in einem einfachen Programm (i-photo) zu ebenfalls selbst produzierter Musik aus dem Musikunterricht als Diashow aneinander gereiht. „Herbei, herbei, was Löffel sei!" nennt sich so der erste Film der *5. Klasse*, mit welchem sie ein feines Klassenporträt als Erinnerung an das erste Schuljahr am Wirsberg-Gymnasium zeichnet. Ausgewähltes Requisit war in diesem Falle die überdimensionale Schöpfkelle des gerade besuchten Schullandheimes.

Für die *6. Klasse* stand z. B. im Deutsch-, Englisch- und Musikunterricht die Produktion eines eigenen Songs an: „28 kleine Wirsberg-Schüler" handelt von einer Klasse, deren SchülerInnenzahl sich zunächst im Sinne des Kinderliedklassikers „10 kleine Negerlein" drastisch reduziert, wobei sich zum Liedschluss hin die verschwundenen SchülerInnen jedoch eines besseren besinnen und wieder voll zum Unterricht antreten! Ausgefeilt und anspruchsvoll in Technik und Darbietung wurde der Song gemeinsam gedichtet, gesungen und vertont. Nach der Tonaufnahme selbst stand die Illustration der einzelnen Strophen an, welche im Anschluss abgefilmt und auf die Musik hin geschnitten wurden. Dabei wurden im bildnerischen Bereich grundlegende Parameter des Films besprochen und eingeübt.

Die Neugierde auf ausgefeiltere Darstellungsoptionen wird vor allem mit dem altersgemäßen Wunsch der *7. Klasse* geäußert, möglichst „echt" zu arbeiten. Clips mit Zeichentrick-Animationen können jetzt z. B. den Brückenschlag zu Gestaltungs- und Rezeptionsmustern bilden, welche die SchülerInnen aus dem Programmangebot des Fernsehens her kennen. Die Musikclip-Produktion „Kopfsalat" wäre nun ein Beispiel, wie sich eine komplette 7. Klasse als Klassengemeinschaft präsentiert, ohne die einzelnen Individuen und deren Vorlieben oder „Flausen" aus den Augen zu verlieren. Im vorliegenden Film wird noch eine weitere Ebene des Miteinanders erprobt: In Zusammenarbeit und mit Unterstützung von älteren Schülern aus dem Wahlunterricht Film der Oberstufe können in Gruppenarbeit während des Unterrichts, aber auch selbstständig organisiert nach Unterrichtsschluss, schwierigere technische Kniffe und Tricks in das bereits vorliegende Film-Material eingearbeitet werden!

Zuletzt sei noch ein kleiner Ausblick gegeben, wohin nach acht bzw. neun Schuljahren dieses Konzept von MedienKunstPädgogik führen kann: Das Wirsberg-Gymnasium darf neben den zahlreichen Filmen, die in der Oberstufe zu eigenen Themen auf entsprechend hohem bildnerischen Niveau entstanden sind, mittlerweile auf eine kleine Tradition von Abiturfilmen verweisen. In jedem Jahr neu fühlen sich Jugendliche aus dem jeweiligen Abiturjahrgang verpflichtet, ein Porträt ihres Jahrganges am Ende ihrer Schulzeit zu zeichnen. Die vielen Jahre der Unterrichtszeit lassen gerade dann die unterschiedlichsten und vielleicht auch emanzipiertesten Filme und damit auch „bewegte Selbstbetrachtungen" entstehen!

Ressourcen (benötigte Materialien, Finanzmittel etc.)

Die Filmausstattung besteht aus einer einfachen Kamera ab ca. 350 € und einer ebenfalls sehr einfachen Schnitt-Software wie i-movie innerhalb des

kostenlosen Bundle „i-life“ von apple, welches sich sowohl mit Hard- als auch Software als sinnvollstes, weil einfach zu handhabendes und auch robustes Werkzeug erwiesen hat! Die Produktion der DVDs finanziert sich durch deren Verkauf an die SchülerInneneltern.

Schulorganisatorische Rahmenbedingungen (Unterrichtsfach, -stunden etc.)
- Die Arbeit selbst findet im Rahmen des regulären Unterrichtes statt. - Als zentrales, organisierendes Kernfach eignet sich aufgrund seiner Unterrichtsinhalte (siehe Lehrplan) und seiner dem Fach eigenen Methodenvielfalt Kunst. - Je nach Lehrerteam vor Ort sollten unterschiedliche Schwerpunkte hinsichtlich der Inhalte gesetzt werden (z. B. Einbezug der Fremdsprachen, der gesellschaftswissenschaftlichen bzw. naturwissenschaftlichen Fächer). - Als besonders vorteilhaft – auch was das soziale Klima betrifft – hat sich die Mithilfe von gut ausgebildeten älteren Schülern im Sinne von Film-Tutoren erwiesen. - Zur Nachbearbeitung treffen sich die SchülerInnen mit fortschreitendem Alter auch nach dem regulären Unterricht und nehmen das Finalisieren des Film-Projektes auch in zunehmenden Maß selbstständig vor.

Ablauf/Durchführung/Zeitplan
Ablauf und Zeitplan der einzelnen Vorhaben sind variabel: Die einfache digitale Diashow der 5. Klasse kann in zwei bis drei Doppelstunden jedes beliebigen Faches realisiert werden. Dagegen sollten komplexe Trickfilme, an denen Musik, Englisch, Deutsch und Sport beteiligt sind, sicherlich didaktisch gut im Laufe eines Schuljahres platziert sein und sukzessive in den jeweiligen Fächern vorbereitet und schließlich im Kunstunterricht zusammengeführt werden. Das eigentliche Geschick der begleitenden PädagogInnen liegt dabei vor allem in der Moderation, das Filmprojekt den Vorgaben und den Bedürfnissen der SchülerInnen anzupassen.

Kurzteil
Die von den meisten KollegInnen benannte Hemmschwelle, technische Medien seien an den Schulen nicht vorhanden, lässt sich zumindest bei den ersten Vorhaben lösen, indem die regional beauftragten MIBs bzw.

die entsprechenden Lehrkräfte an den „Kompetenzzentren Film“ mit einbezogen werden. Kamera und Schnittplatz können dort oder auch vor Ort bei den entsprechenden Jugend- und Kulturhäusern entliehen werden. Eine an der Schule etablierte filmpädagogische Arbeit leistet neben den klassischen Lehr- und Lerninhalten überaus intensive Hilfestellungen im sozialen Miteinander der SchülerInnen wie auch von LehrerInnen und SchülerInnen. TEAMARBEIT wird hier im wahrsten Sinne des Wortes groß geschrieben!

Sonstiges, Bemerkungen

Zu den genannten Phasen der Medienkunst-pädagogischen Arbeit in den Klassen 5 bis 7 sind die jeweils am Wirsberg-Gymnasium entstandenen Produkte als DVDs erhältlich, ebenso wie die Filme und Clips der anschließenden Klassenjahrgänge, die der Wahlgruppen, aus der Ober- und Kollegstufe und auch die Projekte Einzelner.

In Kürze wird das medienpädagogische Konzept der filmischen Arbeit am Wirsberg-Gymnasium unter **www.wirsberg-studios.de** vorgestellt: Neben grundlegenden Gedanken zum Einsatz der bewegten Bilder in der Schule archiviert eine Filmografie die Arbeiten der letzten 10 Jahre. Darüber hinaus werden Unterrichtsmaterialien, die zum größten Teil aus Fachpublikationen stammen („Kunst und Unterricht“), online zur Verfügung gestellt.

Parallel zur schulischen Arbeit konnte in den vergangenen Jahren bereits umfangreichere **Fortbildungsarbeit auf Basis der RLFB** realisiert werden:

1. Einzelworkshops wie auch Sequenzangebote zum Themenbereich Film sind über die Fachrefentin des MB oder die RLFB-Stelle zu buchen.
2. In zweijährigem Abstand werden umfangreichere Projekte in Kooperation mit örtlichen Museen oder anderen Kulturträgern durchgeführt. (siehe Projekt www.bildersturm.net)

Als ein besonderes, von der Öffentlichkeit viel beachtetes **überregionales Forum** hat sich in den vergangenen 10 Jahren die „Lange Nacht der Selbstgedrehten“ etabliert, eine Filmveranstaltung für die junge Filmszene im Rahmen des Internationalen Filmwochenendes Würzburg: **www.langenacht.com**.

Gesellschafts- und wirtschaftswissenschaftlicher Fachbereich: die Sicht des Fachreferats

Stefan Krimm

Perspektiven für den gesellschaftswissenschaftlichen Fachbereich

Für die Fächer des gesellschaftswissenschaftlichen Bereichs steht der Mensch in seiner politischen, gesellschaftlichen, wirtschaftlichen und geografischen Lebenswelt im Vordergrund. Wesentliche Grundlage der Orientierung in der Gegenwart ist auch ihre historische Dimension. Insbesondere die Fächer Sozialkunde, Geschichte, Wirtschaft und Recht sowie Geographie legen, unterstützt durch Beiträge anderer Fächer, wie Deutsch, Religionslehre und Ethik sowie die Fremdsprachen, das Fundament für die Entwicklung zum informierten und urteilsfähigen Staatsbürger, der sich von der lokalen Ebene bis hin zu globalen Entwicklungen auf der Basis einer soliden Kenntnis der gegebenen Rahmenbedingungen und der Tendenzen ihres beschleunigten Wandels seiner Verantwortung bewusst und zum politischen und sozialen Engagement bereit ist.

Da sich die Projekte der in dieser Schrift vorgestellten Zentren für Schulqualität im gesellschaftswissenschaftlichen Bereich insbesondere auf die Fächer Sozialkunde und Wirtschaft und Recht konzentrierten, werden im Folgenden die Perspektiven für diese Fächer skizziert.

Sozialkunde

Das Fach Sozialkunde ist als Leitfach der politischen Bildung in den Jahrgangsstufen 10 bis 12 des Gymnasiums in Kombination mit Geschichte für alle Schüler verpflichtend. In seinem Zentrum stehen der Mensch als soziales und politisches Wesen (Zoon politikon), die wichtigsten Formen des gesellschaftlichen Zusammenlebens, die demokratische Gestaltung der staatlichen Ordnung und die Mitgestaltung der internationalen Politik. Kooperation mit Geschichte unterstützt den Erwerb der Fähigkeit, gegenwärtiges Geschehen im nationalen wie internationalen Rahmen auf historische Entwicklungen zu beziehen. Als Orientierungshilfe werden Kategorien zum Verständnis der komplexen Welt der Gegenwart sowie des aktuellen Geschehens erarbeitet. Der rasche Wandel in Staat und Gesellschaft wird im Hinblick auf die grundlegenden Herausforderungen des 21. Jahrhunderts bewusstgemacht. Aktuelle Herausforderungen bieten insbesondere folgende Themenfelder:

- Werteerziehung als wesentlicher Teil der Persönlichkeitsbildung
  Bildung und Erziehung sind auch in einer pluralistischen Gesellschaft ohne die Vermittlung von Werten nicht möglich. Die Schule macht in Zusammenarbeit mit den Erziehungsberechtigten die Heranwachsenden mit den zentralen Werten unserer Gesellschaft vertraut und stattet sie mit Kompetenzen und Haltungen aus, die ihnen helfen, ihre Persönlichkeit auszubilden, Urteilskraft zu entwickeln, das soziale Leben mitzugestalten und eine eigene Lebensperspektive zu entwickeln.

- Sicherung der Demokratie als Daueraufgabe politischer Partizipation insbesondere auch der jungen Generation
  Partizipation ist ein wesentliches Merkmal der Demokratie. Politisches Handeln und demokratische Beteiligung setzen voraus, dass beides – Demokratie und Politik – von früh an als wichtiger Bestandteil des eigenen Lebens und des persönlichen Umfelds erfahren werden kann. Hierfür gilt es in einer Zeit umfassender, aber in der Regel fremdgesteuerter Freizeitangebote mit der Hilfe von Partnern und Institutionen aus dem politischen Raum neue Wege zu finden.

- Gesellschaftlicher Wandel: neue Lebensformen und soziale Sicherheit
  Die gesellschaftlichen und wirtschaftlichen Auswirkungen des demographischen Wandels liegen u.a. in der Brisanz des Alterswandels der Gesellschaft, einer zeitgemäßen Definition des Generationenvertrags und damit verbunden der Frage nach der Funktionsfähigkeit der Rentensysteme. Es gilt, die Jugendlichen für die damit verbundenen Fragen zu sensibilisieren.

- Weiterer Auf- und Ausbau Europas
  Europa ist heute mehr als ein geographischer Begriff: Europäische Entscheidungen beeinflussen das tägliche Leben zusehends. Um politische Entscheidungen verantwortungsvoll mitbestimmen zu können, müssen die Schüler die Europäische Union bewusst mittragen und mitgestalten. Basis dafür ist neben einem soliden Strukturwissen vor allem das Verständnis für andere Nationen, deren Kultur und deren Interessenlagen sowie ein zunehmendes Bewusstsein für die Zusammengehörigkeit der Staaten und Gesellschaften in Europa.

- Auswirkungen der Globalisierung, Migration und Integration
  Weil die Globalisierung den Zusammenhang und die wechselseitige Durchdringung zwischen individueller Lebenswelt und globalen Entwicklungen ganz neu arrangiert, stellt sie im Zusammenhang mit Migration und Integration eine gewaltige Herausforderung für die Schule dar.

Interkulturelles Lernen muss eine selbstverständliche Reaktion auf die neue Situation sein. Dabei kommt es vor allem darauf an, Migration und Integration als kulturelle und gesellschaftliche Bereicherung zu begreifen und die damit verbundenen Chancen und Potenziale gemeinsam zu entwickeln.

Adolf Präbst

Perspektiven für den Fachbereich Wirtschaft und Recht

Wirtschaftlich-rechtliche Kenntnisse und Kompetenzen sind unabdingbarer Bestandteil einer vertieften Allgemeinbildung. Sie sind Voraussetzung für eine erfolgreiche und selbstbestimmte Lebensgestaltung in einer durch zunehmende Komplexität geprägten Welt sowie für die mündige Teilnahme am gesellschaftlichen und politischen Leben. In Bayern ist die ökonomische Bildung am Gymnasium in dem eigenständigen Fach Wirtschaft und Recht verankert, das an allen Ausbildungsrichtungen in der Mittelstufe verpflichtend unterrichtet wird. In der Oberstufe des achtjährigen Gymnasiums kann es als zweistündiges Wahlpflichtfach belegt und mit zusätzlichen Seminarstunden vertieft werden. Folgende Entwicklungen bestimmen die aktuellen Aufgabenschwerpunkte und Perspektiven des Faches Wirtschaft und Recht am Gymnasium:

- Ökonomische Dimension der politischen und gesellschaftlichen Entwicklungen – Globalisierung als Herauforderung für die Soziale Marktwirtschaft
  Wirtschaftlich-rechtliche Bildung ist die Voraussetzung für das Verständnis und die Weiterentwicklung unserer Wirtschaftsordnung. Die Jugendlichen müssen befähigt werden, aktuellen wirtschaftlichen und gesellschaftlichen Reformbedarf zu erkennen, um so die Bereitschaft zu entsprechendem Handeln entwickeln zu können. Die Schule hat hier insbesondere die Aufgabe, die Heranwachsenden für die Herausforderungen einer gerechten internationalen Arbeitsteilung und den sich hieraus ergebenden Globalisierungsproblemen zu sensibilisieren und sie zu Verantwortungsbewusstsein in damit zusammenhängenden wirtschaftsethischen Fragestellungen zu erziehen.

- Wachsende Bedeutung von Verantwortungsbereitschaft, Eigeninitiative, Leistungsorientierung und unternehmerischem Denken
  Die Förderung personaler Kompetenzen wie Verantwortungsbereitschaft, Eigeninitiative und Leistungsorientierung stellt einen zentralen Aspekt

gymnasialer Persönlichkeitsbildung dar. Sie ist zudem eine wichtige Voraussetzung für den zukünftigen wirtschaftlichen und gesellschaftlichen Wohlstand in Deutschland. Die Schule ist hier insbesondere auch gefordert, einen Beitrag zur Förderung des unternehmerischen Denkens zu leisten. Dem Fach Wirtschaft und Recht als Leitfach der beruflichen Orientierung stehen dazu gerade in der Zusammenarbeit zwischen Schule und Wirtschaft vielfältige Möglichkeiten offen. Besonders im Rahmen von Projekten wie der Gründung von Schülerfirmen liegt ein erhebliches Potential, die Verantwortungs- und Leistungsbereitschaft sowie das sogenannte *Entrepreneurship-Denken* auf Seiten der Jugendlichen zu fördern.

- Internationalisierung der Berufswelt und der Hochschullandschaft
  In einer von beschleunigtem Wandel geprägten Arbeitswelt gewinnt die Vermittlung sogenannter Schlüsselqualifikationen eine zentrale Bedeutung für Studium und Beruf. Nicht nur die Unternehmen der Wirtschaft, sondern auch die Hochschulen befinden sich im internationalen Wettbewerb – auch um die besten Studenten. Bayerische bzw. deutsche Studenten konkurrieren hier mit Bewerbern aus aller Welt. Dabei wird das Abitur zukünftig nicht mehr die alleinige Zugangsvoraussetzung zum Studium sein. Wirtschaft und Recht kann insbesondere auch über die Förderung des multikausalen, systemischen Denkens einen wichtigen Beitrag zur Studierfähigkeit und zu verantwortungsbewusster Zukunftsbewältigung leisten. Bilinguale Modelle eröffnen zudem die Möglichkeit, wirtschaftlich-rechtliche Fremdsprachenkompetenzen nachhaltig zu fördern.

- Zunehmender Stellenwert rechtlicher Fragestellungen
  Fragen z. B. des Internet- und Urheberrechts oder die Problematik der Jugendkriminalität sind Beleg für die zunehmende Bedeutung und Komplexität rechtlicher Fragestellungen. Es gilt, auf Seiten der Jugendlichen ein Verständnis für das Gefüge von Rechten und Pflichten und die Fähigkeit zur verantwortungsbewussten Wahrnehmung von Rechten und Pflichten zu schaffen. Voraussetzung hierfür ist eine konsequente Werteerziehung im Rahmen rechtsphilosophischer Fragestellungen.

Gesellschafts- und wirtschaftswissenschaftlicher Fachbereich: die Sicht der Center-Schulen

Katharinen-Gymnasium, Ingolstadt

1. Interdisziplinäres Fachbereichsprogramm „Europäische Identität"

Ausgehend von der fächerübergreifenden Zusammenarbeit für das Projekt „Living Democracy – Simulation einer Europaparlamentssitzung", die im Rahmen des „Center-of-Excellence"-Programms entstand, wurde der Wunsch nach einer Fortsetzung und Weiterentwicklung laut. In fachbezogenen Kleingruppen informieren sich Kolleginnen und Kollegen über das Projekt und formulieren Wünsche und Anregungen nach Verbesserung und Weiterentwicklung der einzelnen Bausteine an ihre Fachschaft. In gemeinsamen Fachsitzungen werden diese Anregungen diskutiert und – falls geeignet – zur Umsetzung vorbereitet. Eine zentrale Steuergruppe ist für die Prozessbegleitung verantwortlich.

2. Weiterentwicklung und Profilierung des Lehrangebotes

Bei den Vorüberlegungen gehen die Lehrkräfte von der Vermittlung von Kompetenzen aus, die im Gymnasium zur Schärfung des Bewusstseins der Schüler für die Rolle Europas und zur Ausweitung ihrer Kenntnisse über die Europäische Union sowie die Vermittlung überfachlicher Kompetenzen im Vordergrund stehen. Von großer Bedeutung sind dabei auch Sachkompetenz, Methodenkompetenz, Wertekompetenz, Selbstkompetenz und soziale Kompetenz. Die folgende Tabelle gibt anhand einiger Beispiele einen Überblick über die Inhalte, die den Schülern vermittelt werden und nennt geeignete methodische Ansätze. Unter den überfachlichen Qualifikationen sind es vor allem Projektmanagement und Medienkompetenz, die die Schüler im Laufe der Projektarbeit erwerben, und die die Selbstkompetenz wie Leistungsbereitschaft, Selbstvertrauen und Verantwortungsbereitschaft fördern und die sozialen Kompetenzen wie Teamfähigkeit, Konfliktfähigkeit und Gemeinschaftssinn stärken.

Engagierte Lehrkräfte der genannten Fächer stellen in allen Klassen zweier Jahrgangsstufen zwischen 9 und 12 ein lehrplanbasiertes Programm interdisziplinär zusammen und verdichten es in einem gewünschten Zeitraum. Die Zahl der beteiligten Fächer ist variabel; je nach Wahl der Inhalte können unterschiedliche Schwerpunkte gesetzt werden (siehe Tabelle auf der folgenden Seite).

Mögliche Fächer: Sozialkunde, Geschichte, Geographie, Wirtschaft und Recht, Wirtschaftsenglisch, Deutsch, Englisch, Französisch, Spanisch, Religion und Ethik		
Sachkompetenz		
Inhalte	Methodische Ansätze	Beispiele konkreter Umsetzung
Gründung, Entwicklung, aktueller Stand der EU	Timeline (Chronologie)	Geschichtsband durch das Schulhaus, Zeitstrahl in Klassenzimmern
Mitgliedsstaaten der EU	Länderpräsentationen	Powerpoint-Präsentation vor der Parlamentssimulation oder Lernplakate am Projekttag
Institutionen der EU	Institutionensimulation mit Rollenspiel	Simulation einer Parlamentssitzung, einer Kommissionssitzung und einer Sitzung des Rats der EU
Zusammenhänge (politische Agenda der EU)	Resolutionen	Recherche; Abfassung von Resolutionen
Bewertung der politischen Inhalte	Diskussionen und Debatten im Tutorium und im Plenum	Parlamentsdebatte; Vorbereitung im Tutorium und in den Klassen, Ausführung in der Simulation
Werte und Normen der rechtsstaatlichen Demokratie	Erarbeitung im Fallbeispiel, Durchführung einer Video-Konferenz	Zeitzeugenbefragung in Videokonferenzen, Interviews über Familiengeschichten
Gemeinsame Kultur Europas	Ringvorlesung	Aspekte verschiedener Fächer als Vorlesungen mit Diskussion
Europäischer Arbeitsmarkt	Arbeitsmarktanalyse	englischsprachiges Bewerbungs- und Interviewtraining

3. Werte und Identitätsfindung

Im Mittelpunkt des Projekts stehen die Schüler, steht die Entwicklung ihrer Persönlichkeit, ihrer Identität und ihrer Werte. Eine wichtige Rolle in der Ausprägung einer werteorientierten Identität im europäischen Kontext spielen unter anderem:

- die Wurzeln in der nationalen und persönlichen Geschichte,
- die internationalen Menschenrechte,
- ethische und religiöse Wertfundamente,
- interkulturelle Akzeptanz im globalisierten Kontext,
- die Vermittlung einer wertebewussten Zukunftsfähigkeit.

4. Innovationen in den Fachbereichen

Neue Unterrichts- und Vermittlungsformen erweitern die pädagogischen Kompetenzen innerhalb der Fachbereiche:
- interdisziplinäre Projektarbeit,
- interkulturelle Schwerpunktsetzung,
- Vermittlung von Präsentationstechniken,
- Aufbrechen des herkömmlichen 45-Minuten-Rhythmus,
- neue Unterrichtsformen (Europa-Konferenzen, Wissensvermittlung und Methodentraining durch Schülerexperten, Ringvorlesung),
- Stärkung rhetorischer Kompetenzen,
- neue Sichtweise der Lehrerrolle bei eigenverantwortlichem Lernen der Schüler.

5. Besonderheiten

Das Fachbereichsprogramm integriert eine fächer-, jahrgangsstufen- und statusgruppenübergreifende Zusammenarbeit von Lehrern, Schülern und externen Experten. Es sind sehr viele Fächer des Regelunterrichts beteiligt. Erfahrene Schüler vermitteln in ihrer Eigenschaft als Tutoren jüngeren Schülern die spezifischen Lerninhalte. Auch externe Experten werden regelmäßig eingebunden. Als besondere Aufgabe steht im Hintergrund die Werteorientierung an der gewachsenen Kultur des europäischen Abendlands.

6. Zukunftsaussichten

Unser Programm läuft nun schon im fünften Jahr erfolgreich, davon während der letzten drei Jahre unter Mitwirkung europäischer Partnerschulen. Deshalb haben wir dieses Jahr zwei weitere Bausteine angefügt. Für kleinere Schülergruppen aus mehreren Jahrgangsstufen bieten wir das Seminar „Interkulturelles Lernen" als Zusatzangebot am Nachmittag an. Das interkulturelle Wissen wird mit Hilfe eines Portfolios gesammelt, regelmäßig erweitert und im regulären Unterricht ergänzt. Außerdem realisieren wir soeben einen Ringkurs nach dem Vorbild universitärer Ringvorlesungen zum Thema „Europa: Gemeinsame Geschichte – gemeinsame Werte – gemeinsame Politik", in dem das Thema von Fachlehrkräften aus der Sichtweise verschiedener Fachrichtungen beleuchtet wird, um es in seiner ganzen Komplexität zu erfassen. Die Teilnahme von Schülern an der gesamten Ringvorlesung wird von der Schule zertifiziert.

Center of Excellence

Darstellung des Moduls *Simulation des EU-Parlaments – Zur Verbreiterung der Wissensbasis für die Europäische Union und zur Vertiefung der europäischen Identität*

Schule: Katharinen-Gymnasium, Ingolstadt

Ansprechpartner: Elisabeth Fenk, StDin; Ingrid Leeb, StDin

→ verwaltung@katharinen.ingolstadt.de

Zielgruppe

Gemeinsames Projekt aller Klassen zweier Jahrgangsstufen zwischen 9 und 11 eines Gymnasiums; die Jahrgangsstufe 12 kann ohne Schwierigkeiten in das Projekt integriert werden.

Anzahl der beteiligten Schüler: je nach Schulgröße 100 bis 300 Schüler

Ziel der Maßnahme

Das Ziel des klassen- und jahrgangsstufen-übergreifenden Schulprojekts „Simulation des EU-Parlaments" ist die Vertiefung europäischer Identität durch Kenntnis und Erleben des politischen Systems der Europäischen Union. Dabei soll die Wahrnehmung der europäischen Dimension der Politik verstärkt werden und bei den Schülern Verständnis für die Bedeutung und die Leistungen des vereinten Europas entstehen.

Die Einübung von Toleranz und der Abbau von Vorurteilen im europäischen Kontext sollen durch den im Rollenspiel notwendigen Perspektivenwechsel bei der Darstellung der EU-Mitgliedstaaten unterstützt werden. Das jahrgangsstufenübergreifende Projekt „Simulation des EU-Parlaments" bündelt einerseits die Vermittlung des Themas „Europäische Union" im Unterricht und ergänzt als großes Schulprojekt andererseits die ebenfalls wichtigen, aber vereinzelten, oft nur sporadisch und zum Teil mit geringer Schülerzahl durchgeführten Projekte.

Da im Sozialkundeunterricht mit ein bis zwei Wochenstunden in vielen Jahrgangsstufen naturgemäß Informationen über die Europäische Union neben anderen wichtigen Unterrichtsthemen stehen und oft nicht genügend Zeit für eine Vertiefung des immer bedeutender werdenden Wissens über Europa zur Verfügung steht, sollen alle Europa-Themen in allen Fächern an einem Zeitpunkt im Schuljahr in einer zeitlichen Parallelführung von drei bis fünf Wochen gebündelt werden. Durch die entstehenden Synergieeffekte wird eine produktive Vorbereitung und Durchführung des Europa–Projekts ermöglicht. Betroffen sind die Fächer Sozialkunde, Geschichte, Wirtschaft/Recht, Geographie, Englisch und Französisch. Diese Fachschaften können die Europa-Themen in den betroffenen Klassen zeitlich bündeln.

Beschreibung der Maßnahme

Die Vorbereitung und Durchführung des Projekts sind für die oben genannten Ziele gleichermaßen von Bedeutung. In Folge der daraus resultierenden Verdichtung des Wissens über Europa und die EU in Vergangenheit und Gegenwart kann eine ansprechende und anspruchsvolle Parlamentsdebatte unter passiver und aktiver Beteiligung von 100 bis 300 Schülerinnen und Schüler durchgeführt werden.

Die Schule sollte in Fachschaftsbeschlüssen die zeitliche Koordinierung der Europa-Themen und einen Wahlunterricht in Politik und Zeitgeschichte gewährleisten. Der Projektleiter sollte bei der Koordinierung des Projektablaufs von zwei Kollegen unterstützt werden. Der Ablauf von Vorbereitung und Simulation sollte in freiwilliger Kooperation, flexibel und ohne große Unterbrechungen des normalen Unterrichts gestaltet werden. Die Identifikation mit Europa und der EU ist bereits in den ersten Unterrichtsstunden im federführenden der beteiligten Fächer, meist in Sozialkunde oder Geographie bzw. Geschichte, angelegt, weil in jeder Klasse drei bis vier Gruppen (mit sieben bis zwölf Schülern) gebildet werden, die jeweils einen Mitglied- oder Kandidatenstaat der EU repräsentieren.

Die Schüler spielen dabei die Rolle von EU-Parlamentariern dieses Mitgliedstaates. In dieser Eigenschaft bereiten sie in kreativer Teamarbeit oder unter An-leitung der Lehrkraft informative Plakate über ihr Land vor, in denen sie einen kurzen Überblick über die Geschichte „ihres" Landes seit 1945 und seine gegenwärtige Rolle in der EU gestalten. Internet-Recherche und Präsentation können in die Notengebung einbezogen werden. Die Plakate können zu einer Europa-Ausstellung verwendet werden. Einige ausgewählte Delegationen führen eine Präsentation ihres Landes zu Beginn der Parlamentssimulation durch; besondere Anschaulichkeit ergibt sich, wenn das Land durch „native speakers" in der jeweiligen Landessprache (z. B. in Polnisch, Italienisch, Spanisch usw.) vorgestellt werden kann. Im Wahlunterricht „Politik und Zeitgeschichte" bildet der Projektleiter interessierte Schüler als „Experten" für die EU aus, die in der Simulation die Rolle der Ausschüsse übernehmen und dabei die Resolutionen, die sie im Wahlunterricht erarbeitet und zwei Wochen vor der Simulation bekannt gegeben haben, vorstellen und verteidigen. Ebenso werden vom Projektleiter interessierte und geeignete Kollegiaten in ihr Amt als Parlamentspräsidenten eingeführt. Als Abschluss der Vorbereitung und Höhepunkt des Europa-Projekts findet nach drei bis fünf Wochen die Simulation des EU-Parlaments, angelehnt an das „Modell Europa-Parlament Berlin", statt. Nach den Formen und Regeln des Europaparlaments debattieren die Parlamentarier innerhalb eines Schultages über fünf Schulstunden hinweg eine oder zwei vorbereitete Resolutionen zu wichtigen Themen der Politik der Europäischen Union. Mit der Beschlussfassung endet die Simulation. Die Schule kann einen weiteren Projekttag mit interkulturellen Aktivitäten in Unter- und Mittelstufe dazu kombinieren, vor allem wenn Gruppen von Austauschschülern integriert werden können. Eine Europa-Party kann den emotionalen Abschluss bilden.

Ressourcen (benötigte Materialien, Finanzmittel etc.)

- keine Kosten
- Bereitstellung eines großen Raumes mit Bühne für das Präsidium und den Ausschuss
- im weitläufigen Halbrund um die Bühne oder ein Podest angeordnete Schultische (meist zwei Tische längs zusammengestellt) mit 100 bis 300 Stühlen
- ein Rednerpult mit Mikrophon, zwei Saalmikrophone in der freien Fläche des Halbkreises, Mikrophone für das Präsidium
- das Sternenbanner der Europäischen Union über dem Präsidium und kleine, von den Schülern hergestellte Flaggen der Mitglieds- und Kandidatenstaaten in DIN A4, die jeweils weithin sichtbar auf den Tischen „stehen" können sollten
- farbige, längs gefaltete DIN-A4-Kartons mit Großaufschrift des vertretenen Mitglieds- oder Kandidatenstaates, 3 bis 4 pro Tisch für die Meldungen zur Debatte
- ein informatives Plakat pro Mitglieds- und Kandidatenstaat, dazu Plakatständer/Plakatwände in der Aula und/oder im „Parlaments"-Saal

Schulorganisatorische Rahmenbedingungen (Unterrichtsfach, -stunden etc.)
– schulinterne Festlegung der zeitlichen Koordination des „Europa-Unterrichts" in den Jahrgangsstufen 9 bis 11, um Synergieeffekte zu nutzen; Ankündigung in den Fachsitzungen der Fächer Sk, G, E, W/R, Ek, D, F u.a. – Einrichtung des Wahlfachs „Politik und Zeitgeschichte" zur Ausbildung einer Projektgruppe „EU und Simulation des EU-Parlaments" mit interessierten Schülern aller Jahrgangsstufen; die ausführende Lehrkraft ist zugleich Projektleiter/in; das Wahlfach wird epochal geführt mit verdichtetem Zeitaufwand in der Vorbereitungsphase – organisatorische Unterstützung eines Projektleiterteams in den Wochen vor dem Simulationstag – Öffentlichkeitsarbeit

Ablauf/Durchführung/Zeitplan
Das Projekt kann am Ende des Schuljahres durchgeführt werden. Seiner Bedeutung wird allerdings ein früherer Zeitpunkt mehr gerecht. Die Zeit kurz vor oder nach dem Zwischenzeugnis eignet sich gut für den Beginn der drei- bis fünfwöchigen Vorbereitungsphase, die vollständig in den Unterricht und damit auch in die Notengebung integriert ist. Eine oder zwei Wochen vor den Osterferien soll die Vorbereitungsphase beendet sein und in die Simulation des Europaparlaments am „Europa-Tag" der Schule münden. Die Simulation selbst wird an einem Tag für alle Klassen zweier Jahrgangsstufen zwischen 9 und 11 von der 2. bis einschließlich der 6. Unterrichtsstunde, mit den Schulpausen, durchgeführt. Am Vortag oder in der ersten Stunde wird das „Parlament" aufgebaut. Damit fällt wenig Unterricht aus. Der Unterrichtsablauf in den nicht beteiligten Klassen wird nicht berührt. Die Lehrer der betroffenen Unterrichtsstunden der Simulationsklassen sind als Zuschauer Aufsichtsführende. Mit Beginn der Simulation ist die Leitung an die Präsidenten übergeben, sodass die Schülerinnen und Schüler „ihre" Parlamentssitzung selbstständig durchführen. **Ablauf der Simulation des Europa-Parlaments** – Das Präsidium, die „Experten" des Ausschusses und das Plenum nehmen ihre Plätze ein. – Der Schulleiter begrüßt als „Alterspräsident" in seiner Rede möglichst in drei offiziellen Sprachen (Englisch, Französisch und Deutsch) das versammelte EU-Parlament (2 Min.). – Der Projektleiter erklärt die Simulation des EU-Parlaments an der Schule für eröffnet.

- Der Parlamentspräsident lädt verschiedene, vorher vom Projektleiter festgelegte Mitgliedstaaten (ca. 5 bis 7) zu einer kurzen Präsentation ihres Landes und dessen Haltung zur EU ein (je 3 Min.). Möglichst viele Landessprachen sollen dabei zu hören sein, um die Vielfältigkeit Europas eindrucksvoll zu demonstrieren. Auch könnte jeweils ein nord-, süd-, ost- und westeuropäisches Land und ein Kandidatenstaat ausgewählt werden (insgesamt 15 bis 25 Min.).
- Der Parlamentspräsident stellt sein Präsidium vor, erklärt kurz die Regeln und Verhaltensvorschriften im Parlament und in den Debatten und eröffnet die Sitzung (2 Min.).
- Ein Mitglied des Ausschusses verliest die Resolution (2 Min.).
- Aus dem Plenum können Sachfragen zu Aspekten der Resolution gestellt werden, die von den Experten aus dem Ausschuss beantwortet werden. Die Parlamentarier melden sich mit ihren Länderschildern. Das Präsidium führt eine Rednerliste und ruft auf: „Schweden aus dem Plenum" oder „Ungarn aus dem Ausschuss". Die betroffenen Redner treten an die Mikrophone und leiten jede Aussage mit der Formel des EU-Parlaments: „Danke für das Wort, Herr/Frau Präsident/in" ein (10 bis 20 Min.).
- Die „Für-Rede" eines Abgeordneten aus dem Ausschuss stellt die Vorteile der Resolution engagiert dar (3 Min.). Bei Überziehung der Zeit bricht der Präsident ab.
- Eine Gegenrede wird entweder spontan angekündigt oder vorher geplant; beides ist zulässig (je 3 Min.).
- Die Verteidigungsrede eines Parlamentariers (aus dem Ausschuss) greift nochmals die entscheidenden Pro- und Contra-Argumente auf und formuliert einen leidenschaftlichen Appell zur Annahme der Resolution (3 Min.).
- Eine informelle Debatte kann eingefügt werden. Die Parlamentarier an den Tischen können sich nun kurz besprechen (5 bis 8 Min.).
- Die offene Debatte des Parlaments beginnt. Eine Rednerliste wird erstellt. (Wieder gilt „Danke für das Wort,…"). Die Beiträge und Fragen zur Resolution aus dem Plenum können die Präsidenten, die die Debatte leiten, von den Mitgliedern des Ausschusses beantworten lassen. Die Rednerliste wird abgearbeitet und ihre Schließung wird angekündigt. Aber die Präsidenten können auch einen Debatten-Schlagabtausch außerhalb der Rednerliste mit den Aufrufen direkt dazu ausweiten und die Debatte damit spannend und lebensnah gestalten (20 bis 45 Minuten).
- Nun folgt die Abgabe der Stimmen an den Tischen an den jeweiligen Leiter der Länder-Delegationen, der zum nächsten Saalmikrophon geht und das Ergebnis seines Landes mit der Formel verkündet, z. B.: „Die spanische Delegation hat abgestimmt, wie folgt: 5 dafür, 2 dagegen und

2 Enthaltungen." Die Reihenfolge muss eingehalten werden. Enthaltungen zählen als Nein-Stimmen (15 bis 18 Min.).
- Das Präsidium errechnet und verkündet das Ergebnis. Geklatscht werden darf nur bei Annahme einer Resolution durch das Plenum. Bei zwei Durchläufen verstehen die Schüler die parlamentarischen Abläufe weitaus besser.

Kurzurteil

Die beiden Phasen des Projekts, „Vorbereitung" und „Simulation einer Sitzung des EU-Parlaments" sind geeignet, einen neuen, in der Gegenwart und für die Zukunft sich abzeichnenden Auftrag der Schule zu erfüllen, nämlich in viel größerem Umfang und deutlicherer Vertiefung auf die Belange Europas, insbesondere der Europäischen Union, einzugehen, als es ihr derzeitiger Raum in den Lehrplänen der weiterführenden Schulen vermuten lässt. Im unmittelbaren Erlebnis einer gut vorbereiteten „Simulation einer Sitzung des EU-Parlaments" erfassen die Schüler die Bedeutung des erweiterten Europa, erkennen aber auch die aus der Vielfalt entstehenden Schwierigkeiten und werden angeregt, über Lösungsmöglichkeiten nachzudenken. Die Schüler werden sich ihrer Rolle als Bürger der Europäischen Union bewusst und lernen, diese aktiv zu gestalten.

Sonstiges, Bemerkungen

Ein besonderes Gepräge bekommt die Simulation des EU-Parlaments, wenn die Schule Austauschschüler aus einem oder mehreren Ländern der EU dazu einlädt. Denn dann muss die Parlamentssprache Englisch verwendet werden, damit alle alles verstehen. Die Rolle des Englischen als verbindende Weltsprache teilt sich den Schülern unmittelbar mit. In der Vorbereitungsphase übernimmt das Fach Englisch entscheidende Teile des Unterrichts über Europa und übt vor allem den Wortschatz und die Regeln des „debating" ein. Die Resolutionen behandeln Themen in stark vereinfachter Form, damit die Debatten geführt werden können. Internationalität und Leben im vereinten Europa werden unmittelbar veranschaulicht.

Benedikt-Stattler-Gymnasium, Bad Kötzting

Fachbereichsprogramm Wirtschaft und Recht

„Freude an der Verantwortung" lautet das Motto für Lernen und Lehren am Benedikt-Stattler-Gymnasium (BSG) Bad Kötzting. Dieser Leitsatz stellt auch die Grundlage für alle Angebote der Schule im Rahmen des Center-of-Excellence-Gedankens dar.

Bereits in der *Unterstufe* gewinnen die Schülerinnen und Schüler einen ersten Einblick in die Berufswelt. In Form eines Projekttages absolvieren sie je einen *Schnuppertag* an der Arbeitsstelle ihrer Eltern oder Verwandten und Bekannten. Von der Schule veranlasste Umfragen in Betrieben, bei den Eltern und den Schülern selbst dienen der Evaluation der Maßnahme. Der *bilinguale Unterricht*, der in der Unterstufe in zeitlich begrenzten Phasen im Rotationsverfahren durch wechselnde Lehrer erteilt wird, sensibilisiert frühzeitig für die Anforderungen in der modernen Berufswelt und erhöht die Bereitschaft der jungen Menschen zu interkulturellem Lernen.
In der *Mittelstufe* werden dann vertiefende Einblicke in die Berufswelt gesammelt. Dies gelingt durch unterschiedliche *aspektorientierte Erkundungen* in Handwerks- und Industriebetrieben, sozialen Einrichtungen und Behörden v.a. im Heimatlandkreis, aber auch bei ein- oder mehrtägigen Exkursionen im gesamten Bundesgebiet und im benachbarten Ausland. Als ergänzende Maßnahme werden regelmäßig *externe Experten*, häufig ehemalige Schüler, in den Unterricht eingeladen, von deren Erfahrungsberichten die Gymnasiasten profitieren. Dabei ergibt sich auch die Gelegenheit, Kontakte für eine spätere Zusammenarbeit, z.B. in Form von Praktika, zu knüpfen.
Hinzu kommen mindestens ein Besuch des bei der Agentur für Arbeit eingerichteten Berufsinformationszentrums (BIZ) sowie die Teilnahme an einem oder mehreren anerkannten Berufseignungstests. All dies dient der *Potenzialanalyse* und bringt für die Gymnasiasten wertvolle Erkenntnisse für die Berufs- und Studienwahlentscheidung.
Unverzichtbar ist die Teilnahme an *Existenzgründerwettbewerben* in Zusammenarbeit mit externen Partnern und das Absolvieren mindestens eines einwöchigen *Berufspraktikums* am Schuljahresende. Die Schüler bekommen somit einen wichtigen Einblick in die Welt der Unternehmen, gewinnen ein realistischeres Bild von der Arbeitswelt und relativieren meist zwangsläufig ihre ursprünglichen Vorstellungen. Durch all das erweitern sie ihre Fach-, Sozial- und Methodenkompetenzen gezielt.
Das Erstellen von formal wie inhaltlich korrekten *Bewerbungsunterlagen* wird mittlerweile auch von Gymnasiasten im Bewerbungsprozess erwartet.

Dies wird zum einen im regulären Unterricht, sinnvoller Weise fachübergreifend, zum anderen extern mit Unterstützung von Fachleuten aus dem Personalwesen regionaler wie überregionaler Unternehmen erreicht. Durch die Teilnahme an einem *Berufseignungstest*, einem Bewerbungstraining sowie einem *Mini-Assessment-Center* werden Techniken und Strategien bei Bewerbung und Auswahlverfahren eingeübt. Dabei wird besonderer Wert darauf gelegt, die Selbstkompetenz der Schülerinnen und Schüler zu stärken. Inhalte der Maßnahme sind die Verbesserung der Kommunikationsfähigkeit durch *Kommunikationstraining* und *Sprecherziehung* sowie die Kontrolle der Körpersprache. Externe Partner wie der Förderverein der Schule unterstützen diese Maßnahmen finanziell. In den *Jahrgangsstufen 11 bis 12* wird das für die neue Oberstufe geforderte Bewusstsein für die *Berufs- und Studienwahlentscheidung* systematisch weiterentwickelt. Die Schüler lernen zahlreiche Möglichkeiten der Informationsbeschaffung und -bewertung kennen, erschließen sich für sie geeignete Berufs- und Studienperspektiven und erlangen schließlich die Kompetenz zur eigenständigen Berufs- und Studienwahlentscheidung. Den sicheren *Umgang mit modernen Medien* als entscheidende Schlüsselqualifikation in einer Informationsgesellschaft erlernen die Gymnasiasten auch außerhalb des Pflichtunterrichts durch eine gezielte Medienerziehung im Rahmen des Ganztagsschulprogramms sowie durch die Produktion von Radiobeiträgen in der AG „Tatfunk" und im Wahlkurs „GIS". Ermöglicht wird diese Förderung v.a. durch die finanzielle Unterstützung heimischer Betriebe und Bildungspartner. In einer globalisierten Welt ist es notwendig, dass die Absolventen auch international anerkannte *Nachweise von Fremdsprachenkompetenz* erbringen können, wie beispielsweise *DELF* und *TOEFL*. Beide Tests sind unter anderem wichtige Zulassungsvoraussetzungen für das Studium an Universitäten im Ausland und bieten eine gute Vorbereitung auf komplexe außerschulische Prüfungssituationen. Die Vorbereitung auf diese Fremdsprachenprüfungen übernimmt die Schule im Rahmen ihres Wahlunterrichtsangebotes. Unterstützt wird die Förderung der Fremdsprachenkenntnisse durch ein strukturiertes Austauschprogramm mit Dänemark (englisch), Frankreich und der Schweiz (französisch) sowie durch eine aufgrund der Grenzlage begünstigte Zusammenarbeit mit osteuropäischen Ländern. Der Verbesserung *der Startchancen* für Studium und Beruf sowie der *Verkürzung der Ausbildungszeiten* dient auch der Erwerb eines extern zu *erwerbenden IHK-Wirtschaftszertifikats für Gymnasiasten*, der z.B. den Teilnehmern eines Seminars Wirtschaft und Recht im Vorfeld der Abiturprüfungen ermöglicht wird. Unentbehrliche Grundlage für den Erfolg der schulischen Fördermaßnahmen ist die Intensivierung und Pflege von *Bildungspartnerschaften* mit Universitäten, Unternehmen und Behörden.

Center of Excellence

Darstellung des Moduls *Berufliche Orientierung und Externe Zertifizierung*

Schule: Benedikt-Stattler-Gymnasium, Bad Kötzting

Ansprechpartner: Birgit Maier, StRin; Ingrid Rauscher, OStRin; Burghard Lang, StD
→ birgit.maier@bsg-koetzting.de

Zielgruppe
Schüler ab der 7. Jahrgangsstufe, vorwiegend aber der Mittel- und Oberstufe

Anzahl der beteiligten Schüler: je nach Angebot 15 bis 70

Ziel der Maßnahme

Angebot eines strukturierten Konzeptes zur Unterstützung des mehrjährigen Berufs- und Studienwahlentscheidungsprozesses für Gymnasiasten

In der Unterstufe: Orientierungskompetenz
- Sammeln erster Einblicke in die Berufswelt
- Kennenlernen und Durchführen von berufsbezogenen Erhebungs- und Umfragetechniken

In der Mittelstufe: Orientierungskompetenz
- Sammeln vertiefender Einblicke in die Berufswelt durch aspektorientierte Betriebserkundungen und Erfahrungsberichte externer Experten im Unterricht, durch den Besuch eines Berufsinformationszentrums (BIZ) sowie die Teilnahme an Berufseignungstests und an Berufspraktika
- Erstellen von inhaltlich wie formal ansprechenden Bewerbungsunterlagen und Kennenlernen von typischen Auswahlverfahren mit Hilfe externer Fachleute
- Verständnis entwickeln für die Welt der Unternehmer
- Fördern der Fach-, Sozial- und Methodenkompetenz durch die Erforschung und Vorstellung ausgewählter Berufe im Klassenverband sowie durch die gemeinsame Erarbeitung von Existenzgründungskonzepten und deren Präsentation vor einem Fachpublikum

In der Mittelstufe: Selbstkompetenz
- Einüben von Strategien und Techniken bei Bewerbung und Auswahlverfahren
- Entwickeln eines Bewusstseins für Körpersprache und Sprecherziehung sowie für Kommunikation und Benehmen als wichtige Schlüsselqualifikationen in der modernen Arbeitswelt
- Förderung eines selbstbewussten Auftretens in der Öffentlichkeit

In der Oberstufe: Entscheidungskompetenz
- Entwickeln eines vertieften Bewusstseins für die Kriterien und Prozesse der Berufs- und Studienwahlentscheidung sowie für Techniken und Strategien bei Bewerbung und Auswahlverfahren
- Kennenlernen von Möglichkeiten der Informationsbeschaffung und -bewertung
- Pflege der Kontakte zu potenziellen Arbeitgebern, Ausbildern und Hochschulen
- Erlangen einer Kompetenz zur eigenständigen und verantwortungsvollen Berufs- und Studienwahlentscheidung

In der Oberstufe: Externe Zertifizierung
- Erwerb zusätzlicher externer Zertifikate im Bereich Betriebswirtschaft und in den Sprachen zur Verbesserung der Startchancen nach dem Abitur und zur Verkürzung der Ausbildungs- und Studienzeiten
- Sich üben in komplexen außerschulischen Prüfungssituationen

Beschreibung der Maßnahmen

Orientierungskompetenz in der Unterstufe:
Schüler der 7. Jahrgangsstufe begleiten einen Angehörigen einen *Schnuppertag* lang an dessen Arbeitsstelle. Im Kunst- oder Deutschunterricht werden die gesammelten Eindrücke und Erfahrungen gestalterisch verarbeitet. Eltern und Betrieben werden das Konzept und die Richtlinien im Rahmen eines Informationsabends erläutert; ein Merkblatt wird verteilt.

Orientierungskompetenz in der Mittelstufe:
Im *Wahlkurs Berufliche Orientierung* (9. Jahrgangsstufe) erfahren die Teilnehmer von *externen Experten* und durch aspektorientierte Betriebserkundungen die Anforderungsprofile verschiedener Berufsbilder. Als Feedback einer Teilnahme an einem *Berufseignungstest* (geva-Institut) erhalten die Schüler eine mehrseitige schriftliche Potenzialanalyse mit Empfehlungen für die persönliche Berufs- und Studienwahl. Mehrstündige *Bewerbungstrainings* vermitteln den Teilnehmern erste Tipps für ihr Auftreten bei einem Vorstellungsgespräch. Durch das Mitwirken in einem *Existenzgrün-*

dungsplanspiel („Ideen machen Schule", Hans-Lindner-Stiftung) gewinnen die Schülerinnen und Schüler Einblicke in die noch wenig vertraute Perspektive eines Unternehmens. Sie erfahren bei der Erstellung eines Geschäftskonzeptes und dessen Präsentation vor einem Fachpublikum die Gestaltungsmöglichkeiten, Chancen und Risiken unternehmerischen Handelns hautnah. Alle Schüler der 9. Jahrgangsstufe absolvieren am Schuljahresende ein einwöchiges *Betriebspraktikum* in einem Ausbildungsbetrieb und erhalten so wertvolle Einblicke in den beruflichen Alltag.

Selbstkompetenz in der Mittelstufe:
Bei einem dreitägigen *Berufs- und Studienwahl-Seminar* in einer Jugendbildungsstätte konkretisieren die Schüler der 10. Jahrgangsstufe ihre beruflichen Vorstellungen. Durch die Teilnahme an einem *Bewerbungstraining mit Videoanalyse* und an einem *Mini-Assessment-Center* üben sie Techniken und Strategien bei Bewerbung und Auswahlverfahren ein. Ein weiteres Ziel des Seminars ist die Verbesserung der Kommunikationsfähigkeit durch *Kommunikationstraining* und *Sprecherziehung* sowie die Kontrolle der Körpersprache. In Zusammenarbeit mit der renommierten Schulspielgruppe des BSG, Schauspielern und Theaterpädagogen wird das Bewusstsein der Schüler für körperliche und sprachliche Äußerungen der Kommunikationspartner geschärft, ihr Auftreten in der Öffentlichkeit wird selbstbewusster.

Entscheidungskompetenz in der Oberstufe:
Im Rahmen des in der neuen gymnasialen Oberstufe eingeführten *P-Seminars* (Semester 11.1) durchlaufen die Schüler im Selbststudium, aber auf der Grundlage des vom Institut für Schulqualität und Bildungsforschung (ISB) herausgegebenen BuS-Ordners (Gehefte A bis D), erneut verschiedene Stufen der Entscheidungsfindung. Das Bewusstsein für die Kriterien und Prozesse der Berufs- und Studienwahlentscheidung, die Möglichkeiten der Informationsbeschaffung und -bewertung sowie die Kompetenz, eine eigenverantwortliche, Erfolg versprechende Berufswahlentscheidung zu treffen, stehen dabei im Mittelpunkt. Die Oberstufenschüler beschäftigen sich mit ihren Fähigkeiten und Fertigkeiten, ihren beruflichen Vorstellungen und Möglichkeiten. Die Beratungslehrerin der Schule und Mitarbeiter der Agentur für Arbeit stehen beratend und motivierend zur Seite. Parallel dazu bieten der Oberstufenkoordinator und die Koordinatorin für Berufliche Orientierung (BO) verschiedene Pflichtveranstaltungen an, die die Berufs- und Studienwahlentscheidung unterstützen (z. B. Besuch einer Abi-Messe, Besuch von Universitäten und Fachhochschulen, Bewerbungstraining für Oberstufenschüler, Podiumsdiskussion zu Studium und Beruf, aspektorientierte Betriebserkundungen).

Externe Zertifizierung in der Oberstufe:
Schüler, die einen LK WR oder ein Seminar Betriebswirtschaft besuchen, bereiten sich, unterstützt durch einen Fachlehrer, aber dennoch weitgehend im Selbststudium mit Büchern und alten IHK-Prüfungsaufgaben auf das Ablegen des eigens mit der IHK Regensburg entwickelten „IHK-Wirtschaftszertifikats für Gymnasiasten" vor.

Die Prüfung wird bei einem regionalen Unternehmen durch die IHK abgenommen. Darüber hinaus belegen Schüler freiwillig die von der Schule angebotenen Vorbereitungskurse zur Teilnahme am TOEFL (Test of English as a foreign language) und DELF (Diplôme d´Etudes en Langue Française). Anmeldung und Teilnahme am Test liegen in der Eigenverantwortung der Schüler.

Ressourcen (benötigte Materialien, Finanzmittel etc.)

Aufwendungen für Schnupperpraktika und Betriebspraktika
- ca. 1,90 € für ein Berichtsheft (z. B. „Betriebspraktikum", Verlag Langenkämper)
- ca. 3,00 € pro Schüler für Unfall- und Haftpflichtversicherung (z. B. Sparkassen-Versicherung)

Aufwendungen für Wahlkurs Berufliche Orientierung
- Evtl. Videokamera für Analyse von Bewerbungsgesprächen
- Evtl. Kosten für Transfer zu Betriebserkundungen
- Evtl. Kosten für Geschenke für externe Referenten
- PC zur Erstellung von PowerPoint-Präsentationen für das Existenzgründungsplanspiel
- Evtl. Kosten für einen Berufseignungstest (ca. 23 € pro Person; z. B. Geva-Institut)

Aufwendungen für das BuS-Seminar in der 10. Jahrgangsstufe
- Gesamtkosten für das Seminar in einer Jugendbildungsstätte inkl. Verpflegung und Übernachtung, Referenten, Materialien etc.: 120 € pro Teilnehmer; mit 50 % förderungswürdig durch die Agentur für Arbeit, evtl. auch durch Förderverein etc.

Aufwendungen für das BuS-Seminar in der 11. Jahrgangsstufe
- Kopien der BuS-Selbsterkundungshefte (Typ A, B, C, D) des ISB
- BuS-Ordner des ISB: 35 € (Kastner-Verlag; jedes Gymnasium verfügt über ein Exemplar)
- Evtl. Kosten für die Fahrt zu Betriebs- und Hochschulerkundigungen

Aufwendungen für die Externe Zertifizierung:
- Kosten für Lehr- und Übungsbücher im Klassensatz: ca. 600 €
  (z. B. Europa-Lehrmittel Verlag: „Kosten- und Leistungsrechung“; Barrons: „How to Prepare for the Toefl“)
- Gebühren pro Prüfling: TOEFL ca. 120 €, DELF 25 € bis 70 €, IHK-Wirtschaftszertifikat für Gymnasiasten ca. 15 €

Schulorganisatorische Rahmenbedingungen

Anrechnungsstunden für Kollegen, die die Maßnahmen koordinieren und betreuen
- Schnuppertage im Beruf: Unterstufenbetreuer und Koordinatorin für BO
- Wahlkurs Berufliche Orientierung: Koordinatorin für BO
- BuS-Seminar in der 10. Jahrgangsstufe: Mittelstufenbetreuerin und Koordinatorin für BO
- BuS-Seminar in der 11. Jahrgangsstufe: Betreuungslehrerin, Oberstufenkoordinator und Koordinatorin für BO
- Die Tätigkeit im Rahmen der Berufs- und Studienwahl (BuS) wird bei den Unter- und Mittelstufenbetreuern zusammen mit anderen Aufgaben für die jeweilige Stufe (z. B. Organisation des Unterstufenfaschings, des Tanzkurses etc.) durch jeweils eine Anrechnungsstunde abgegolten.
- Die Beratungslehrerin erhält für die im Rahmen von BuS intensive Betreuung der Oberstufenschüler zwei weitere Stunden Anrechnung.
- Der Oberstufenkoordinator und die Koordinatorin für BO erhalten für die Organisation von diversen, bedarfsorientierten BuS-Veranstaltungen je eine Anrechnungsstunde.

Gestaltung des Stunden- und Jahresplanes
- Sämtliche Einzelveranstaltungen, aber auch die wöchentlich zweistündigen Seminare und Wahlkurse finden bevorzugt nachmittags statt.
- Das BuS-Seminar für die 10. Jahrgangsstufe findet zweimal jährlich (November, Juli) statt. Dabei wird jeweils ein schulfreier Tag integriert.

Ablauf/Durchführung/Zeitplan

Schnupperpraktikum: eintägig, anstelle des zweiten Wandertags im Sommer

Betriebspraktikum für die 9. Jahrgangsstufe: eine Woche Ende Juli
Wahlkurs Berufliche Orientierung:
- Existenzgründungsplanspiel: September bis Januar
- Bewerbungsschreiben und -training: Februar bis April

- Betriebserkundigungen und Expertenberichte: Mai bis Juli
- Berufseignungstest: Ende Juli

BuS-Seminar für die 10. Jahrgangsstufe: dreitägig (November bzw. Juli), zweiter Termin erforderlich wegen schulübergreifender Durchführung mit einem benachbarten Gymnasium

BuS-Seminar für die 11. Jahrgangsstufe, 1. Semester:
- Studium der BuS-Selbsterkundungshefte mit begleitender Betreuung durch die Beratungslehrerin der Schule und die Mitarbeiter der Agentur für Arbeit von September bis Januar; Zeitbedarf ca. 2 Stunden/Woche
- Insgesamt vier bedarfsorientierte Informationsveranstaltungen und Workshops organisiert und begleitet durch den Oberstufenkoordinator und die Koordinatorin für BO

Externe Zertifizierung:
- Vorbereitung auf IHK-Wirtschaftszertifikat ab Januar; Prüfungszeitraum: April
- Vorbereitung auf TOEFL und DELF ab Februar; Prüfungszeitraum: Juni

Kurzurteil

Eine Erfolg versprechende Berufs- und Studienwahl kann nur auf Grundlage eines langjährigen Entscheidungsprozesses gelingen. In Zeiten der Globalisierung und steigender Anforderungen in Studium und Beruf ist es eine Pflicht auch für Gymnasien, ihre Schülerinnen und Schüler in diesem Entscheidungsprozess systematisch zu unterstützen. Ein gut strukturiertes Konzept zur Berufs- und Studienwahl ist dafür unentbehrlich.

Sonstiges, Bemerkungen

Zur Förderung der Berufs- und Studienwahl der Gymnasiasten ist es dringend geboten, ein Netz, bestehend aus Vertretern von Betrieben und Behörden, Kammern und Verbänden sowie Lehrern und Eltern, aufzubauen. Der Kontakt zu Absolventen der Schule muss gepflegt werden. Die genannten Personengruppen sind potenzielle externe Experten, die die Berufs- und Studienwahl der Schüler meist bereitwillig ideell wie finanziell unterstützen (Sponsoring).

Nationale und internationale Beispiele für Gymnasialkonzeptionen auf dem Weg zur Exzellenz

Matthew Davidson/Thomas Lickona/Vladimir Khmelkov

The 4 KEYS to Excellence and Ethics

Teacher A wants her sixth-graders to take more responsibility for their grades. She would like them to see their grades as something they earn rather than as something she "gives" them. Simply exhorting them to do so hasn't made much of a difference.

Teacher B, in an effort to inspire his students to care about the quality of their work and the way they treat others, begins each of this grade 8 health education classes with a "character quotation." (Example: "Everything can be taken from us except one thing – the freedom to choose our attitude in any set of circumstances." – Viktor Frankl.) He asks students to write the daily quote in their notebooks and encourages them to "keep it in mind as you go through your day." But he wonders whether they really do.

During his tenure as a high school principal, Principal A has seen a steady deterioration in students' language. Profanity is increasingly common on the schoolyard, in corridors, and even in classrooms. Some parents have complained about the inappropriate language they hear when they come to the school, and many faculty feel that such language detracts from the learning environment and is disrespectful toward those who don't wish to hear it. However, students, when confronted about their inappropriate language, typically say, "That's just the way we talk." Reminders during morning announcements about "using our best language" have had no noticeable effect. There is a rule in the School Handbook that officially prohibits vulgar and profane language in school or on school grounds, but it hasn't been enforced for years. The principal wonders what, if anything, can be done about this problem.

Each of these educators faces a character-based challenge. Character-based challenges call for character-based solutions. All three educators, in their own ways, have attempted to influence students' character, but not as effectively as they would like. Their interventions need more power. Booker T. Washington said, "Character is power." We believe that the power of character comes from the integration of excellence and ethics. To become a person of character means to become the best person we can be. That involves doing our best work (the pursuit of excellence) and doing the right thing in our relationships (the pursuit of ethical behavior).

Educating for both excellence and ethics is not a new idea. Throughout history and in cultures around the world, education rightly conceived has had two great goals: to help students become smart and to help them become good. They need character for both. They need "performance character" – qualities such as self-discipline, confidence, diligence, and determination – in order to develop their talents, strive for excellence, and succeed in school and beyond. They need "moral character" – qualities such as integrity, respect, justice, and compassion – in order to behave ethically, live and work with others, and assume the responsibilities of citizenship.

1. A Paradigm Shift

Although teaching students to be both smart and good is the school's oldest mission and highest calling, most contemporary education falls short of that ideal. In reality, focusing on the integration of excellence and ethics as a central "power source" for school success and human flourishing represents a paradigm shift for the field of character education and school reform in general.

At least in the United States, character education in recent decades has focused primarily on moral character (doing the right thing) to the neglect of performance character (doing our best work). By contrast, general school reform efforts typically have a different deficiency; they focus largely on increasing academic achievement (often narrowly defined as higher test scores) while neglecting the development of moral character.

What we call "Smart and Good Schools" focus equally on performance character and moral character – best work and best behavior. And they do so in an integrated way. For example, when they teach students to do good (as in a service learning project), they teach them to do good *well* (planning and executing the project in the most effective way possible). When they help students learn an academic subject or skill, they do so in a way that simultaneously develops performance character and moral character (for example, by helping students understand the importance of academic honesty, through collaborative projects that teach teamwork, and by group critique sessions in which students, with the teacher's guidance, learn to give each other suggestions for revising a piece of work to a higher level of excellence).

2. Using the 4 Keys to maximize the power of any character education practice

How can this big idea of integrating excellence and ethics, performance character and moral character, help us gain more power in our character education efforts? Our work with high schools, middle schools, and elementary schools has helped us identify "4 KEYS" to developing performance character and moral character. Over time we have developed these 4 KEYS into a master strategy we believe has the potential to increase the power of any educational practice. They are:

1. *An Ethical Learning Community (ELC)*: Developing a community that supports and challenges by building group relationships, shared values that encompass excellence and ethics, and mutual expectations that support, challenge, and hold all group members accountable to doing their best work and being their best ethical selves. An ELC can be group of any scale (a classroom, club, youth group, school, family, or community).
2. *Self-Study*: Assessing, with respect to both performances character and moral character, our strengths and areas for improvement, then setting goals and monitoring progress.
3. *Other-Study*: Analyzing the positive and negative examples of other people – how they have achieved, or failed to achieve, excellence and ethics – and applying lessons learned from them to our own efforts to develop moral and performance character and to succeed in school and life.
4. *Public Presentation*: Sharing our goals, progress toward achieving them, and the products of our work with a wider audience (classmates, schoolmates, parents, outside experts, the larger community).

The 4 KEYS can be used in any order. What matters most is the educator's strategic rationale for choosing a particular KEY or combination of KEYS. For example, a teacher who wants to develop students' self-discipline (being prepared for class, getting work in on time, etc.) might choose to begin with Self-Study, having students do a self-inventory of their current work habits, then set one specific goal for improving, and make a plan for pursuing that in the coming week. The teacher might make this choice to begin with Self-Study in the belief that students first need a sense of their own current state of self-discipline before they will become interested in strategies for improving their self-discipline. Or a teacher could choose to begin with Other-Study, having students analyze an exemplar such as Thomas Edison, whose work habits were central to his success, and write an essay on the question, "What specific lessons regarding self-discipline from Edison's life and character can I identify and put into practice?" Or the teacher could choose to begin with strengthening the Ethical Learning Community by developing, with students, a Classroom Compact for Excellence consisting of "Rules for Doing Our Best Work" and "Rules for Treating Each Other With Respect and Care" (see Lickona & Davidson, 2005, *Smart & Good High Schools*, pp. 150–151) and by having a class meeting to brainstorm successful strategies for developing self-discipline habits such as being prepared for class, completing assignments in a timely manner, and so on . Whatever the strategic sequence in which the 4 KEYS are used, they are most powerful used in combination (as we explain in the next section). Elsewhere (Davidson, Lickona, & Khmelkov, 2008) we elaborate on the psychological and educational theory and research supporting the efficacy of the 4 KEYS. In the remainder of this essay, we return to the three character-based challenges described at the beginning of the chapter in order to see how the 4 KEYS can be used in each case to increase the power of the character education intervention.

3. Helping students taking responsibility for their grades

Teacher A wants her sixth-grade students to see their grades as something they earn rather than something she "gives" them – and to take responsibility for striving to improve their grades. She has already taken a step at the start of the year to build an Ethical Learning Community by guiding her children in creating a Student Pledge around six character traits, including responsibility (defined as, "I will come prepared for class" and "I will complete and turn in assignments on time") (Brown, 2003). But their ELC needs more power; it isn't yet strong enough to foster the level of academic responsibility she wants.

To get additional power, she engages her students in a Self-Study. On the day she was to give out report cards, she first hands students a worksheet on goal-setting. Before giving out the report cards, she instructs the class: "For each subject, write the grade you earned in the previous marking period. Then, for each subject, write the grade you think you have earned for this marking period."
She then passes out the report cards and gives students time to look them over. Then she asks students to record the grades they actually earned for this grading period, indicating whether their grades went up or down.

The fourth step asks students to do the following: "For each subject, circle the effort you made: 1 – Little or no effort; 2 – Some effort; 3 – Great effort. For each subject, circle how much you learned: 1 – Little or no learning; 2 – Some learning; 3 – Great learning." The teacher's objective here is to get students to consider how the effort they made in a given subject affected how much they learned and ultimately the grade they earned.

The fifth step led students to create a plan for the future. The teacher's instructions:

Create a SMART Goal (Specific, Measurable, Achievable, Relevant, Time-bound) for the next grading period to improve your effort and work habits in each subject. What work habits will help you do better in those subjects where you want to improve?

- Identify a person who would be a good role model for you in reaching your goal. Your role model can be an historical figure, a person in this class or school, a teammate, a family member, etc.
- Identify a person who is willing and able to support and challenge you as you strive to reach your goals. This person could be a friend, classmate, sibling, parent, coach, etc.; it might even be the same person you choose as your role model. Share your goals with this person and establish a way (daily email, weekly phone call, conversation at lunch, etc.) for this person to help hold you accountable to your goals.

By doing this goal-setting activity together as a class, the teacher has created a simple but powerful process. The teacher began strategically with a Self-Study, one that focused students on the critical elements of effort and work habits. The process also had students identify a role-model to emulate (Other-Study). Students then made their goals public to the class and to an accountability partner, providing two levels of Public Presentation. In all these ways, this shared activity had students establishing a community to support and challenge them in meeting their goals (Ethical Learning Community).

The entire process also integrates performance character and moral character. Students are striving for their personal best but simultaneously working together to do their best. Done with fidelity, this goal-setting process can maximize the power of character and culture needed for optimal teaching and learning.

4. Maximizing the power of character quotations

Teacher B wanted his grade 8 health education students to think about, and be guided by, the character quotation he shared at the start of each class. Many character educators use character quotations. Some simply post them on the classroom or corridor walls. Some schools, to begin the day, have an adult or student read over the public address system a quote from a published manual, with prepared commentary on the quote's meaning and importance. Most character educators employing these strategies would likely concede that their discernible impact is limited. How can the 4 KEYS be used to gain more power from character quotes?

The health teacher might have begun by seeking to strengthen the Ethical Learning Community. He could have cultivated a shared sense of purpose by setting the following expectation for the course:

> Each day, we're going to start with a quotation. Sometimes it will relate to the general content of the course, sometimes to the particular content of that day's lesson. Health education is about making wise choices. Quotations are a source of wisdom that can help us make good choices. They come from people past and present and from cultures around the world. They're an important part of what I'm going to share with you. I'll ask you to reflect on their meaning and importance – and even put into practice in your own lives.

The teacher might also have strengthened his use of Other-Study by providing at least some biographical information about the source of a given quote. An inspiring quotation such as Viktor Frankl's about choosing our own attitude no matter what our circumstances becomes more meaningful when coupled with a glimpse into the life of character that lies behind the statement. When we have used the Frankl quote with educators, we have briefly told his story – how, along with millions of fellow Jews. Poles, and others, he was swept up by the Nazi Holocaust; how he lost his young wife and his parents to the death camps; how he spent two years in Auschwitz but maintained his spirit and dignity no matter what the Nazis did to him; and how, after the war, he spent the rest of his life as a psychiatrist helping others "find meaning in their lives through loving another person, through their work, through their suffering, and by serving God" (Ryan & Bohlin, 1999). Audiences are invariably moved by the story of this remarkable man.

Following this enhanced Other-Study, the teacher would have done well to engage his students in Self-Study. He might have asked them to reflect or write in their journals in response to questions such as, "In what areas of my life do I currently put Frankl's quote into practice? In what areas of my life could I do so more consistently?" Students could then have set personal goals for acting on the quote during the rest of the day and week.
Public Presentation could have added still more power: "Share your goal and plan with a partner. Before you go to bed tonight, reflect on how well you

did in choosing your attitude in all the circumstances you encountered to-day. Tomorrow, I'll give you each a minute at the beginning of class to share with your partner how well you think you did."

5. Using the 4 KEYS to improve student language

Principal A was at a loss for what to do in the face of students' habitual use of profanity in the school environment. Consider the range of strategies the 4 KEYS would offer in dealing with this character challenge.

To build an Ethical Learning Community with respect to this issue, one could ask faculty to: (1) conduct a class meeting to engage their students in reflecting more deeply on language and its social impact ("Would you think differently about me as your teacher if I constantly used swear words?", "Why are some people offended by swear words?", and "What do you reveal about yourself when you swear a lot?"); and (2) have students create a class compact, including rules for best language; a motto for reminding everyone of the goal; and a visual or verbal signal to remind others not using their best language.

To further strengthen whole-school norms regarding language, students and faculty could create and post signs such this one used with good results by one middle school: YOUR VOCABULARY IS A REFLECTION OF YOUR INTELLI-GENCE. ("It's helped," says one teacher. "Kids don't want to be considered stupid.") Faculty could also agree to respond consistently when they hear a student use inappropriate language. One middle school, for example, found that student profanity declined sharply after faculty and staff adopted a uniform response: going up to any student who used unacceptable lan-guage; saying respectfully, "We don't talk that way here"; and then walking away. Finally, accountability to expectations regarding language could be strengthened by meaningful consequences for a student's repeated use of bad language. For example: "Write a letter to (or call) your parents stating the swear words you used, where and when you spoke them, and why that was not acceptable behavior." Or, "Give a talk in a younger grade about why profanity in the school environment is not respectful of self or others." As a Self-Study around language, students and teachers could: (1) keep count, during a single day, of the number of times they hear or use foul language, noting where and when it occurred; (2) write in response to and discuss such questions as, "Who is someone you wouldn't like to hear swearing? Why not?" and "Who is someone you wouldn't want to hear you swearing? Why not?"; (3) record best personal strategies for avoiding using bad language. The entire school could also conduct a Self-Study (which can examine a group as well as an individual) by doing a written survey asking students and staff how often they think students use various kinds of bad language and what severity of consequence such behavior deserves. One middle school student council did exactly that in order to raise everyone's consciousness about bad language and later found, on a follow-up survey, that most students and faculty thought that the frequency of inappropriate language had declined. There are also possibilities for Other-Study. For example, the school could have students: (1) interview an adult staff member, asking, "How do you think foul language affects our learning environment?"; (2) interview, individually or as a class, an adult who is known not to swear in public and ask, "Why do you avoid using such language? How did you develop that habit? Was it difficult?"

Here, as in other cases, Public Presentation would add to the effectiveness of the other KEYS. Students could be asked to: (1) share the results of their Self-Studies and Other-Studies, what they learned, and what they intend to do to reduce bad language in the future ("I commit to the goal of ..."); and (2) share what they have experienced as the benefits of their effort to curb swearing. (One high school teacher who challenged his students to set goals in this area says that a number of students later came up to him and said they gained greater self-respect as a result of the self-discipline they exercised in swearing less.)

6. Conclusion

We wish to conclude by emphasizing that we see the 4 KEYS as synergistic, each gaining power from the others. In our experience, many educators, without naming the KEYS, use them individually but rarely combine them. When they do not, we believe, power is lost. As a case in point, consider another contemporary character challenge where only modest inroads have been made: cheating. Surveys find that up to three-quarters of secondary students say they have cheated on a major assignment or test in the past year (Lickona & Davidson, 2005). Honor codes, which attempt to build an ELC norm of academic integrity by having students pledge not to "lie, cheat, steal, or tolerate such behavior in my presence," are being used by growing numbers of schools to combat the rising tide of academic dishonesty.

But the research (see Lickona & Davidson, 2005) finds that Honor Codes reduce self-admitted cheating only slightly (about 10 % in high schools). We would predict significantly greater reductions of cheating if all 4 KEYS, including Self-Study (for example, developing a personal plan for avoiding cheating) and Public Presentation (sharing one's academic integrity plan and holding each other accountable), were systematically applied to this character challenge.

The 4 KEYS can be used across grades and subject areas, co-curricular activities, advisories, remedial assistance, youth development programs, and school and classroom discipline. With schools that are part of our current Smart & Good Schools Initiative (www.cortland.edu/character), we are training faculty and school leaders to make consistent use of the 4 KEYS in all areas of school life. We will also be conducting research on the conditions that maximize effective use of the 4 KEYS.

The ancient Greeks reminded us that "character is destiny." But capitalizing, as educators, on the power of character to shape our destiny in positive ways requires good theory and good practice. We offer the Smart & Good Schools vision of the integration of excellence and ethics – developing performance character and moral character – as a broader, more powerful theory than the one that has guided our own previous work and most of the field. And we offer the 4 KEYS as a promising pedagogy for maximizing the effectiveness of any character development practice aimed at helping students do their best work and do the right thing.

References

Brown, D. (2003): Growing character. Chapel Hill, NC: Character Development Group.
Davidson, M./Lickona, T./Khmelkov, V. (2008): Smart & good high schools: A new paradigm for high school character education. In: *L. Nucci/D. Narvaez* (Eds.): Handbook of moral and character education. New York: Routledge.
Lickona, T./Davidson, M. (2005): Smart & good high schools: Integrating excellence and ethics for success in school, work, and beyond. Cortland, New York: Center for the 4th & 5th Rs (Respect and Responsibility); Washington, D.C.: Character Education Partnership. This 227-page report can be downloaded free from www.cortland.edu/character.
Ryan, K./Bohlin, K. (1999): Building character in schools. San Francisco: Jossey-Bass.

Günter Schmid

Individualisierung und Begabungsförderung an der Sir-Karl-Popper-Schule, Wien

1. Entstehung und Entwicklung

Die Gründung der Sir-Karl-Popper-Schule entsprang einer Initiative des damaligen Vizebürgermeisters der Stadt Wien, Dr. Bernhard Görg, der sich für seine Idee einer besonderen Schule für Hochbegabte gerade noch rechtzeitig vor dessen Tod im Jahr 1994 der Schirmherrschaft des großen österreichischen Philosophen Karl Popper versicherte. Seit September 1998 gibt es am (öffentlichen) Wiedner Gymnasium im vierten Wiener Gemeindebezirk neben den „normalen" Oberstufenklassen je einen gymnasialen und einen realgymnasialen Sonderzweig mit je 24 Schülern, deren Hochbegabung in einem Aufnahmetest ermittelt wird.

In Anlehnung an Poppers Lehre von der „Stückwerk-Sozialtechnik" versteht sich die Sir-Karl-Popper-Schule als offenes, „lernendes System". Eine Erkenntnis, die im Zuge dieses Lernprozesses gewonnen wurde, war, dass, abgesehen von den zu erwartenden besseren Abschlüssen bei der Reifeprüfung, keine wesentlichen Unterschiede zu begabten Klassen der Regelschule erkennbar waren – mit *einer* auffälligen Ausnahme: das *Verhältnis zwischen Lehrenden und Lernenden* war von einer bis dahin nie erlebten menschlichen Qualität.

Der Umstand, dass der unbestrittene und von den Ergebnissen der begleitenden wissenschaftlichen Evaluation eindrucksvoll bestätigte Gesamterfolg des Schulversuchs vor allem im atmosphärischen Bereich des Miteinander-Umgehens und der daraus resultierenden Motivation ablesbar war, ließ darauf schließen, dass der positive Effekt nicht in erster Linie den „klassischen" Instrumenten der Begabungsförderung, sondern vielmehr einer Besonderheit der Lehrenden zu verdanken war. Begabungsförderung nach dem Verständnis der Sir-Karl-Popper-Schule ist folglich nicht eine Frage von (systemischen) Strukturen oder erlernbarem Wissen (erwerbbarer Methodenkompetenz), sondern eine *pädagogische Haltung*.

2. Begabungsfördernde Lehrer – Personalisierung des Lernprozesses

Die adäquate Behandlung hochbegabter Jugendlicher stellt über die rein fachliche und methodische Herausforderung hinaus hohe menschliche Anforderungen an die Lehrenden. Sie müssen in der Lage und willens sein, die Einmaligkeit jedes ihrer Schützlinge als eines einzigartigen Individuums zu respektieren und dessen uneingeschränktes Recht auf Experimentieren, auf das Stellen bisher noch nicht gestellter Fragen, auf "*learning by doing*" nach der "*trial & error*"-Methode anzuerkennen. Dies erfordert neben permanenter einschlägiger Weiterbildung vor allem grenzenlose Offenheit, große Lernbereitschaft und ein hohes Maß an Toleranz.

Das dafür unabdingbare neue Rollenverständnis stellt einen entscheidenden *Paradigmenwechsel* dar: von der bewährten Konzentration auf die Optimierung des Lehrens (d.h. dem Primat der Methodik) zu einer Fokussierung auf die *Person des Lernenden* und das Phänomen des *Lernens* an sich, mit dem Ziel, zunächst Letzteres in seiner psychologischen Dimension zu verstehen, um aus diesem Verständnis heraus für jedes Lernerindividuum maßgeschneiderte Lernprozesse initiieren zu können.

3. Lebensgestaltendes Lernen

Begabungsförderung nach dem Verständnis der Sir-Karl-Popper-Schule will nicht Jugendliche gleichsam „auf Schienen stellen" und sie anleiten, auf diesen Schienen, ohne zu entgleisen, an ein vorgegebenes Ziel zu gelangen, sondern vielmehr sie befähigen, eigene Schienen in eine von ihnen auf der Basis einer informierten Entscheidung selbst gewählte Richtung zu legen: also den eigenen Lernprozess aktiv zu steuern und das eigene Leben bewusst und in Eigenverantwortung zu gestalten („*empowerment*").

In enger Partnerschaft mit dem Deutschhaus Gymnasium in Würzburg und dem Sächsischen Landesgymnasium St. Afra in Meißen versucht die Sir-Karl-Popper-Schule, dem vorherrschenden strukturorientierten Ansatz West- und Mitteleuropas und dem leistungsorientierten Ansatz Osteuropas einen an der Person des Lernenden orientierten Ansatz gegenüberzustellen.

Die oben dargestellte pädagogische Haltung der Lehrenden stellt zusammen mit der im Folgenden beschriebenen anthropologisch orientierten Wertsetzung die Grundlage dar, auf der die (mehr auf Strukturen ausgerichteten) „klassischen" Instrumente der Begabungsförderung ihre Wirksamkeit entfalten können.

4. Humankompetenz als tragende Säule des Systems

- Für alle Schüler, die nicht den Religionsunterricht besuchen, gilt *Ethik* als (alternatives) Pflichtfach.
- Ebenfalls Pflichtfach ist in Klassen 9 und 10 *Kommunikation und Sozialkompetenz („KoSo")*. In Klassen 11 und 12 kann dieses mit der Akzentsetzung auf *„Persönlichkeitsbildung und Projektmanagement"* als Wahlmodul weiter belegt werden.
- In Klasse 10 muss jeder Schüler im Rahmen des fächerübergreifenden Projekts *„Kompetent sozial"* eine individuelle Schwerpunktleistung erbringen. Während einer Woche des Schuljahres arbeiten die Schüler in unterschiedlichen Institutionen, in denen Menschen betreut werden, die eine besondere Form der Kommunikation benötigen. In der Vorbereitungsphase stellen sie eigenständig den Kontakt zu solchen Einrichtungen her und bereiten sich auf die zu erwartenden Schwierigkeiten in der Kommunikation vor. In der Nachbereitung reflektieren sie ihre Erfahrungen gemeinsam mit der Gruppe im Unterricht der Fächer „KoSo", Religion und Ethik.

5. Coaching/Tutoring

Das Coaching-System ist eine unverzichtbare Hilfestellung bei der von den Lernenden erwarteten Selbststeuerung des Lernprozesses. Als Coaches fungieren besonders qualifizierte Mitglieder des Lehrerteams, die alternierend zwei Gruppen von jeweils vier Schülern in einer stundenplanmäßig fixierten Stunde betreuen.

Dabei lernen die Schüler durch gemeinsames *Reflektieren* ihre eigenen Begabungen herauszufinden. Indem sie sich mit ihren Leistungen, mit der Relevanz und Irrelevanz von Noten, mit ihren Vermeidungsmustern, ihren Motivations- und Arbeitsstrategien auseinandersetzen, lernen sie, ihre Ziele klarer zu definieren und Handlungsweisen zu deren Erreichung zu entwickeln.

6. Instrumente der Individualisierung

- Individualisierende Leistungsbeurteilung: *Um die Mitte jedes Semesters verfasst der zuständige Coach nach Absprache mit dem Lehrerteam einen verbalen Zwischenbericht über die schulische Gesamtentwicklung der Schülers.*
- Das *„Drehtürmodell"* bietet sich überall dort an, wo ein Lernender in einem Unterrichtsfach, sei es durch Vorkenntnisse, sei es durch besonders

schnelle Auffassung, in einem Ausmaß unterfordert ist, das ein „störungsfreies" oder gar engagiertes Mitarbeiten nicht erwarten lässt. Es macht Sinn, einen solchen Schüler für einzelne dieser Stunden zu entschuldigen, sei es um ihm die Teilnahme am Unterricht einer höheren Klasse zu ermöglichen, sei es um ihn für eine andere, für ihn nutzbringende Tätigkeit „freizuspielen". In ersterem Fall *kann* die Beurteilung auf der jeweils höheren Stufe und mit rechtlicher Gültigkeit für diese erfolgen (Akzeleration). In letzterem Fall – wenn etwa der Schüler in der gewonnenen Zeit an einem eigenen Projekt arbeitet, das im Anschluss wieder der gesamten Klasse zugute kommt – entsteht echtes, richtig verstandenes „Enrichment", bei dem es nicht um „mehr" lernen, sondern um „sinnvoller" lernen geht.

- An die Stelle der üblichen Hausaufgaben tritt häufig das so genannte *„Assignment"*. Dabei handelt es sich um ein Bündel verschiedener Arbeitsaufträge zu einem Lernfeld, die innerhalb eines bestimmten Zeitrahmens – teils verpflichtend, teils fakultativ – zu erledigen sind. Diese sind so gestreut, dass sie unterschiedlichen Aufwand und unterschiedliche Arbeitsverfahren erfordern (und dadurch verschiedene Motivations-, Lern-, Interessens- und Begabungstypen ansprechen). Jede Einzelaufgabe ist in ihrer Wertigkeit definiert, und dem gesamten Paket liegt ein Beurteilungsschlüssel bei.
  Auf diese Weise kann jeder Lernende zunächst für sich selbst entscheiden, welches Leistungsniveau er anpeilen will. Die angestrebte Zensur versucht er sinnvoller Weise durch gezielte Wahl jener Aufgabenstellungen zu erreichen, die ihn am meisten ansprechen. Die zusätzlichen individuellen Gestaltungsmöglichkeiten (freie zeitliche Planung, freie Wahl des Lerntempos und der Lernintensität) lassen ihn den Lernprozess als selbstgesteuert erleben und steigern dadurch die Identifikation mit dem Gelernten.
- Als *„Labs"* (*„laboratories"*) werden kleine Fachbibliotheken bezeichnet, die einem bestimmten Fachbereich zugeordnet und mit einem entsprechenden Handapparat ausgestattet sind. Die Lernenden, die im Rahmen ihrer eigenständigen Arbeit (Assignment, Arbeitsauftrag, selbstständige Recherche, Vorbereitung, …) Unterlagen, Rat oder Hilfe brauchen, können das betreffende Lab wie einen Stützpunkt „anfahren" und damit rechnen, dort Gleichgesinnte und/oder einen Lehrer des jeweiligen Fachbereichs als Ansprechpersonen anzutreffen.
- Zur schrittweisen Hinführung auf spätere Fachbereichs- oder Diplomarbeiten muss in Klasse 10 ein *Portfolio* erstellt und in Klasse 11 eine schriftliche *Jahresarbeit* abgefasst und präsentiert werden.

7. „Klassische“ Instrumente der Begabungsförderung

Enrichment

- Im Einstiegsjahr erhalten die Schüler das Rüstzeug für das in den folgenden Jahren von ihnen geforderte Portfolio bzw. die Jahresarbeit in Form einer Einführung *in das wissenschaftliche Arbeiten* sowie einer solchen in *Präsentationstechniken und Rhetorik.*
- Im *Bibliothekspraktikum* der 10. Klasse werden sie systematisch mit dem Arbeiten in Bibliotheken (Schulbibliothek, Stadtbibliothek, Universitätsbibliothek, Nationalbibliothek ...) vertraut gemacht.
- *Learning by teaching*: Schüler der letzten beiden Jahrgänge betreuen als Tutoren eine Stunde pro Woche die neu eingetretenen Schüler der Sir-Karl-Popper-Schule (Klasse 9) bzw. der Regelschule (Klasse 5).
- Die *extracurricularen Praktika* der letzten beiden Jahrgänge stellen den unmittelbaren Kontakt mit der Wissenschaft her und versuchen, die Grenzen zur Universität aufzuheben oder zumindest durchlässig zu machen.
- Im Rahmen eines *„Universitätspraktikums“* werden Hospitationen in verschiedenen universitären Settings nach eigener Wahl durchgeführt. Die Teilnahme wird durch ein Reflexionsprotokoll belegt und im Zeugnis bestätigt.
- Unter der Bezeichnung „Uni goes Popper“ wird den Schülern der letzten beiden Jahrgänge eine Serie von Vorlesungen und Workshops von Universitätsprofessoren an der Schule angeboten.
- Unter der Bezeichnung „Popper goes international“ nehmen Gruppen von Schülern der letzten beiden Jahrgänge an nationalen und internationalen Kongressen teil und berichten anschließend darüber.

Akzeleration

Da sich *„Enrichment“* nach dem Verständnis der Sir-Karl-Popper-Schule nicht auf die Quantität des Lernstoffes, sondern auf die *Qualität* des Lernprozesses bezieht, müssen, um Freiräume für ein solcherart *„be“*-reichertes (nicht *„an-ge“*-reichertes!) Lernerlebnis zu schaffen, durch *„Akzeleration“* quantitative Abstriche gemacht werden:

- Im Kurssystem der letzten beiden Jahrgänge werden die Lerninhalte der Fächer Geschichte, Geographie, Biologie, Physik und Chemie zu zwei Semestermodulen gerafft.
- Die schriftliche Reifeprüfung aus Englisch sowie aus den Sprachen Französisch und Latein *kann* an das Ende der vorletzten Klasse vorgezogen werden.

Grouping

Die Antwort einer begabungsfördernden Pädagogik auf natürliche Grenzen, die der *Individualisierung* gesetzt sind, ist das Zusammenfassen interessens- und begabungshomogener Gruppen. Das modulare *Kurssystem* der Sir-Karl-Popper-Schule mit seinen extrem ausgebildeten Wahl- und Abwahlmöglichkeiten, das Schülern der letzten beiden Jahrgänge einen quasi-universitären Betrieb bietet, ermöglicht verstärkte individuelle Schwerpunktsetzungen und führt durch schrittweise Erhöhung der Eigenverantwortung zu besserer Studierfähigkeit. Im 2. Semester der 10. Klasse wird von jedem Schüler ein auf die eigene Person zugeschnittener *individueller Studienplan* erstellt, auf dessen Grundlage für die letzten beiden Jahre klassen- (d.h. schulform-) und jahrgangsübergreifende Kurse gebildet werden.

Andere Echtbeispiele für „Grouping" in der Sir-Karl-Popper-Schule sind auf freiwilliger Basis konstituierte, jahrgangsübergreifende, interessenshomogene Gruppen, die durch Absolventen geleitet werden und sich der schuleigenen Homepage bzw. des Schulnetzwerkes annehmen.

8. Demokratisierung des Lernprozesses

Die im Vorigen angeführten Maßnahmen sind allesamt struktureller Natur. Ihre volle Wirksamkeit erfahren sie erst durch die eingangs beschriebene Haltung der Lehrenden. Wer sich, wie der typische „Popper-Lehrer", als „Mitlernender" versteht, kann gar nicht anders als die Lernenden zum *Mitgestalten* einladen. Die solcherart entstehende begabungsfördende Lernkultur führt zu einer *Demokratisierung* des Lernprozesses, die sich sowohl im täglichen Umgang miteinander als auch an konkreten Fixpunkten im Ablauf des Schuljahres manifestiert.

Indem den Lernenden durch ein so genanntes *Contracting* zu Beginn des Semesters die Möglichkeit zur Mitgestaltung des (als Gemeinschaftserlebnis mit den Lehrenden erlebten) Lernprozesses eingeräumt wird, indem sie durch eine *institutionalisierte Feedbackkultur* um Evaluation gebeten und durch ein System *informeller meinungsbildender Foren* zur laufenden Weiterentwicklung der eigenen Schule eingeladen werden, wird ihnen glaubhaft die Botschaft vermittelt, dass sie als einzigartige Individuen und gleichwertige Partner ernst genommen werden und eingeladen und aufgefordert sind, ihren eigenen Lernprozess maßgeblich selbst zu steuern.

Günter Boos

Deutsche Schule Singapur

Alle sagten: „Das geht an unserer Schule nicht!" Dann kam einer, der das nicht wusste, und hat es einfach gemacht!

1. Rahmenbedingungen

Rund 117 Deutsche Auslandsschulen werden vom Bundesverwaltungsamt der Zentralstelle für das Auslandsschulwesen (ZfA) aus Mitteln des Auswärtigen Amtes gefördert. Ihre Aufgabe ist es, für die schulische Ausbildung der Kinder im Ausland lebender deutschen Staatsbürgerinnen und Staatsbürger (rund 17000 deutsche Schülerinnen und Schüler weltweit) zu sorgen. Mit diesem Angebot bietet die ZfA der deutschen Wirtschaft eine verlässliche Bildungsinfrastruktur für im Ausland tätige deutsche Mitarbeiterinnen und Mitarbeiter. Darüber hinaus bilden die deutschen Auslandsschulen über 50000 Kinder der Gastländer aus, in denen sie tätig sind. Damit leisten sie einen erheblichen Beitrag für die Begegnung und für einen kulturellen Dialog.

2. Die Frage nach der Schulqualität

In der Regel sind die Schulträger dieser geförderten Deutschen Auslandsschulen Vereine, die durch die Mitgliedschaft der Eltern getragen werden. Es handelt sich damit nach unserem Rechtsverständnis um lupenreine Privatschulen, die durch die Förderungen aber spezifischen Kontrollmechanismen der geldgebenden bzw. fördernden Stellen unterliegen. Die ZfA fördert diese Schulen durch Schulbeihilfe oder durch die Entsendung von Auslandsdienstkräften (ADLK). Die Bundesländer stellen diese Lehrkräfte zur Verfügung und zahlen in der Regel die Pensionsansprüche weiter. Gleichzeitig evaluieren sie durch ihre Prüfungsbeauftragten die Leistungen nach der Klasse 10 bzw. führen zum Abitur oder zur Reifeprüfung. Es stellen sich die Fragen: Ist diese Organisationsform alleine schon Ausdruck einer Schulqualität? Zählen die Übergangszahlen zur gymnasialen Oberstufe bzw. die Abiturienten? Zahlen als ein Indiz für Schulqualität?

Offensichtlich nicht hinreichend, sonst wäre nicht geplant, von Seiten des Bundes und der Länder gemeinsame Bund-/Länderschulinspektionen zur Überprüfung der Schulqualität durchzuführen (dies greift ab 2008), sonst würden nicht Gedanken darauf hin verwendet werden, eine zentrale Aufgabenstellung im Abitur einzuführen. Diese beiden Maßnahmen sind schon

Indiz genug, dass man Antworten finden muss auf Fragen, die vielleicht in dieser Schärfe noch nicht gestellt wurden, aber mit höchster Wahrscheinlichkeit auch auf die Auslandschulen zukommen werden.

3. Qualitätsspezifika der Deutschen Europäischen Schule Singapur

Die Deutsche Europäische Schule Singapur ist ein Teil dieses Systems und begrüßt aus ihrem Selbstverständnis heraus die Bund-/Länderschulinspektion und auch insbesondere eine zentrale Aufgabenstellung im Abitur. Schon früh hat diese Schule angefangen, sich mit anderen Schulen innerhalb der Regionen (Klassenarbeiten werden gemeinsam geschrieben und ausgewertet) bzw. sich auch bundesweit zu vergleichen. So erfolgen regelmäßige Vergleichsschnitte in der Klasse 3, 6, 8 und ab Ende des Schuljahres 2007/2008 der Klasse 10. Somit schließen wir uns den zentralen mittleren Prüfungen der KMK an. Aber sind diese „formalen" Kriterien schon ein ausreichender und hinreichender Grund, um das „eigentlich Gymnasiale" zu finden? Sind diese Normierungen letzten Endes die alleinige Sicherung des gymnasialen Potenzials? Ich möchte hier noch einige weiterführende Ideen, die vielleicht nicht in das typisch gymnasiale „Weltbild" passen, anmerken und deswegen ein Plädoyer für die Vielfalt halten.

4. Exkurs – Ein Plädoyer für die Vielfalt

Späteinschulung, Sitzenbleiben, Sortieren auf Schulformen, Rückstufungen – diese Begriffe sind Eltern präsent, sobald sie ihre Kinder in die Schule schicken. Unser Schulsystem greift immer wieder ein, um „fehlgelaufene" Schülerinnen und Schüler aus der Bahn zu entfernen, und es ist natürlich auch der Traum vieler Lehrer, eine Klasse unterrichten zu dürfen, in welcher alle etwa gleich intelligent sind, ein ähnliches Vorwissen haben und alle im gleichen Takt vorwärts marschieren.[2]

Leider ist diese homogene Lerngruppe eine Fiktion, aber in der Realität tun wir so, als sei sie erreichbar. Diese Illusion zu Lasten von Kindern und Eltern, aber auch von Lehrerinnen und Lehrern muss in einem modernen Schulsystem aufgegeben werden.

Lassen Sie mich zunächst einmal in die Anfänge des öffentlichen Schulsystems hineinschauen. Immer wieder wurde diskutiert, wie unterschiedlich Kinder überhaupt in einer Lerngruppe sein dürfen. Als Johann Friedrich Herbart (1776–1841) das deutsche öffentliche Schulsystem geprägt hat, sah er tatsächlich in der „Verschiedenheit der Köpfe“ das zentrale Problem des Unterrichts. Das Resultat daraus war, den Unterricht auf die „Mittelköpfe“ [3] auszurichten. Dieses Ausrichten des Schulunterrichts auf ein fiktives Mittelmaß der Köpfe, und damit eben nicht auf ihr konkretes, wirkliches Maß, hat somit in Deutschland eine lange Geschichte.

Moderne Vorstellungen nutzen die Verschiedenheit von Kindern (nach Geschlecht, Leistung, Ethnie etc.) als Chance und Voraussetzung für besseres Lernen. Ihnen geht es darum, auf die Individualität der Kinder einzugehen und die Unterschiede pädagogisch zu nutzen. Individualisierung, Differenzierung und die Achtung von Verschiedenheit sind hier die Stichworte. [4]

Aber schon die existierende Grundschule ist nicht eine Schule für alle Kinder. Lernen an deutschen Schulen geschieht zunächst einmal in den Jahrgangsklassen. Ungefähr gleichaltrige Kinder werden zu einer Lerngruppe zusammengefasst; dadurch wird eine Altershomogenität hergestellt. Dies ist schon bei Comenius (1592–1670) dokumentiert und wird dort als relative Entwicklungsgleichheit verstanden. Da ja alle Sechsjährigen oder Zehnjährigen in etwa den gleichen Entwicklungs- bzw. Kenntnisstand haben, so die Vorstellung, kann man sie auch gemeinsam fortschreitend unterrichten. Dagegen steht die bittere Wahrheit, dass eben Kinder auch als „nicht schulreif“ eingestuft und zurückgestellt werden und mit anderen schwachen Kindern zurückmüssen in die vorschulischen Bereiche. Begründet wird dies mit Fürsorge für diese Kinder. Angeblich würde sie der Schulunterricht überfordern. 1990 wurden z. B. in Deutschland 12 % aller Kinder vom ersten Schulbesuch um ein Jahr zurückgestellt. [5]

Stellt sich dann heraus, dass auch zur Grundschule zugelassene Kinder diesen gemeinsamen fortschreitenden Unterricht nicht mithalten können, dass ihre Leistungen unterhalb der Erwartungsnorm liegen, also eine unerwünschte Leistungsheterogenität in der Lerngruppe eintritt, dann hat unser System zwei Instrumente parat: einmal das Sitzenbleiben und zweitens die Sonderschulüberweisung. So besagt die PISA-Studie aus dem Jahr 2000, dass bundesweit etwa 24 % der Schüler im Laufe ihres Lebens mindestens einmal sitzengeblieben sind. Auch hier zählt Deutschland zu den internationalen Spitzenreitern. [6]

---

[2] Vergleich: Klaus-Jürgen Tillmann in „Heterogenität, Friedrich Jahresheft 2004 „System jagt Fiktion“ S. 6
[3] Vergleich: Sandfuchs S. 340 in Wörterbuch Keck, R. W. / Sandfuchs, U: Schulpädagogik Bad Heilbrunn 1994“
[4] Vergleich: „Annedore Prengel“ in „Heterogenität, Friedrich Jahresheft 2004, S. 44
[5] Vergleich: PISA-Studie 2000, S. 473, Herausgabe. Deutsches PISA-Konsortium, Basiskompetenzen von Schülerinnen und Schülern in internationalem Vergleich, Opladen 2001
[6] Vergleich: PISA-Studie 2000, S. 423, Herausgabe. Deutsches PISA-Konsortium, Basiskompetenzen von Schülerinnen und Schülern in internationalem Vergleich, Opladen 2001

Selbstverständlich ist nicht nur die Leistungsbreite nach unten hin zu betrachten, auch nach oben hin müssen neue Maßstäbe gesetzt werden. Pädagogische Arbeit benötigt Lösungen in beide Richtungen, also auch für die besonders Begabten. Es geht hier nicht um eine Sonderlösung für den Einzelfall, sondern generell um eine begabtenfreundliche Lernkultur. Der Verzicht auf das eng gefasste fachliche Lernziel, zu dem alle im methodischen Gleichschritt hingeführt werden, muss zugunsten individualisierter Förderung innerhalb eines thematischen Rahmens dazu führen, dass auch hochbegabte Schüler ihre Möglichkeiten finden.

Nicht der Unterrichtsgegenstand, sondern der lernende Mensch steht bei individualisierten Unterrichtskonzeptionen im Mittelpunkt des Planungshandelns. PISA und zuletzt IGLU[7] haben beschrieben, dass auch in heterogenen Lerngruppen alle Schüler sehr erfolgreich lernen können. Hierzu sollten wir uns einige wesentliche didaktische Aspekte anschauen:

Als Erstes geht es um eine Atmosphäre der Anerkennung, die auf dem Respekt der Lehrpersonen gegenüber den Schülern, aber auch der Lernenden gegenüber den Lehrenden basiert. Einer solchen Haltung werden Demütigung, Bloßstellung, Entwertung als unakzeptable Lehrerhandlungen bewusst. Wiedergutmachung oder soziale Arbeit ersetzen bei Grenzüberschreitungen von Schülern weitestgehend das Strafen. Das bedeutet aber auch, dass die Lernenden eine Haltung der Selbstachtung und der Anerkennung von Mitschülerinnen und Mitschülern und ihrer Verschiedenheit erwerben müssen.[8]

Das Schulleben sollte Halt geben und zugleich fließend und flexibel Freiräume schaffen, pädagogische Rituale, aber auch Persönliches, Anderes, Unbekanntes, Neues und Kreatives mit einbinden. Rituale können Kreisgespräche und Assemblies sein. Auch die didaktischen Formen haben sich anzupassen. Zum Beispiel geht es um unspektakuläre Formen der inneren Differenzierung, die es möglich machen, dass Schüler auf ihrem jeweiligen Lernniveau lernen.[9] Sogar der gute alte Frontalunterricht gibt hier Möglichkeiten her. Ein wichtiger Punkt ist die Freiarbeit, die den Schülern die Möglichkeit einräumt, selbst über Zeiträume zu entscheiden, wann sie mit den vorgegebenen Materialien und Gegenständen arbeiten. Durch Wochen- oder Tagesplä-

---

[7] IGLU = Internationale Grundschule-Lese-Untersuchung; PISA = Programme for International Student Assessment

[8] Vergleich: *Singer, K*: Die Würde des Schülers ist antastbar. Vom Alltag in unseren Schulen und wie wir ihn verändern können, Reinbach 1998

[9] Vergleich: *Prengel, A*: Vielfalt durch gute Ordnung im Anfangsunterricht, Opladen 1999

ne werden solche Spielräume strukturiert und begrenzt. Individuelle Projekte wie Vorträge, Jahresarbeiten, Präsentationen ergänzen solche Ansätze. Auch die sprachliche Heterogenität von Schülerinnen und Schülern in einer von Globalisierung und Integration beeinflussten Welt ist keine Hindernis, sondern eine Herausforderung. Die Sprachkompetenz mehrsprachiger Kinder ist für den Lernprozess innerhalb der Klasse ungeheuer fruchtbar.

Auch die Beurteilung kann sich erneuern. Anhand von Portfolios, verbalen Beurteilungen und durch Selbstevaluationen der Schülerinnen und Schüler können individuelle Leistungsprofile reflektiert werden. Dazu gehören selbstverständlich auch Vergleiche und Bewertungen, auf die keinesfalls verzichtet werden sollte. Es ist zwar normal, verschieden zu sein, aber es gibt auch Ziele, die zur Reflexion gehören, was jeder Schüler umsetzen und verbessern kann.[10]

5. Das nicht akademische, aber ebenso wichtige Programm

Die Eltern sind Partner im Lernerziehungsprozess, aber keine „Hilfslehrer". Sie sollten immer genau informiert und zu Gesprächen eingeladen werden. Eltern wirken bei zahlreichen Veranstaltungen im Laufe des Schuljahres mit und sie sind eine für die Schule wichtige, kritisch-konstruktive Instanz. Miteinander arbeiten, miteinander feiern gehört zum Leben und für eine Gruppe ist es das Zentrale. Kleine und große Feste sind Ausdruck der „Corporate Identity" einer Gruppe oder einer ganzen Schule und ein besonderer Wert sollte auf die soziale Anteilnahme gelegt werden.
Unser Community-Service-Programm,[11] das ausgedehnt werden soll, unsere Charity-Projekte sind bewährte Beispiele dieser Thematik. Auch in vielen anderen Bereichen versuchen wir auf die Individualität einzugehen: mit verschiedenen Möglichkeiten, in Kursen zu lernen, mit Hilfestellungen durch Förderung und Beratung, durch intensive Elternarbeit und anderes. Ich möchte besonders unsere Eingangsstufe erwähnen, aber auch hier können wir uns noch verbessern.

Der „Geist einer Schule" ist entscheidend. Das bedeutet, jeder muss erneut immer wieder erfahren können, dass sich Leistung für alle lohnt. Niemand

---

[10] Vergleich: *Hinz, A*: Pädagogik der Vielfalt auch für Schule in Armutsgebieten? Überlegungen zu einer theoretischen Weiterentwicklung. In: *Hildeschmidt, H./Schnelle, I.* (Hrsg.), Integrationpädagogik. Auf dem Weg zu einer Schule für alle. Weinheim/München 1998, S. 127–144

[11] Community und Service bedeutet: Schülerinnen und Schüler müssen hier in den Sekundarstufen umfangreiche Soziale Aktivitäten nachweisen (ab Klasse 7). Das Ganze gipfelt in einem 14-tägigen Sozialpraktikum in Indien.

wird wegen seinen guten oder schlechten Leistungen herabgesetzt, als Streber oder Versager verschrien, sondern jeder erfährt über Anerkennung und neue Herausforderungen Zuspruch für seine Anstrengungen.

6. Was ist nun das eigentlich „Gymnasiale"?

Weit über 40 Nationen sind in den beiden Sektionen unserer Schule eingeschrieben. Zum Verständnis: die Deutsche Europäische Schule Singapur verfügt unter dem Dach einer Schule über zwei Sektionen. Die deutsche Sektion führt zu allen deutschen Abschlüssen (ab der 10. Klasse zum mittleren Bildungsabschluss und ab der 12. Klasse zur Reifeprüfung). Die Europäische Sektion führt zum IB Diploma und wird in englischer Sprache unterrichtet (in der IB Sektion ist Deutsch verbindliche Fremdsprache).

So haben wir manchmal den Fall, dass Deutsche ganz bewusst die englischsprachige Sektion ansteuern, während – wir nennen es hier manchmal die „passdeutschen" Kinder – die Deutsche Sektion wählen, obwohl zuhause die Umgangssprache Englisch ist.

Wie gehen wir mit diesem Phänomen um? Konzentrieren wir uns hierbei noch mal auf die Deutsche Sektion. Schon in der Grundschule differenzieren wir im Englischunterricht auf zwei Ebenen. Für die Kinder, die aus Deutschland kommen, die noch keinen Englischunterricht hatten, beginnen wir in der ersten Klasse mit einem einfachen grundschulgemäßen Anfängerunterricht von vier Stunden in der Woche. Die Schülerinnen und Schüler, die aber schon Englischkenntnisse haben, werden parallel dazu in einem zweiten Kurs von muttersprachlichen Lehrerinnen und Lehrern in Englisch unterrichtet. Warum sollen denn diese Kinder nicht von ihrem Stand aus weiterentwickelt werden?

Dies setzt sich in der Sekundarstufe fort. Hier wird durchgängig auf gymnasialem Niveau für alle Schülerinnen und Schüler (auch wenn sie nicht die Reifeprüfung anstreben) Englisch unterrichtet. Für in Inhalt und Sprache schon entwickelte Schülerinnen und Schüler gibt es den Kursus „English Near Mothertongue", für eine kleine Gruppe, die de facto bilingual ist, haben wir die Möglichkeit geschaffen, sie in den Englischkursen der „European Section" zu unterrichten, weil wir hier auch einen Link sehen, um den absolut Bilingualen eine Chance zu geben, beide Sprachen gleichmäßig weiterzuentwickeln.

Grundsätzlich ist der gymnasiale Lehrplan Standard. Diese Schule ist also auf der einen Seite leistungsheterogen im Klassenverband, auf der anderen Seite aber auch leistungsdifferenziert in Fächern, wie im Beispiel Englisch beschrieben, aber auch in Mathematik, Deutsch, Französisch und Naturwissenschaften auf der Basis von Grund- und Erweiterungskursen. Orientiert wird sich hier an den gymnasialen Thüringer Lehrplänen und ein Kernbereich wurde definiert, der für alle Sekundarstufenschüler grundsätzlich maßgeblich, und der auch für die Durchlässigkeit der Leistungsebenen entscheidend ist (schwächere Schüler haben andere). Nach der Klasse 5, die wir als Transitionsklasse (Übergangsklasse) bezeichnen, erfolgt eine Einstufung durch die zuständige Konferenz. Die Eltern werden hierbei eingehend beraten, haben aber kein förmliches Mitspracherecht. Ein- und Umstufung sind reine pädagogische Maßnahmen, die sich nach den im Zeugnis dokumentierten Einzelfachleistungen richten. Nach mehr als drei Jahren Praxis haben wir festgestellt, dass dieses Modell bei den Adressaten gut angenommen wird. In den Grundkursen wird ein durchschnittlicher Anteil von 40 % Schülerinnen und Schülern eingestuft (früher im undifferenzierten Verfahren lag der Anteil der Gymnasiasten zwischen 80 und 90 %). Die Umstufungen sind nicht bedeutend. Etwa 13 % der betroffenen Schüler wechselte im August 2007 von G nach E und 9 % von E nach G (Englisch wurde hierbei nicht berücksichtigt).

Diese Zahlen dokumentieren aber auch die Durchlässigkeit in beide Richtungen. Eine andere Zahl, die für mich signifikanter ist, ist die Schülerzahl mit einem „gemischten" Kursprofil. Fast jeder 2. Schüler sitzt einmal in einem E- und einmal in einem G-Kurs.

Bedenken, die mit Recht geäußert wurden, wonach sich die bisherigen Realschüler und Gymnasiasten mehr oder weniger als G- oder als E-Kurs Schüler darstellen würden, haben sich nicht bewahrheitet. Zwei Drittel unserer Schülerinnen und Schüler wurde 2007/2008 für den C-Abschluss zugelassen, ein Drittel für die B-Prüfung. Mit der C-Prüfung wird die Qualifikation für die Eignung in die gymnasiale Oberstufe dokumentiert. Gleichzeitig sichern sie sich damit den mittleren Abschluss.

Die B-Qualifikation umfasst die so genannte mittlere Reife. Sie kann, vorausgesetzt die erforderlichen Leistungen werden geliefert, wiederholt werden, um auf einem weiteren Niveau bezogen die Qualifikation C zu erreichen. Dass wir unsere Schüler nicht mehr als Realschüler, Gymnasiasten oder Hauptschüler bezeichnen macht sie aber noch lange nicht gleich. Im Gegenteil, die Unterschiede fallen auf und mit diesen Unterschieden müssen wir als Schule umgehen.[12]

---

[12] Vergleich: Homepage DESS/GESS www.gess.sg; Beiträge von Jürgen Völker: Die neue Sekundarschule als Alternative zur Dreigliedrigkeit

7. „Sonderfälle" oder auch „Schulnormalität"?

Es gibt zwei Gruppen von Schülerinnen und Schülern, die Förderungsbedarf haben. Das sind diejenigen, die aus Deutschland kommen und aufgrund des Systemwechsels Nachholbedarf haben. Die zweite Gruppe sind die Schülerinnen und Schüler, die in den nicht differenzierten Fächern nicht angemessen gefördert werden können.

Es gäbe die Möglichkeit, dieser zweiten Gruppe pauschal einen Hauptschulstatus zuzuweisen, aber es wäre das Eingeständnis unseres pädagogischen Versagens. Besonders in Mathematik kommt dieses Phänomen zum Tragen. Hier fällt die Schule nach Rücksprache mit den Eltern eine Entscheidung, dass eine weitere Differenzierungsebene (F-Kurs = Fundierungskurs) eingezogen wird. Eltern fragen, was mit den Schülerinnen und Schülern geschieht, die aus Deutschland kommen und noch nicht so weit entwickelt sind?

Im Rahmen unseres Förder- und Beratungszentrums werden Schülerinnen, Schüler und Eltern so beraten, dass wir ihnen Möglichkeiten anbieten, entweder hausinterne Nachführungskurse zu belegen, oder sie per spezifischem Immersionsprogramm auf den Stand des Unterrichts zu bringen.

8. Warum tun wir das?

Erstens haben wir eine Bildungsverpflichtung gegenüber allen unseren Kindern der Deutsche Sektion, die für die Gesamtheit der deutschsprachigen Schülerinnen und Schüler in Singapur zur Verfügung stehen muss.

Zweitens wollen wir die Schülerinnen und Schüler nicht durch Jahrgänge „schieben", sondern ihre Zukunftsfähigkeit stabilisieren d.h. letzten Endes ihren „Bildungswillen" verfestigen, der – wie unser Leitbild sagt – über die Schule hinausweist.

Manche Eltern plagt die Sorge, dass ihr Kind im Grundkurs den „Gymnasialstoff" nicht hinreichend vermittelt bekommt. Unsere Antwort darauf ist, dass der Stoff auf Basis gleicher Bücher und Pläne vermittelt wird. Doch tauchen im E-Bereich vertiefende Inhalte auf, bei denen es allerdings nicht um die leidige Frage geht, ob man sie schon mal gehört hat bzw. ob sie schon einmal an der Tafel notiert waren, sondern ob sie tatsächlich gelernt sind. Das heißt, dass der Schüler die Inhalte nachvollziehen kann und verinnerlicht hat.

Damit enthält auch der E-Kurs keine Garantiekarte, dass man nichts versäumt, und für viele Schülerinnen und Schüler ist unter den Bedingungen des Grundkurses ein individuelleres Unterrichtsangebot passender. Eine

Frage, die uns auch immer wieder gestellt wird, ist, ob Gymnasiasten aus Deutschland kommend nach ein paar Jahren wieder als Realschüler nach Deutschland zurückkehren müssen.

Bisher ist es noch nicht vorgekommen, aber dies ist auch nicht eine typische Erscheinung unserer Schule. In keinem Gymnasium in Deutschland gibt es einen Anspruch auf Verbleib, unabhängig von der Leistungsbewertung. Wir müssen bei Schulwechsel eine klare Entscheidung treffen, dies entspricht den Vorgaben des dreigliedrigen Systems. Aus diesem Grunde sollten sich Schüler, deren Rückkehr vorprogrammiert ist nicht auf ihren durchschnittlichen Noten ausruhen können, sondern die Chancen unseres leistungsorientierten und nicht statusorientierten Angebots nutzen.

Also letzten Endes ein Gymnasium mit einer anderen Organisationsform!

Aruna Ummat

Delhi Public Schools: Modern Centers of Excellence in India

Quality education in India in the past was the privilege of the upper classes. Privately owned schools that were set up for the children of the British were models for schools in post colonial India. The schools were expensive and affordable only for a few.

As India developed the ever growing middle class aspired to send its children to good schools to give them the benefit of quality education and exposure to the arts, sports and shape them into good citizens. It was as a part of this endeavour that the Delhi Public Schools were set up. Initially they were confined to the Delhi area. These schools offered middle class Indians affordable quality education. Quality education meant good academic performance, excellence in sports and arts and value education.

Over the years this middle class has increased manifold and it was not possible for the Delhi Public Society to set up the required number of schools with its own resources. A system of franchisee schools was mooted. At present, the DPS family includes 129 schools in India and abroad. 11 schools have been set up by the Society itself and the rest have been set up across the country where the DPS Society has collaborated with various Societies and undertakings.

The one big challenge facing the Society was to ensure a level of excellence in all the schools spread across a country as large and diverse as India. The schools were often set up in areas where previously no quality education existed. Qualified teachers were hard to find and parents who had studied in rural and semi-urban schools were only well versed in the vernacular languages and often could not help their children at home. The Society took a decision that, given the circumstances it was not possible to guarantee the same standards for all DPS schools anywhere in the country, however that all would be done to ensure that in every city the DPS school was the best there.

To achieve this objective the society undertook various steps:

1. To implement a long-term teacher education plan
2. To create a peer-to-peer network
3. To provide excellent infrastructure
4. To nurture students
5. To bring students together showcasing their talents
6. To accept social responsibility and support pupils from poorer sections of society
7. To remain open to all new ideas and concepts

1. Teacher education

Qualifying teachers in remote areas was a major challenge for the DPS Society. Various councils were set up under the aegis of the DPS Society that organized training programmes for teachers to upgrade their skills. Teachers were brought from all over the country to Delhi for summer camps, where they not only received inputs in their field, but were also introduced to new pedagogical concepts. This also gave the teachers a clear understanding of the standards prevailing in the schools of the Society. These camps were extremely successful and are carried on up to the present date as a part of the continuing education programme for teachers.

2. Peer-to-Peer network

The franchisee schools were attached to core schools established by the society. Each core school adopted a franchisee school and guided them through their nascent stages. To facilitate new schools to imbibe the DPS cultural and ethos, their staff is attached with core schools for orientation programmes. Enrichment programmes are regularly held by councils to suit the needs of not only individual schools but also in individual subjects. This also offers an opportunity to teachers to interact and share latest pedagogical methods in school education.

3. Create excellent infrastructure

The teaching staff is no doubt of vital importance to the success of an institution, but the school building, the furniture, the laboratories and the sporting facilities all contribute towards excellence as well. The Society has always insisted that any education society applying for entry into the DPS family would have to provide all these facilities.

A strict audit is carried out to check this before a school is certified as a Delhi Public School and is allowed to carry the name. No visitor to a Delhi Public School is left unimpressed by the standards of the facilities offered by the school. Immaculately manicured lawns, well maintained sports facilities, neat and clean classrooms, well equipped libraries, science and computer labs are a hallmark of all our schools.

4. Bringing students together to showcase their talent

The society regularly organizes inter-DPS competitions in various disciplines to encourage a spirit of healthy competition amongst its schools. This gives the students from all parts of the country an opportunity to get to know each other and measure their talent against the best in the country. This often creates new benchmarks for new schools and an improved performance in the following years tells us that we are on the right track.

5. Nurturing students

Training teachers is not enough for an institution to excel. The students also need to be nurtured. The success of a school is facilitated by factors in students' lives such as psychological health, supportive social relationships and positive health behaviour. Programmes are needed that aim to reduce or modify hazardous aspects for the health and well being of young people.

To this effect, the DPS Society advocates the inclusion of effective and comprehensive mental health and life skills programmes in all its schools emphasizing on prevention and early intervention. Some of its workshops are held to train students as peer educators and teachers as facilitators to spread awareness on HIV/AIDS and drug abuse among adolescents.

To encourage healthy competition and to build physical stamina DPS schools offer a wide range of sports activities like cricket, hockey, football, basketball, tennis, yoga, swimming and athletics …

Besides games and sports, many other co-curricular activities like astronomy, aero-modelling, art and craft, music and dance, quizzing, debating, etc. are offered to students. Participation in at least one of the activities suiting the interest of the student is compulsory. The school also has a strong environment club that aims at environmental protection and conservation. Its members carry out activities like tree plantation, anti-cracker campaigns, air and water monitoring, cleaning the nearby water bodies, protection of heritage sites, etc.

6. To accept social responsibility and support pupils from poorer sections of society

When we say that we want to strive towards providing the same level of excellence in all our schools, the next logical step for us is to spread this education to other sections of society. The fee structure of the Delhi Public Schools is such that they are affordable for middle class families in India, but what about the others who cannot even afford these amounts?

To cater to the weaker sections of society we run the so called "Shiksha Kendras" or education centers. These centers are run on the school premises with the same facilities in the afternoons, when regular school is over. Teachers for these "Shiksha Kendras" are drawn from the faculty of the DPS. Senior students of the school are also encouraged to put in a few hours there.

The students of the centre are provided with books and stationary free of charge. Mainstreaming an individual student of Shiksha Kendra into a "regular" school student will depend on the student's academic achievement, talent in sports and cultural activities and his/her social, mental and emotional readiness. Scholarships are readily available for this purpose. Showing great concern for the elderly the school formed a senior citizen club – called "Godhuli" wherein groups of students along with a teacher visit senior citizens at their residence, interact with them and bring cheer to their faces.

7. To remain open to all ideas and concepts

The DPS society has never let itself be constrained by boundaries of language, class or creed. In today's globalised world we cannot afford to look inwards only. We have to keep abreast of developments all over the world and become a part of them. In keeping with this spirit our schools were pioneers in introducing foreign languages as a part of the curriculum. Our children can choose from German, French, Spanish, Arabic, Italian and Japanese, to mention just a few. English and Indian languages naturally have always been a part of our curriculum.

In keeping with this tradition the DPS Society in collaboration with Max Mueller Bhavan (Goethe-Institut) every year organizes an exchange programme for students of Delhi Public Schools with German schools. This exchange programme is an endeavour of the DPS Society to foster understanding and camaraderie between students of the two countries. A major motive of this exchange programme is to support cross-cultural and international educational experiences for its students and teachers. From this year onwards the DPS Society has also initiated students exchange programmes with Japan.

For us at DPS the journey has just begun and we are looking forward to meeting new challenges and excelling in all areas giving our students an edge in tackling the demands of an ever more complicated and complex world.

Daniel Henri

Le lycée Henri-IV à Paris

Le lycée Henri-IV est implanté au cœur du Quartier latin, dans les bâtiments de l'ancienne abbaye Sainte-Geneviève. L'édifice actuel est pour l'essentiel le fruit des restaurations entreprises aux XVIIe et XVIIIe siècles, avec son cloître et ses quatre ailes de bâtiments, disposés en croix autour d'une rotonde de style baroque. Louis XV confia à l'architecte Soufflot la reconstruction de l'église abbatiale, devenue le Panthéon sous la Révolution. L'ancienne église fut détruite au XIXe siècle pour permettre le percement de la rue Clovis: n'en subsiste que le clocher, la Tour Clovis (XIIe–XVe siècles), dont l'horloge sonne toujours pour inciter à l'étude, sinon à la prière.

Car entre-temps, les élèves ont remplacé les anciens chanoines de l'abbaye. En 1795 la Convention décréta la création de nouveaux établissements d'enseignement secondaire, les écoles centrales, qui prirent le nom de lycées sous le régime napoléonien. En 1796, l'abbaye Sainte-Geneviève, dont les biens avaient été rendus à la nation en 1790, devint ainsi l'Ecole Centrale du Panthéon, puis le Lycée Napoléon de 1804 à 1815. La Restauration crut pouvoir le débarrasser de cet encombrant patronage en le rebaptisant collège Henri-IV, avant que le Second Empire n'en refasse un lycée Napoléon ! Finalement, la IIIe République choisit en 1873 de le rendre au bon roi Henri, glorifié dans toutes les écoles pour avoir promulgué l'édit de Nantes et promu la poule au pot …

Erigé en conservatoire des humanités classiques, le lycée Henri-IV entretient ainsi depuis le XIXe siècle la tradition d'un enseignement d'élite. Parmi ses anciens élèves les plus illustres figurent trois prix Nobel de littérature (Henri Bergson, André Gide et Jean-Paul Sartre) et de nombreux savants, comme Jussieu ou Ampère. Accueillant aujourd'hui plus de 2 500 élèves, il regroupe les trois niveaux d'enseignement dispensés par les établissements secondaires français:

- le collège (650 élèves) de la 6ème à la 3ème [13];
- le lycée (800 élèves), qui, de la seconde à la terminale, prépare aux trois sections du baccalauréat de l'enseignement général[14] (sciences, sciences économiques et sociales, lettres) ;

---

[13] Depuis l'instauration du «collège unique», en 1975, tous les jeunes Français suivent la même scolarité jusqu'à la fin de la 3ème.

[14] A la fin de la 3ème, les élèves français sont orientés dans trois filières différentes de l'enseignement secondaire, général, technique ou professionnel.

- les classes préparatoires (1 100 élèves) qui, au-delà du baccalauréat, préparent en deux ans les candidats aux concours d'entrée des grandes écoles, scientifiques (Ecoles normales supérieures, Ecole Polytechnique, Centrale Supélec ...), commerciales (HEC, ESSEC, ESCP ...) et littéraires (Ecoles normales supérieures, Ecole des Chartes).

Les résultats obtenus à chacun de ces différents niveaux hissent le lycée Henri-IV au sommet du palmarès des établissements. Depuis 2002, 100 % des lycéens décrochent le baccalauréat, dont plus de 90 % avec une mention[15]. En 2006, 20 prix ont été décernés à ses élèves présentés au concours général des lycées[16]. Chaque année, environ 300 élèves intègrent une grande école.

L'excellence de ces résultats tient en grande partie au recrutement des élèves. Au collège, les élèves sont recrutés dans un secteur géographique déterminé, délimité par le recteur de l'Académie[17]. Compte tenu de son emplacement, situé dans l'un des arrondissements les plus chers de Paris, le collège accueille un public scolaire relativement homogène, auprès duquel les professeurs ne rencontrent pas les mêmes difficultés qu'ailleurs pour délivrer un enseignement très exigeant. Comme d'autres établissements implantés, pour des raisons historiques, au centre de la capitale, le lycée est autorisé, contrairement au collège, à recruter en dehors de son secteur géographique, afin de limiter les effets de la ségrégation sociale. Seule une petite moitié des collégiens d'Henri-IV accèdent au lycée, où ils rejoignent les très bons élèves issus d'une centaine de collèges de Paris et de sa banlieue. Les candidatures en classes préparatoires sont, quant à elles, examinées dans le cadre d'une procédure nationale, qui permet aux établissements affichant d'excellents résultats aux concours de sélectionner les meilleurs dossiers selon des critères objectifs et transparents.

Les professeurs enseignent par conséquent devant des élèves particulièrement motivés et fortement impliqués dans leurs études. Les lycéens sont incités à se projeter au-delà du seul baccalauréat, afin d'acquérir une culture générale et des méthodes de travail qui leur garantissent les meilleures chances de réussite dans l'enseignement supérieur. De fait, la quasi-totalité des lycéens d'Henri-IV sont destinés à poursuivre leur scolarité dans les fili-

---

[15] C'est-à-dire avec une moyenne de 12 sur 20 (au lieu de 10) au minimum pour une «mention assez bien».
[16] Le concours général des lycées est un concours national qui récompense les meilleurs candidats dans chaque discipline.
[17] Une académie est une circonscription administrative de l'Education nationale dirigée par un recteur. Il y a 30 académies en France, dont celle de Paris. Les secteurs géographiques de recrutement des établissements forment ce qu'on appelle la « carte scolaire ». Pour contourner la carte scolaire, les parents doivent déposer une demande de dérogation auprès du rectorat.

ères sélectives de l'enseignement supérieur (80 % en classes préparatoires, les autres en droit ou en médecine). Qu'elle soit scientifique ou littéraire, cette culture générale est approfondie par l'enseignement pluridisciplinaire de haut niveau dispensé en classes préparatoires; elle constitue un préalable et un complément précieux à la formation plus spécialisée que les étudiants reçoivent ensuite dans les grandes écoles et dans les universités. Le lycée Henri-IV a conclu avec les universités parisiennes des conventions qui permettent à ces étudiants d'obtenir une équivalence de diplôme pour les années qu'ils ont passées en classes préparatoires.

De la seconde aux classes préparatoires, le lycée vise à développer la curiosité et l'autonomie intellectuelles des élèves. Il leur est notamment recommandé de multiplier leurs lectures, au-delà de celles qui sont prescrites dans les programmes officiels. Deux splendides bibliothèques, récemment rénovées, sont à leur service, dont l'une, réservée aux étudiants des classes préparatoires, est riche de 15 000 ouvrages. L'écran s'imposant de plus en plus comme nouveau support de lecture, le lycée s'est doté, depuis 1995, d'un Centre de Ressources Multimédia, pourvu d'un équipement informatique performant. Le lycée apporte un soin particulier à l'apprentissage des langues étrangères, afin de préparer les élèves à l'internationalisation croissante des cursus universitaires et des carrières. Les langues vivantes enseignées sont l'allemand, l'anglais, l'arabe, le chinois, l'espagnol, l'hébreu, l'italien et le russe. Une section européenne-allemand a été ouverte en 2000 : l'enseignement de la langue est renforcé et complété par un cours d'histoire en allemand. Depuis 2002, le lycée est apparié, dans le cadre du réseau de coopération franco-allemand, à la Beethoven Oberschule de Berlin. Plusieurs séjours linguistiques sont organisés chaque année.

Le foyer socio-éducatif propose aux élèves de nombreuses activités culturelles. L'atelier théâtre donne chaque année plusieurs représentations. Le ciné-club présente des œuvres cinématographiques, précédées de courts-métrages réalisés par des élèves. Le collège et le lycée ont chacun leur orchestre et leur chorale. L'association historique des élèves du lycée Henri-IV publie une revue semestrielle, *L'Emoi de l'Histoire*. Une foire aux livres convie d'anciens élèves à venir présenter et dédicacer leurs ouvrages. Ecrivains, universitaires ou décideurs sont régulièrement invités à donner des conférences. Les professeurs de philosophie et de sciences de la vie et de la terre se sont associés pour créer un atelier de réflexion sur les sciences du vivant, dont le thème porte en 2008 sur la génétique. L'association sportive encadre la pratique de nombreux sports, qui vont de la natation au rock acrobatique.

Le lycée a également pour ambition de préparer les élèves à exercer leurs responsabilités dans la vie civique et sociale. Le règlement intérieur, remis à tous les élèves en début d'année, leur rappelle leur « devoir de tolérance et de respect » envers les autres, ainsi que « les règles de la vie collective qui assurent la neutralité du service public de l'enseignement ». Ces dernières proscrivent notamment le port ostentatoire de signes religieux à l'intérieur de l'établissement, en application de la loi française de 2004 sur la laïcité à l'école. Comme dans tous les lycées de France, les élèves élisent leurs délégués au Conseil d'administration, où ils siègent aux côtés de représentants de l'administration, des professeurs, des parents d'élèves et des collectivités locales (la gestion financière des collèges et des lycées ayant été transférée, depuis les lois de décentralisation de 1982, au département – la Ville de Paris en l'occurrence – et à la région). Les élèves sont par ailleurs représentés au sein d'un Conseil pour la vie lycéenne qui doit être obligatoirement consulté sur les questions touchant aux conditions de vie et de travail dans l'établissement. Le lycée encourage chaque année les initiatives des élèves en faveur d'institutions caritatives (dons de sang, collectes de produits alimentaires, etc ...). Dans le cadre du partenariat Justice-Education nationale, avocats et magistrats sont invités à faire mieux connaître aux lycéens l'organisation et le fonctionnement du monde judiciaire.

Comme tout établissement public, le lycée Henri-IV ne possède toutefois qu'une autonomie limitée dans la gestion de ses ressources éducatives. Il dispose, certes, d'un budget propre, qui lui permet de répartir au mieux ses dépenses d'équipement. Mais il ne maîtrise ni le volume horaire global d'enseignement, alloué à chaque établissement par le rectorat de l'académie, ni sa répartition par discipline, déterminée par les programmes nationaux. Les professeurs du collège et du lycée sont affectés ou mutés dans le cadre d'un mouvement national, qui prend essentiellement en compte l'ancienneté dans l'exercice de leurs fonctions. Les professeurs des classes préparatoires sont nommés par l'Inspection générale de leur discipline, au vu de leurs états de service antérieurs et de leurs éventuelles publications. L'évaluation du travail pédagogique fourni par les enseignants relève des différents corps d'inspection, et non du chef d'établissement.

Très convoité par les familles qui souhaitent pouvoir y placer leurs enfants, le lycée Henri-IV est aussi la cible privilégiée des critiques adressées à l'encontre d'un système d'enseignement qui, sous le couvert d'une sélection par le mérite, contribue à l'autoreproduction des élites sociales. Il est vrai que, depuis une dizaine d'années, la France ne parvient plus à élever la proportion de bacheliers dans une génération (elle stagne autour de 70 %)

et que trop de jeunes Français quittent encore aujourd'hui l'école sans aucun diplôme[18] . Symbole de l'élitisme républicain dans ce qu'il a de plus noble, le lycée Henri-IV marque aussi les limites d'un système éducatif qui doit encore inventer les moyens de mieux combattre l'échec scolaire et de diversifier ses filières d'excellence.

[18] Voir à ce propos L'Etat de l'école 2007, disponible en ligne sur le site du ministère de l'Education nationale, www.education.gouv.fr/pid271/l-etat-ecole.html.

Autoren

Altrichter, Herbert, Dr., o. Universitätsprofessor für Pädagogik und Pädagogische Psychologie der Johannes Keppler-Universität Linz
Batzner, Ansgar, Dr., Dipl. Päd., Schulamtsdirektor
Boos, Günter, OStD, Principal of the German European School Singapore
Davidson, Matthew, President of the Institute for Excellence and Ethics, State University of New York at Cortland
Ditton, Hartmut, Dr., o. Universitätsprofessor, Inhaber des Lehrstuhls für Allgemeine Pädagogik, Erziehungs- und Sozialisationsforschung der LMU München
Ellegast, Wolfgang, Dr., Ministerialrat, Bayerisches Staatsministerium für Unterricht und Kultus
Götzl, Dieter, Ministerialrat, Bayerisches Staatsministerium für Unterricht und Kultus
Gremm, Walter, Ministerialdirigent, Leiter der Gymnasialabteilung, Bayerisches Staatsministerium für Unterricht und Kultus
Hackl, Boris, StD, stellvertretender Geschäftsführer der Stiftung Bildungspakt Bayern
Helmke, Andreas, Dr., o. Universitätsprofessor, Inhaber des Lehrstuhls für Entwicklungspsychologie der Universität Landau
Henri, Daniel, Lehrer in der Première Supérieure am Lycée Henri IV, Paris
Heyne, Nora, Wissenschaftliche Mitarbeiterin am Lehrstuhl für Entwicklungspsychologie der Universität Landau
Hosenfeld, Annette, Wissenschaftliche Mitarbeiterin am Lehrstuhl für Entwicklungspsychologie der Universität Landau
Khmelkov, Vlad, Vice-President of the Institute for Excellence and Ethics, State University of New York at Cortland
Klippert, Heinz, Dr., Diplom-Ökonom, Dozent am EFWI in Landau, Trainer, Berater und Ausbilder in Sachen „Pädagogische Schulentwicklung"
Krimm, Stefan, Dr., Ministerialrat, Bayerisches Staatsministerium für Unterricht und Kultus
Kussl, Rolf, Dr., Ministerialrat, Bayerisches Staatsministerium für Unterricht und Kultus
Lickona Thomas, Dr., Prof., Director of the Center for the 4th and 5th Rs. Smart & Good Schools Initiative, State University of New York at Cortland
Macha, Hildegard, Dr., o. Universitätsprofessorin, Inhaberin des Lehrstuhls für Pädagogik der Universität Augsburg
Maisch, Josef, Dr., OStR, Lehrer am Holbein-Gymnasium, Augsburg, Dozent an der FU Bozen

Mayer, Thomas, Ministerialrat, Bayerisches Staatsministerium für Unterricht und Kultus

Pötke, Regina, Ministerialrätin, Bayerisches Staatsministerium für Unterricht und Kultus, Geschäftsführerin der Stiftung Bildungspakt Bayern

Präbst, Adolf, Ministerialrat, Bayerisches Staatsministerium für Unterricht und Kultus

Rahm, Sibylle, Dr. phil., o. Universitätsprofessorin, Inhaberin des Lehrstuhls für Schulpädagogik der Universität Bamberg

Reinartz, Katrin, Wissenschaftliche Mitarbeiterin am Lehrstuhl für Schulpädagogik der Universität Augsburg

Schießl, Ottmar, Dr., Leiter der Qualitätsagentur im Staatsinstitut für Schulqualität und Bildungsforschung (ISB), München

Schmid, Günter, Dr., Direktor des Wiedner Gymnasiums in Wien, Gründer und Leiter der Sir-Karl-Popper-Schule am Wiedner Gymnasium

Siebert, Horst, Dr., o. em. Universitätsprofessor, ehemaliger Leiter des Instituts für Erwachsenenbildung und außerschulische Jugendbildung der Leibniz Universität Hannover

Soukup-Altrichter, Katharina, Dr., Professorin an der Pädagogische Hochschule Oberösterreich

Ummat, Aruna, Director of the HRD (Human Resources Department), Delhi Public Society, New Delhi

Weidenhiller, Michael, Ministerialrat, Bayerisches Staatsministerium für Unterricht und Kultus

Wiater, Werner, Dr., Dr., o. Universitätsprofessor, Inhaber des Lehrstuhls für Schulpädagogik der Universität Augsburg

Schulleitungen und Steuerungsgruppen der Center-Schulen:

Apian-Gymnasium, Ingolstadt
Benedikt-Stattler-Gymnasium, Bad Kötzting
Christoph-Jacob-Treu-Gymnasium, Lauf an der Pegnitz
Johann-Schöner-Gymnasium, Karlstadt
Julius-Echter-Gymnasium, Elsenfeld
Katharinen-Gymnasium, Ingolstadt
Nikolaus-Kopernikus-Gymnasium, Weißenhorn
Wirsberg-Gymnasium, Würzburg

Die Beiträge der Center-Gymnasien wurden von den beteiligten Lehrkräften gemeinsam erstellt. In die Module ist die Arbeit des gesamten Kollegiums eingeflossen. Nähere Informationen finden sich auf der jeweiligen Schul-Homepage.